中国近代思想史论

李泽厚 著

人民文学出版社

著作权合同登记号 图字 01-2019-2453

图书在版编目（CIP）数据

中国近代思想史论 / 李泽厚著 . -- 北京：人民文学出版社，2020（2021.12 重印）
ISBN 978-7-02-015112-7

Ⅰ . ①中… Ⅱ . ①李… Ⅲ . ①思想史－研究－中国－近代
Ⅳ . ① B25

中国版本图书馆 CIP 数据核字 (2019) 第 050549 号

责任编辑 卜艳冰 吕昱雯
封面设计 李 佳

出版发行 人民文学出版社
社 址 北京市朝内大街 166 号
邮政编码 100705

印 制 上海盛通时代印刷有限公司
经 销 全国新华书店等

字 数 400 千字
开 本 635 毫米 ×965 毫米 1/16
印 张 26.25
版 次 2020 年 1 月北京第 1 版
印 次 2021 年 12 月第 3 次印刷
印 量 11001-19000
书 号 978-7-02-015112-7
定 价 108.00 元

如有印装质量问题，请与本社图书销售中心调换。电话：010-65233595

目　录

内容提要

洪秀全和太平天国思想散论

（1）1949年后研究成果肯定了这场革命的农民战争性质，缺点是未深入探讨其客观发展，总结历史经验。

（2）洪秀全借来的西方上帝比传统宗教更便于发动、组织下层群众，其中特别是“崭新”的仪式、戒律被改造为严格的军事纪律，起了很大作用。

（3）以宗教信仰、道德说教作为革命的精神动力不可能持久。不应把农民革命和农民领袖理想化。

（4）砸烂的只是孔子的牌位，军事斗争冲击了“四根绳索”，却不能变更它。

（5）《天朝田亩制度》的革命性与空想性，纯从消费、分配着眼搞平均主义、禁欲主义的“共产主义”违反了客观历史的发展。

（6）集体化、单一化、军事化的社会结构和生活蓝图，企图用高度集中的行政组织和权力支配社会。

（7）《资政新篇》是珍贵的续编，它比小生产者的空想更符合历史过程。

十九世纪改良派变法维新思想研究

（1）龚自珍的浪漫前奏曲和魏源、冯桂芬的历史地位。

（2）七十年代马建忠、薛福成等人发展资本主义工商业的主张。

（3）主张新经济发展为要求上层建筑的改革：八十年代郑观应等人的政治主张，开议院成为变法维新的关键。

（4）新旧意识形态既尖锐对立，又相互渗透。

（5）九十年代改良派思想的高峰：理论上的成熟，提出了民权、平等等重要观念。

（6）与顽固派、洋务派的思想斗争：反对“中体西用”。

（7）低估了封建顽固势力，要求资本主义民主改革的第一次失败，改良派自由主义让位于革命派的民主主义和民粹主义。

康有为思想研究

（1）康的思想体系的四个方面及其成熟过程。

（2）西方传来的自然科学渗入先进中国人的世界观，是当时主要特色之一。

（3）传统人性善恶命题论辩的时代内容：资产阶级自然人性论反对封建传统的天理人欲论。

（4）“公羊三世说”的历史进化论。

（5）“大同”空想反封建的民主主义内容：建立在物质文明高度发达基础上是其主要特点。

（6）人权、平等、自由、独立作为理想大同社会的基本原则。

（7）“托古改制”在政治斗争中的实践意义。

谭嗣同研究

（1）谭嗣同思想产生的时代阶级特征：九十年代的改良派左翼。

（2）谭的“以太”基本上是物质性的概念。

（3）“仁”与“以太”的多层关系。

（4）“心力”是唯心论概念，“心力”与“以太”能否等同诸问题。

（5）对封建纲常和君主专制的猛烈抨击是谭思想中最光辉的部分。

（6）唯物论与唯心论、辩证法与诡辩论、科学与宗教、革命与改良……一系列悲剧性的矛盾。

论严复

（1）严的历史地位不在代表改良派，而在给近代中国人以进化论的新世界观。

（2）这是他一个创造性的贡献，影响了好几代知识分子，《天演论》

不只是翻译。

（3）介绍英国经验论哲学和逻辑归纳法。

（4）对理论思辨重视不足，从而由经验论到主观唯心论，是具有普遍意义的近代中国哲学一个重要教训。

（5）严的自由主义的经济、政治思想（介绍《原富》《法意》）是未起影响的重要方面。

二十世纪初资产阶级革命派思想论纲

（1）中国近代分为四期（1840—1864，1864—1894，1894—1911，1911—1919）：两个革命高潮，两个革命低潮。

（2）自立军运动和拒俄义勇队是革命派发展中的两个关键环节。

（3）由爱国而革命是这个发展过程的基本线索，不是自由、平等、人权、民主而是国家的独立富强，成为出发点和首要问题，它为以后几代革命者所不断重复。

（4）兴中、华兴、光复三会有不同特色。

（5）陈天华的反帝救国，章太炎、朱执信的主观社会主义是具有代表性和有社会根源的思想。

（6）邹容呐喊的人权、民主、自由最终被淹没在上述两种思潮之中。

（7）反帝、反满遮盖了反封，对封建主义以新形式或旧形式继续统治估计不足，这是严重的历史教训。

论孙中山的思想

（1）建设富强祖国、反对帝国主义，是民族主义两大内容。雄伟的《实业计划（物质建设）》。

（2）民权主义本应是革命的中心。《民权初步》的积极意义。

（3）“权能分开”说的弊病，“万能政府”在中国条件下便可向封建法西斯变质。

（4）民生主义要求发展资本主义而又反对资本家。

（5）孙的“生元说”。中国近代哲学的某些特征。

（6）革命的失败突出了理论的重要性。《孙文学说（心理建设）》的唯物论的认识论。

（7）孙中山的民生史观。

章太炎剖析

（1）决定章的历史地位的是作为宣传家思想家的第二时期（1900—1908）。

（2）章的思想来源、成分、过程、时期的种种复杂性，古文经学和佛学唯识宗是主干。

（3）反资本主义的思想特征：反对代议制民主，反对资本主义工商业，反对物质文明，反对进化论。

（4）认为道德才是社会的法规，革命的动力，“用宗教发起信心，增进国民之道德”最为重要。

（5）这独特地反映了在传统生产方式束缚下的宗法农民思想，表现了小生产者的空想性和封建性。

（6）主观唯心主义的哲学世界观，强调主观战斗精神，与上述政治社会思想融为一体。

梁启超王国维简论

（1）梁、王均是中国近代史上应予肯定的大人物，不能抹杀。

（2）梁广泛宣传介绍了资本主义人生观、历史观、文艺观，起了反传统的进步作用，是影响最大的中国近代启蒙宣传家。

（3）王是中国近代历史学的开山。

略论鲁迅思想的发展

（1）对下层人民的爱与对上流社会的憎是鲁迅一生特色。提出“国民性”问题。人道主义比个性主义更根本。

（2）早年以1906年为界，第一段是自然科学唯物主义，第二段受章太炎的重要影响。

（3）前期以1925年为界，第一段是用“文明批评”“社会批评”作为改变“国民性”的新战略。

（4）第二段是与文化界统治人物的直接搏斗，它在鲁迅思想发展中有关键意义。

（5）前期积累了许多接近或吻合马克思主义的重要观念、思想，1927年秋冬是鲁迅成为马克思主义者的后期的开始。

（6）鲁迅作品的抒情风格。

（7）中国革命与六代知识分子。

后记

（1）偶然与必然应是历史哲学的中心范畴。

（2）中国近代三大进步思潮及其对立面。

洪秀全和太平天国思想散论

1949年以来，中国近代史研究成绩最大的应推太平天国。无论在资料的搜集、整理、出版上，或在论著的质和量上，都如此。其中最重要的是明确了这场革命的性质，过分肯定了这场在世界历史上也是前所未有的农民战争。当然，也有很大缺点和不足，最重要的缺点是忽视客观地探讨农民战争的客观发展，总结这场革命及其意识形态的重要的经验教训。近些年，在“四人帮”统治下，更不许谈这方面的问题。相反，梁效、罗思鼎之流在其所谓歌颂农民革命的旗号下，故意把太平天国和洪秀全说得神乎其神，十全十美，歪曲了事情的本来面目。下面试就人所熟知的几个问题谈一点看法。

一　一个被改造的上帝

从意识形态看，太平天国有其非常鲜明的特色，它穿着宗教外衣，表现了农民阶级在政治、经济、文化各方面对地主阶级进行空前的思想反抗和暴力冲击。然而，太平天国思想却无法挣脱封建生产方式所带来的局限，缺乏近代资产阶级基于新的生产力和生产方式的经济基础所产生的民主主义等重要内容。相反，像平均主义、禁欲主义、宗教迷信等小生产者的意识形态占据了重要地位。它们违反社会发展的进程，不符合现实生活的要求，起了导致革命失败的作用。洪秀全的思想突出地表现了农民阶级意识形态这种革命反抗与封建落后的两重性。

洪秀全思想的核心和主流，是中国封建社会农民革命思想在近代特定条件下的继承和发展。太平天国革命思想的各种内容，如以经济平均主义为内核的朴素平等观念，和“太平”“天国”之类的基本观念和口号，在中国是由来已久的[①]。从汉代的《太平经》[②]到唐代的《无能子》[③]，从《诗经·硕鼠》里的“适彼乐土”到《抱朴子·诘鲍》的“安土乐业，顺天分地”[④]，都确如列宁所指出，“……剥削的存在，永远会在被剥削者本身和个别‘知识分子’代表中间产生一些与这一制度相反的理想”。[⑤]太平天国的特点是，它从西方学来了一套新的形式，把这种反剥削的理想提高到一个空前水平，构成了一套相当完备的理论体系，以此来作为发动、组织、统帅农民进行军事、政治、经济、文化各方面斗争的根本思想武器。它搞得如此充分、完整和自觉，在中外农民战争史上，都是罕见的。这当然首先要归功于洪秀全，他是太平天国的缔造者，是这场革命的思想家和政治首领（前期的组织家和军事领袖主要是杨秀清）。与一般思想家很不相同，洪秀全的思想已成为千万农民和被剥削劳动群众的现实斗争的武器，成为太平军的灵魂，并且也是太平天国“钦定”的意识形态。他的创造性，就在于他借来了一个西方的上帝观念来作为农民革命的思想理论基础。

1837年洪秀全从传教士那里得到了一本《劝世良言》。这是一本毫无革命意义和思想价值的基督教的拙劣宣传品。但它所联系某些中国现实所宣传和翻译的《圣经》教义诸如天父、耶稣、洗礼、祈祷、仪式以

① 八十年前就有人强调洪秀全搞的一套与中国下层社会的秘密会社有关，“其称天为父，及国号天国，官以天名，上下一体，皆以兄弟相称，非尽本于耶稣，而实有根于洪门之旧规而然也”（陶成章：《教会源流考》）。近人研究表明，太平天国那许多隐语、暗号以及某些观念，也与下层社会有关。参看谢兴尧：《太平天国的社会政治思想》（1935年）。

② “天生人，幸使其人人自有筋力可以自衣食者”；“天地施化得匀，尊卑大小皆如一，乃无争讼者”；“太者，大也，平者，正也，气者，主养以通和也，得此以治，故言太平气也”（《太平经》），等等。

③ “强分贵贱尊卑以一其争，强为仁义礼乐以倾其真，强行刑法征伐以残其生，……圣人者之过也……”（《无能子》）

④ “……身无在公之役，家无输调之费，安土乐业，顺天分地，内足衣食之用，外无势利之争……”（《抱朴子》）

⑤ 《列宁全集》第1卷，第393页。

及反对偶像，斥责儒、道、释等等，对当时广大中国人来说，则确乎闻所未闻，是与中国各种传统观念和思想形式，从孔孟经书到佛道迷信，大相径庭的新鲜事物。应该说，正是这一点，符合了最后一次考场失败正无路可走的洪秀全的迫切需要（他的那场大梦，下意识地表现了他对现实制度的满腔愤慨和泄愤式地要求报复与反抗的意念：一个没人瞧得起、屡次科举失利的穷书生，偏偏要来统治山河，主宰人世）。但更重要的是，这一套新鲜理论、观念和仪式符合了当时封建统治比较薄弱、农民运动此起彼伏、方兴未艾的广西地区社会阶级斗争的需要，借来了一个无所不能无所不在比皇帝的权威还要大的上帝，来打倒、否定和扫荡世间的一切物质的和精神的权威。恩格斯在《德国农民战争》中说："……所有的起义预言者都用他的忏悔说教来开始活动。事实上，只有猛烈的振臂一呼，只有突然一下抛弃了全部习以为常的生活方式，才能把毫无联系、散居四方、并且从小就惯于盲目服从的农民发动起来。"①拜上帝会的这一套比起三合会、三点会的下层传统秘密结社更具有上述功能，更便于与旧观念和习以为常的旧生活方式决裂，把会众的思想、行动和全部生活统一起来，形成为一股强大的力量。"脱俗缘，莫将一切俗情牵，须将一切妄念捐。"(《原道救世歌》）从《原道救世歌》《原道醒世训》到《原道觉世训》，②洪秀全终于由宣讲道德拯救的"忏悔说教"，发展而为政治斗争的号召。《劝世良言》强调的是人的堕落、神的惩罚；《原道觉世训》中却充满"他是何人，竟觍然称帝者乎"之类的战斗呼声。所以如此，根本原因乃在于它适应了当时当地农民起义的需要。并非如国外某些论著所认为，是舶来的宗教唤起了中国的革命，事情恰恰相反，是中国革命的需要使洪秀全采用和改造了这一外来的形式。

---

①《马克思恩格斯全集》第 7 卷，第 421 页。

② 这个发展过程尚待进一步探究，因前二篇并无革命意味。国外一些论著强调不是农民起义，而是种族、宗姓之间的械斗，使教义发生了变化，等等，（如 Philip A.Kuhn)《太平天国观念的根源》，《社会历史比较研究》1977 年第 7 期，这不对。

洪秀全对那种种强调谦怯自卑、逆来顺受、甘于屈辱、安于命运，所谓打你左脸再把右脸送上去之类的《圣经》教导舍弃不要，明白指出，“过于忍耐或谦卑，殊不适用于今时，盖将无以管镇邪恶之世也”（韩山文：《太平天国起义记》），基本舍弃了《劝世良言》中那种种叫人安分守己、服从封建统治、维护现有秩序、不欠债、要完粮之类的东西。洪秀全强调宣传的是所谓“皇上帝”与“阎罗妖”的对立和斗争，是自己在“天父天兄”指令下去斩妖杀魔，“上帝差朕降人间……尔等妖魔须走快”（《九妖庙题壁》）；“高天差尔诛妖魔，天父天兄时顾看”（《永安突围诏》）；洪秀全的上帝不是近代资产阶级“博爱”之梦，而是农民弟兄的复仇之神①。洪秀全在起义之前还宣传一些什么“止杀”“是以先代不嗜杀，德合天心天眼开”（《原道救世歌》），“乡邻互杀断非仁，天生天养和为贵”（《原道醒世训》）。到了后来却一再指出：“爷今圣旨斩邪留正，杀妖、杀有罪，不能免也。”“爷诫勿杀是诫人不好谋害妄杀，非谓天法之杀人也。”（《资政新篇》上的洪秀全批语）正如洪仁玕所说，“咸丰的军队对于我们并无丝毫恻隐慈悲之心”，“我们亦不以仁爱给他们”（《天京游记》）。可见，洪秀全的上帝及其革命的基本内容，正是由现实阶级斗争的状况（特别是当时你死我活的极其剧烈残酷的军事斗争）所决定、支配和改变的。

---

① “我们的圣经注解，都很难得到他的赞同，我们最好的经本，都被他用朱笔在旁批上天意，全弄坏了。”“我相信在他们的心里，他们实在是反耶稣福音书的。”“教皇如有权治他，早就把他烧死了。”（《天京游记》）又如：“如冒称直接与神晤对……上帝临凡，此诚与吾人就基督教圣经中所习见者大相径庭也。”“……彼等已创立一种新宗教，可称之为一种伪的启示，……足令一般毫无成见者怀疑其信仰是否真有诚意。”（《英国政府蓝皮书中之太平天国史料》）“传教士发现他们很少与太平军有一致之处，……洪秀全的教义是完全不像我们那样会从天父那里得来的，也和耶稣所说的话极不相同。”“太平天国运用了基督教特别是旧约里的思想和仪式，例如施洗和遵守礼拜制度等，可是并没能接受基督教的许多基本道理，……他们略去了爱、宽恕、谦卑，关怀自己邻人等等基督教特有的教义。”（费正清：《美国与中国》第8章第2节）

普列汉诺夫讲到宗教时曾提出观念、情绪和活动（仪式）是三个要素（《论俄国的所谓宗教探寻》）。洪秀全把这三者都注入了革命的内容。“人皆兄弟”基督教的博爱观念，被注入了农民阶级的经济平均主义和原始朴素的平等观。宗教狂热被充实以积压已久的农民群众的造反欲求。更突出的是，宗教戒律仪式被改造成相当完备的革命军队所需要的严格纪律。三者之中后者本最实在和具体，一切宗教都必须依赖种种仪式戒律，才能维系其存在和表现其观念和情绪。洪秀全把摩西“十诫”改为“十款天条”，成了“太平军奉此为初期的军律”（罗孝全：《小刀会首领刘丽川访问记》），后又不断扩充发展为更为完备的各种《行营规矩》《定营规条十要》《行军总要》等等。例如，“人皆兄弟”的观念在这里便具体化为官长必须爱惜兵士，军队必须爱护百姓等等（见《行军总要》）。①

① “十款天条”是：一崇拜皇上帝，二不拜邪神，三不妄题皇上帝之名，四七日礼拜颂赞皇上帝，五孝顺父母，六不杀人害人，七不奸淫，八不偷窃劫抢，九不讲谎话，十不起贪心。五条纪律诏是：“一遵条命，二别男行女行，三秋毫莫犯，四公心和傩，各遵头目约束，五同心合力，不得临阵退缩。”

“定营规条十要”是：“一要恪遵天令，二要熟识天条，赞美朝晚礼拜，感谢规矩及所颁诏谕，三要炼好心肠，不得吸烟饮酒，公平和傩，毋得包弊徇情，顺下逆上，四要同心合力，各遵有司约束，不得隐藏兵数及匿金银器饰，五要别男营女营，不得授受相亲，六要谙熟日夜点兵鸣锣吹角擂鼓号令，七要无事不得过营越军，荒误公事，八要学习为官称呼，问答礼制，九要各整军装枪炮以备急用，十要不许谎言国法王章，讹传军机将令。”

“行营规矩：一令各内外将兵凡自 15 岁以外各要佩带军装粮食及碗锅油盐，不得有枪无杆，二令内外强健将兵不是僭分干名，坐轿骑马，及乱拿外小（老百姓），三令内外官兵各回避道旁呼万岁万福千岁，不要杂入御舆宫妃马轿中间，四令号角喧传，急赶前禁地听令杀妖，不得躲避偷安，五令兵军男妇不得入乡造饭取食，毁坏民房，掳掠财物及搜抄药材铺户并府州县司衙门，六令不许乱捉卖茶水卖粥饭外小为挑夫，及瞒昧吞骗军中兄弟行李，七令不许在途中铺户堆熿困睡，耽阻行程，务宜前（转下页）

拜上帝会的一些基本宗教观念和热烈感情，就这样在这种神圣化了的纪律和仪式中得到了宣传、贯彻和严格执行，在斗争中起了统一思想、统一意志、统一步调的重大实际作用。太平天国非常重视这种仪式、纪律和宣传，非常重视“天情道理”的宣讲，这种宣讲的突出特点是把宗教观念与起义前后的革命历史糅杂在一起①，实际是太平天国特有的思想教育。太平天国强调要“换移心肠”，“天晴则操练兵士，下雨则习读天书”(《天情道理书》)，“凡刑人必讲道理，掠人必讲道理，仓卒行军、临时授令必讲道理……为极苦至难之役必讲道理”(《贼

（接上页）后联络，不得脱徙，八令不得焚烧民房，及出恭在路井民房，九令不得枉杀老弱及无力挑夫，十令各遵主将有司号令，毋得任性自便，推前越后。”

“行军总要”中的规定：“……凡为佐将者当知爱惜兵士，譬如行营，沿途遇有被伤以及老幼人等，遇有越岭过河，不能行走者，必须谕令各官，毋论何人马匹俱牵与能人骑坐，……庶无遗弃，至于扎定营盘之期，……务要查实伤愈者几名，伤未愈者几名，一一报明，令宰夫官三日两日按名给肉，以资调养……”

“本营兄弟总要小心提理，念认同父所生，视为骨肉一样。”

“凡巡更把卡兵士，若遇天寒雨雪之夜，尤当加以体恤，若见其衣裳单少，或被褥不敷，即当传令各官，如有多余，即当挪出，分散兵士。倘各官亦无多袍裳，即令各官夜间将皮袍裳与把卡兵士穿着。”

“凡营盘之内俱要洁净打扫，不能任意运化作践，……以及在无羞耻处润泉（小便），……凡我兄弟行路，不准强拉外小挑抬，即在外小屋内打馆，亦不准妄取一物。……凡我兄弟俱要修好炼正，不准吹洋烟，吸黄烟、饮酒、虏掠、奸淫，犯者斩首不留。……路旁金银衣物，概不准低头捡拾，以及私取私藏，违者斩首不留。”

“凡无故杀害外小者斩……”

“凡焚烧外小房屋者斩……”

“凡虏掠外小财物者斩……”

① 参看《天情道理书》。实际宣讲情况如：“……升座良久方致词：我辈金陵起义始，谈何容易乃至斯，寒暑酷烈，山川险峨，千辛万苦成帝基，尔辈生逢太平时，举足使上天堂梯……”(《癸甲金陵新乐府》)

情汇纂》)。太平天国有一套又一套的非常具体的规定，例如关于“升天”“宜欢不宜哭”(《天条书》)等等，例如“同时长跪同默祷，同时蹶起同狂呼（说杀尽妖魔四字），每饭不忘除妖魔”(《癸甲金陵新乐府》)。这种重视宗教宣传（太平天国的思想教育）和仪式规定（太平天国的组织纪律），使广大的太平军战士团结一致，奋不顾身，前仆后继，不可阻挡。“以人众为技，以敢死为技，以能耐劳苦忍饥渴为技……死者自死，渡者自渡，登者自登。”(《贼情汇纂》)一方面，借助于一种新的宗教形式，的确改变了传统农民的保守、散漫、因循守旧的生活方式，把他们发动、组织起来成为一支革命大军；另一方面，又只是由于中国传统社会农民战争的现实需要，舶来品的基督教形式才可能起这样的作用。“向西方学习”必须适应和结合中国的实际才有作用。洪秀全在中国近代开创了范例。

然而，宗教毕竟是宗教，它所宣传的观念、道理，所进行的思想教育、纪律规定，在根本上都不是对客观事物和世界的科学解释①，因此在多大的程度和范围内能使人真正完全地长久地信服，便是一个问题。首先，太平天国最高领导层对这种宗教教义的信仰忠诚性并不一致。杨秀清、萧朝贵搞的“天父”“天兄”下凡附体②，对他们自己来说，明知是一种欺骗，这与洪秀全真正相信梦境里的真实是不同的。洪仁玕说“兵者，势也。因其势而导之，则一往莫遏……我天朝初以天父真道，蓄万心如一心，故众弟只知有天父、兄，不怕有妖魔，此中奥妙，无

① 因此也不能同意认为洪秀全的哲学是泛神论或唯物论。尽管在起义前的论著以及《天情要理》中有可以勉强解释为自然神论的个别语句，但洪秀全建立起来的明明是一个人格神，它具体过问世事，指挥人间，有意识有目的地主宰支配着世界，“尔知我天父上帝要人生则生，要人死则死，是天上地下之大主宰么”(《天父下凡诏书》)，而且还活灵活现与洪秀全晤对，以及下凡附体等等，这哪里是什么泛神论、唯物论？怎么能和崇尚理性，反对天启的闵采尔相比附？

② 它显然来自广西当地的民间风习，“浔州僻居山乡，……民间流行降托旨圣之说”(罗尔纲:《洪秀全起义前年谱》)。

人知觉”(《资政新篇》)，也透露了与杨、萧类似的消息。石达开则是一开始便“不甚附会邪教俚说”(左宗棠：《与王璞山书》)，后又“将真圣主官制礼文多更改焉”(《吉庆元朱衣点上天王奏》)。其次，尽管惩罚极严，有杀头危险，但从李秀成到洪天福等等早期就仍违反天条，偷看禁书（见他们的《自述》)，思想、观念、情感、意志靠一种非理性、反科学的宗教信仰和强制纪律来统一和维系，是不可能支持长久的。它必将走向反面。特别是经过天父代言人杨秀清竟然被杀的巨大事件之后，忠诚的信仰就逐渐变成怀疑或欺骗，狂热的情感变为“人心冷淡”(《资政新篇》)，仪式流为形式，禁欲转成纵欲，道德纯洁走向道德毁坏……前期那种夫妻同居一次也得杀头，那种“虽极热，夜卧不得光身，白昼不得裸上体”(《贼情汇纂》)之类的严厉禁律，官兵王侯，比较平等[①]，“寝食必具，情同骨肉”的动人情景，都不再能继续维持……这表明以宗教意识为动力和主干的农民革命思想没有进一步发展方向。洪秀全从前期经验出发，直到最后仍一再颁布各种诏令，极力强化道德说教和宗教宣传，结果在前期取得巨大成效的，现在却收效极微。以前好些论著说洪秀全到天京后如何昏聩无能，不问政事，以致失败。其实洪秀全始终是管事的，并且与前期一样，仍然在行政、组织、军事各方面表现出极大的敏锐、识力和才能，例如选拔将领（如英、忠、辅、侍等)、任免人员（如赏罚严明，对干、英、忠诸王亦不少贷)、决定战役（如东征、第二次西征等等)。问题并不在这里，而在于他在基本思想和政纲政策上仍然顽固坚持、并愈来愈迷信他那一套非理性的宗教信仰和道德说教，他不是如实地总结斗争的经验教训，而是把革命的成败归结是否忠诚于宗教信仰，抱着他那些僵死的教义和前期的经验不放，甚至最后在改国名、朝名、玉玺名上面做文章，把“太平天国”改

① 这当然也是相对而言。其实一开始就有等级尊卑的严格规定，如六王可以有众多妻室，而以下任何官兵，夫妻不许同宿。农民起义的诸首领开始具有某种平等地位，历来如此，并非太平天国有所特殊，如所谓“忠义堂前无大小”“一字并肩王”等等，均同此。

为“上帝天国”等等，以期拯救危局，改变形势，显然不能解决任何问题。

从这个洪秀全个人的悲剧中，可以看到的正是阶级的局限。一代天才最后落得如此悲惨、被动，是由于他不可能摆脱传统生产方式带给他的深刻印痕。所以，不应将农民阶级、农民战争及其领袖理想化。一方面，它有反地主阶级、冲击封建生产关系的革命性；另一方面它又并不代表新的生产力和新的生产关系，仍然要回到传统生产方式去，从而又具有浓厚的封建性。

中国近代民主革命实质上是农民革命。以农民为主力军的新民主主义革命，数十年武装斗争，也可说与太平天国农民战争有继承关系。因之把农民战争理想化也是有原因的。但是，新民主主义革命号称“是在工人阶级（通过共产党）的领导下，在马克思列宁主义毛泽东思想的科学指引下进行”的，从而它与历史上的任何农民革命包括太平天国本应有原则区别。毛泽东在四十年代曾建议郭沫若写太平军。然而悲惨的是，包括太平天国在内的所有农民革命的长处和弱点，它的巨大成功和失败，却只有今天才更能了解其深刻内容和意义。

二　砸烂孔丘的牌位

洪秀全由于信仰上帝不拜偶像，砸烂私塾中孔丘牌位，被解聘，①从而开始走上革命活动的道路，这确是一件具有象征意义的事情。

关于洪秀全和太平天国的反孔，本文认为，不应把它形而上学化，要看到它的两重性。

洪秀全固然因考场失败对孔孟教义怀有不满②，但他主要是在起义后，

① “秀全与其几个新信徒既不事偶像，又将书塾中的孔子牌位除去，故本年皆失了教习”（《太平天国起义记》），虽后又回家任教，但已以传教活动为主了。

② 洪于1836、1838、1843年三次去广州考秀才，失败；“秀全因不满意于场屋，愤恨不平，已有蔑视孔子教义之心”（《太平天国亲历记》），所以《劝世良言》中崇上帝，反偶像，排儒教的种种宣教才会被洪欣然接受。

因为与阶级敌人的对垒，才日益坚决反孔。所以，起义前著作中充满孔孟的传统思想、观念、语言、名字（如“孔颜疏水箪瓢乐”“颜回好学不二过，非礼四勿励精神”等等），这时才明确删除，并一再焚书禁书，明令只许诵读洪秀全颁布刊行的经典，“当今真道书者三，无他，旧遗诏圣书，新遗诏圣书（即旧约、新约），真天诏命书也，凡一切孔孟诸子百家妖书邪说者尽行焚除，皆不准买卖、藏、读也，否则问罪也”（黄再兴：《诏书盖玺颁行论》）。地主与农民极其紧张的阶级大搏斗反映为意识形态领域里上帝与孔丘、革命观念与传统文化的尖锐对立和势不两立，这当然具有极大的造反意义，是对几千年来的地主阶级意识形态的空前猛烈的冲击。为了反对地主统治阶级，连这个阶级所保存的一切文化和文明，也在唾弃毁坏之列，“见书籍，恨如仇雠，目为妖书，必残杀而后快”（《平定粤匪纪略附记》），是农民运动中常见的现象。尊孔与反孔，剥削有理的儒家理论与反剥削的空想社会主义的剧烈斗争，正是农民与地主的矛盾斗争在意识形态领域内的尖锐表现。

但事情还有另一方面。统治阶级的意识经常是占据社会统治地位的意识，太平天国的反孔震撼了整个社会，影响了地主知识分子，甚至其中的某些激进分子如汪士铎也不满和斥责起孔孟来[①]（虽然阶级立场和不满的理由与太平天国恰好相反）。但洪秀全和太平天国由于缺乏新的经济基础作为依靠，也就提不出新的上层建筑和意识形态来替代封建主义，以孔孟为集中代表的传统思想就并没有、也不可能被真正打倒或清除。它们又以各种形式在太平天国意识形态内渗透、保留和表现出来。一种是以“天父天兄”“新天新地”的改装形式表现出来，一种则是原封不动地重新出现。这就不奇怪，在洪秀全写的《天父诗》《幼学诗》等作品中为什么会有那么多的正统儒家观念；这也不奇怪，1861年太平天国公开声明，“天父前降有圣旨云：孔孟之书不必废，其中有

① 如“仲尼……空谈，以言兵刑，皆谬”，“孔子之言，皆以时势既殊，今决不能用，愚儒不可以为口实，正名之言……皆极附会，修文德以来，真是做梦……学稼答问，亦荒唐”（《乙丙日记》）。

合于天情道理亦多"(《钦定士阶条例》);这也不奇怪,现实主义作风较强的杨秀清、眼界和思想更为开阔的洪仁玕,以及石达开、李秀成等人,都有和缓反孔的倾向(杨、石、李),或企图融孔学与基督教于一体(洪)。① "四人帮"用某些并不可靠的材料说杨秀清尊孔,是通过影射搞政治阴谋,但由之而斤斤争辩杨秀清并未去朝孔庙或强调洪秀全自己也主张孔孟有可用之处,等等,便也只是纠缠于表面现象之上。

问题的实质在于农民既不可能创造新的生产方式,也就不可能创造能彻底挣脱封建主义的意识形态。无论是起义前洪秀全的著作,或者是所谓反孔高潮中的著作,都一贯地保留了以"三纲五常"为基干的儒家封建伦理和"死生有命、富贵在天"之类的封建传统观念。太平天国删改儒家经典之所以只是"国"改"郭"、"王"改"相","孟子见梁惠王"改为"孟子见梁惠相",就决不是偶然的了②。用宗教教义和物质摧毁是打不倒孔丘的。搞得如此轰轰烈烈的所谓反孔斗争,实际上并未能批判传统孔学,这个批判是从以民主与科学为旗帜的五四运动才真正开始。洪秀全砸烂的,毕竟只是孔子的牌位而已。这种砸烂有巨大的反抗意义,然而又有其严重的局限。

三　冲击"四条极大的绳索"

毛泽东认为:"政权、族权、神权、夫权,代表了全部封建宗法的

---

① 可参看 Y.C.Shih《太平天国意识形态》(1967、1972),第 136 页。洪仁玕在当时西方人眼里是"最开通的中国人,他极悉地理,又略识机器工程,又承认西洋文明之优越,家藏有各种参考书"(《天京游记》),"西方之科学与文明,无不通晓"(呤唎:《太平天国革命亲历记》)。洪仁玕企图改革洪秀全的上帝,使之一方面更符合四方基督教教义(如三位一体等,而不是洪秀全的中国农民化的什么"天妈""天嫂"),另一方面更符合儒家传统。

② "天命之谓性,率性之谓道以及事父能竭其力,事君能致其身,此等尚非妖话,未便一概全废。"(杨秀清)"其中一切鬼话、怪话、妖话、邪话一概删除净尽,只留真话、正话。"(洪秀全)

思想和制度，是束缚中国人民特别是农民的四条极大的绳索。”

1927年湖南农民运动对这四条绳索进行了猛烈冲击，1850年的太平天国运动也是如此。太平天国那次冲击以实践形式最集中地表现了农民阶级反封建的革命意识形态。

首要的当然是政权。太平天国搞的不是一般的“劫富济贫”、“除暴安良”、反贪官不反皇帝，它明确地把打击矛头指向以清朝皇帝为总头子的各级地主阶级的政权机构和官吏人员①，同时自觉地建立起以贫苦劳动人民为骨干领导的从基层起的各级革命政权。“木匠居然做大人”（《金陵纪事》），“良民不肯为旅帅、为司马、为百长，市井无赖及蛮横仆妇喜充之”（《劫舍小记》）。太平军对劳动大众极为热情和信任，对地主阶级的知识分子则一般是使用（如做文书）而并不重用，对劳动者与剥削者这样严格区分、不同对待，应该说，其自发的阶级觉悟达到了惊人的高度②。

可见，政权的性质、组成和人员是大有变化的（当然也有未大变化的）。当这些政权机构从属于和服务于太平军的战斗任务（当时主要是军事斗争的任务）时，它当然是农民的革命政权。但是，从政权的建立原则、制度、办法和具体发展情况看，它就仍然是在小生产的社会基础上，适应于各种封建形态的土地关系的上层建筑。正如古代农民革命在摧毁地主土地所有制的旧生产关系之后，在一定范围和时期内，土地得到了重新分配和调整，生产力得到了发展，但很快起义领袖们变成以皇帝为首的公卿将相大地主阶层，占主导地位的仍然是地主土地所有制一样，农民革命即使在粉碎旧的国家机器之后，建立起来的也仍然

① “贼以官为妖，见朝衣、朝冠、袖褂、翎领之类以为妖服，人家有此服物，则蹂躏益甚。又称士曰妖士，兵曰妖兵，吏曰妖差。”（《苏台麋鹿记》）

② 如“挖煤开矿人、沿江纤夫、船户、码头挑脚、轿夫、铁木匠作，艰苦手艺，皆终岁勤劳，未尝温饱，被掳服役，贼必善遇之，数月后居然老兄弟矣”；“凡掳人每视其人之手，如掌心红润，十指无重茧者，恒指为妖”（《贼情汇纂》）等等，材料极多。

只能是封建皇朝和专制政体。太平天国政权当时主要的功能、作用还是在打清朝打曾国藩，还是在军事、政治、经济上代表农民阶级反对地主统治的利益，所以应该承认它仍是农民的革命政权。但就在同时，便可以清楚看到它的标准的封建性质，从永安到天京，从《太平礼制》到《天命诏旨书》，它的制度是等级异常确定，尊卑十分分明，弟兄称呼纯为形式，君臣秩序备极森严，不仅有等级制，而且有世袭制……，完全是封建主义那一套，并无任何近代民主主义。根据《天朝田亩制度》的理想规定，产生官吏是“保举”（并非选举），即层层向上推举，然后由上层选择任命（但汉代就有“举孝廉”“举秀才”的制度）。① “凡天下每岁一举，以补诸官之缺，举得其人，保举者受赏，举非其人，保举者受罚。”（《天朝田亩制度》）政权人选和权力实际上仍然长期操纵在上级官员的手中，广大群众并无真正的权力。时间一长，蜕化变质、徇私舞弊种种传统官场的陋习弊病便都不可避免弥漫开来。在上层，情况更是如此。由于没有任何近代民主制度，专制与割据、阴谋与权术，便成了进行权力争夺的手段，而且愈演愈烈。一方面是权力高度集中，使人窥伺不已的专制宝座（如洪、杨之争），另一方面是拥军自重不听号令的割据势力（如后期诸王）②。洪秀全的迷信，杨秀清的权术，韦昌辉的阴谋，石达开的分裂，李秀成的变节，后期诸王的彼此猜忌，互不合作，都不只是个人品质或野心的问题，它深刻暴露了农民革命某些根

① 乡官是否选举，有争论，参阅郦纯《太平天国制度初探》（增订本），这无关实质，重要的是中上层官员。

② 干王与诸王的关系不佳，人所熟知，其实英、忠之间，他们与诸王之间，关系也是并不协调的。不独李秀成之于洪仁玕，而且李世贤、杨辅清、黄文金等也“不甚服伪天王忠王之调度”（《曾文正公奏稿》卷3）；“据云，江阴常昭两县为英逆麾下攻取，苏省为忠逆独占，陈逆不慊，……伪天王弟洪军师到苏即调停忠英二酋之误会也。贼中互相猜忌如此”（《锡金团练始末记》）。具体情况可能有出入，但总的情况很明显，如洪仁玕自己所承认，“各王如何不尊重其威权”（《天京游记》），“今日出死入生，任各各军事权不一（洪仁玕：《立法制喧谕》）。

本弱点。在古代农民战争中，所有这些也是屡见不鲜的。当然，不是说没有个人的品质、气节、责任等问题①，而在于偶然中有必然，正是通过这种人物的才能、品质、性格和事件的偶然，表现出农民革命的某些本质规律性的东西。武力火并、宫廷政变、分散主义、军阀割据、争当皇帝等等，本都是封建主义的必然产物。马克思早就指出，小农经济必然产生专制政体，拥护封建皇帝。所以，说农民是皇权主义者并不错误。于是太平天国后期中下层各级政权大量渗入地主士绅，甚至与原有的封建统治体系交融合作，也就是很自然的事了。早期按功行赏颁爵完全破坏，官爵成了人们追求的特权利益②，种种腐败现象随之发生。定都南京之后，上层生活的奢侈腐化，从天王府、东王府、忠王府的排场讲究到"养尊处优，专务声色"等等，更不必说。这些都说明农民革命的领导层随着胜利而逐渐成了一个新的统治集团，他们是农民革命的领袖和英雄，却又向封建地主阶级的最高代表的方向行进。他们建立的政权也是如此。朱元璋集团走完了这条路，李自成、洪秀全没有走完。因之总的来说，前一方面（革命性）还是他们的主导面，但后一方面也早已具体而微了。

这种两重性在族权、神权、夫权上也同样展现出来。"天下多男子，尽是兄弟之辈；天下多女子，尽是姊妹之群"(《原道醒世训》)，"父子亦称兄弟，姑媳亦称姊妹……可谓五伦俱绝"，"舍亲兄弟不认，而别呼他人为兄弟"(《贼情汇纂》)，在血火战斗中同生死共患难，当然比亲兄弟还亲。洪秀全和太平天国在理论和实践上突破了传统族权的枷

---

① 个别人物或偶然事件虽不能改变或决定整个历史的趋势和行程，却可以造成甚至数十年以上的影响，特别是在前资本主义社会。当然在这几个人中，韦昌辉明显是天京屠杀的主要罪人，其他人均是农民革命领袖，这一点在当时就是十分明确的。洪秀全为纪念杨秀清定有东王升天节，而北王则永远除名。

② "动以升选为荣，凡若一岁九迁而犹缓，一月三迁而犹不足，……举朝内外皆义皆安，更有何官何爵可为升迁地耶。"(洪仁玕:《立法制喧谕》)晚期竟有二千多个王。

锁①。神权方面，洪秀全打偶像②，反对一切传统神灵，破除迷信，“年年是吉是良，月月是吉是良，日日时时亦总是吉是良，无有好歹，何用拣选”(《太平历书》)。它的确起了直接服务于现实斗争的重要作用，“神且砍头折足……且不敢为祸，人何敢违”(《贼情汇纂》)，“这却是他们能力之源，因为人民和清军看见他们随便毁坏神像而毫无伤害，行若无事，不能不惊异，不知他们究竟是什么人物。他们所奉为至神至圣无人敢冒犯亵渎者，而太平军竟敢犯之”(《太平军纪事》)。木偶泥团的物质扫除有助于传统束缚的精神解放。夫权方面，太平天国一开始便把妇女编进战斗队伍，“男将女将尽持刀，……同心放胆同杀妖”(《永安突围诏》)，“贼妇亦有伪职，与伪官相同，间尝出战，红绡抹额，着芒鞵，颇矫健”③(《武昌纪事》)，实行自愿婚姻，“凡天下婚姻不论财”(《天朝田亩制度》)。允许参加考试，命令放脚。这些都突破了传统夫权的绳索，甚至使当时西方资产阶级也赞叹为“洵世界得未曾见之奇观，即人类的幻想亦未能形状其伟大”(《华北先驱周报》1853年174号，转引自罗尔纲:《太平天国史事考》，第337页)。

但所有这些，又都只是一个方面，另一方面的事实是，小农经济的农村社会结构，以血缘为纽带、封建大家庭为生产单位，聚族而居，安土重迁，宗法关系和宗法观念远远不可能真正动摇。最近发现的文物材料还证明，远在天京的高级将领仍要与自己的家乡宗族保持亲密的联系。洪秀全反对了传统神权，却又建立了更为活灵活现无限权威的人格神，地主阶级“奉天承运”的神道设教不过变而为“吾主天王受天父”“真命”。劳动妇女在军事战斗中挣脱了夫权统治，然而，很快就要接受洪

① 《原道醒世训》中强调要破除国家、乡土、族姓界限，反对以“此乡此里此姓而憎彼乡彼里彼姓”，因当时广西族姓之间常有械斗。

② 洪秀全反神权的特点主要在捣毁偶像，从佛道神像到祖宗牌位，一直到天主教堂里的神像。“对待天主教堂所设之神坛和偶像，与佛寺之神像或孔子之神位相等”(《太平天国天京观察记》)，“甚至把天主教徒亦视为偶像崇拜者”(《远东在世界政治中》)。

③ 守卫镇江的女军击败清兵是一著名战例。

秀全的“妻道在三从，无违尔夫主，牝鸡若司晨，自求家道苦”(《幼学诗》)、“只有媳错无爷错……只有臣错无主错”(《天父诗》)，以及要举止端庄、修饰仪容、殷勤侍候之类的典型的传统教诲和规定。可见，对旧有政权、族权、神权、夫权的冲击破坏，主要是表现在太平天国的军事斗争和军队中，而不是表现在广大社会和和平环境里，前者毕竟是少数人和为时短暂的，在革命冲击过去后，很快又退回到原处。所以，太平天国并没有也不能使整个社会从这“四条极大的绳索”下真正解放出来。

四 《天朝田亩制度》

1853年洪秀全定都南京后颁布的《天朝田亩制度》是公认的太平天国革命思想的总纲。它的特征恰恰是上述革命反抗与封建落后这种双重性的最典型的表现。

基督教的上帝叫人死后进天堂，洪秀全的上帝要在地上建立天国。洪秀全利用了《劝世良言》关于大天堂、小天堂的含混说法，强调地上也应建立天国。“……天国是总天上地下而言。天上有天国，地下有天国。天上地下同是神父天国，勿误认单指天上天国，故天兄予诏云天国迩来，盖天国来在凡间，今日天父天兄下凡创开天国是也。”(《马太福音批解》)

《原道觉世训》曾引用儒家的《礼记·礼运》关于“大同”的记述作为理想，但《天朝田亩制度》的具体制定则主要是把在农民起义和革命战争中积累起来的经验加以理想化和规范化的结果①。

《天朝田亩制度》以改革土地所有制为核心，提出了一整套相当完备的理想设计。它宣告平均分配土地，共同从事劳动，彼此支援帮助，规定副业生产。

更重要的是，它对分配、消费的规定，其特点是“人无私财”，一切收入归“圣库”，否定私有财产，消除贫富差别，“有田同耕，有饭同吃，有衣同穿，有钱同使”，希望把“无人不饱暖”建立在“无处不均

① 例如金田起义前即并无否定私有财产的文字上的明确提法。

匀”的分配基础上：

> 凡分田，照人口，不论男妇，算其家口多寡，人多则分多，人寡则分寡……凡天下田，天下人同耕，此处不足，则迁彼处，彼处不足，则迁此处。凡天下田，丰荒相通……务使天下共享天父上主皇上帝大福，有田同耕，有饭同食，有衣同穿，有钱同使，无处不均匀，无人不饱暖也……
>
> 凡天下，树墙下以桑，凡妇蚕绩缝衣裳。凡天下，每家五母鸡二母彘，无失其时。凡当收成时，两司马督伍长，除足二十五家每人所食可接新谷外，余则归国库。凡麦、豆、苎麻、布帛、鸡、犬各物及银钱亦然。……凡二十五家中所有婚娶弥月喜事，俱用国库，但有限式，不得多用一钱。……凡二十五家中力农者有赏，惰农者有罚。

这种严格的平均主义的分配、消费的经济生活，当然需要一种具有极大权威的行政力量和严密组织来支配和保证。《天朝田亩制度》从而规定了一系列社会生活的准则。这是一种严格组织起来的集体化的生活和权力高度集中的社会结构，它实际是要求建立在军事化的基础之上。

它以二十五家为一“两”，“两”是生产、分配、军事、宗教、政治、教育等等几合一的社会基层组织和单位。在这里，军事（兵）、生产（农）是合一的，政治、经济是合一的，行政、宗教是合一的，统统由“两司马”（官名）领导管理。两司马管理生产，执行奖惩，保举人员负责教育，处理诉讼，领导礼拜，宣讲《圣经》……具有极大权力。①

---

① 如“凡两司马办其二十五家婚娶吉喜等事，总是祭告天父上主皇上帝，一切旧时歪例尽除。其二十五家中童子俱日至礼拜堂，两司马教读《旧遗诏圣书》《新遗诏圣书》及《真命诏旨书》焉。凡礼拜日，伍长各率男妇至礼拜堂，分别男行女行，讲听道理，颂赞祭奠天父上主皇上帝焉”。

“……各家有事讼，两造赴两司马，两司马听其曲直”，“民能遵守条命及力农者，两司马则列其行迹，注其姓名，并自己保举姓名于卒长……”“每军每家设一人为伍卒，有警则首领统之为兵，杀敌捕贼，无事则首领督之为农耕田奉尚。”

《天朝田亩制度》非常重视生产和宗教生活，以之作为根本标准，“民能遵条命及力农者则为贤为良，或举或赏。民或违条命及惰农者则为恶为顽，或诛或罚”，也非常重视社会福利：“鳏寡孤独废疾免役，皆颁国库以养。”总之，一切组织化，集体化，军事化，规格化，单一化，吃饭要祈祷，结婚有证书……一切都由强制纪律来保证执行，平均主义、禁欲主义和宗教领先极为突出。马克思曾指出，小农的政治影响表现为行政权力支配社会，在这里可说是表现得最为典型了。《天朝田亩制度》是否实行，曾经有过争论，它只是一个理想纲领，但它的某些部分在太平军中又的确广泛实行过，例如一切财产归公的圣库制度，不领俸钱平均分配而略有差别的普遍供给制度，①男营女营和各种匠、馆（把个体手工业集中组织在一起）制度等等，并且在天京还强制在全体居民中推行和维持过相当一段时期（几年）。

因之，问题就在于：为什么这个制度不能普遍地和长期地实行下去？为什么在太平军打下某城某地时雷厉风行的营、馆制度很快就解体？为什么洪秀全、杨秀清等人要下令“照旧交粮纳税”②？当然，在紧张的军事行动时期，为了战争的急迫需要（如征集军粮），不可能立

① “不要钱漕，但百姓之田，皆系天主之田，收取子粒，全归天王，每年大口给米一石，小口减半，以作养生”(《金陵被难记》)；“天王日给肉十斤，以次递减，至总制半斤，以下无与焉”(《贼情汇纂》)，“如果查出某人藏有多过五两的款，即罪他不以此款归公而将他鞭笞了。所有财物一得到即须缴入公库，而凡有私匿不报者，都有背叛行为的嫌疑”(《华北先驱周报》，转引自罗尔纲《太平天国史事考》)。“又问，如果人人不许有私财，他们自己想买点好东西吃又怎么办呢？他说，那是无需的。每一伍卒、卒长都预备全体所需，放在桌上的时候，大家平等分享，即使最高级军官的盘碗也跟最低级的士兵一般。”(同上)等等。

② “小弟杨秀清立在陛下暨小弟韦昌辉、石达开跪在陛下奏为征办米粮以裕国库事：缘蒙天父天兄大开天恩，差我主二兄建都天京，兵士日众，宜广积米粮，以充军储而裕国课。弟等细思安徽、江西，米粮广有，宜令镇守佐将在彼晓谕良民，照旧交粮纳税。如蒙恩准，弟等即颁行诰谕，令该等遵办。……御照：胞等所议是也，即遣佐将施行。”(《贼情汇纂》)

即实行社会改革（如分田）；等局势略定，还是要按《天朝田亩制度》去强制推行的，所以洪秀全再次颁布这个《制度》，表示忠实于自己纲领的决心和信心。但事实是这个制度越来越行不通，愈来愈遇到极大的阻力和困难。圣库制、供给制一开头就很难在整个社会上普遍推行，“此令……究不能行，遂下科派之令”（《贼情汇纂》）。男营女营制很快就停止或废除①；各种匠营、馆集中的人大批逃亡②。甚至在军队中“圣库”制度在逐渐名存实亡，供给制被破坏，许多将领拥有大量私财。废除商业、贸易、货闿的结果，一方面使市场萧条，经济停滞（如天京城内），同时又反使军队经营商行当铺，将官揽权纳贿，发财致富……事情日益走到了《天朝田亩制度》的反面。虽经洪秀全一再下令（如废除商业、贸易），也丝毫改变不了局势。

这不能简单归结为后期的“蜕化”，根本原因在于《天朝田亩制度》具有不符合社会发展进程的落后性质。洪秀全迷信前期主要是在军事斗争中和在革命军队中所取得的经验，当做整个社会生活所必须遵循的普遍法则来强制推行，违反了现实生活的要求需要，当然要失败（如废除家庭，实行男营女营），在战争中有效的，在和平时期便行不通（如没收私有财产，废除贸易，实行圣库制度等等）。平均主义、禁欲主义在早期发动组织群众和作为军队风纪，的确能起巨大作用，但把它们作为整个社会长期或普遍的规范、准则和要求，则必然失败。所以我们在说明这个纲领的反剥削、代表农民的理想和要求的合理性的同时，也不能无视、掩盖或否定这种小生产者的严重落后性质。不建立在工业大生

---

① 蒙得恩早看到这一点，要求不分男女行，不允，后终于1855年全面允许恢复家庭生活。《瓮牖余谈》等著作中，大多记有因群众要求正常夫妇生活而后解禁的事例。别男营女营原为便利军事斗争而实行，并无可非议，但把它普遍推行于城市，就必然走向反面，特别是在思想上，这种别男女的禁欲特色很浓厚。例如洪福瑱曾说：“老天王做有十救诗给我读，都是说这男女别开不准见面的道理，……我九岁以后想着母亲姊妹，都是乘老天王有事坐朝时偷去看他。”（《洪福瑱自述》）

② 参阅《金陵杂记》《金陵癸甲纪事略》等。

产的基础上，纯粹从消费、分配着眼，搞平均主义、禁欲主义的共产主义，把“五母鸡二母彘”之类的自给自足的自然经济理想化固定化，强制推行一种单一化的社会集体生活，在事实上是行不通，搞不长，挫伤群众（包括农民群众）的积极性，阻碍社会的前进发展的。尽管想得如何平等美妙，终于只是乌托邦。

五 《资政新篇》

只有充分估计了《天朝田亩制度》这种两重性，也才能充分估计《资政新篇》在太平天国革命思想中的价值和意义。《资政新篇》是洪仁玕写的。关于洪仁玕及其《资政新篇》，以前也有不同评价。好些论著是批判否定它的，认为它削弱了农民的革命性（罗尔纲），脱离群众，脱离实际，是知识分子的要求（侯外庐），甚至是反映西方殖民主义的利益（沈元），等等。本文不同意这种看法。前几年对洪仁玕的评价翻了过来，但大都着眼于洪个人如何受命于危难之际，深得洪秀全的信任，如何慷慨就义，晚节良好等等来推崇歌颂，这种肯定更表面。评价洪仁玕，要重视《资政新篇》。《资政新篇》的价值在于，它在近代条件下，给农民革命提示了一条真正摆脱传统羁绊，甩开落后空想，继续前进的方向和道路。这是当时符合历史发展、推动社会进步的惟一的方向和道路。尽管由于军事局势，根本没能实行，但它在思想史上的意义是重大的。正是在这个意义上，《资政新篇》才可说是《天朝田亩制度》的珍贵的续篇[①]。正是由于《资政新篇》，太平天国才具有指向“中华共和国——自由、平等、博爱”（马克思）的近代民主主义的气息。

《资政新篇》的主题是大规模地倡导和发展资本主义：迅速兴办

① 未提土地问题，是《资政新篇》被指责的主要原因，其实洪仁玕本就是作为补充条陈向天王提出的建议，不须重复已规定的纲领或制度，其实，不提它正显出高明。

近代交通运输业，提倡机器生产，开矿，立厂，办银行，积极采用近代西方科学技术，鼓励创造发明，实行专利制度，保护和奖励私人资本。如："兴车马之利，以利便轻捷为妙。倘有能造如外邦火轮车，一日夜能行七八千里者，准自专其利，限满准他人仿造"，"兴舟楫之利，以坚固轻便捷巧为妙，或用火用气用力用风，任乎智者自创"，"兴器皿技艺"，"兴宝藏。凡金、银、铜、铁、锡、煤、盐、琥珀、蚌壳、琉璃、美石等货，有民探出者准其禀报，爵为总额，准其招民采取"，等等。洪仁玕把资本家和封建土地主开始作了某种初步区分（《钦定军次实录》），实际是要求用资本主义来替代封建剥削。与此相适应的是上层建筑的一系列改造或建设，立法制，去酷刑①，办医院，兴邮政，开学校，设新闻官以舆论来监督行政（尽管洪秀全敏锐看出在当时军事斗争异常紧张形势下，不应实行，但并未从原则上否定它），如此等等。如果说，《天朝田亩制度》的重点在于打击地主土地所有制的生产关系，那么《资政新篇》的重点就在于建立和发展一种新的资本主义的生产力和生产关系，不再是"五母鸡二母彘"之类的农业小生产的狭隘眼界，而是建立近代工业、全面开发资源的宏大计划。也只有这样，才能真正克服前者的封建性、落后性和空想性。

洪仁玕把中国近代"向西方学习"推到了一个新的高度，他提出了"与番人并雄之法"，要与外国竞存。他的好些主张和后来资产阶级改良派差不多，但洪仁玕这个方案，比后来改良派陆续提出的发展工商业的主张，不但早二三十年，而且也更为全面和彻底。它是建筑在打击地主土地所有制的革命基础之上提出来的，与改良派在保持、维护这个土地制度反对农民革命的基础之上提出来的，有阶级的本质差异。前者比后者在使资本主义发展的速度和规模上会迅速和庞大得多。与当时清朝政府设厘金关卡相反，太平天国解除了种种传统束缚后（如废除封建性的把持垄断，采取开明的低税制等等），城乡资本主义因素曾经十分活跃，

① 太平天国曾吸取和实行下层会党流行的各种酷刑及点天灯、五马分尸等。

贸易繁荣，商业兴盛①，这也可证明《资政新篇》提出的发展民族资本主义的主张是符合当时社会发展的客观要求，也有一定的客观经济基础（中国传统社会末期本已有了资本主义经济“萌芽”），是符合中国社会摆脱封建主义的历史趋势的。资本主义也是剥削制度，但它比封建主义要进步，比小生产者的空想要现实和优越。“四人帮”的御用文人们就是故意抹杀这一点。林彪、“四人帮”搞封建法西斯专政，打着马克思主义的招牌，大肆宣扬平均主义、禁欲主义、蒙昧主义、原始共产主义，把革命领袖神化，大搞变相的宗教迷信、宗教仪式……而这些东西居然能在一定时期和一定范围内蒙蔽人们，甚至俘虏众多知识分子，原因之一与中国长久广泛的小生产者意识形态的传统影响有关。可见，仔细地研究太平天国的意识形态，总结它的经验教训，是一件很有意义的事情。

（原载《历史研究》1978 年第 7 期）

① 如苏州、宁波、嘉兴等处“人烟转盛，城市富民往来贸易，货物充斥，初不知为乱世”(《避寇日记》)；“市上热闹，生意繁盛，较前时数倍”(《吴江庚辛纪事》)；“百货川流，万商云集，将见安居乐业，攘往熙来”(《太平天国文物图相别编》)，……这种记载很多。

十九世纪改良派变法维新思想研究

中国近代改良派变法维新思想，是出现在十九世纪七十至九十年代传统社会上层的早期资产阶级自由主义的时代思潮。它反映和代表着正开始形成的资产阶级自由派的社会新兴势力，主张用和缓渐进、暂时不作根本变动的办法，来改革中国传统社会的经济、政治、文化，以抵抗外国资本主义国家的侵略。这一思潮的发生发展及其与当时占据社会统治地位的封建主义思想的矛盾和斗争，是太平天国革命失败后到革命民主主义兴起前这一大段中国近代思想史的主要内容。

下面是对这一思潮发生发展的历史过程的一个粗糙的、远不完备的概括论述。

一　改良派变法维新思想的“前驱先路”

1. 鸦片战争前夜的进步思想家龚自珍

十九世纪七十至九十年代的改良派变法维新思想有其直接的先行者。按其阶级基础、思想源流和理论形式，应该追溯到十九世纪上半叶。

十九世纪上半叶是中国封建社会走向穷途末路的时期。清王朝用高压手段所维持的相对稳定的统治年代已经一去不可复返，“康乾盛世”的红漆招牌毕竟要掉了下来。土地的高度集中和日益加重的地租盘剥，带来的是农民群众频频不绝的起义，起义的组织力量——会党取得了广泛的发展，“天地会”的势力遍布南中国。与此同时，丝织、棉织、造纸、制瓷、冶铁等等部门的商品生产在这时也大大突破了明清之际的水平，它们在暗中侵蚀着旧制度的基础。外国商品和走私鸦片的大量输入，纹银的外流，加重了这种情况，造成社会经济的枯竭。据统计，鸦片战争前几年流出的白银就等于当时银货流通总额的五分之一，平均每年流出额等于国家每年总岁入十分之一。但是，就在人民的膏血和眼泪已流成海洋的时候，社会的上层却仍在麻木的平静中欢庆升平，官员们仍旧贪婪地计算着自己的爵位和黄金，士子们仍旧蛆虫般地钻营幻想着飞黄腾达的年代……这的确是一个暴风雨前异常沉闷昏热的时刻，一切都在无声无息地腐烂，一切都走向无可救药的崩毁，这里充满着贪污、腐化、卑劣、无耻，同时也迅速地成长着无可遏止的愤怒和仇恨……这种情况深刻而尖锐地反映在当时清明的思想家的头脑里，充满着浪漫主义特色，龚自珍的尖利的笔闪电似地出现在这个风雨前夕的上空，给我们摊开了一幅“国赋三升民一斗，屠牛哪不胜栽禾”的岌岌不可终日的社会图景：

> 自京师始，概乎四方，大抵富户变贫户，贫户变饿者，四民之首，奔走下贱，各省大局，岌岌乎皆不可以支月日，奚暇问年岁？（《定庵文集》卷中《西域置行省议》）

这真是“履霜之屩，寒于坚冰；未雨之鸟，戚于飘摇；痹痨之疾，殆于痈疽；将萎之华，惨于槁木”（《乙丙之际著议第九》）。一方面，是残酷的封建剥削和惨重的民生凋敝；另一方面是“豺踞而鹗视，蔓引而蝇孳”，“析四民而五，附九流而十”（《乙丙之际著议第三》），大批封建吸血者的官官相护、朋比为奸、荒淫无耻、逢迎谄媚……而盘踞威慑在这个世界的顶峰的，是封建帝王的“一夫为刚、万夫为柔”“主上遇大臣如犬马”“约束之羁靡之”的专制淫威：

> 昔者霸天下之氏，称祖之庙，其力强，其志武，其聪明上，其财多，未尝不仇天下之士，去人之廉，以快号令，去人之耻，以嵩高其身，一人为刚，万夫为柔……大都积百年之力，以震荡摧锄天

下之廉耻……(《定庵续集》卷2《古史钩沉论一》)①

龚自珍朦胧地触着了君主专制制度的痛处，对人的尊严的遭受屈辱，抒发着深重的慨叹和不平；与此同时，龚氏广泛地揭发了社会的黑暗现实，看出了社会问题的严重，预感革命风暴的近临：

人心者，世俗之本也；世俗者，王运之本也。……贫者日愈倾，富者日愈壅……至极不祥之气郁于天地之间……郁之久乃必发为兵燧，为疫疠，生民噍类，靡有孑遗，人畜悲痛，鬼神思变置，其始不过贫富不相齐为之尔。小不相齐，渐至大不相齐，大不相齐，即

① 龚自珍这种论调是很值得注意的，尽管这些声音还没具有什么明确的反专制政体的因素，但它对后来的资产阶级思想家却有一种启迪的作用。此外如：

"……士不知耻为国之大耻……官愈久则气愈偷，望愈崇则谄愈固，地愈近则媚亦益工，……臣节之盛，扫地尽矣。……郭隗说燕王曰：帝者与师处，王者与友处，伯者与臣处，亡者与役处……。唐宋盛时，大臣讲官不辍赐坐赐茶之举，从容乎便殿之下，因得讲论古道，儒硕兴起；及据季也，朝见长跪夕见长跪之余，无此事矣，……殿陛之仪，渐相悬以相绝也。"(《明良论二》)

"老子曰，法令也者，将以愚民，非以明民。孔子曰，民可使由之，不可使知之。齐民且然，士也者，又四民之聪明熹论议者也……留心古今而好论议，则于祖宗之立法，人主之举动措置，一代之所以为号令者，俱大不便。……是故募召女子千余户入乐籍……则可以箝塞天下之游士……使其耗其资财，则谋一身且不暇，无谋人国之心矣。使之耗其日力，则无暇日以谈二帝三王之书，又不读史而不知古今矣。使之缠绵歌泣于床第之间，耗其壮年之雄材伟略，则思乱之志息，而议论图度上指天下画地之态益息矣……则论议军国臧否政事之文章，可以毋作矣。如此，则民听一，国事便，而士类之保全者亦众。曰，如是，则唐宋明岂无豪杰论国是掣肘国是而自取僇者乎？曰有之，人主之术或售或不售，人主有苦心奇术，足以牢笼千百中材而不尽售于一二豪杰，此亦霸者之恨也。吁！"(《定庵续集》卷1《京师乐籍说》)

> 至丧天下。（《定庵文集》卷上《平均篇》）
>
> 近年财空虚，大吏告民穷……亦知物极将返乎。……有所溃，有所郁，郁之也久，发之也必暴……今百姓日不足以累圣天子夐然之忧，非金乎？币之金与刃之金同，不十年其惧或烦兵事。（《定庵文集》卷上《乙丙之际著议第一》）

这样清醒而深刻的警告，包含在如此瑰丽奇异的文词中，从内容到形式都足以动人心弦。

龚自珍形象地把社会情况分为一日的三时，“一曰蚤时，二曰午时，三曰昏时”（《定庵续集》卷1《尊隐》）。龚氏指出他所处的时代已不是那种“大川归道”“王邑文明”的美好安稳的年头，而是“日之将夕，悲风骤至”“山中之民有大音声起，天地为之钟鼓，神人为之波涛”的革命风暴的前夕了。①

这样的年代自然地使龚氏想起更法改革的要求：“法无不改，势无不积，事例无不变迁，风气无不移易。”（《定庵文集补编》卷2《上大学士书》）“一祖之法无不敝，千夫之议无不靡，与其赠来者以勍改革，孰若自改革？……易曰穷则变，变则通，通则久。”（《定庵文集》卷上《乙丙之际著议第七》）“奈之何不思更法？”（《明良论四》）

---

① “日之将夕，悲风骤起，人思灯烛，惨惨目光，……而君子适生之，不生王家，不生其元妃嫔嫱之家，不生于所世豢之家，从山川来止于郊而问之曰：何哉？古先册书，圣智心肝，人功精英，百工魁杰所成，如京师，京师弗受也；非但不受，又裂而磔之，丑类窳呰，诈伪不材，是辇是任，是以为生资，则百宝咸怨，怨则反其野矣。贵人故家蒸尝之宗，不乐守先之所予重器；不乐守先之所予重器，则窶者篡之，则京师之气泄；京师之气泄，则府于野矣。如是则京师贫；京师贫则四山实矣。……蒸尝之宗之孙，见闻媕婀，则京师贱；贱则山中之民，有自公侯者矣。如是则豪杰轻量京师；轻量京师，则山中之势重矣。如是则京师如鼠壤；如鼠壤，则山中之壁垒坚矣。……风恶、水泉恶、尘霾恶，山中泊然而和，冽然而清矣。……夜之漫漫，鹖旦不鸣，则山中之民，有大音声起，天地为之钟鼓，神人为之波涛矣。”（《尊隐》）

然而，时代和阶级的限制还不可能允许龚氏“更法”主张有什么真正重要的社会内容，而只是如其所自称“药方只贩古医丹”——宗法、限田、均田之类的陈旧的复古空想和注意人才、越级升擢、整顿贪污、废除跪拜等等相当枝节的补救改良。这一套基本上并没有跳出传统思想体系的治国平天下的圈子。所以，可以看出，龚自珍思想的特点和意义，主要是在于那种对黑暗现实（特别是对那腐朽之极的封建官僚体系的种种）的尖锐嘲讽、揭露、批判，在于那种极尽嬉笑怒骂之能事的社会讥评，在于那种开始隐隐出现的叛逆之音。这种声音在内容上触着了最易使近代人们感到启迪和亲切的问题——如君主专制，如个性的尊严和自由，如官僚政治的黑暗；而在形式上，这种声音又响奏着一种最易使近代人们动心的神秘隐丽、放荡不羁的浪漫主义色调——所以，无论是龚氏装在“公羊今文学”中的“非常异义可怪之论”，或者是龚氏那些慷慨浪漫的诗歌散文，就都深深地打动和投合了要求冲破旧束缚、向往自由和解放的晚清一代年青人们的心灵和爱好。龚自珍的诗文在晚清风行一时，不是偶然的现象，梁启超以其亲身的经历一再强调了龚氏对他们的巨大的思想影响：

> 定庵……思想盖甚复杂，然其于“春秋”盖有心得，能以恢诡渊眇之理想，证衍古谊，其于专制政体，疾之滋甚，集中屡叹恨焉（集中如《古史钩沉论》《乙丙之际著议》《京师乐籍说》《尊任》《尊隐》《撰四等十仪》《壬癸之际胎观》等篇，皆颇明民权之义，其余东鳞西爪，全集往往见）……当嘉、道间，举国醉梦于承平，而定庵忧之，儳然若不可终日，其察微之识，举世莫能及也。生网密之世，风议隐约，不能尽言……语近世思想自由之向导，必数定庵。吾见并世诸贤，其能为现今思想解放光明者，彼最初率崇拜定庵，当其始读定庵集，其脑识未有不受其激刺者也。（《论中国学术思想变迁之大势》）
>
> 龚自珍……喜为要眇之思……讥切时政，诋排专制……晚清思想之解放，自珍确与有功焉。光绪间所谓新学家者，大率人人皆经

过崇拜龚氏之一时期；初读《定庵文集》，若受电然。(《清代学术概论》)

龚自珍的诗歌，又特别是七绝，在晚清风靡一时。“避席畏闻文字狱，著书都为稻粱谋。田横五百人安在，难道归来尽列侯。”“陶潜诗喜说荆轲，想见停云发浩歌。吟罢恩仇心事涌，江湖侠骨恐无多。”“九州生气恃风雷，万马齐喑究可哀。我愿天公重抖擞，不拘一格降人才。”“不似怀人不似禅，梦回清泪一潸然。瓶花贴妥炉香定，觅我童心廿六年。”……慷慨、怅惘、悲愤、凄婉，完全适应和投合开始个人觉醒的晚清好几代青年知识分子的情绪和意向。从公羊（“从君烧尽虫鱼学，甘作东京卖饼家”）到佛学，从浪漫诗文到异端观念，都是与封建正统的汉学考据、宋学义理相对抗着的。它们无一不开晚清之先声。龚自珍为中国近代思潮奏出了一个浪漫主义的前奏曲，这个充满异端情调的序曲，在稍后的时代里就发展成为激昂强烈的真正的交响乐章。无论在文学上，政治上或学术上，都如此。叛逆的果核开了花，龚自珍的“公羊今文学”终于在康有为手里取得了丰硕的收获。

2. 魏源和冯桂芬

如果说，龚自珍主要特点和贡献是在对旧社会的揭露和批判；那么，与他齐名的同时代思想家魏源的特色和贡献就在于正面的建设性原则的提出。如果说，龚自珍的锋芒是针对着封建社会内部问题；那么，随着时势的变异，这种锋芒在他的朋友魏源身上就取得了反抗外侮的爱国主义的新方向。

鸦片战争正式揭开了中国近代史的帷幕。中国人与外国侵略者开始了正式斗争。从此，反抗外来侵略欺侮一直成了中国近现代思想的最重要的主题，它实际支配和影响了好多代人们的行为、活动和思想。龚自珍、魏源的朋友、当时中上层爱国士大夫集团的重要人物林则徐，是与外国侵略者第一个回合斗争中上层社会进步倾向的最早代表者。林则徐严禁鸦片、主张团结人民以御外侮的进步思想和正义行动，是不畏强暴的民族精神的表现。但是，林氏远不像当时及以后那种愚昧无知、夜郎自大、盲目排外的顽固派，为了更有效地保卫祖国反抗侵略，林则徐同时又是近代中国最先开始着重对西方资本主义国家进行了解和注意调查的先进人物。中国官府“骄傲自足，轻慢各种蛮夷，不加考究。惟林总督行事全与相反，署中养有善译之人，又指点洋商通事引水二三十位官府，四处探听，按日呈递”(魏源:《海国图志》录外人报纸语)。“其中所得夷情，实为不少。制取准备之方，多由此出”(林则徐:《答奕将军防御粤省六条》)。但是，林则徐爱国御侮的行动引起了王朝统治者的不满，维护祖国尊严的结果是遭到了几千里路凶暴的流放。

愚昧和颟顸代替了坚决的政策，结果是“城下之盟”——国家的屈辱。有着“十全武功”的“天朝”居然屈膝于“么尔小夷”，这在当时不能不算大事。如何“驭外夷”就这样作为惊心触目的重要问题而被提出。战争的教训刺激着清醒的爱国者去考虑御侮之道。林则徐的朋友魏源慨然担承了林氏未完的事业，采用了林氏主持编撰《四洲志》《华事夷言》的方法，开始了大规模的辛勤的采访编纂工作，在十九世纪四十年代完成了《海国图志》这种在当时中国和东方是划时代的世界史地巨著，成为当时东方各国人民了解西方和抵抗西方的第一流的宝贵典籍：

> 《海国图志》五十卷，何所据？一据前两广总督林尚书所译西夷之《四洲志》，再据历代史志及明以来岛志，及近日夷图夷语，钩稽贯串，创榛辟莽，前驱先路。……是书何以作？曰：为以夷攻夷而作，为以夷款夷而作，为师夷长技以制夷而作。……同一御敌，而知其形与不知其形，利害相百焉。同一款敌，而知其情与不知其情，利害相百焉。古之驭外夷者，诹以敌形，形同几席；诹以敌情，情同寝馈。(《海国图志叙》)

《海国图志》作者在“凡有血气者所宜愤悱，凡有耳目心知者所宜讲画”的爱国热情中，通过实事求是的冷静研究，在这书中总结性地提出了反抗侵略的两大纲领：“以夷攻夷”和“师夷长技以制夷”。前者表现了魏源对西方资本主义国家自由竞争时代争夺国外市场中的矛盾而企图加以利用的粗浅幼稚的认识，后者则是在仔细思考、研究后得出的抵抗侵略战争的有效方案。虽然它的主要内容还只是军事方面的战略战术和购置制造新式枪炮的建议，但这正是根据当时敌我双方各种具体的优劣条件和鸦片战争的实际经验而总结出来的现实办法。由于历史的限制，魏源"师夷长技"的内容和对西方"长技"的认识还完全停留在武器和"养兵练兵之法"的狭隘范围内。但重要的是，与当时及以后占统治地位的顽固思想不同，魏源在其时代的可能情况下，最早具有和提供了"师夷长技以制夷"这样一种新鲜思想，它具有着新的原则指导意义。尽管"长技"内容随时代和认识的深化而大有不同，但"窃其所长，夺其所恃"的"师长"主张（"师其所长，夺其所恃"）却一直是以后许多先进人士为拯救中国抵抗侵略而寻求真理的思想方向。七十年代改良派思想家王韬说："当默深先生时，与洋人交际未深，未能洞见其肺腑，然师长一说，实倡先声。"（《扶桑游记》）这一评论是准确的。正是这样，在四十年代的林则徐、魏源身上，最早地体现了这个区别于顽固正统派的中国近代先进人士都具有的思想特征：为了反抗西方，就必须学习当时先进的西方。林、魏只是把这种反抗和学习停留在最表面的军事方面罢了，然而这也是历史发展和逻辑认识必然经过的最初阶段。

同时，魏源与以后单纯学习西方"船坚炮利"的洋务派也不一样。他和龚自珍一样，都非常渴望内政上的某种大改革。魏源指出，不能单靠锐利的武器来抵抗侵略："然则，执此书（指《海国图志》）即可驭外夷乎？曰唯唯否否。此兵机也，非兵本也。……明臣有言，欲平海上之倭患，先平人心之积患。"（《海国图志叙》）那么，"人心的积患"是什么呢？魏源并不能指出什么明确的东西，与龚自珍的感受一样，他也朦胧地觉得社会存在着巨大的危机，觉得整个社会的空虚（"虚"）和昏暗（"寐"）。因此，他与龚自珍一起，努力在社会上倡导一种"经世致用"——关怀国事民瘼，积极参与社会政治生活的人生态度和治学作风：

曷谓道之器？曰礼乐。曷谓道之断？曰兵刑。曷谓道之资？曰食货。道形诸事谓之治，以其事笔之方策，俾天下后世得以求道而制事谓之经……士之能……以“周易”决疑，以“洪范”占变，以“春秋”断事，以“礼”“乐”服制兴教化，以“周官”致太平……谓之以经为治术。(《古微堂内集·学篇九》)

与龚自珍“烧尽虫鱼学”同调，魏源反对占据当时学术统治地位的远离现实生活的烦琐考据的“汉学”，同时也斥责为统治者所奖赏而同样脱离现实空谈性理的“宋学”①。魏源指出“以实事求实功，以实功从实事”，用重视和联系社会实际的态度、方法来治学办事，来救国救民。它要求人们由书斋走向生活，由空谈转入实际。所以，魏源这一思想一方面是对明末清初现实主义思潮的继承和恢复，是对十八世纪以来统治中国学术的主导潮流的否定；另一方面，它又是近代中国先进思想着重社会政治的现实问题的时代精神的最早体现。魏源对后来知识学术界特别是改良派产生了很多影响，其中就有这种对待现实的态度和精神。

正因为注意研究现实问题，使他们的思想里常常蕴藏着新鲜观念的芽子。在龚、魏的经济立场中就有很值得注意的因素，这些因素较迅速地反映了当时社会经济发展的客观情况和趋势。与当时许多坚持闭关政策的落后思想——如禁用洋货（管同）、废除白银（孙鼎臣:《论治》)、阻抑商务、封禁矿务（徐鼐:《务本论》）等完全不同，龚、魏都重视商业的发展，他们主张言“私”言“利”。龚自珍倡言“天有私也，地有私也”，“三代之上……无耻言富之事”；林则徐建议许民开矿与外国进行正当贸易；魏源提出学习采用外国新式生产工具、技术来制造货

① 如：“自乾隆中叶后，海内士大夫兴汉学……争治诂训音声，瓜剖釽析……锢天下聪明智慧，使尽出于无用之一途。”(《古微堂外集·武进李申耆先生传》)“……使其口心性，躬礼义，动言万物一体，而民瘼之不求，吏治之不习，国计边防之不问，一旦与人家国，上不足以制国用，外不足靖疆圉，下不足以苏民困，举平日胞与民物之空谈，至此无一事可效诸民物，天下亦安用此无用之王道哉?”(《古微集内集·治篇一》)

物……这些思想固然可说是当时中国社会内部经济发展趋势的反映，是自明末以来不绝如缕的“工商皆本”的新鲜思想的延续；同时它也开始作为十九世纪七八十年代改良派发展资本主义工商业的经济观点的媒蘖而出现了。

五十年代卷起了太平天国的革命风暴，龚自珍的预感变成了现实，“山中之民”的大声音冲决了一切补救改革的幻想，在农民的“天父天王天国”的造反号角中，龚、魏的改良思想被挤到时代思想主流的幕后，只在不被人注意的情况下得到了进一步的发展。这种发展表现在林则徐的学生冯桂芬的著作《校邠庐抗议》中。

处在东南沿海，亲身经历了两次鸦片战争的祸乱，在“夷害不已”的感受中，冯桂芬要求“自强”“雪耻”：

> 有天地开辟以来未有之奇愤，凡有心知血气，莫不冲冠发上指者，则今日之以广运万里地球中第一大国，而受制于小夷也。……如耻之，莫如自强。夫所谓不知，实不如也。忌嫉之无益，文饰之不能，勉强之无庸……道在实知其不如之所在，彼何以小而强，我何以大而弱，必求所以如之，仍亦存乎人而已矣。（《校邠庐抗议》卷下《制洋器议》）

遵循着林、魏方向，冯氏看到了中国的“不如人”，而要求“知其不如之所在”。于是甘冒当时天下之大不韪，提出“法苟不善，虽古先吾斥之；法苟善，虽蛮貊吾师之”（《校邠庐抗议》卷上《收贫民议》）的方针，要求“博采西学”，努力学习资本主义工艺科学的“格致至理”和史地语文知识。

遵循着龚、魏改革内政的思想，冯氏第一次明白具体地提出内政、外交、军事、文化全面改革的必要。冯氏指出不但在军事方面，而且在内政方面，中国也有“四不如夷”：“人无弃才，不如夷；地无遗利，不如夷；君民不隔，不如夷；名实必符，不如夷。”（《制洋器议》）要“人无弃才”就须废八股时文，改革科举考试的科目内容，奖励科学技术人才，予以科举出身的优遇。要“地无遗利”，就须大兴水利，广植桑茶。要“君民不隔”“名实相符”，就须“复乡职”（扩大绅士的政治权力）、“复呈诗”（许人民用诗歌表达意见）、“改赋税”、“汰冗员”等。这些主张虽还未明确带有资产阶级改革性质，比起龚、魏的思想，它也是一个比较矮小的侏儒；但是，冯氏这些主张却无论如何比龚自珍“捕狗蝇蚂蚁”的愤怒的空想和魏源“先平人心的积患”的模糊主张，已向前大进了一步，使他们那种朦胧的社会改革要求具有了切实、具体的内容。它超出了当时思想界的水平，直接成为八九十年代改良派变法思想的胞胎和先导。五十年代冯氏的著作在当时并未引起太多的注意和影响，但在以后九十年代变法思潮的高潮中，却还一直未丧失其价值，而被视为与《盛世危言》《庸书》同样重要的典籍。①

处在阶级斗争十分尖锐的太平天国的革命时代，冯桂芬思想的另一个方面，是站在地主阶级的立场，坚决反对农民革命，反对太平天国，他一直参加和担任了清朝军队的重要工作，“襄办军务两年，其一切抚剿事宜多所赞决”（李鸿章）。这其实也是龚、魏立场的一脉相承。龚自珍虽然勇敢地讽刺抨击黑暗现实，幻想着革命的到来，但他同时又是蔑视下层民众的，他要求维护封建等级的森严，要求对统治者服从和畏惧。魏源也是这样，他参与反对太平天国的战争，衷心希望着清朝统治稳固和强大。他所著的《圣武记》就被章太炎严厉地斥责为“媚虏”的歌功颂德的作品。这些开明思想家的封建地主立场的方面，也同样为改良派所继承下来了。

魏源曾说过他们的工作是“创榛辟莽，前驱先路”，从上面也可以看出，从龚自珍到冯桂芬这些三十至六十年代的地主阶级的开明思想家，的确正是七十至九十年代地主资产阶级改良派思想家的“前驱先

① 此书十九世纪八十年代始有刻本（抄本早流传），九十年代改良派右翼人物（例如翁同龢、孙家鼐等等）特别看重这部著作，认为这部著作中所提出的建议就是他们所要求实行的政策。他们翻印了这本书，并一再推荐给光绪皇帝阅读，实际这本书在九十年代显然已经很落后了。但当光绪皇帝指令一大批官僚提出阅读意见时，仍有相当一部分人持保留或反对的态度。

路”。他们是改良派思想家的真正的血缘亲属，为改良派积累了重要的思想资料，开辟和指引着走向资本主义思想的新方向。所以，如果说，龚自珍给较远的晚清（十九世纪九十年代至二十世纪初年）煽起了浪漫的热情；那么，魏源就给紧接着他的七八十年代留下了现实的直接主张。而冯桂芬的特点在于：他承上启下，是改良派思想的直接的先行者，是三四十年代到七八十年代思想历史中的一座重要的桥梁。①

二　改良派变法维新思想的发生与发展

1. 发展民族资本主义工商业的经济要求

改良派变法维新思想的真正产生和出现是在十九世纪七八十年代中。它首先表现为一种要求政府重视发展民族资本的经济思想。

十九世纪七八十年代是革命大风暴过后的萧条肃杀而又相对稳定的年代。龚自珍所揭发的那个千疮百孔的社会在苦痛地延续着，封建地主

① 关于冯桂芬的思想，学术界在六十年代初有过讨论和争议。一种意见认为冯的《抗议》一书代表资产阶级改良派，第二种意见认为代表洋务派即地主买办阶级，第三种意见认为代表地主阶级改革派，即与龚、魏同列。我基本同意第三种意见，因此不拟修改自己五十年代的这些看法。说冯代表改良派是太早了，改良派当时远未从洋务派中分化出来；甚至洋务派本身也刚在形成中，说他代表洋务派很不准确。洋务派没有急迫地真正要求改革内政。至于说冯在镇压农民革命中与外国侵略者合作，这并不奇怪，正是地主阶级的特征。本书仍认为，冯是上承龚、林、魏，下启改良派的地主阶级改革派，即改良主义的“前驱先路”。有关冯桂芬的一些论文是：周辅成《冯桂芬的思想》(《历史教学》1953 年第 9 期)、王栻《冯桂芬是不是一个具有资产阶级民主思想的改良主义者?》(《南京大学学报（人文科学）》1956 年第 3 期)、陈旭麓《论冯桂芬的思想》(《学术月刊》1962 年第 3 期)、赵靖《试论冯桂芬思想的阶级属性》(《学术月刊》1962 年第 10 期)、黄保万《校邠庐抗议剖析》(《学术月刊》1962 年第 11 期)、徐仑《论冯桂芬的政治思想》(《学术月刊》1963 年第 8 期)、陈旭麓《关于校邠庐抗议》(《新建设》1964 年第 2 期）等。

与农民阶级的矛盾潜伏地走向更深刻的恶化。与此同时，外国侵略者得寸进尺、步步逼紧的进攻，构成了这一阶段新形势的特点。各种屈辱的卖国条约陆续不断地签订，外国教士和商船开始横冲直撞地深入内地，农村的自然经济遭到分解和破坏。在五六十年代农民阶级与地主阶级大斗争之后，反抗侵略保卫祖国的民族矛盾、民族斗争开始成为新阶段的主要线索向前伸延。七八十年代是九十年代涌现的爱国主义大高潮的量的积累阶段。下层人民把憎恨掷向了闯进来的外国教士，此落彼起，一波接一波的教案遍及全国。

然而，新阶段的主要特点和情况却是：农民革命失败后，社会的发展只得通过上层来表现它的前进趋势。七十年代以来，一部分地主、官僚、富商、洋行买办和旧式矿业主正要求和开始向近代资本家转化，开始投资于近代工矿业和交通运输业。据统计，到八十年代末年，商办、官商合办（其中商办占主要地位）的近代厂矿数为三十八家，资本合计一千四百余万元，其中主要是纺织工业和矿冶工业（参看严中平等编《中国近代经济史统计资料选》）。这些厂矿的主人大都是地主、官僚而兼资本家，他们大部分还以封建地租剥削为重要或主要收入。但是，因为他们要发展资本主义，所以与封建顽固派存在着深刻的阶级差异，与洋务派的“官督商务”大肆亏本也有着尖锐的利害矛盾。他们要求摆脱顽固派的阻挠和洋务派的控制，他们希望在不根本改变社会制度的前提下进行改革，以更迅速地为资本主义开辟通道。

尽管这条通道是一条充满着屈辱、苦痛的狭窄行程，在当时它毕竟还是指向新的社会阶段的发展趋势。反映着这个趋势，开始在一种极为微弱的音响中所表达出来的改良派自由主义的呼声，这是一种有物质现实根据的新的进步社会思想。

七八十年代改良派思想，是直接从洋务思想中分化出来的。在最初阶段，无论是这种思想本身，或是这种思想的代表人物，都无不与洋务主义连接着难分难解的亲姻关系。它在很大的程度上，依存于洋务主义，虽然它已作为洋务思想的对立物在发展中开始具有了自己的性格。

出现在六十年代，在战争血海中发轫成长的洋务主义，是一种原意在维护封建统治秩序的运动和思想。这种主义的纲领办法就是："查治国之道，在乎自强，自强以练兵为要，练兵又以制器为先。"（李鸿章）如果说，在四十年代里，爱国的地主、官僚在对抗外侮的斗争中，从"师夷长技以制夷"出发，认识和提出了"船坚炮利"的主张；那么，上层封建统治集团却是在五六十年代的内战中来开始提出这种方案的。①但是洋务主义在客观上对中国资本主义的产生和发展，的确起了重要的刺激和促进作用，对破坏封建小生产方式惊醒整个社会氛围起了

---

① 在反对太平天国的战争中，外国侵略者积极帮助清朝，人们日益看到了新式武器的"好处"：

"曾公用英国武员戈登领洋枪队号常胜军……卒以剿灭，洋法宜用，于是大明。由是开制造局译书铸枪炮造轮船……"（何启：《康说书后》）"近年辛酉（1861年）以前江南所售洋炮不少，皆以此为歼贼，所刊不惜重价，多方购置。"（王韬）"购买外洋枪炮，设局铸造开花炮弹，以资攻剿，甚为得力……"（李鸿章：《置办铁厂机器折》）另一方面，对于外国侵略者，"自强""御侮"是一种虚张的声势：

"海军之设，恪靖发其论，李次青实助成之，观其立言之旨，徒欲见威于敌，魏相所谓骄兵也。"（郭嵩焘：《寄李副相》）"若一旦下造铁路之诏，显露自强之机，则气势立振，彼族闻之，必先震惊。"（刘铭传：《请开铁路以自强疏》）

由购买枪炮到制造枪炮，到开矿炼铁，洋务运动这种前进，重要原因之一是因为钱不够才"开源"，为封建国家的财政需要才搞煤矿：

"除制炮船练兵将，别无自强之道，然不开矿炼铁，购机做炉，事事购自外洋，财源溢出，军火之费较之洋药漏卮尤巨。"（斐荫森、左宗棠：《制造新式兵船疏》）"非有大宗巨款，不能开办，非有不竭饷源不能持久，……更求开源节流之计……而后洋务可通盘筹划，……欲言开源，或者其煤铁乎？……练兵简器造船为自强之目，筹饷为自强之纲。"（沈葆桢：《复奏洋务事宜疏》）"惟是七省水师……创办之始必须持款数千余万，办成之后，必须有经费数百万，统筹国用亦知财力难胜。"（张佩纶：《请创设外海兵粮水师疏》）"中国积弱由于患贫，西洋方千里数百里之国，岁入财赋动以数万万计，无非取资煤铁五金之矿，铁路、电报、报信局、丁口等税，……早图变计，择其至要者逐渐仿行。"（李鸿章：《复丁宝桢，光绪二年》）

巨大影响。

正如洋务运动在客观经济上刺激了中国资本主义的发生发展一样，洋务思想在封建古国思想界中引起的震荡以及正统封建顽固派对它的反对和不满，也就引起了人们思想的活跃。在洋务运动中，许多人员被派出国，他们亲身接触了西方资本主义的“富强”，深切地感到了中国的落后。其中有些人开始思考和探索如何才能使中国也真正同样“富强”起来。他们不满足于洋务运动，看出洋务运动并不能使中国富强而必须另找办法。因为洋务运动用原有的封建官僚体系和制度来办近代企业，完全不讲求经济效果和经济规律，反正是花“国家”的钱，个人做官并借机发财，企业的亏损毫不在乎。这种官办企业当然要垮台，又怎能使国家富强？而所谓“官督商办”，就正是加在“商办”（资本主义）头上的一种封建镣铐（“官督”）。如何摆脱这种镣铐，如何改变或停止这种官办洋务，就成了当时有识之士所注意到的问题。这些对洋务运动有亲身经历和感受的人，逐渐脱离洋务思想原来的方向和轨道，以现实主义的态度，提出了一些更为切实合理的主张和建议。这些主张和建议客观上开始表达了当时中国社会新兴经济力量的要求。

王韬、马建忠、薛福成这些人物和他们的思想就是如此。他们是最初的一批改良主义思想家。当然，这三个人只是其中的著名人物，其他一些出使人员、洋务人员在不同程度不同问题上也曾反映出与他们类似的意见和态度，而这，恰好证明资产阶级改良主义作为一种时代思想已必然要开始它的萌芽了。

王、马、薛等人都曾一度是“船坚炮利”方案的主张者和拥护者，在十九世纪六十年代，王韬写过以“精习枪炮之法”为内容的《操胜要览》，薛福成也写过《乙丑上曾侯相书》①，二者完全是洋务运动的主张，

① “今日急务在平贼，平贼在于治兵，治兵必先习西人之所长使之有恃无恐，兵治贼平而已器精用审矣。”（王韬：《操胜要览·仿制西洋船炮论》）“西人所恃其长有二，一则曰火器猛利也，一则曰轮船飞驶也……为今之计，宜筹专款，广设巨厂，多购西洋制器之器，聘西人为教习，……精习制造枪炮之法……若是则彼之所长，我皆夺而用之矣。”（薛福成：《乙丑上曾侯相书》）

讲求新式武器以至工艺技术。到七十年代，他们却大为不同地着眼于工商业的发展问题，他们开始指责洋务运动“徒袭皮毛”，另外提出“开矿务以采煤矿五金”“制机器以兴织造”“许民间用轮舶以达内河”“立公司贸易于外洋”等等建议：

> 天施地生，山蕴川怀，此自然之利也。制造操作，佐以机器，此人工之利也。舟车致远，贩有易无，此商贾之利也。……亦欲使我固有之利仍归诸于民耳。民生既足，国势自张，而后一切乃可有为。（王韬：《弢园文录外编·补尪起废药痼议》）
>
> 昔商君之论富强也，以耕战为务，而西人之谋富强也，以工商为先。……为中国计者，既不能禁各国之通商，惟有自理其商务而已。商务之兴，厥要有三，一曰贩运之利（指商业）……一曰艺植之利（指农业）……一曰制造之利（指工业）。（薛福成：《筹洋刍议·商政》）

出身于东南商业城市，与商界关系十分密切的洋务派人员马建忠则更坚决地提出了国家保护商人以与外商抗争的经济政策：

> 以知近今百年西人之富，不专在机器之创兴，而其要领专在保护商会……忠此次来欧，一载有余，初到之时，以为欧洲各国富强，专在制造之精，兵纪之严，及披其律例，考其文事，而知其讲富者以护商会为本，求强者以得民心为要……（马建忠：《适可斋记言记行·记言》卷2《上李伯相言出洋工课书》，1877年）

这些都是出现得比较早的新鲜思想。这种新鲜思想因为有着日益向前发展着的民族资本（地主、官僚、商人、旧式矿主、洋行买办等都开始投资工业或正在转化）作为它的客观物质基础，所以它尽管微弱，却不是一闪即灭的偶然现象；恰好相反，它实际上是日益向前发展、丰富而逐渐形成为一种思潮了。它由潺潺小溪流成为有定型河床的川流，它由一种片断零乱的建议条陈扩充为一整套的巨细毕备的经济、政治、文化的系统变法方案。七十年代王、马、薛等人的这些思想在八十年代郑观应、陈炽等人的著作中，便获得了长足的发展。

七八十年代改良主义者要求发展工商业的思想，首先是以如何使国家富强以抵抗外侮为出发点的，同时反映着民间资本的利益，他们看出外国正是以商品输出的经济侵略来掠夺中国，“船坚炮利”显然不能抵抗住这种侵略，所以就必须同样从经济上来讲求对策才行。“彼之谋我噬膏血，匪噬皮毛，攻资财不攻兵阵……故兵之并吞，祸人易觉；商之掊克，敝国无形。我之商务一日不兴，则彼之贪谋一日不辍……吾故得以一言断之曰：习兵战不如习商战……商战为本，兵战为末。”（郑观应：《盛世危言·商战》）在这种痛切的感受、认识下，他们积极地提出了许多改革主张，从兴办工业到国家预算，从交通运输到“厚俸养廉”，触及了一系列的国民经济和国家财政各方面的具体经济问题，而其中心却仍是围绕着国家应该如何保护、发展民族资本主义工商业问题的讨论。这里只能简单提一下其中最重要的一两个问题。

首先是裁厘（厘金）加税（关税）问题。外国入侵的第一炮就是为逼迫中国签订有利于其商品输出的关税协定。外国商品在关税协定的保护下，以低价倾销中国，严重地破坏和打击了民间土产商品的销售。“为土产筹销路，与他人争利权”（马建忠），成为改良派正义的呼声，他们要求维护国家的主权尊严，要求增加关税和收回海关以自主。

马建忠是早期主张加重关税的人物之一，他驳斥了认为加税可能引起外衅的惧外论调。薛福成在力阻李鸿章任命英人赫德为总税务司的问题上，也表现了他的爱国态度。① 以后，陈炽、何启、胡礼垣等人也一

① “夫赫德之为人……虽食厚禄受高职，其意仍内西人而外中国，……中国兵权饷权皆入赫德一人之手，……中外魁柄潜移于不觉，此履霜坚冰之渐，不可不慎也。”（《己卯上李伯相论赫德不宜总司海防书》）对照李鸿章：“如总税务司赫德心虽深狠而贪恋薪俸，愿为效力。……届时皆可备居间转圜之用。”

再强调收回海关的必要。①

与关税联系的是厘金问题。清朝在反对太平天国的战争中为筹饷而设的格外剥削——厘金，②是民间商人所最痛恨的掠夺手段，它遍于全国各省各地，严重阻碍了民族资本的发展。在七八十年代日益尖锐的与外国资本主义商品输出的市场争夺战中，广泛地激起了裁撤厘金的正当要求：

> ……乃洋商入内地持半税之运照，连樯满载，卡闸悉予放行，而华商候关卡之稽查，倒箧翻箱，负累不堪言状……又不啻倒行逆施矣。……将厘卡尽行裁撤……使商旅之往来，苏其隐困……华商船只则概不收捐，以示鼓舞……将从前税则痛加改订……稍示中外商民之异：华商为我国之民，故轻其税赋；洋商夺我国之利，故重其科征……中国转亏为盈、转弱为强之基，实在于此。（马建忠：《适可斋记言记行·记言》卷4《论洋货入内地免厘》）③

---

① 如："税则者，国家自主之权也，非他国所得把持而搀越者也。"（陈炽：《庸书外篇·税则》）"以海关按与洋人，……不知国之有海关，犹家之有管钥，店之有账柜。几曾见屈家开店而有以管钥账柜给人，……是自不有其家不要其店也"（何启、胡礼垣：《曾论书后》）等等。

② 如薛福成《论疆臣建树之基》所认为，地丁、漕政、厘金、盐政四大财政收入是曾、左、胡、李"中兴大业"的"基石"。

③ 这种裁厘加税要求很普遍，当时许多人痛言厘金之祸害，如陈炽在《庸书内篇·厘金》中说："百物滞销，四民俱困，天下设卡数百，置官数千，增役数万，猛如虎，贪如狼，磨牙而咀，择肥而噬，小民椎心饮泣，膏血已枯……洋货入口，一税一半税之外，一无稽查，西商偶到，趋媚不遑，所以待外人者如彼其厚。土货则口口而查之，节节而税之，恶声厉色，百计留难，甚则加以鞭朴，所以待己民者如此其薄……洋货日贱，土货日贵，川流海溢，识者寒心。"

薛福成在裁厘问题的态度则远比马建忠等人落后，薛认为厘金是"于商并无损而其利实取之众人"（《筹洋刍议·利权一》）。如裁厘则影响军饷，"陆路则有防勇，水路则有水师，皆持厘金以给巨饷，专厘金必去水陆各营，盗贼之起，何以弹压"（《利权三》）。在抵抗经济侵略等方面，马的爱国态度最明显和坚决，薛这方面则逊于马。马（郑观应亦然）更接近民间商人和下层商业资本的立场，薛则多反映地主向工业资本的转化的方面，薛本人与统治集团关系也较深，始终站在统治阶级立场上说话，与马有所不同。

加税裁厘成为改良派重要的变法要求之一。他们希望政府“因民之利，大去禁防，使民得自谋其生，自求其利”（马建忠）。

裁厘加税本是为了使民间资本“自求其利”。而采用近代交通运输工具和创办近代工业，就正是“自求其利”的积极办法。**创建、发展近代工业（轻工业）、矿务业和交通运输业，成为改良派当时一致的主张**。

中国传统社会本来就有着相当统一和广阔的国内市场，在西方资本主义商品战争的刺激和压迫下，中国民族资本（特别是雄厚的商业资本）有着巨大的活跃要求，它们不但要求“大去禁防”，而且还要求投资和采用近代交通工具以求扩展：“民间共知轮舶之利，屡请试行”（陈炽：《庸书外篇·轮船》），“议办铁路之始，华商主请承办颇不乏人”（褚成博：《铁路借款隐患最深折》）。修筑铁路很早就被改良派看做“致富致强最要之策”（马建忠：《铁道诏》），“血不流行则身病，财不流行则国病”（同上），“中国而仿行铁路则遐者可迩，滞者可通，费者可省，散者可聚”（薛福成：《创开中国铁路议》）。而后又为郑观应、陈炽、何启、胡礼垣所一再强调。①

如果说出身于东南市民家庭的马建忠思想的特点，主要是强调了商品的贸易流通问题，反映了民间商业资本的情况和要求；那么，出身于上层正统士大夫阶层的薛福成，却开始侧重说明发展进出口商品生产问题，提出“非工不足以开商之源，则工又为基而商为其用”（《筹洋刍议·商政》）的奖励扶助近代民营工业的主张，清晰地反映了七十年代末以来少数地主官僚相继尝试投资和正准备投资于近代工业的情况和要求，反映了官僚地主和商业资本向工业生产的转化。到九十年代，随着这种转化的增剧，薛氏振兴工业的思想也越发明朗，他这时陆续写了《振百工说》《论公司不举之病》《用机器殖财养民说》《西洋诸国导民

① 改良派这种修筑铁路的理由与洋务派很早也提出过的修建铁路的理由——便于调兵是不同的。

生财说》等一系列的论文[①]，强调“仿洋法织布纺织为第一要义”，主张“官绅商民各随贫富为买股多少”，以创立企业公司。而商人出身的郑观应则是七八十年代影响最大的卓著的改良派的思想代表。他全面表达了当时民间工商业各种具体实际的利益和要求，强调提出必须振兴民族工业（轻工业）：

> 商务之纲目，首在振兴丝、茶二业，裁减厘税，多设缫丝局……广购新机，自织各色布匹……购机器织绒毡呢纱、羽毛、洋衫裤、洋袜、洋缴等物……关东卷烟，南洋广蔗糖之植，中州开葡萄之园……制山东野蚕之丝茧，收江北土棉之纺纱……遍开五金煤矿铜铁之来源……（《盛世危言》卷3《商战》）

上层官吏陈炽，也是特别着重“振兴商务”的代表人物。他认为“各国之强皆原于富”（《清史稿·列传》），“其本原乃在商务”（《庸书自叙》）。中国正因为“商货不通，生机将绝”（《庸书外篇·轮船》），“已成痼疾，则商不振为之也”（同上，《商务》）。因而提出专利制度以“劝工”（《续富国策·劝工强国策》），重入口税轻出口税以“惠商”。

从上面可以看出，从王韬、马建忠、薛福成到郑观应、陈炽以至直到九十年代的康有为、谭嗣同、梁启超（严复略有不同），整个十九世纪改良派经济方面的思想主张（以张謇为代表的二十世纪的改良派—立宪派便已不同），贯串着一种近乎资产阶级重商主义的倾向。他们主要着眼在商品的贸易流通过程，不在生产过程。忧虑着当时严重的入超、纹银的外溢，他们感到“今天下之大患，非食不足也，货（货币）不足耳”（《续富国策·维持矿政说》），因此强调只有扩展商品出口：“考

① “夫商为中国四民之殿，而西人则恃商为创国造家开物成务之命脉……，四民之纲者，商也。此其理为从前九州之内所未知，六经之内所未讲，西洋创此规模实有可操之券，不能执崇本抑末之旧说以难之”（《庚辰四国日记·英吉利用商务辟荒地说》），所谓商即资产阶级也。薛在九十年代也提出工商为本，比以前“置耕战为基”“工商扩其用”，显然向前迈进了。

其求富之原，以通商为准”，“欲中国之富，莫若使出口货多进口货少”（马建忠：《富民说》）。他们一致要求国家必须采取保护关税和奖励扶助工商业的经济政策，以增加国家财富。也正是从这里出发，他们才提出大力创建和发展生产出口商品的工业（如丝茶）和进口商品的工业（如纺织、火柴、玻璃等等）。与此同时，他们也着重讨论了开矿铸银以增加货币，修建铁路以畅流通，整理税收削减冗费以增加国家收入，以及借债停捐等国家经济问题。虽然在他们的“振兴商务”“振商”等概念中的确包括了创办和发展资本主义工农业和矿务业，他们也常提到工农业是商之“本”，但从理论上看来，他们基本上却总是自觉或不自觉地把这些规划从属在“商”的范围之内，从“商”的观点上来提出、考察和论证的。他们在当时只看到资本主义经济的外表和现象，这一特点是当时时代特点的反映。当时中国资本主义还极不发达，民族工业资本还远未长成，摆在日程上的，是外国商品输出的入侵狂潮和如何抵抗它的问题。这自然地造成了把人们的注意力首先集中在“商务”——商品的贸易流通上面，从此出发来考察研究问题的情况。中国十九世纪改良派并没有也不能真正建立什么系统的或理论的经济思想，没有也不能深入去探讨资本主义的经济法则（即便是商品流通方面）。他们只是对当前急迫的经济问题提供了一些具体意见和办法。这些意见和办法反映出当时中国民族资本主义的发展要求，具有抵抗外国经济侵略、希望祖国富强的爱国主义性质。尽管因为统治者阻碍和反对这些建议，使它们成为纸上空谈（例如裁厘加税就一直没能实现），但是，这些思想在当时社会上起了深刻的影响。

2. 改革封建君主专制制度的政治要求

1884 年中法战争的失败，给麻木的上层社会带来了新的震动。洋务运动的“船坚炮利”受到了残酷的检验，它引起了人们的怀疑。人们对抵抗侵略问题的认识逐渐深入，日益了解到“自强”不能单靠新式武器，腐败昏昧的政治统治开始在人心中引起要求改革的情绪。与此同时，为了“筹饷”和补救洋务运动，统治阶级洋务派在八十年代由求强而言富，着手创办非军工的近代企业。但是，与私有企业的资本家不同，主持、管理或监督这些官办、官督商办企业的封建官僚们的个人利益与企业本身的利益是脱节的，官员们感兴趣的不是企业利润的扩大和资本的积累，而只是如何在企业内中饱贪污。陈陈相因、毫无效能的传统衙门及其官吏当然完全不能也不愿适应资本主义的经济所要求的近代的经营管理，所谓官督商办实质上是加在资本主义经济上的一副沉重的封建主义的上层建筑镣铐。民族资本在洋务派的严格的阻压控制下，并得不到任何真正的自由发展。① 显然，工商业者在这种"官吏之积威"的压制、阻挠、管理、控制下，在一再请求政府保护而不得的情况下，便自然逐渐丧失了对封建统治者的信赖："中国官吏之薄待乎商，商之不信其上而疾苦终无由上诉也，亦已久矣。"（《续富国策·创立商部说》）"为民牧者自居于不信之地，而欲民之信我焉，不得也。"（《庸书外篇·自立》）因此也就自然逐渐产生如何设法使自己干预政治、争取政治权力来"从上面"维护自己的经济利益的想法。资本主义经济的发展要求改革严重阻碍它的封建上层建筑。这一历史规律在十九世纪八十年代的中国开始显露出来了。如果说，在七十年代王韬、马建忠、薛福成等人的思想中还看不见这种想法，那么，在八十年代郑观应、陈炽等人思想中这种想法就已表现得很急切了：他们一方面着重要求工商业应"不由官办，专由商办"，"全以商贾之道行之，绝不拘以官场体统"（《盛世危言·商务》），以摆脱解除官府的种种束缚；而另一方面则强调政府必须立"商部"定"商律"从政治法律上来保障"商"的权利："不立商部，何以保商？不定商律，可以护商？"（《续富国策·创立商部说》）政府应允许商人"自举商董"参加"商务局""商部"，有权处理

① 例如李鸿章的著名的奏折"十年以内，只准华商附设搭办，不准另行设局"（《奏请试办织布局折》）；"无论官办商办，即以现办纱机十万锭子布机五千张为额，十年之内，不准续添，俾免壅滞"（《推广机器织布局折》）等。上两条均转引自范文澜《中国近代史》上册。"臣料数十年后中国富农大贾必有仿造洋机器制作以自求利益者，官法无以为之区处，……"（《置办外国铁厂机器折》）"倘有不肖之徒，潜私洋法，独出新忌，一但辍耕太息，出其精能，官兵陈陈相因之兵器，孰能御之。"（《置总理衙门书》）

自己的事务，在各业“商务公所”中必须“毋恃官势，毋杂绅权”(《盛世危言·商务》)。不难了解，在这种现实的客观经济利益的驱使下，西方资本主义议会制度将使他们感到多大的兴趣。并非偶然的，西方资本主义代议制度在这时广泛地被当时中国开明人士所注意所介绍所赞扬，被看做是“救亡之道”“富强之本”：“泰西富强之道，在有议院以通上下之情，而他皆所末”(陈虬:《创设议院以通下情》)；“议院为欧洲近二百年振兴根本……议院为其国国政之所在，即其国国本之所在”(宋育仁:《泰西各国采风录》)；“泰西议院……合君民为一体，通上下为一心……莫善于此”(《庸书·议院》)；“泰西各国咸设议院……民以为不便者不必行，民以为不可者不必强……制治固有本也”(《盛世危言·议院》)。于是，他们初步提出了在中国也实施议院政治、让资产阶级参与政权的建议，何启、胡礼垣是其中最突出的代表：

> 民心之不服，由于政令之不平，今既使民自议其政，自成其令……何不服之有？
>
> ……
>
> 商贾中有品行刚方行事中节者，人必举以为议员……以办公事。
>
> ……
>
> 新政之行，必设议院而议员俱由民公举者，诚以成大事必用巨资，用巨资必行借贷，而借贷之财出于民，民之听信惟议员也。(何启、胡礼垣:《新政真诠·新政论议》。显然，这里的“民”主要是指商民。)
>
> 今之法令宜若如何，俱由议员订定，将来法令若有再改，亦经议员酌商，是议员已操政令之实矣。而行此政令，其责在君，君则命官以治焉。(《新政论议》)

由认识和要求学习西方资本主义经济制度，进到认识和要求学习西方资本主义政治制度，由要求发展民族工商业，进到要求有一套政治法律制度来保证它的发展，这种思维的逻辑发展正反映着历史发展的过程，“任务本身，只有当它所能借以得到解决的那些物质条件已经存在或至少是已在形成过程中的时候，才会发生的”（马克思：《政治经济学批判序言》）。本来，改革内政问题一开始便为近代先进人士所注意，龚自珍、魏源、冯桂芬都提出过许许多多的意见和办法，但这些意见和办法大都停留在传统的“修身齐家治国平天下”老一套圈子里打转，并无真正新颖的见解。只有在资本主义开始作为一定社会物质力量存在的条件下，只有在中法战争揭穿清政府腐败、国内要求改革的局势下，才能真正产生这种虽然弱小但是新生的进步政治要求和政治思想。它空前地在中国历史上明白提出用资产阶级代议制度来改变数千年的君主专制制度的主张，具有重要的思想意义。

从上面也不难看出，改良派这种政治要求一开始便带着资产阶级自由派的特征。他们维护地主商人的权利而害怕和反对较彻底的资产阶级民主（如共和国、普选制度），他们忧虑“举国听于议院，势太偏重愈趋愈远，遂有废国法、均贫富之党起于后”（宋育仁：《泰西各国采风录》）。他们几乎毫无例外地一致主张中国采用与专制制度妥协的君主立宪的政治制度：“君主者，权偏于上；民主者，权偏于下；君民共主者，权得其平。凡事虽有上下议院议定，仍奏其君裁夺。”（《盛世危言》）从而，他们严格地限定了选举人和被选举人的社会地位和财产，“必列荐绅，方能入选”（《庸书·议院》），“其年必足三十岁，其产必足一千金”（《庸书·乡官》），“县议员于秀才中选择其人，府议员于举人中选择其人……省议员于进士中选择其人”（《新政论议》）。但是改良派这种开放政权的请求，却仍为维护专制政体“万世不变”的封建官僚们所极力反对和否定。

改革文化教育一直是改良派变法思想的重要部分。他们并首先在这方面进行了好些宣传实践活动。改良派要求改变封建愚昧主义的文教政策，取消和改变科举八股的取士制度：“文武科两途皆当变通，悉更旧制。”（王韬：《变法自强上》）另一方面则主张设立学堂学习“西学”（“西学”指自然科学和工艺技术，“以西学言之，如格致制造等学，其本也”）。改良派这种文教主张，既不同于坚决反对学习西方技艺、科学的封建顽固派的蒙昧，也不同于洋务派仅仅培植少数外交翻译和军工技术人才的政策。他们认识到，要发展民族资本主义工商业，还必须有大量的精通科学技术的人才：

> 夫泰西诸国富强之基，根于工艺，而工艺之学不能不赖于读书……我国极宜筹款，广开艺院，教育人才，以制造为用，庶制造日精，器物日备。（《盛世危言·技艺》）
>
> 学校者，人才所由出；人才者，国势所由强。故泰西之强，强于学……然则欲与之争强，非徒在枪炮战舰而已，强在学中国之学，而又学其所学也。（《盛世危言·西学》）

改良派在政治、文化和军事方面还提出了许多整顿改革办法，但多不是最重要的问题，从略。

总括上面：如果可以以薛福成下列主张作为第一阶段（七十年代下半期至中法战前）改良主义变法维新思想的代表：

> 商政矿务宜筹也，不变则彼富而我贫；考工制器宜精也，不变则彼巧而我拙；火轮、舟车、电报宜兴也，不变则彼捷而我迟；约章之利病，使才之优绌，兵制阵法之变化宜讲也，不变则彼协而我孤、彼坚而我脆。（《筹洋刍议·变法》）

那么，就可以把郑观应的下列思想作为第二阶段（中法战后至中日战前）的代表，由经济改革前进到政治改革，由不脱洋务色彩进到具有自己独立的性格①，其中发展痕迹宛然可寻：

> 乃知其治乱之源，富强之本，不尽在船坚炮利，而在议院上下

---

① 洋务派著名人物薛福成在乙亥、丙子（1875—1876）《奏海防密议十条》是当时传诵一时的作品。

> 同心，教养得法；兴学校，广书院，重技艺，别考课，使人尽其才；讲农学，利水道，化瘠土为良田，使地尽其利；造铁路，设电线，薄税敛，保商务，使物畅其流。……育才于学校，论政于议院，君民一体，上下同心……此其体也；轮船、火炮、洋枪、水雷、铁路、电线，此其用也。(《盛世危言·自序》)

两者相比较，显然，由如何御外侮到如何改内政，由经济要求到政治要求，由发展工商业到主张开议院，改良派思潮的发展是日益深入和定型了。①

3. 早期改良派思想与正统思想的分歧和依存

改良派变法维新思想是一种温和的自由主义思潮，但它与当时占据统治地位的正统专制主义顽固派思想却仍是尖锐敌对的。顽固派思想是近代进步事物进步思想的反对者，是科学和民主的敌人。顽固派“守旧，恶西学如仇”(《清史稿·徐桐传》)，甚至不相信自然科学：

> 西人言日大不动，而八行星绕之……窥其用心，止以欲破我天地两大，日月并明，君臣父子夫妇三纲而已。(曾廉：《瓠庵集》)
>
> 西人之论胞胎也，谓儿在母腹其足向天，其头向地……中国则

① 在改良派思想这一发展中，当时一批出使人员由于亲历目睹提出的大体类似的观点和主张，在社会舆论上起了一定作用，“徒如其船坚炮利……而不知其国中之优游暇豫乃有如是之一境也”(黎庶昌：《卜来敦记》)，这是自以为“天朝上国”的使臣的感触。“窃尝谓西国富强不尽由于制器治兵。……西国制治之要约有五大端，一曰通民气……由乡举里选以设上下议院，遇事昌言无忌，……上下之情通矣。二曰保民生……三曰牖民衷(指报纸、学校)……四曰养民耻(指资本主义法律)……五曰阜民财”(李凤苞：《巴黎复友人书》)；“窃以为欧西大势，有如战国，……上下一心，同力合作，开矿、制器、通商、惠工……”(何如璋：《使东述略》)，此外如郑昌棪、沈敦和、刘启彤等等所写的各种《政要》《政概》《国志略》中介绍西方议会制度……，都说明改良派上述主张言论是当时一股社会思潮。这方面的材料极多。

自生民以来，男女向背端坐腹中……是知华夷之辨，即有先天人禽之分。（叶德辉：《西医论·郎园书札》）

这相当典型地托出了当时那些正统派的愚昧、顽固而又自高自大的思想，这种思想占着当时社会统治地位，它甚至以各种各样的荒谬可笑之极的形式呈现出来。例如，在中日甲午战争时，还有士大夫官员“上书言与洋人战不当用枪炮，当一切弃置而专用气”（见谭嗣同：《上欧阳瓣薑师书·兴算学议》）。从这里不但可以看出顽固思想的水平，同时也可以看出当时整个社会及思想的严重落后。顽固派不赞成任何形式的民族工商业和科学文化，他们极力阻压民间资本的发展：“山东巨富自总矿务以来，家资荡尽，亏负累累，犹复不知悔悟，希图集股接办……臣熟权利害……拟请将东省登莱等府矿务暂行一体封禁。”（李秉衡：《奏山东省历办矿务并无成效现拟封禁以靖地方折》）他们反对和阻挠开矿产、修铁道、建工厂等一切发展资本主义的措施，而一再重复着其所谓“重农抑商”“重本轻末”的封建主义陈腐理论：

伊古以来，国家殷富大利在农……为今之计，莫若重农。（徐致祥：《嘉定先生奏议·论时势折》）

廉愚以为国家之制，在重本而抑末。（曾廉：《𪊲庵集·再答杨生子玉书》）

顽固派的所谓“重农”，如改良派所揭穿，不过是加强地租剥削，竭力保护传统的农业小生产，保护其封建主义经济基础不受动摇而已：

迂拘之士，动谓朝廷宜闭言利之门……重农而轻商……呜乎！即其所言农事以观，彼亦何尝度土宜，辨种植，辟旷地，兴水利，深沟洫，泄水潦，备旱干，督农肆力于南亩，而为之经营而指授也哉？徒知丈田征赋，催科取租，纵悍吏以殃民，为农之虎狼而已。（王韬：《弢园文录外编·兴利》）

改良派所说的“重农”和“讲求农学”，是要求在不根本改变传统土地占有制度下来引进先进技术（如机器等等），改善经营方法，发展农业资本主义；顽固派的所谓“重农”则不过是要求加强农村统治秩序，死守着封建地租剥削，维持小生产基础，绝对不予变更而已。因此在所谓“机器夺小民之利”的说法的掩盖下，顽固派极力反对采用近代先进生产工具替代人的体力劳动，害怕新式生产将破坏其剥削基础和统治秩序，举行新政会使人“为奸为贪为贼为盗”（黄仁济：《黄氏历事记》），近代工农业和交通矿务业会使“数千百亡命聚不能散，其患更何可言”（李秉衡：《奏查明西省矿务无可开采由州改流甚善折》）。“技艺微长，富强谋术，于修身齐家治国平天下之道又何所取”（《黄氏历事记》）。因而反对一切变法主张而为旧制度，甚至为弊害昭著的科举制度辩护。所以，在当时上层社会中，存在着这么两种思想：一种是弱小的但是新生的资产阶级洋务派、改良派的思想；一种是强大的但是落后的封建顽固派的统治思想。顽固派与洋务派的争论当时占有显著的地位，但在以后九十年代改良派思想逐渐成熟而奋起反抗时，新旧思想的分歧主要便存在于改良派与顽固派之间了。在经济问题上，与顽固派“重农”相对，改良派强调“商”是“四民之纲领”（《盛世危言》）；“今之国若有十万之豪商，则胜于有百万之劲卒”（《新政论议》），这与洋务派军工“自强”思想也显然不同。与顽固派“闭言利之门”，“兢兢以言利为戒”相对，改良派公开宣称“欲富者，人之真情”，“国家不患谋利之人……盖利赖不兴则民生不遂，民生不遂则国势必衰”，而且“一切仁义道德之名、术数权谋之法、势位名分之重、严刑酷例之威，皆不能胁人以为乎公而忘乎私”（《新政论议》）。这就是典型的资产阶级的论调。在政治问题上，对于顽固派：“必核乎君为臣纲之实，则民主万不可设，民权万不可重，议院万不可变通”（王仁俊：《实学平议》）；而在改良派看来：“夫天下，公器也，国事，公事也；公器公同，公事公办，自无不妥，此选议员辟议院之谓也”（《新政论议》）。对于顽固派：“……士之功固不可以凡人之功比”（曾廉：《经义》），“以君子之道驭小人之事……士大夫而为百工……百工之省试亦废矣”(《百工》)，所以坚持士大夫的社会统治地位的绝对不可动摇；而在改良派看来：“圣贤立言，谆谆以百工与士大夫相提并论”(《续富国策》)，“有商中之士，有工中之士，有农中之士”(钟天纬：《扩充商务十条》)，“必先破去千年以来科举之学之畛，朝野上下皆渐化其贱工贵士之心……庶几风气日高，人才日出”(薛福成：《振百工说》)，要求士大夫从事工商业和学习科学技术，并提高“工”(指工业家以及工程师等，非指工人)的社会政治地位。在文化教育问题上，对于顽固派，科举制艺能“束天下豪杰于追章琢句之中，以柔其犷悍横逸不驯之气”(王先谦：《虚受堂文集·江西乡试录前序》)，“否则人人争帝，人人称王……天下之大，六合之众，谁受钳束，谁受笼络”(《黄氏历事记》)，科举制度好得很，所以不能废而办学堂；但在改良派看来：“文试不废时文，武试不废弓矢……以此而言富强，是欲南辕而北辙”(《盛世危言》)，因此，“欲得真才，必先自废时文始”(王韬：《变法自强中》)，必须“废八股之科，兴格致之学，设学堂，广置人才”(《盛世危言》)。总括起来，对于顽固派，“法制未可轻变”(李秉衡)，“凡子孙欲革先人之法，其祸乱必尤甚于未革之世”(曾廉)；对于改良派，“穷则变，变则通，通则久”，“世移时变，变法宜矣”(陈虬)。很明显，从经济到政治，从理论到实际，无论是本末之辨、义利之分，或者是专制立宪之争、科举学堂之别……实际上就正是一场典型的封建主义正统思想与改良派资本主义思想的争执。

但是，改良派思想在这一时期是有着极大的局限的。首先，在他们的主张中，反映着他们对封建统治者的依靠：在经济上是寄托于政府的“振作”和“护持”。他们对待农民革命等问题上，没有脱开其地主老爷的敌视立场①。就这一时期改良派思想代表人物的个人身份和社会地位来说，他们也都是高级官员，在政治上或经济上完全依靠封建统治者

① 如赞扬“戈登来华助剿发逆，英为接济军火，……然则中国之所以不亡者，英美之力也”(何、胡：《康说书后》)。这种立场和观点是这一时期整个改良派所一贯持有的。

(如马、薛)或外国侵略者(如何、胡)。这就束缚了他们思想和活动的开展，使他们的思想主张带着卑屈的姿态，甚至有时还为统治者或侵略者的罪恶发出辩护。所以，这一时期新旧思想的分歧还只处在初级的阶段，还未展开为全面、对抗的地步和形势。

这一阶段改良派在理论思想上是特别落后的，这是一个致命的弱点。从王韬、马建忠、薛福成直到郑观应、陈炽、陈虬(何、胡略有不同)，所有这些人都几乎一致地排斥和否定西方资产阶级社会政治的理论思想，无保留地拥护中国封建主义的“纲常名教”。他们变法的哲学依据还只是简单的循环“变易”观念，他们还远未达到康有为那种素朴的历史进化论。他们认为“西学”出自中国古代，不过“我引其端，彼竟其委”，这种说法一直很流行，“中国大乱(指秦时)抱器者无所容，转徙而之西域……经说上下(墨经)为光学重学之宗，句读旁行乃西语西文之祖”(《庸书》。这种观点看法在当时是极普遍的，不详引证)。因此他们认为西方的工艺科学以至政法制度都不过是“器”，并不是“道”或“本”，“道”和“本”还是中国“纲常名教”的“圣人之道”(马建忠:《马赛复友人书》)。这些改良派人物一致强调：“盖万世不变者，孔子之道也”(王韬:《易言·跋》)，“取西人器数之学以卫吾尧舜禹汤文武周孔之道”(薛福成:《筹洋刍议·变法》)，“道为本，器为末，器可变，道不可变，庶知所变者，富强之权术而非孔孟之常经也”(郑观应:《危言新编·凡例》)，“形而上者谓之道，修道之谓教，自黄帝孔子而来至于今，未尝废也，是天人之极致，性命之大原，亘千万世而无容或变者也”(陈炽:《庸书·自强》)。“中国之杂艺不逮泰西，而道德、学问、制度、文章，则夐然出于万国之上”(邵作舟:《危言·译书》)。他们的思想不但毫“无平等平权之说”(徐崇立:《庸庵内外篇·序》)，而且还认为“民主之制，犯上作乱之滥觞也”(陈炽:《危言·序》)。总之，他们几乎一致认为，中国的纲常名教等等“圣人”的“道”“本”是不可变易的，而且优越于西方。西方的物质文明——器也是中国古代流传过去的，因此“天将以器还中国，以道行泰西”(陈炽)。但在现实主张中，他们提倡工商业而言私言利(《筹洋刍议·商政》：“挟赀而往者踵相接，何也，以人人欲济其私也，惟人人欲济其私，则无损公家之弩项而终为公家之大利。”《新政论议》：“欲富者人之真情”，“不知求利乃人之本的”），以及主设议院而建民权等等，就实际上违背了封建圣道。这种不自觉的矛盾使他们与九十年代康有为、谭嗣同、严复等人的道器观点伦常意识是大不相同的。这一阶段（七八十年代）的改良派思想虽然在具体政治主张上开始具有开议院行立宪的要求，但在理论上却完全自相矛盾（他们没有也不能觉察这矛盾）地排斥和反对着正是作为西方代议制度理论基础的西方的自由平等的思想学说。他们对资本主义的认识和学习便停留在这里了。

由于他们的思想缺乏真正的理论指引，不但使他们无法对变法主张做出深刻系统的分析和论证，更重要的，是使他们无法与正统统治思想划清界限。事实也正如此，尽管改良派这时对顽固派有反对，对洋务派有批评，但是他们所倡导的“中学其本也，西学其末也；主以中学，辅以西学”（《盛世危言》）的观念，证明了他们在理论上没法与洋务派后来也讲的“中体西用”思想分开来。① 在客观历史情况下，改良派当时也刚从洋务阵营中分化出来，与洋务派仍有着千丝万缕的联系和牵挂，他们在对抗顽固派的斗争中还与洋务派保持了联合的关系（当时顽固派与洋务派有尖锐矛盾和冲突）。改良派思想与洋务派正式决裂和冲突是在下一阶段才展开的。

也正因为这一阶段改良派多半是由洋务派中分化出来的，两派思想界限还不是异常明朗，这一阶段思想也就异常参差杂乱。特别是对一些具体问题提出一些具体主张上，经常甲对此一问题比乙先进，在另一问题则又相反。而随着时代的发展，前后思想虽大体相同，又仍有差异……如此等等。所以确定某一人物的思想属于哪一派范围，就必须十分仔细，不能看得太死，更要严格注意所有这些主张、思想、言论具体的时间和内容。例如薛福成虽是重要的洋务出使人员，是自称为李鸿章

① 不同在于，郑观应强调是“西用”，将“中体”暂搁置起来，后来张之洞强调的是“中体”，为护卫正统纲常说法。

“言听计从”的得力助手[①]，但其七十至九十年代的思想却仍可视为改良派的先声；郭嵩焘也可作如是观[②]。许多论著都把容闳列为改良派，这不很准确。容闳虽然以其重要的社会名望、社会关系以及其极高的西方文化教养而受到当时改良派的尊敬（庚子时还被选为自立会会长），他与改良派和变法运动也保持了良好的关系，采取了同情的态度，但他在

① “平日倚弟筹防，始终言听计从，毫无掣肘，……不可谓中丞非真知我也。”（《乙酉答伯兄书》）

② 郭与曾国藩关系十分密切。曾的思想是“赖守定和议，绝无更改，用能中外相安，十年无事。……此后仍当坚持一心，曲全邻好，万不得而设备，乃所以善全和局”。这是曾定下的对外路线，曾国藩晚年处理天津教案，全国均痛斥为卖国，郭却一再称赞曾“办理教案，则天理人情之至矣”。对李鸿章主和受谤，郭也为之感叹：“言者集矢合肥伯相……毁誉失实者多矣”（《复曾沅甫书》），“嵩焘实见办理洋务，无可开衅之理……但无洋祸，寇乱饥荒皆不足惧。一有西洋之衅，则此二者之忧乃倍于平时”（《致李伯相》），“与洋人相处，无推诚之心，则扞格必多……嵩焘所以谓无可开衅之理是也。……嵩焘坚持此义三十余年”（同上），“是以屡上言，当以了事为义，不当以生衅构兵为名……当延致各国领事，明与之约，决不交兵”（《复曾沅甫宫保》），“西人以通商为义，本无仇害中国之心”（《再致李伯相》），“处今日之势，惟有倾诚以与各国相接，余是无能自立者”（《使西纪程》），等等，可见郭是始终坚持曾国藩的路线的。中法战争中，郭与李鸿章坚持主和，甚至不如曾国藩的儿子曾纪泽（曾纪泽：《巴黎致总署总办辛巳八月》：“法之图越蓄谋已久，断非口舌所能挽救”；《伦敦复左中堂》：“李相……始终误在三事，曰柔、曰忍、曰让”）。薛福成当时的态度也与郭不同。但另一方面，郭出使欧洲较早，接触较长，较早便认识到船坚炮利并非富强之“本”，而是“末”，提出，“泰西富强具有本末，所置一切机器恃以利用致远，则末中之末也。今将习其末而徐探其本，但宜小试而决不宜大举”（《致李伯相》），“……莫切于急用内治以立富强之基，如此二者（指铁路和学理工科学）可以立国千年而不敝”（《伦敦致李伯相》），“天地自然之利，百姓皆能经营，不必官为督率”（《与友人论仿行西人书》）等等，已看到“国富”与“民富”的关系。郭是“厘金”制度创立时的参与者，这时也主裁废。总的说来，郭晚年已是改良派的思想水平，比曾纪泽等人要高明得多。

国内并无基础，他的思想并非反映国内动态，如果严格分析，不难看出，他的主要思想主张和政治活动（例如建议聘外国人做顾问改组政府，几次力主借美债修筑铁路而坚决反对民股，主张借英债做军费以台湾做抵押，雇外兵攻日，等等）在一定意义上，反映了外国资本家的利益。与急迫要求经济政治改革的改良派爱国主义的变法思想的主流略有不同，在《西学东渐记》特别是其原文（英文）本中，这一点更清楚。他的思想与广学会和其他英美在华人士如林乐知、李提摩太等人的主张倒很相似。后者的活动如“广学会”的译书办报，与改良派人士的往来，对改良派表示赞助和同情等等，也是有着极为复杂的性质和作用，需要仔细分析。一方面它在客观上积极刺激了改良派思想的成长，但他们主观目的却是企图通过利用改良派干预中国的政治，取得更多的权力。他们主张中国变法的特点就在于，这种变法必须依赖外国特别是英美的力量，要求中国在财政上（“西国银行，中国向之借贷，大可予取予携”——林乐知：《治安新策》），政治上（“宜立新政部，以八人总管，半用华官，半用西人”——李提摩太：《新政策》），文化教育上（“敦请英美等国之学部大臣，来华专掌其事〔指兴办学校事〕”——《治安新策》）的改革全部交由外国控制。他们这种变法革新主张，尽管在表面上与改良派的主张相近，尽管几乎所有的改良派人士都没能看出他们的全部企图，但是，他们的这种变法主张——无论是李提摩太的《新政策》，林乐知的《治安新策》，赫德的《局外旁观论》，威妥玛的《新议论略》，以及丁韪良、李佳白等人的活动、主张，与立足于国内的改良派的爱国主义变法思想有很大差别。在研究改良派的思想主张中，还应该看到这种种复杂的现象和问题，做出具体的分析、判断。

三　改良派变法维新思想的高潮与顶峰

1. 改良主义思想体系的成熟

改良派变法维新思想的发展，在十九世纪九十年代达到了它的高潮和顶峰，形成了一个质的飞跃，进入了完全成熟的阶段。

1894年的中日甲午战争在中国近代史上揭开了新的严重一页。如果说，鸦片战争还只是资本主义侵略中国的开始，那么甲午战争则是帝国主义奴役中国的开始，这两次战争在中国近代历史上都有区划时期的意义。中国清朝统治者在甲午战争中的巨大失败空前迅速地把中国进一步推向半殖民地的深重灾难中，由资本主义商品输出正进入帝国主义资本输出，外国侵略变本加厉，马关条约为他们敞开了在中国兴建企业、修筑铁路以直接掌握中国经济命脉的大门；与此同时，侵略者采取了公开的军事掠夺的手段，卷起了夺取租借地和划分势力范围的浪潮，“瓜分中国”的号叫，喧嚷响彻，中国处在空前的民族危难中。

沉重的民族危机激起了社会进步人士强烈愤怒和同仇敌忾的决心，出现了一个波澜壮阔的爱国主义救亡高潮。七十年代以来相对稳定的阶段结束了，在暗中酝酿着的民族矛盾和阶级矛盾一下子赤裸裸地呈现出来，变得明朗化和尖锐化。农民革命伏流逐渐高涨，陆续出现了像四川余栋廷事件这样的起义运动，它直接引向了二十世纪初年的革命时期。但是，在中日甲午战争以后到义和团失败的十九世纪九十年代中，社会斗争的主要矛盾却还是反对帝国主义的民族矛盾，社会各阶层都卷入了这一矛盾和斗争中去了，戊戌维新和义和团运动就正是不同阶级的不同反应。下层——主要是农民、城市贫民，也包括一部分中小地主和顽固派分子搞了此伏彼起的各次排外“教案”（毁教堂、杀洋人），到义和团达到顶峰。社会上层则是以发展资本主义为客观基础（中国有为数不少的地主兼营商业，且由来已久）的爱国救亡运动。

在动荡的九十年代中，随着清朝政府和洋务运动在战争中的失败和随之而来的对民间资本的让步（政府这时曾几次下令奖励、保护民营工商业的发展，不过实际上这常常是一纸具文），也随着外国资本的直接侵入的刺激，中国民族资本主义开始了它的真正的初步发迹，甲午战争后工厂激增，据统计，从1895年至1900年五年内设立的工厂有八十二家，而从1872年到1894年二十余年所开设的工厂才六十六家（严中平等：《中国近代经济史统计资料选》）。张之洞1897年的奏折说：

> 数年以来，江浙湖北等省陆续添设纺纱缫丝烘茧各厂约三十余家，此外机造之货，沪苏江宁等处有购机制造洋酒洋蜡火柴碾米自来火者，江西亦有用西法养蚕缫丝之请，陕西现已集股开设机器纺纱局……四川已购机创设煤油并议立洋蜡公司，山西亦集股兴办煤铁开设商务公司，至于广东海邦，十年以前即有土丝洋纸等机器制造之货……湖北湖南两省已均有购机造火柴及榨棉油者，湖北现已考得机器制茶机器造塞门德土之法……似此各省气象日新，必且愈推愈广。(《张文襄公奏稿》，第29卷，第9页)

资产阶级社会力量的成长出现，使改良派变法维新运动迅速发展。在救亡图存的爱国热潮中，使变法思想突破了以前狭小藩篱，在中上层社会官吏和士大夫中得到了广泛的传播。越来越多的人看到了顽固派和洋务派的思想和政策在事实验证下的失败，日益倾向和同情于改良派的变法主张。这时出现了许多要求变法维新的奏议、文章、书籍，出现了许多宣传变法维新的报纸，其中就有据说销行到万份之多的《时务报》①，各种《危言》风行一时。② 反映着时代的特点和人民的愤怒，连这些著作的措词提法等形式也都具有了尖锐、痛切、激烈的宣传煽动色

① “三十年前京师创有中西闻见录，略述泰西政艺各事，阅者寥寥，不久旋辍。嗣在上海编译《格致汇编》……惜当时风气未开，嗜之者终复无几，……故光绪十六年以后即不复译。”(梁启超)从“阅者寥寥”“风气未开”到“数月之间销行至万余份”，就可见甲午战后的九十年代确大不同于以前。

② 其中流行最广影响最大的是郑观应的《盛世危言》，曾多次增补与再版。“……且恃其所能从而凌侮我挟持我，求无不应，索无不予，我于此而尚不变法以自强，岂尚有人心血气者哉！故杞忧生（即郑）之书大抵发奋之所为作也。……此杞忧生所以发上指而笔有泪也。……时淞北逸民（指王韬自己）久病垂死……磨墨伸笔，作此以抒愤懑，俾我杞忧生知天下尚有伤心人也。呜呼，一息犹存，尚思报国，十年徒长，深幸同时……”(王韬:《易言跋》)。《易言》(1879年成书，1880年出版)即《盛世危言》的最初版本。《盛世危言》1893年初版，1895年二编，三编为甲午战争时作品，1900年最后一版。为当时影响极大的论著。

彩，康有为的《上皇帝书》、梁启超在《时务报》的政论便是其中杰出的代表作。与上一阶段薛福成、郑观应等人的口吻腔调已大不相同，梁启超急切地以“变亦变，不变亦变”的非变法不可的姿态来要求改革，痛驳各种疑难反对，“张目大骂，如人人意所欲云，江淮河汉之间……争传诵之”（胡思敬：《戊戌履霜录》）。康有为在“保国会”上的著名的演说，也是这种宣传鼓动的代表，它反映了那个国难临头的时代特色：

> 吾中国四万万人，无贵无贱，当今日在覆屋之下，漏舟之中，薪火之上，如笼中之鸟，釜底之鱼，牢中之囚，为奴隶，为牛马，为犬羊，听人驱使，听人割宰，此四千年中二十朝未有之奇变，加以圣教式微，种族沦亡，奇惨大痛，真有不能言者也。

与此同时，改良派已不能完全满足停留在上一阶段的那种单纯地向社会宣传自己的变法思想，以康有为为首，他们正式地向皇帝提出了自己的要求，并在学会的名义下开始进行被守旧派斥之为“与会匪无异”（文悌）的组织士大夫群众的活动。挂着各种各式名义的“学会”：“粤学会”“闽学会”“南学会”“陕学会”……一直到“不缠足会”，如雨后春笋般地在全国许多地方自发地成立起来。据梁启超的记载，自“强学会”被迫解散至戊戌变法的三年中，全国自发组织的学会、报馆、学堂达五十一所，范围遍及南中国。这就冲破了清朝数百年严禁士人集会结社、议论政治的传统法令，为资产阶级民主生活迈开了第一步。更值得注意的是，在这些“学会”名义后面的，有些实际上已是具有政党性的组织，有的甚至具有谋取变为地方政权机关的企图，如“南学会（湖南）尤为全省新政之命脉，虽名为学会，实兼地方议会之规模”（梁启超：《戊戌政变记》）。变法维新由宣传走上实践的行动阶段，七八十年代个别人士孤独的先进主张和善良愿望在这时变成了具有某种士大夫群众性的行动纲领。而这，也就为这一阶段的思想发展和思想斗争带来了新条件和新形势。

康有为是这一时期整个变法运动的中心人物和领导者，也是整个十九世纪改良派思潮的最大的代表。他的几次上书和戊戌变法时期的奏折，是整个改良派各种具体的经济政治主张的政纲式的提出，是上阶段变法维新思想的最后的概括和总结。

康有为在《应诏统筹全局折》中指出：

> 我今无士、无兵、无饷、无船、无械，虽名为国，而土地、铁路、轮船、商务、银行，惟敌之命，听客取求。虽无亡之形，而有亡之实矣。……能变则全，不变则亡；全变则强，小变仍亡。……惟要义有三：一曰大誓群臣以定国是（按即宣布改革的决心），二曰立对策所以征贤才，三曰开制度局而定宪法。……既立制度局总其纲，宜立十二局分其事：一曰法律局……二曰度支局……三曰学校局……四曰农局……五曰工局……六曰商局……七曰铁路局……八曰邮政局……九曰矿务局……十曰游会局……十一曰陆军局……十二曰海军局……

从所要求设立的国家机构及这些机构的职责任务中，可以看出，康有为是要求对国家进行全面的自由主义的民主改革。康有为陆续在政治方面或准备或提出开国会、改立宪、定法律制度，允许人民上书谈论政事，地方设民政分局允许士绅干预地方政权，裁汰冗官冗员，以及改国号，迁都武汉等等；在经济方面提出了开矿藏，修铁路，立商会，裁厘金，扶助工商业，奖励科学发明等等；在军事方面提出了废绿营，放旗兵，练新军等等；在文化教育方面提出了废科举，立学堂，广译书，派留学，设报馆等等；在社会风习方面提出了禁缠足，改服制，立国教（孔教）等等。其中，康有为特别着重在改革封建专制制度和制定资本主义法律上，认为它是变法问题的核心和关键：

> 今数十年诸臣所言变法者，率皆略变其一端，而未尝筹及全体，又所谓变法者，须自制度法律先为改定，乃谓之变法。今所言变者，是变事耳，非变法也。臣请皇上变法，须先统筹全局而全变

之，又请先开制度局而变法律，乃有益也。(《康南海自编年谱》)

> 臣窃闻东西各国之强，皆以立宪法开国会之故。国会者，君与民共议一国之政法也。盖自三权鼎立之说出，以国会立宪，以法官司法，以政府行政，而人主总之……人主尊为神圣，不受责任，而政府代之，东西各国皆行此政体，故人君与千百万之国民，合为一体，国安得不强？吾国行专制政体，一君与大臣数人共治其国，国安得不弱？……今变行新法，固为治强之计，然臣窃谓政有本末，不先定其本而徒从事于其末，无当也。……立行宪法，大开国会，以庶政与国民共之，行三权鼎立之制，则中国之治强可计日待也。(《请定立宪开国会折》。此折据黄彰健考证乃伪品，但作为思想资料仍可引用。)①

同时康有为还指出，随着政法制度的改革，必须去掉老朽的封建官僚，而代之以新生力量，他曾向光绪说："大臣等非不欲留心也，奈以资格迁转，至大位时，精力已衰，又多兼差，实无暇晷，无从读书，实无如何，故累奉旨办学堂办商务，彼等少年所学皆无之，实不知所办也。"(《康南海自编年谱》)

康有为这些主张就正是上一阶段郑观应等人的变法主张的进一步的明确、发挥和正式提出。一般说来，康氏的这些具体的变法维新思想与上阶段并无根本的歧异，而是上阶段思想的一个深入的概括和总结。但由于有理论思想作为基础，康的这些政纲政策就比上阶段要明确、先进。其中特别是三权分立（行政、立法、司法）、责任政府、司法独立、宪法至上，以及必须去掉封建官僚等等，实质上已突破上阶段的思想水平。所以，这个概括和总结不止是重复过去的东西，而是在一个理论基础上把这些东西提纲挈领，抓住了要害。诚如当时人所评论："阅《庸

① 康在戊戌时并不强调开国会、行民主等等，相反，而是强调"乾纲独断"，力主强君权，有研究者因之斥为"倒退"，其实这正是当时具体政治环境（慈禧仍拥大权）下的正确策略。

书》《富国策》，多可行者。然统筹全局，权其先后缓急之序，一一如指诸掌，终以南海之四上书为最。”（皮锡瑞：《师伏堂未刊日记》，见《湖南历史资料》1958年第9期）

所以，就整个来说，这一阶段的改良派思想比上阶段有重大发展。康有为、谭嗣同、严复与马建忠、薛福成以至郑观应、陈炽、何启，其思想有着大的不同。这种不同的特点就在于：它主要还不是表现在变法维新的具体政治经济主张中，而是表现在社会政治观点和哲学思想上。应该充分估计到，开始产生了一整套的资产阶级性质的社会政治理论和哲学观点作为变法思想的巩固的理论基础，是这一阶段改良派思想最重要的发展和最卓著的成就。也正是因为有了这种理论基础，使这些表面与上阶段相似的政纲政策主张，有更急进的潜在意义和内容。①

这些成就主要就是指康有为装在今文经学公羊三世说的套子里的历史进化论的社会发展观点、美化在大同空想理论里的大胆的资产阶级人权平等的政治道德学说，以及谭嗣同的“以太—仁”的哲学思想。这些思想构成了一个比较完整的改良主义的思想理论体系，它有着丰满的反封建的启蒙主义的光辉内容，在中国近代思想史上起了很大的影响，有着重要的价值和意义（请参看本书有关康、谭的论文，这里不详论）。

与上阶段郑观应等人一面主张开议会一面又认为这并非“道”“本”的态度不同，这一时期的改良派代表肯定民权平等的资产阶级学说不但合乎“圣人之道”，而且还是孔子的“微言大义”的遗训。所以，“设议院于京师而令天下郡县齐公举其守宰，是道也”（严复：《原强》）。尽管康有为等人的这些理论思想与其现实政纲有着很多的距离和矛盾，但大同理想和民权平等的学说毕竟给现实的变法方案一种坚强的根据和美妙

① 如前所述，从郭嵩焘、薛福成到康有为，这个差距和发展非常之大。郭、薛主重工商，而从未触及改政制，王韬、马建忠以至陈炽虽或赞同或主张开议院，但未强调。这问题看来在他们思想中并未占重要地位。陈炽、郑观应等人虽将开议院置于重要地位，但并不突出。在这些人中间，何启最为勇敢，但又脱离国内实际，这是他长期居处国外，入英国籍，充香港议员之故。他对于中国伦常名教也没有多少非议。

的远景，三世进化说则正证明着变法维新的历史规律性的不可避免……这样，就使鼓吹变法主张与思想的启蒙运动结合在一起了。梁启超当时在《时务报》所写的一些鼓吹民权思想要求变法的重要论文，便是这种结合的具体表现。它一方面从实际事例中说明了变法维新的合理和必要，同时又把这种合理和必要提高到民权平等的资产阶级理论思想的高度来论证。这就大不同于上阶段郑观应等人的著作，而向人们进行了反封建思想的启蒙主义的宣传。这种启蒙宣传本身是有巨大意义的。康梁并称，梁的作用正在这里（参看本书有关梁的论文）。

改良派思想本阶段的这种特点，并非个别杰出人物偶然的主观创造，而是时代所规定和赋予的。这是“创巨痛深”的民族危机煎熬着爱国的人们深入地去重新思考筹划整个问题、辛勤寻求救国真理的结果。谭嗣同的哲学政治思想体系在九十年代的产生和成熟，相当具体地说明了这一点，说明了这种反封建启蒙思想为什么不出现在亲身去过西方、见闻知识远为博洽的上阶段的马、薛等人身上，而反会产生、涌现在靠着几本自然科学和政法书籍以及一些零碎的耳闻目见的知识来探索研究的康、谭等人的头脑中的缘故。这种特点也不仅存在在康、谭这一两个人身上，作为一种时代动向，它在不同程度上呈现反映在这一时期其他的一些先进人士的思想中，例如，著名的严复的《辟韩》便可以与谭嗣同的政治观点媲美，而不甚著名的宋恕的《六斋卑议》，在反映传统社会下层民众（农民、小手工业者、小商贩以及妇女）的痛苦和揭露斥责三纲五常封建理学的残暴虚伪的许多论点，也达到了《大同书》《仁学》的思想高度。①

2. 改良派思想与守旧派思想的激烈斗争

变法运动的高涨和改良派自由主义思想体系的出现，必然激起新旧

① 宋恕是一个一向被人忽视但实际上却是值得研究的改良派思想家。他的著作中充满了深刻的反封建礼教——特别是程朱理学的思想，并且还带着一种反映下层人民疾苦的特点。宋恕与当时先进人士交往甚多，与章太炎等人很熟。

思想公开的冲突。这一阶段整个社会思想的主要特点，就是变法思潮已作为时代思想的主流而涌出，它与统治（包括顽固派与洋务派）思想展开了激烈斗争。

顽固派是盲目排外愚昧保守的，他们的思想主张是当时占据统治地位、为大多数地主士大夫们所信奉的社会意识形态，但它也并不是一成不变、永远停留在“用气御敌”的极端无知可笑的地步。在甲午战后“外患日急，人心激昂”的变法声浪高潮中，顽固思想只得暂时稍稍收敛，而“前进”到同意和积极于各种洋务措施；洋务派显出更为开明的面孔，同意并倡导某些“变法”主张。文悌在“严参康有为”时便自称“留意西学”“非绝口不谈洋务者比”，守旧如徐桐、李秉衡后来也主张“讲求西学”“行军制器参用新法，未为不可”，王先谦从很早起便多次提出过“仿造织造机器”“官办不如民办”“民之要图在商务”的建议，自己也投资于近代工业（“仆掷万金于制造，实见工艺不兴，中土终无自主之日”）；愚昧到地球绕日运行也不相信的曾廉，到上海后也不得不在诗中感叹“雷电在灯檠”。实际上封建地主阶级，某些传统卫道者也日益走向买办化。在清朝，这最先开始于地方军阀集团的洋务派，而最后体现在庚子以后的那拉氏中央政权。以后的统治集团大都遵循了这条路线。所以，在这时，顽固派与洋务派的纷争逐渐消失，这阶段的思想斗争，有两个特点：第一，是在具体的经济政治主张上，改良派的变法方案与洋务派的变法方案的区分①；第二，是改良派的民权平等、“托古改制”等启蒙主义的社会政治理论思想与封建主义统治者“中体西用”思想的斗争。后者是这阶段最主要的思想斗争。

曾为光绪皇帝奖为“持论平正通达，于学术人心大有裨益”(《戊戌六月上谕》)，因而“挟朝廷之力而行之，不胫而遍于海内”(梁启超)，影响非常广泛的张之洞写的《劝学篇》，就是洋务派变法思想的典型的

---

① 即使到了1901年革命派开始迅速发展，张之洞、刘坤一著名的江楚会奏变法三折中，也仍然如此。用此三折对比康有为的戊戌奏稿，洋务派与改良派的差异顿显。

代表作。

《劝学篇》宣称，他们并不反对变法，说“虽孔孟复生，岂有议变法之非者”(《劝学篇外篇·变法第七》)。因而也提出了一整套废科举、改学制、开矿藏、修铁路、讲求农工商学、发展近代工业……种种主张，显示出自己也是一个进步的变法维新主义者。但是，这种“变法”主张的特点却恰恰在于：它高谈变法，提出一些主张却根本反对具有迫切意义的当前变法问题的主要关键——开议院和改革政治法律制度（参看《劝学篇内篇·正权第六》)，也尽量避免涉及当前具体的实际要求（如裁厘金、加关税等）。所以，这种理论的实质就只是在人们要求变法的高潮中，用不变根本的变法方案来抵制真正的政治变革要求。因其“有趋时之言，与泰西法貌相似……或以此同是维新之事”，的确也欺骗了许多善良的人们。但这却也引起了进步人士强烈的愤怒。梁启超称其书“不十年将化为灰烬……闻者犹将掩鼻而过”，何启、胡礼垣则特撰书详尽地逐篇驳斥，淋漓痛快地指出了它的统治阶级立场本质。何、胡指出：

> 中国宜变之法何法哉？曰君民隔绝，其法宜变；官府蒙蔽，其法宜变；诬罔人才，其法宜变；商务无权，其法宜变……变隔绝则当设议员，变蒙蔽则应行选举，变诬罔则应行实学，变商务则应去官督……变法者，非徒设各项机器厂之谓也。机厂者，皮毛耳；已上各事则命脉也……夫命脉之事，在作变法篇者（即指张之洞）未必不知，而乃仅为此皮毛之语，公邪私邪，于此可见。(《新政真诠五编·劝学篇书后·变法篇辩》)

何、胡逐一地评论了张之洞的变法纲领。在评论《劝学篇》的“变科举”时，何、胡指出：“其名虽曰变也，而其实仍不离乎八股经史，仍不离乎一二三场，仍不离乎百人取一，是不除旧习其弊愈滋耳……此种议论，非精于八股者必不敢言。”在评论《劝学篇》的所谓兴办矿务时说：“天下之利当与天下共之，必不可独揽其权……窃愿作矿学篇者，先明矿务不行之所以然，毋徒论矿务欲开之所当然。”(同上)

如果说，《劝学篇》作者在变法维新的具体问题上采取了鱼目混珠的手法，那么，在变法维新的民权平等的理论思想上，这位作者却以其对先进思想的政治迫害（如打击谭嗣同等人主办的《湘报》《湘学报》①）和理论攻讦，展示了他的面貌：

今日愤世疾俗之士……倡为民权之议，以求合群而自振。嗟乎！安得此召乱之言哉？民权之说无一益而有百害。……方今中华，诚非雄强，然百姓尚能自安其业者，由朝廷之法维系之也。使民权之说一倡，愚民必喜，乱民必作，纪纲不行，大乱四起……固敌人所愿闻者矣。（《劝学篇内篇·正权第六》）

在这里，顽固派与洋务派是完全一致融合无间的：

变夷之议，始于言技（即魏源、冯桂芬阶段），继之以言政（郑观应阶段），益之以言教（康有为阶段），而君臣父子夫妇之纲，荡然尽矣。君臣父子夫妇之纲废，于是天下之人视其亲长亦不啻水中之萍，泛泛然相值而已。……悍然忘君臣父子之义，于是乎忧先起于萧墙……而隶卒优倡俨然临于簪缨巾卷之上。（曾廉：《𪗆庵集》卷13《上杜先生书》）

---

① “近日由长沙《湘学报》两次，其中奇怪议论，较去年更甚，或推尊摩西，或主张民权”，“恐于学术人心有妨，阁下主持风数，务请力杜流弊”。“新出《湘报》，其偏尤甚，……此等文字，远近煽播，必致匪人邪士倡为乱阶，……亟宜谕导阻止，设法更正。”（《张之洞书牍·致陈宝箴》）而谭嗣同也指出：“……动辄与言民权者为敌，南皮督事于此为大不仁矣。”（《上陈右铭抚事书》，《湖南历史资料》1959年第4期）当时谭嗣同等认为的变法宣传重点应自觉地摆在民权问题上：“……盖方今急务，在兴民权，欲兴民权，在开民智，《湘学报》实巨声宏，既足以智其民矣，而立论处处注射民权，尤觉难能而可贵。”（《与徐砚甫书》，同上）所以，不是别的什么，而正是“民权”问题成了改良派与洋务派和一切假维新派以及改良派中的右派的重要分歧、区别点。

不管是洋务派或是顽固派，都同样害怕资产阶级民权平等思想。他们害怕这种思想会“煽惑”人心，使“不复知忠孝节义为何事”而“丧其本真，争相趋附”(《翼教丛编》卷5《湘绅公呈》)，而致“纪纲不行”，“隶卒优倡俨然临于簪缨巾卷之上”。所以，要维护他们的统治，就必须消灭这种所谓“无父无君之邪说”，就必须竭力使几千年来的“君君臣臣父父子子”的社会秩序和社会意识不受动摇。正是从这里出发，他们就特别强调“必须修明孔孟程朱四书五经小学性理诸书，植为根柢，使人熟知孝弟、忠信、礼义、廉耻、纲常、伦纪、名教、气节以明体，然后再习学外国文学、言语、艺术以致用”(《翼教丛编》卷2文悌:《严劾康有为折》)，强调“不可变者，伦纪也，非法制也；圣道也，非器械也；心术也，非工艺也。……法者，可以适变也，不必尽同；道者，所以立本也，不可不一……夫所谓道、本者，三纲四维是也……若守此不失，虽孔孟复生，岂有议变法之非者哉?”(《劝学篇外篇·变法第七》)“中学为内学，西学为外学；中学治身心，西学应世事；不必尽索之于经文，而必无悖乎经义。如其心圣人之心，行圣人之行，以孝弟忠信为德，以尊主庇民为政，虽朝运汽机，夕驰铁路，无害为圣人之徒也。”(《劝学篇外篇·会通第十三》)而这，就是著名的所谓“中体西用”理论。它作为自觉纲领的提出，本就是针对康有为等人的民权平等的资本主义理论来的，它在当时和以后甚至今日都有很大的影响，但在当时，它已遭到了改良派思想家们朴素而辛辣的嘲笑：

体用者，即一物而言之也。有牛之体则有负重之用，有马之体则有致远之用，未闻以牛为体则以马为用者也。中西学之为异也，如其种人之面目然，不可强谓似也，故中学有中学之体用，西学有西学之体用，分之则并立，合之则两亡。(严复)

“中学为内学，西学为外学……不知无其内安得有其外……身心世事，一而二二而一也。”“论必有其源，说必有其本，其所以颠倒错乱或不自知其非者，则以民权之理绝未能明也。”(何启、胡礼垣)

虽然当时改良派远没有也远不能彻底驳斥这种理论，但不难看出，改良派当时强调“体”“用”不可分割的资产阶级民权平等和变法维新一致的思想，比这种封建主义反对民权平等却主张轮船铁路的“中体西用”思想，有着多么深刻的差异和多么显著的进步性。也不难看出，康有为、谭嗣同等人的“托古改制”“三世大同”的思想（见本书下面的文章），与这种“中体西用”思想有着多么本质的差别。前者是在“孔子之道”的圣人外衣下，灌进了与圣道正相悖背的一整套资产阶级新鲜思想，而后者却是真正为了死力捍卫封建圣教而镀上一层洋金来加强保护。所以所谓“中体西用”，是最早在思想领域内顽固地抱着封建专制这具僵尸（“体”）不放的理论。

然而，却也远不是当时所有的改良派中的人士在这个问题上都有这样的认识。刚好相反，作为一个政治派别，九十年代主张变法维新的改良派是一个复杂的混合体。除开所谓纯粹的“假维新分子”等投机政客、冒牌新学家以外，参加变法运动的，也有许多就是洋务派的代表或与洋务派政治关系十分深切的人物，如陈宝箴保荐的杨锐以及张荫桓等人，此外很大一部分是中央和地方上的中上级开明官吏，如翁同龢、陶模、刘光第以及陈宝箴父子等。这两者构成了一个庞大的改良派右翼。他们有较高的政治地位和社会威望，有实际的政治背景和权势。但他们的思想特点却是，只赞成最温和的改革（如允许发展民营工商业、举办学校、整顿内政等），而并不赞同资产阶级民权平等理论，反对破坏封建专制的纲常秩序。他们的思想认识最高也不过只达到上阶段郑观应、陈炽等人的水平，而很多还停留在五六十年代冯桂芬的水平上。他们对康、谭，在不同程度上有着各种怀疑和反对。翁同龢、孙家鼐可以给光绪帝进呈冯桂芬、郑观应的著作，陈宝箴甚至推荐康有为，但他们都极为不满和坚决反对《孔子改制考》；而杨锐、刘光第在戊戌政变中的牺牲，连许多顽固派反动分子也为之抱屈不已。改良派内部，从右翼到左翼，从张之洞的得意门徒杨锐，到跨越改良主义思想门槛的谭嗣同，虽然同在变法维新的旗帜下进行合作和工作，但其思想的分歧却是并不微小的。他们除了在必须变法和当前某些和部分的具体变法措施上取得大体一致的看法以外，在变法的理论基础和变法的远景等等问题上，都不但没有坚固统一的认识，而且还潜伏着严重对立与分歧。这是很值得研究的九十年代改良派思潮的一个重要情况。而从这里也可以看出，改良派内部思想上的脆弱涣散，也是其变法运动失败的重要原因。①

① 变法运动中各派系的地位、关系和作用，是很值得进一步研究分析的问题。很明显，除开康有为、黄遵宪，谭嗣同等人外，右翼里又可以分出三派人来：第一派是积极支持、赞助康、梁的活动的，如陈氏父子、徐氏父子、杨深秀等等，他们是改良派的忠实分子。他们与康、谭在理论思想上还有某些距离和差异，但在基本观点特别是对当前改革的措施、主张上，是一致的。第二派是一般支持变法运动的，但他们抱有另外的企图和目的，在政府中，他们互相勾结并占有特殊的地位，与那拉后嫡系有尖锐矛盾，这就是所谓帝党分子，如翁同龢、文廷式，孙家鼐等人。他们在理论思想上当然与康、谭大不相同，在具体变法政策上也只有大体的一致。第三派是虚假地赞助变法运动的，这派人在当时很有新派之名，但实际上却只是企图从中浑水摸鱼、获取利益，像袁世凯这样的人物等。在戊戌军机四卿中，林旭（与荣禄关系密切）、刘光第（“君于政事，无新旧畛域……于退直后语所亲曰，兹事体大，吾终不任，行将急假归矣，其新政措理失宜，将于去时切言之”，可见一斑，顽固派对刘死颇惋惜）、杨锐（观其戊戌当政时的家书，对谭嗣同的不满等意见，可窥见其思想。杨锐是张之洞的人，“是夜文襄电至津请荣［禄］转奏，愿以百口保杨锐”，“之洞闻锐死，电责徐桐何以不救”等等，材料甚多）三人均属右翼。康有为因为自己没有多大力量，就只好依靠这个掌有一定地位和实权的复杂动摇的右翼的政治势力和上层官僚。只要将梁启超《戊戌维新得罪者之略历》所开名单及职位，便可知此次运动主要力量和阶级背景：李端棻（礼部尚书）、徐致靖（礼部右侍郎）、徐仁铸（湖南学政）、陈宝箴（湖南巡抚）、陈三立（吏部主事）、张荫桓（铁路矿务大臣）、张百熙（广东学政）、王钧蕃（礼部左侍郎）、黄遵宪（曾任湖南按察使，出使日本）、文廷式（翰林院侍读学士）、王照（超擢赏三品衔），江标（湖南学政）、端方（授三品卿衔，督办农工商局新政）、徐达寅（同上）、吴懋能（同上）、宋伯鲁（山东道御史）、李岳端（总理衙门兼办铁路矿务）、张文济（刑部主事大学堂总办）、熊希龄（翰林院庶吉士）、康有为（工部主事，戊戌擢总理衙门章京）、梁启超（授六品衔，办理译书局）、康广仁（后补主事）、杨深秀（山东道御史）、（转下页）

四　改良派变法维新思想的衰颓

戊戌变法失败后，下层人民以自己朴素的方式展开了对帝国主义侵略的反抗，义和团无畏勇士们的血火，再次宣告中国民族的不可轻侮①。而辛丑和约却又进一步暴露了清朝统治者的腐败，和它压榨人民出卖国家的方针。越来越多的人开始放弃对清朝统治者的改良幻想，对清政府的仇恨迅速地增长起来。1901 年带来了新的历史特点。这特点是国内斗争的空前激化和革命高潮的正式涌现，中国人民与清朝专制政府的矛盾，成了反帝斗争的中心一环和时代的突出课题。由反帝而反满，革命的锋芒指向了清朝政府，于是，随着十九世纪的消逝，随着二十世纪初革命大风暴的来临，改良派变法维新思想终于衰颓下来。

同时，在二十世纪最初十年中，中国民族资本主义也在迅速发展，它的存在已成为确定的客观事实，现在的问题已不是要不要保护、发展民族工商业的问题，而是如何保护、发展民族工商业的问题。这使得守旧派与改良派的经济论争失去意义，而代替它的是发展资本主义的两条政治道路，亦即革命派与改良派的论争。情况发展得很快，代替改良

（接上页）杨锐（特擢四品卿衔，军机章京）、林旭（同上）、刘光第（同上）、谭嗣同（同上）。戊戌变法反动、维新各派系的联合、斗争，是一个极有趣味的复杂的过程，它远不像今日许多论著所叙述的那么简单，守旧、维新两方面一直是在激烈地搏斗着，一步一步地走向紧张的对抗，而其最后的高潮是康有为、谭嗣同企图举行武装的宫廷政变和顽固势力凶猛的反扑，戊戌变法终于失败在掌握实力和军权的那拉氏——荣禄的手下。

① 义和团是以农民为主体（部分地主也参加了）的反帝排外运动，为腐朽的清廷所利用。一方面它表现了对帝国主义入侵的强烈抗议，另一方面却也暴露了小生产阶级盲目排外主义的封建性、落后性。夸大义和团的历史作用和革命意义是不符合事实的。二十多年来国内的近代史大量论著似均有此病。“四人帮”就利用了这一点，把这种愚昧排外居然在二十世纪六十年代发展到极峰。

派，革命民主主义成了奔流在二十世纪最初十年的历史行程中的时代思潮的主流，它是高涨中的革命运动的理论反映。自由主义改良派思想正是在与革命民主主义思想的斗争中衰颓下来的。

革命民主主义最先出现在十九世纪变法维新运动高潮的同时，它显示着爱国运动的另一条路线。即用武力推翻清朝政府，建立资产阶级民主共和国，来使国家独立富强。这就是以最早的革命民主派的孙中山为代表的活动。这些活动在当时国内还没有基础和影响，大家正沉浸在改良派的变法维新的想法中。戊戌变法的失败打破了这种想法，1900 年唐才常领导的自立军运动，开始显露了改良派左翼（激进派）向革命派的转化。自立军失败后，就出现了第二批（兴中会是第一批）转向革命的人物，有力地促进了知识分子的革命化。到 1903 年“拒俄义勇队”事件后，这种革命化的发展就达到了一个质的飞跃，开始为 1905 年革命大同盟创造出思想、组织上的条件。从兴中会到同盟会，以孙中山为旗号和领袖的革命派不断成长壮大，革命民主主义与自由主义改良派开始严格划分界限，并展开了斗争，发生了一系列重大问题的理论论战，其核心是革命还是改良、应否用暴力推翻满清政府这一基本课题。也正是从这个时候起，改良派在理论思想上开始了“倒退”。“呜呼，共和共和，吾与汝长别矣！”（梁启超：《开明专制论》，1903 年）由“君主立宪”而转到了“开明专制”。

上面曾经指出，整个改良派思潮是中国近代最先反映近代意图具有进步性质的早期自由主义。它的时代和民族特征是与反帝救亡相联系。他们希望用同统治者相妥协、协调的办法来维护民族的利益，他们在反对封建主义的同时，对下层群众运动表示了明显的阶级敌意。随着帝国主义侵略的加剧，救亡运动的迅速高涨，阶级斗争的尖锐化，各种资产阶级小资产阶级的革命派必然出来批判他们。革命民主派与自由主义改良派的分歧和斗争，几乎是近代各国资产阶级民主革命中一条普遍发展规律。它也表现在近代中国。这就是以孙中山、黄兴、章太炎等人为首的革命民主主义与以康有为、梁启超、张謇（早年嫌康、梁急进，参加刘坤一、张之洞集团，二十世纪初逐渐成为真正具有实力和影响的国内立宪派的重要领袖）的君主立宪派的理论、政治斗争。

改良派与革命民主派对立的阶级根源，首先是他们和地主土地占有制有更紧密的联系。中国改良派自由主义思想家们与革命派不同，他们大都是封建官吏，直接与封建统治体系和官僚制度有着不可分割的血肉依靠。所以，他们的思想也无处不照顾到封建统治者的利益。他们思想的根本原则就是在不要根本改变原有统治的条件下来发展资本主义。从冯桂芬开始到薛福成、郑观应到康有为、严复，所有这些改良派思想家都完全一脉相承地继承着龚自珍、魏源等开明地主阶级的思想路线，一致坚持着反对农民革命的坚决态度，他们在土地问题（民主革命的中心问题）上维护地主阶级的利益。作为一个特色，所有从七十年代到九十年代的改良派的思想主张，虽然对社会、经济、政治、军事、文化各方面各种大小问题都几乎毫无遗漏地谈到了，提出了许多改革纲领和具体方案，却恰恰在这个根本问题上，改良派任何人物任何论著都从未敢真正触及过，最多也只是一些极其模糊空洞不着边际的空想。例如，谭嗣同认为“地球教化极盛之时，终须做到均贫富地步”。康有为在其“秘不以示人”的《大同书》中幻想过“公农”和“土地公有”，在《孟子微》等书中泛泛地认为“井田”是“均贫富之法”……。但在他们的整个现实政纲中，却都是主张在保留地主土地占有制的基础上，奖励地主和资本家采用新式生产工具和经营方法来改善农业以发展城乡资本主义。这也就是在他们的变法主张中的“讲求农学”的真正内容和实质（参看《盛世危言》《庸书》，康有为《戊戌奏稿》《理财救国论》等书）。他们认为，“土地所有权者，所有权之一种也……当认为适于正义之权利者也”（梁启超：《驳某报之土地国有论》）。显然，从这种阶级立场出发，他们必然要极力反对革命民主派提出的“平均地权”“土地国有”的激进的土地纲领，必然要极力反对革命派政论家所呼喊着的“夫今之田主，均大盗也。……民受其阨，与暴君同。今也夺其所有以共之于民，使人人之田均有定额”，“必尽破贵贱之级，没豪富之田”，“欲借豪富之田，又必自农人革命始”（《民报》第十五号《悲佃篇》①）的“社会革命”的主张。革命派把革命与农民联系了起来：“一年四季劳动不休才换得一碗饭吃吃，如今劳动仍是照旧无减，那吃饭不吃饭就都要凭外人做主了”，所以“士党”（指士大夫）“主张伏阙上书，痛陈利害”；工党商党（指工商业者）“主张集款自己购买公地，兴办各种实业以谋抵御，独有农党里面不以为然……如今正可趁此机会，煽动农民揭竿起事”（《中国白话报》第11期）。改良派在这种激进的宣传面前惶恐不安，他们谆谆“告诫”不能发动农民，他们恐惧群众革命将引导到反地主资产阶级的民主专政：“革命之举，必假借暴民乱人之力，天下岂有与暴民乱人共事而能完成者乎？终亦必亡，不过身家国同毙耳。”他们在原有秩序与人民革命两者之中，宁愿选择前者而反对后者，他们以法国革命的经验来说明：“夫以路易之仁柔比之山岳党之凶残，孰得失焉？以法国君主专制之淫威比之民主罗伯斯庇尔专制之淫威，孰得失焉？”（康有为：《法国大革命记》）

正由于与保存封建土地占有制的经济路线吻合，改良派在政治上坚持着君主立宪的路线而反对革命派的民主共和国。康有为公开说：“尝譬论之，立宪之君主者，如神乎？……神者，在若有若无之间而不可无者也，不明鬼神则陋民不悟，故先圣以神道设教……一知半解者妄欲废神道去迷信，则奸人益横肆而无所忌惮，复何所不至哉……然则不能废君主，犹是也。”（《救亡论》）因此当清朝政府为了维持统治抵制革命而

① 《悲佃篇》作者刘师培人品颇不足道，但此文颇具特色，故常被人引用，以代表当时革命派的一种激进思潮。其实，这并不个别，例如《江苏》第5期《国民新灵魂》文中亦有“吾欲鼓吹革命主义于名为上等社会之人，而使之翕受，终不可得矣，吾乃转眼而望诸平民。……今吾中国苟有五百金之产，则闭门高坐如第二之君主，时出死力压制其佃农及一切平等社会，闻革命之运动，申申其詈，此等奴畜之类，岂可令其久居社会，助独夫民贼以流祸也。社会党者，欧洲今日之神圣法团也，求平等博爱而未得，故以流血为之先，今其势力浸浸然占优胜矣。吾欲以铸我国民之魂。吾先献身破产，铲平阶级，以为国民倡”。反映了当时急进的知识分子愿意破地产而革命，来“铲平阶级”、打倒地主。

宣布“预备立宪”时，立刻出现了两种不同的态度，革命派在《民报》等报刊上猛烈地攻击这种“伪立宪”，改良派却表示了最大的欢欣和拥护：“此一诏也，即将数千年无限之君权一旦尽弃之。”“此一诏也，即将数千年来国为君有之私产一旦尽舍而捐出，公于国之臣民共有也……故昔之愤然争者，今宜欢然喜矣。”（康有为：《救亡论》）从而赢来了革命派的齐声咒骂，“……各国留学生之无人不骂……内地有智识者之无人不骂……《江苏》《浙江潮》《大陆》《游学译编》《湖北学生界》（按皆杂志）之无不骂……《警钟日报》《苏报》《国民日报》……（按皆报纸）之无不骂”（《民报》第五号，来函之二）。值得注意的是，当时革命派在反对立宪批判改良派的大论战中，提出了许多问题，其中最具特色的是把它提到阶级高度上。革命派指出：“无论他未必果真立宪，即使他果真立宪……这上议院的议员一定是他满王公大臣……做下议院议员的，一定是地方上的财主以及地棍土豪。……从前各省中间只官吏有实权，绅士并没有实权……倘若这一种人果真得了实权，后患哪堪设想……可不是绅士专制的政体么？异族专制于上，绅董专制于下，恐怕我们的百姓更要苦上加苦了。就是人人有选举权，但现在的地方上，有钱的少，没钱的多，有势力的少，没势力的多……到了选举的时候，没钱人如若不举有钱的，这有钱的人就能够夺他的饭碗（现在日本虽说人人有选举权，但还是有钱有势的做议员，就是因为有钱有势的都是地主，没钱没势的都是农民……中国更可想而知）。……所以地权不平均，阶级不消灭，日后被选举的一定是财主、地棍、土豪。你看现在东南各省，都有商会学会，或有矿务局、铁路局，凡做会长做总理的，都是本省人，都是由士商公举，但没有一个不是财主，没有一个不是地棍土豪，日后选举议员一定同这个一样，哪里人人都可参政呢？”“又立宪以后各处地方都要兴实业，都要办公司。这班财主地棍土豪，他既然有钱，又有势力，一切的营业权都操在他们手里，把百姓生财的门路渐渐的塞尽，做百姓的哪一个不要饿死，还要讲什么权利，还要讲什么自由”（《天讨·谕立宪党》）等等。这不但反立宪批改良，而且在根本上怀疑和反对资本主义议会民主，反映了革命派的小资产阶级急进的民粹派的特征（参看本书《章太炎剖析》）。在这场大论战中，自由主义改良派思想终于为民主主义和民粹主义的革命派所“击败”和淹没，变法维新改良派自由主义思想在广大青年知识分子中失去市场，人们日趋激进，它就这样让位于革命民主主义的思想主流。

这是一个客观的历史行程。今日如何来看待这个行程，是值得重新思索的课题。也许，少一些激动和急进，多一些改革与改良，比“欲速则不达”反而更好更快？改良派的变法维新，要求去掉一大批冗官，要求改变各种政治、经济、文化、教育的制度和管理办法。这对专制官僚统治体系是一大打击，它严重影响这一大层封建官僚的切身利益，于是以那拉氏为代表的专制势力进行了凶狠的反扑。其实在当时情况下，渐进的改良并非完全不可能走通，但这将是一条极为艰辛复杂的漫长道路。这些近代资产阶级的前驱思想家们，却没有清醒看到这一点，他们大大低估了封建专制力量的顽固和残暴，以为抓住一个皇帝就够了。而这个皇帝又恰恰不是彼得或明治，而是一个怯懦无能的光绪。他们的要求虽然平和，却付出了鲜血的代价。总起来看，中国改良派的自由主义思想具有着抵抗侵略拯救祖国和反对封建落后的启蒙特征，在历史上起了巨大作用，我们应追怀着这些思想家，注意他们留下的深厚教训，追随他们的足迹继续前进。

（原载《新建设》1956 年第 4、5 期，陆续有重要修改增删）

康有为思想研究

一　哲学思想

1. 思想体系和哲学基础

康有为的思想产生成熟在十九世纪八十年代至九十年代初，它代表当时封建社会上层主要是正兴起的地主资产阶级自由派的意向和主张，它的现实的经济政治要求和利益。同时，康的思想也是数千年来传统思想体系终于在最后一代士大夫知识分子身上分崩瓦解和向资产阶级思想方向蜕化的表现，作为一面镜子，它清晰地照出了晚清这一整代人新旧并陈青黄不接的思想面貌和阶级性格。

康有为的思想是一个较完整的体系。如加以剖解分析，大致可以分为四个方面：第一方面是表现在他的积极的社会政治活动中和《上皇帝书》《戊戌奏稿》中的变法维新思想。它的主要内容是就当前经济、政治、军事、文化以及社会风习各方面现实生活中的迫切问题，提出了一系列的具体的改革主张、建议、措施和方法，其中要点是要求开放政权，用立宪制度代替君主专制制度，通过和缓的改良方法，从上面来进行资产阶级民主改革，发展资本主义工商业。这些要求和建议是直接承继、综合十九世纪七十至九十年代整个改良主义变法思潮而来，是它的最后的政纲政策式的提出和概括。作为行为纲领，这一方面的思想直接服务于当时的变法运动，对康本人和改良派具有最直接的实践意义。康有为在其他方面的思想理论活动和宣传组织活动，大都是服务于这一实践目的和现实政纲的。康氏九十年代在士大夫知识分子中竭力宣传而弄得满城风雨的“孔子托古改制”的学术理论，其实质也是如此，这种学术活动是为了在理论上论证变法运动合乎“圣人之道”，从而用这个“圣人之道”的旗号在实践上来煽动、争取士大夫，要他们在长期传统思想束缚的沉睡中惊醒过来，注意和赞同当前的改良主义变法运动。康有为这种旧瓶新酒的活动，符合了当时时代和其阶级的特点和需要，起了进步的作用。这是康氏思想的第二个方面。康有为思想的第三个方面，是他的“大同”理想。这个理想与其他思想不同的地方，在于它是一个建筑在相当彻底和急进的经济、政治、道德等社会原理原则上的雄伟的社会主义乌托邦，它是中国近代空想社会主义思想发展史上一个突出的重镇；但是，另一方面，它又是与当时现实斗争完全脱节和无关的乌托邦，它仅仅是一种完全空悬着的对未来“世界乐园”的启蒙者的乐观的信念和展望。康有为思想第四个方面就是他的哲学观点，这是他的整个思想的基础和出发点，它紧密地与上面三个方面不可分割地渗透联系着而构成了一个相当典型的中国近代资产阶级自由主义改良派的思想体系。

* * *

康有为这一思想体系的全面构成和完全成熟，是在 1885—1893 年期间，即在他三十岁左右的时候。它的成熟经历了一个复杂的发展过程。这个发展过程是当时先进人物在封建意识正统体系中挣扎苦斗而还不能完全蜕脱出来的过程，它满身带上了新陈交错、半生不熟的斑痕，却具有着很大的时代、阶级的代表性。

出身和生长在一个“世以理学传家”（梁启超：《南海康先生传》）的“名门望族”（“至于先生，凡为士人十二代矣”）——官僚地主家庭环境，所以能终于突破整套根深蒂固的传统思想的圈子，年轻的康有为除依靠从其老师（爱国学者朱九江）那里所学习来的中国历代优秀知识分子那种“经世致用”关怀国事民瘼的现实学风和态度以外，更重要的则仍然是当时客观时代、局势对他的刺激。一贯饱读诗书、在“圣贤正道”的严格教诲下，一个年刚二十余岁的青年的思想中却产生了反传统束缚的现象：

……四库要书大义，略知其概，以日埋故纸堆中，汩其灵明，渐厌之。日有新思，思考据家著书满家，如戴东原，究复何用？因弃之而私心好求安心立命之所。忽绝学捐书，闭门谢友朋，静坐养心。同学大怪之。……静坐时忽见天地万物皆我一体，大放光明，自以为圣人则欣喜而笑，忽思苍生困苦，则闷然而哭……同门见歌哭无常，以为狂而有心疾矣……此楞严所谓飞魔入心，求道迫切，未有归依之时，多如此。……

于时舍弃考据帖括之学，专意养心，既念民生艰难，天与我聪明才力拯救之，乃哀物悼世，以经营天下为志，则时时取周礼王制、太平经国书、文献通考、经世文编、天下郡国利病全书、读史方舆纪要……俯读仰思，笔记皆经世纬宙之言，既而得西国近年汇编环游地球新录及西书数种览之，薄游香港览西人宫室之瑰丽，道路之整洁，巡捕之严密，乃始知西人治国有法度，不得以古旧之夷狄视之，渐收西学之书，为讲西学之基矣。(《康南海自编年谱》，下简称《自编年谱》)

由对长期沉浸其中的传统的学术、思想、生活的怀疑和不满足，经过对人生意义的彷徨苦闷和“无所依归”，最后终于转到讲求西学，“以经营天下为志”，这种思想的巨大波动和变化，并不能单纯地看做偶然的个人主观现象，实际上它不正清晰地体现出那个时代的精神么？旧的一套已无法应付新局面，生活要求新思想的诞生，人们不能不对那些神圣的经典产生“究复何用”的狐疑，在传统重压下的士大夫知识青年也不能不逐渐觉醒、彷徨苦闷、“求道心切”，来开始寻求新的出路，踏入了对人生和真理的探索和追求中。康有为这种探索和追求，在中法战争猛烈刺激的催生下，终于达到了一个质变点，在八十年代中开始产生了自己对整个世界整个人生的概括的观点和看法，康有为的基本哲学观点诞生了。康有为自己形容说，他这时正“想入非非……合经子之奥言，探儒佛之微旨，参中西之新理，穷天人之赜变，搜合诸教，披析大地，剖析今故，穷察后来，自生物之源，人群之合，诸天之介，众星之世，生生色色之故，大小长短之度，有定无定之理……六通四辟，浩然自得”(《自编年谱》)，从而“乃手定大同之制，名曰人类公理”(同上)。

康具有了所谓“以元为体”的发展的自然观和“以仁为主”的博爱的人生观，并在这基础上展开了对未来社会理想构图。康的哲学观点是他对他当时所了解的自然科学和所看到的社会局势的一种直观的（非经过真正科学的分析了解，因此是笼统模糊的）综合、概括和把握。在他所吸取的来自中外古今、四面八方的错杂的思想原料中，自然科学在其中起了很重要的作用：

> ……于海幢华林读佛典颇多……兼为算学，涉猎西学书，秋冬独居一楼……俯读仰思……所悟日深。因显微镜之万数千倍者，视虱如轮，见蚁如象，而悟大小齐同之理，因电机光线一秒数十万里，而悟久速齐同之理。知至大之外，尚有大者，至小之内，尚包小者，剖一而无尽，吹万而不同，根元气之混仑，推太平之世宙……（《自编年谱》）

此外陆王心学和中国古代的民主思想和乌托邦思想（如《礼运》《孟子》和明末清初思潮）也占有着重要地位。这些传统思想或在解脱传统束缚上（如陆王之反程朱），或在建立新世界观上（如充满辩证观念的佛学），为新时代的思想家所需要。

根据《自编年谱》等材料，可以看出，康的基本哲学观点，是其整个思想中最先产生和确定的部分，但是，动荡的时代，却使他不得不走出他的“澹如楼”——哲学沉思的书室，投入现实生活的政治风波中。在“手定大同之制”的后三年，即1888年，康第二次到了北京，在这里，时局的危难使他“登高极望，辄有山河人民之感”(《自编年谱》)，在当时改良派人士的支持下，“乃发愤上书万言，极言时危，请及时变法”(同上)，这就是冒着大风险因而惊动一时的康有为第一次的“布衣上书”。正已酝酿成熟的改良主义变法维新思潮的旗帜，就这样为康有为勇敢地接过来，并高高地举起了，思潮在这里转化为实践的行动。从此以后，康更积极地进行变法维新运动的鼓吹和组织工作（如讲学，广泛联系士大夫等），正式开始了他的政治活动的生涯。但是，变法维新的思想主张原只是一种很有限度的改良，它与康在其“澹如楼”中所构造的雄伟的大同理想还悬着一个大的距离和矛盾，这里就需要一座桥梁把这两者在理论上连接和统一起来。正是在这种体系本身的迫切需要下，也正是在康氏必须把自己的哲学政治观点以合乎士大夫和传统习惯的形式应用在当前形势的要求下，廖季平的反古文经的著作，才会那样迅速地使康一见倾心，“尽弃其旧说”（梁启超）而全盘接受了过来。这正像闪电似地启迪了康有为：中国古代公羊三世说正是当时最需要的东西，正是它能够作为一种最好（对改良主义者来说）的历史发展观来贯串康的全部思想，调和其中的距离和矛盾（如高大的大同理想与矮小的变法纲领），而把这些思想连成一个完整的体系；正是它恰好可以作为一种最响亮的旗号和名义，以便在士大夫中来抬出自己的这个体系，把它扮成是“孔子微言大义”的“圣人之道”的真传；也正是它能够作为一个最恰当的批判的武器，来进攻摧击旧有的传统神圣观念和经典。在早年，康氏对“公羊三世”的这种巨大功能，并不是这样明确清楚的。在著《人类公理》的前后，康氏还写过后来为自己毁弃的反对公羊学的《何氏纠谬》《教学通议》等著作。但是，到九十年代，康氏则已完全定“公羊今文学”为正统，强调自己思想是这一传统的光荣的继承者了。康有为用它来教导学生（见《长兴学记》《桂学答问》），抛出了震撼当时整个学术思想界的《新学伪经考》《孔子改制考》等著作。在这时，康氏的哲学观点，找到了各种明确的形式，具体地渗透贯串了其整个思想体系，与其他方面的观点主张不可分割地直接地联系黏合在一起了。在这时，康氏的整个思想体系便宣告了最终的构成和成熟。“吾学三十岁已成，此后不复有进，亦不必求进。”（《清代学术概论》述康有为语）从此，康有为的思想也的确没有再进一步。

* * *

康有为的哲学思想，从内容说，它是当时传入的自然科学影响和当时初起的中国资产阶级政治、经济要求的表现；从形式说，它是中国古代哲学的继续，是这一古典传统在近代的终结。所以，从内容到形式，从思想到语言，康的哲学无处不显示着新旧时代的交替。

康有为以“元”作为世界之本体，《自编年谱》总叙自己的哲学体系时说：

> ……其道以元为体，以阴阳为用。理皆有阴阳，则气之有冷热，力之有拒吸，质之有凝流，形之有方圆，光之有白黑，声之有清浊，体之有雌雄，神之有魂魄，以此八统物理焉。以诸天界，诸星界，地界，身界，魂界，血轮界，统世界焉。(《自编年谱》)

“元”，康有为所用的这一概念主要取自董仲舒的哲学。康氏用它表示世界（自然界）的根本、本质和起源。康氏在很多地方说，天地万物从“元”生出：“天地之始，易所谓乾元统天者也。天地阴阳四时鬼神，皆元之分转变化，万物资始也。”(《礼运注》)“孔子系万物而统之元，以立其一；又散元以为天地阴阳五行与人，以之共十，而后万物生焉。此孔子大道之统也。”(《春秋董氏学》)

那么，问题就在于：“元”究竟是什么呢？

康引汉代何休《公羊传注》的话：“元者，气也。无形以起，有形以分，起造天地，天地之始也。”康说，“元者，气也。”(《万木草堂口说》)“易称大哉乾元乃统天，天地之本，皆运于气。列子谓天地空中之细物，素问谓天为大气举之，何休谓元者气也，易纬谓太初为气之始……”(《春秋董氏学》)

“气”在中国哲学上，一般是作为物质或物质性来了解的。“理”“气”先后之争，或可说是中国古代哲学中“断言精神先于自然”还是“把自然看成根本”的两派哲学的斗争。康对此表示了相当明确的意见：

> 凡物皆始于气，既有气，然后有理，生人生物者气也。……有气即有阴阳，其热者为阳，冻者为阴。……朱子以理在气之前，其说非。(《万木草堂口说》抄本，藏北京大学图书馆)
>
> 气生势，势生道，道生理……物生象，象生数。(《春秋董氏学》)

此外，关于“无极”“太极”等传统论争，康也大体采取了与否定“理在气先”的同样态度，否定了无极的存在，反对“无极生太极”“无中生有”的观点：“太一者，太极也，即元也”(《中庸注》)，“太极以前，无得而言”(《万木草堂口说》)，“既知无无，则专以生有为存存”(《自编年谱》)等等。所以，在自然观上，康基本上是承继了中国古代气一元论的哲学传统。其中特别是用阴阳五行来理解自然界的产生变化的素朴的观点。

然而，重要的是，康是依据他当时所了解到的西方自然科学等发挥了古代的陈旧说法，来建立其自然观的体系的。应该指出，这一点——对科学的信任和追求是构成其含有唯物主义因素的自然观的最主要的原因。与当时大多数愚昧的士大夫仇恨嫉视自然科学相反，康有为、谭嗣同这些人物，像冲出蒙昧争着去迎接知识的黎明一样，他们是那样欢欣和坚信地去迎接了第一次打开在他们面前的新奇而雄伟的科学图画。这些真理的追求者，以难以仿效的天真和热情，急切地把他们一知半解的科学见闻糅杂在自己思想里。因此，来不及作任何真正的了解和融会，在他们哲学自然观上，就出现了一张为他们的空想和幻觉所添增的荒唐的科学漫画。谭嗣同在《仁学》中，康有为在《诸天讲》和《大同书》等著作中，都用尽自己的力量描绘了一幅无始无终、无限广大、“无量数不可思议”的宇宙图画。尽管这些图画荒唐到把佛教三十三天（康有为），以及什么“世界种”“世界海”（谭嗣同）与真正的天文科学混淆在一块，因此看来是如此之错误幼稚、粗陋可笑，但这完全合理显示了他们对当时自然科学所解说的作为物质存在的世界的态度：不是怀疑、否定和厌弃，而是对科学发展、对它的无限的认识威力的孩童式的欢乐和拼命地吸取、接受。① 所以，在这些启蒙思想家那里，外间世界之作为科学的客观存在的事实是当然的、毋庸置疑的，他们常常是最大限度（常常是超过了这种限度，所以变为荒唐和怪想）地利用了当时他们所

① 在以后，在二十世纪初期，康、梁以及许多以前的先进人物在“欧游”之后，都表示了他们对科学和对物质文明的怀疑和否定，这与他们以前的态度是正好相反的。

接受和了解的科学知识来企图解释世界、万物、人体以至智慧精神的存在构造。在充满着“声光电化”的科学名词和中国哲学的古老词汇极不调和的混杂中，我们可以看出他们的这种企图。① 从而，中国古代“气”的概念就这样在康有为他们手里被饱饱地填进了化学物理学的科学物质概念——“以太”“电”“元素”——的内容。近代科学的知识，使他们知道以前看来是奇异神秘的声、光和虚空等等，都是物质或物质的存在形式。这样，就使他们在哲学上也总结出：“天地之间若虚而实……气之于水如水之于泥，故无往而不实也。”（康有为：《春秋董氏学》）谭嗣同把当时物理科学的物质概念“以太”作为构成万物的单位的哲学观点，也是这样。在这里，他们并不以为外间广漠无垠的世界必须依存于人或人类的主观才存在。他们也并不以为神或人类的主观智慧是无限广大的世界本体或主宰者。相反，康有为在描绘其宇宙图画时就嘲笑过古代“以占验言天”：“古言天地相配大谬”，“以占验为凶灾固大谬”（《诸天讲》②）等等。因为，在他看来，人和人生存在于其上的地球只是太空宇宙（天）中极渺小的一点点，用它来“配”天，来与天相提并论，是极其可笑的，至于封建时代中，人们不理解自然界的科学法则，企图以渺小的人事去比测天，更是一种愚昧。同时，在康有为的早期观点中，连各宗教和教主，包括康所最崇拜的佛教的教主以至孔子，也完全不是世界的创造者，“诸教主生于此微尘地球上称尊，不过比众生蠢蠢稍有智慧耳，诸教主亦一生物，智慧即有限”，“古教主生在古昔，未有精镜（指望远镜），谈天无有不误”。（同上）

一方面与中国古代哲学的发展观（在康有为主要是春秋三世说）相

① 这种情况在孙中山和二十世纪初年革命派那里就告终结，与康、谭等人尽量把自然科学附会、适应和填塞中国古典哲学不同，在革命派他们那里，经验的自然科学开始真正作为他们哲学思想的背景或内容，“元”“太极”等古典哲学术语只是单纯的外衣了。这种不同取决于时代的不同、两代知识分子科学知识水平的不同。

② 《诸天讲》开始写得很早，成书却最晚，其中早晚期思想均有，但大体还一致，基本观点是早期便有的。

结合，但主要却仍是自然科学的影响所致，康有为、谭嗣同和当时大部分先进思想家都相信事物发展进化的观点。康有为在自然观点上也坚持着进化观点。《自编年谱》中载其信证“人由猿猴变出”，这显然是受了十九世纪达尔文进化论的影响。肯定自然和社会的进化发展，是整个近代中国的哲学思想的特色。发展进化观点是康有为整个思想体系的一个主要的理论骨髓。正是康有为首先将改良主义变法维新的政治主张，提高和升华为一种论证发展的历史哲学的系统观点。

从上面看来，很清楚，康有为（以及谭嗣同）在自然观上基本上采取了朴素的唯物主义的立场。这种立场是当时时代所赋予这些科学和真理的追求者们的合理的自然的倾向。尽管这种自然观并不能代表其整个哲学体系，尽管在他们的哲学狂热中随时可以听到许多十足的唯心主义、神秘论和宗教的昏话呓语，但仍然不能因之而过分轻视和过低估计了他们这种素朴的唯物主义倾向的“科学”自然观。特别是自然观在这个时期具有重要意义，它是这个时代的哲学中一个重要环节。正如欧洲文艺复兴时期，自然观在哲学上具有重要意义一样，从中国封建中世纪走出来的第一代人的这种自然科学因素也具有哲学唯物主义的重要含义。康有为这一代人在哲学上与中国古代哲学完全侧重社会伦理问题很不相同，他们恰好把在接受近代科学影响的自然观作为他们哲学的基石，他们都强调从宇宙万物的究竟来谈社会人世和政治伦理。只有深入估计这一点，才能对康、谭等人的唯心主义哲学体系和准泛神论的特色，作出正确的分析和评价。应该看到，康有为他们是承继了中国“气”一元论的传统和形式，加添了他们当时所了解的近代科学的新内容，而这正是当时哲学思想发展中的一个主要的事实、现象和倾向，也是康有为他们的哲学思想的特点。所以，如果完全忽视或甩开这一区别于以前传统哲学的近代新的基本倾向，把他们在认识论以及其他方面的唯心主义的因素成分夸大和绝对化，作为他们的整个哲学，那就是不全面不准确的。

* * *

与谭嗣同思想的逻辑历程几乎完全一样，康有为同样有着接受自然科学的素朴唯物主义倾向的自然观，同样经由对人类意识问题的庸俗唯物主义和机械论的理解，同样走进唯心主义的迷宫。谭嗣同由“心力=电”而得出“心力”可以代替“以太”，宇宙世界只是“心力”表现的唯心主义；康有为则由“魂知=电”而陷在“天”（自然）“人”（意识）平行而相互独立的心物二元的尴尬地位。他们的唯心主义体系与唯物主义倾向的交错，又使他们都带着一种准泛神论的色彩，这种色彩又正是康、谭哲学的共同时代阶级特征。作为哲学思想家，谭嗣同比康有为更精深，谭氏哲学内在的唯物主义与唯心主义的矛盾冲突，也发展和呈现得更为深刻和尖锐。但是，如果我们舍弃康、谭二者之间的次要的差异和出入，而作为一种共同的时代思潮的体现者来观察，就可以看出，他们哲学发展的逻辑道路，他们的强处和弱点是多么的一致，是多么近似地表象着一种共同的社会时代的特点和当时这些先进人们的科学知识水平的特点。所以，任务就不在于摘几段引文来简单地判决他们的哲学体系是唯心主义还是唯物主义，也不仅在于解释和争辩他们的这些体系中是如此这般地矛盾着……更重要的是，必须论证他们为什么有这些矛盾，这些矛盾的方面为什么和怎样地联系、过渡和统一着，它们的内在逻辑关系是怎样的。这样，也才能确定他们的基本倾向到底是什么，也才能真正充分地看出这些“体系”的出现的时代必然性，看出它们的社会政治意义，这才是思想史的任务。不然，如果一方面强调谭嗣同的哲学是“反动的主观唯心主义”，而又认为这个“反动的主观唯心主义”的哲学政治观点却有很大的“进步作用”，但这两者的联系却始终缺乏论证，这就不能令人信服。

谭嗣同要专门讲，这里仍只谈康有为。但康有为在意识问题方面的观点与谭嗣同却几乎是完全一致的，他们正是同从这个大门而走进“泥坑”的。所以应该注意：这个问题是当时这些“哲学体系”的结构中的一个关键，是各种矛盾和混乱的纽结。

意识和人类意识的问题是古今中外哲学家科学家们的老问题。意识究竟是什么东西？它究竟是怎么来的？它为什么会是那样的灵明神奇？……这个问题在历史上有过各种各样的解答。这些解答中最正确的也不过是作了某些天才的猜测。康有为他们的答案却不幸是其中最荒唐的一种。本来，在中国古典哲学中也常有认为人类意识精神是一种独立于肉体之外的“精气”的物质存在（与希腊哲学中认为灵魂是“精微的原子”相近似），也承认鬼神之作为一种自然物质现象的存在，①康有为正是因袭和承继着这种观点，而赋以近代科学的附会。但是，这样一来，在古代唯物主义中的这种不甚显著的缺陷，就变化、膨胀为一种明显的谬误了。康有为等把精神、意识与物质的“电”等同起来，在他们当时看来，这两个东西是多么近似，都是那么的变化莫测神奇灵通，都是那么的无远弗届贯通一切……在对神奇的“电”的怪异膜拜中，他们却正好找到了一个对精神的“最好”的注释，找到了一个解决精神问题的荒唐的钥匙。他们欢呼着，电就是精神，精神就是电，这两者基本上是同一种或同一个的东西。“不忍人之心，仁也，电也，以太也”，“无物无电，无物无神，夫神者，知气也，魂知也”（康有为：《大同书》）。“脑为有形质之电，是电必为无形质之脑”（谭嗣同：《仁学》），“脑气筋为电学之理”（唐才常：《觉冥颠斋内言》）。②认为电与脑与意识精神的类似和等同，几乎是当时这些思想家们普遍一致的看法，这种看法充满在他们的哲学著作中，康有为说：

> 五官百骸肌肤血液，身之体也。魄者，脑气之白团及腰之白肋如块者，周身之脑气筋专司运动微有知觉强厉不化者，知气者，灵魂也，略同电气，物皆有之。而团聚尤灵，而有知，亦曰性。养之久者团聚不散，尤为灵明者，则为精气为神明，亦曰明德，其义一也。盖人之死者，体魄而已；若魂气有知，浮游在上，固未尝死也。（《礼运注》）

① 如张载：“鬼神乃二气之良能”，“物之初生，气已至而滋息，物生既盈，气日反而游散。至谓之神，以其伸也；反谓之鬼，以其归也”。

② 甚至章太炎早年也曾认为“恣其爱行为善之长，是以贵仁也”，“电也者，渺万物而为言者也，……以是知天地之间非爱恶相攻，则不能集事”（《訄书·独圣上》（木刻本））。

这种观点固然一方面是把物质（电）神化了，另一方面它又把神物质化了。一方面使物质的作用带有神秘的精神性质，另一方面又使精神等同于可以计算控制的物质的机械作用和功能。但重要的是，这种观点逻辑地引到这样的结论：意识、精神既近似虚空的电，那么，它便也可以是完全不依赖人类肉体而独立存在的东西。它不过是在一定时期内暂居在人体中罢了。所以，康有为会自然地相信“有魂知无体魄”，但具有自然规定性和物质性的鬼神的合法存在，康也常强调鬼神存在的主宰监督作用，使“百众以畏，万民以服”(《中庸注》)，甚至强调因果报应等思想；他在大同理想里讲求人类专养灵魂以求不生不灭的“仙佛之学”(谭嗣同也认为将来人类可以“发达”“进化”到没有体魄专有灵魂的地步)。康有为把人的体魄和灵魂看做是两个互相独立的东西，“魂灵精气与魄质形体合会而后成人”(《礼运注》)，“元为万物之本，人（指意识、精神）与天（指物质世界）同本于元，犹波涛与沤同起于海，人与天实同起也”(《春秋董氏学》)。在康氏许多著作中，都特别强调人为父、母与天“三合而生”，形体方面是得自父母（祖、父），而精神智慧则得自“天”(即“元”)，“盖性命知觉之生本于天也，人类形体之模本于祖、父也。若但生于天，则不定其必为人类形体也，若但生于祖、父，则无以有此性命知觉也”(《春秋董氏学》)，这就是说，人的体魄与人的灵知是完全可以分开而互不干涉的两回事，它们的起源是平行而相互独立的。“其有知祖、父而不知天者，徇形体而忘知气，是谓不智；其有知尊天而弃祖父者，舍传类而忘腹育，是谓不仁。”(《中庸注》)一方面指出人非天不生，人的精神意识不是父母所能给予控制，因而要求人们精神上的平等自由和独立；另一方面指出形体必须依赖父母，因而认为人们仍须遵循一定的人间现有的规范，而不要完全舍弃传统秩序伦常……。所以，除了科学知识的局限以外（不了解电、人类意识的真正内容)，这种哲学观点与其政治观念也有关系。康有为他们把心物分割开来，把心知从体魄中独立出来，主要是为了要夸张心知，降低体魄。谭嗣同曾强调“重灵魂舍体魄”，“吾贵知不贵行”。康有为也说：“心有知者也，体无知者也。物无知而人有知，故人贵于物。知人贵于物，则知心贵于体矣。”(《春秋董氏学》) 而他们所以要如此夸张心知，降低体魄，主要是因为他们在现实体魄斗争中的无力与软弱，只好从事追求灵魂的空想，追求神秘的“超度人心”。物质斗争手段的贫乏，便使他们用吹胀精神的方法。谭嗣同说：“轻灭体魄之事，使人人不困于伦常而已矣。”用消灭体魄专任灵魂的方法，来消灭体魄所遭受的封建伦常的困苦束缚……，这些自由主义者真诚地希望用“心”来解脱困苦，解放世界。谭嗣同想用宗教的“心力”使万物相通，人我合一，以实现平等自由；康有为则由“电”是“知气”是“仁心”出发，宣布了他的博爱的哲学。康有为认为“电”是“知”(精神意识)，“知”即是“仁”，是“爱”，是“不忍人之心”，它们不过是“异名而同实”，是一个东西。“有觉知则有吸摄……不忍者，吸摄之力也。”(《大同书》)〔物质的机械吸引力又被加上了人类精神（知、仁）的性质！〕“其觉知少者，其爱心亦少；其觉知大者，其仁心亦大。……爱与觉之大小多少为比例焉。”(《大同书》)“仁从二人，人道相偶，有吸引之意，即爱力也，实电力也。”(《中庸注》)

在这里，康有为的“元”，就直接等同于“知”、“魂”、精神意识了。“夫浩浩元气，起造天地。元者，一物之魂虚也。……无物无申，无物无神。夫神者，知气也，魂知也，精爽也，灵明也，明德也；数者异名而同实。有觉知则有吸摄之力。不忍者，吸摄之力也。故仁智同藏而知为先，仁智同用而仁为贵矣。”(《大同书》) 总之，元 = 魂 = 神 = 知 = 仁 = 不忍人之心 = 博爱，它构成宇宙万物的本体。万物皆有接受人的“知—仁—爱力”的可能，“乾坤为父母，万物同胞体，电气流徙无有远迩，莫不通焉”(《中庸注》)，而另一方面人是知气之最灵明者，就更应发挥其不忍人之本性——仁——博爱。“仁者在天为生生之理，在人为博爱之德”(《中庸注》)，“孔子本仁，最重兼爱”(《春秋董氏学》)，“乾为吾父，坤为吾母，人身特天之分气耳。……凡众生繁殖皆吾同气也，必思仁而爱之，使一民一物得其所焉”(《中庸注》)。康特别侧重在社会伦理观上，在“不忍人之心”的博爱意义上来规定和解说“仁”(谭嗣同则更明确更抽象地把“仁”完全提升为自然规律的哲学本体了）：

> 不忍人之心，仁也，电也，以太也，人人皆有之……一切仁政，皆从不忍之心生，为万化之海，为一切根为一切源……人道之仁爱，人道之文明，人道之进化，至于太平大同，皆从此出。（《孟子微》）①

康氏很早便以“日日以救世为心，刻刻以救世为事”（《自编年谱》）的英雄自居，而一再以“广宣教惠”“同体饥溺”作为孔子“依于仁”的具体内容来规约教导学生（《长兴学记》），所以，学生们也就干脆把这种哲学观叫做“博爱派的哲学”：

> 先生之哲学，博爱派哲学也。先生之论理，以“仁”字为惟一之宗旨，以为世界之所以立，众生之所以生，家国之所以存，礼义之所以起，无一不本于仁，苟无爱力，则乾坤应时而灭矣。……故先生之论政论学，皆发于不忍人之心，人人有不忍人之心，则其救国救天下也，欲己而不能自已。……其哲学之大本，盖在于是。（梁启超：《康南海传》。张伯桢的康传亦有相同的说法。）

这确是康氏哲学的一个显著表征。康自己对此有许多的概括说明，今录其一如下：

> 盖仁与知皆吾性之德，则己与物皆性之体。物我一体无彼此之界，天人同气无内外之分，水之周于全身，电之遍于长空……物即

① 《孟子微》《中庸注》写作年代略晚（1903年前），与梁启超不同，康这时思想已趋保守，在哲学上亦有反映（如更突出“诚”“鬼神”“存养”等等），但基本变化不大。认为戊戌变法一失败，康的哲学世界观也就随着来了个根本变化，是不符事实的。何况一般来说，政治思想可以较快变化，哲学世界观体系则较相对稳定。

> 己而己即物，天即人而人即天，凡我知之所及即我仁之所及……以元元为己，以天天为身，以万物为体……山河大地，皆吾遍现，翠竹黄花，皆我英华。……（《中庸注》）

“苟无爱力，则乾坤应时而灭”，“山河大地，皆吾遍现”，这还不是主观唯心主义？正是如此。原来被康氏认为是“气”的“元”，在这里竟完全变成了“己”，变成了主观的“仁知”了。夸张人类主观仁爱的结果，自然会达到这种论调。正因为看到自己现实肉体力量的渺小，就喜欢把自己的精神力量鼓吹得万分巨大。我的体魄在这世界上虽然无力、渺小，但我的精神却是这个世界的创造者主宰者。所以，体魄算不了什么，一切都归结于心灵智慧、博爱慈悲，归结于救世英雄的心灵智慧、博爱慈悲。①

当然，另一方面，爱的哲学固然是他们唯心主义倾向的原因和内容，但毕竟还不是他们的博爱的全部或主要内容。因为他们讲求的博爱，并不全是“超度人心”之类的灵魂空想，它还有许多改革现实生活的实际内容。谭嗣同并不专讲神秘的“心力”，康有为也并不专谈宗教的“超度”，恰好相反，他们讲“心力”，讲佛学，讲神、魂，却总认为这些唯心主义的实体、本体无处不在无物不有，它并不超脱现实以至物质，因之，神与自然、天与人、“心力”、“仁”、“知”与“气”，讲求佛学超度人心（精神）与变法维新拯救世界（物质）……才奇异地变成了同一件事情。这就正是他们哲学体系非常突出的准泛神论色彩（参看本书谭嗣同文）。他们这种“博爱哲学”注意讲求如何用现实方法来“拯民水火”，如何改革社会生活，如何在现实体魄上实现人类的自由平等等问题，康有为说：

> 凡圣人立教，必有根本，老子以天地为不仁，孔子以天地为

① 康有为讲的“博爱”与孙中山讲的“博爱”，其理论根据和阶级基础都是不同的。孙中山是小资产阶级革命民主主义和民粹主义的“博爱”，康有为则是资产阶级自由派的启蒙主义者的“博爱”。

仁，此宗旨之异处。取仁于天，而仁此为道本……凡百条理，从此出矣。……大同之治，不独亲其亲，子其子，老有所终，壮有所用，鳏寡孤独废疾者有养，则仁参天矣。(《春秋董氏学》)

从韩愈到张载，世俗地主与门阀领主不同，曾经宣扬过“博爱之谓仁”“民吾同胞，物吾与焉”的封建仁政哲学，康有为明显是沿袭了这一传统观念，但把这些传统观念灌注了一种新的资产阶级人本主义和人道主义的实质。正是在这基础上，康有为建立起“去苦求乐”“天下一家”的大同理想，建立其积极参加政治运动，主张变法维新的人生态度。

由推己及人的博爱而至无父无君的大同，这种潜伏着危险性的爱的哲学，激起了守旧人士的忧虑和攻击，守旧派恐惧多讲仁爱将破坏其“君君臣臣父父子子”的金城汤池，是“引儒入墨”“墨氏复炽”，而一定要把仁爱归纳包含在“礼”的规约中，而免“谬以毫厘，差以千里”：

……礼教明而仁在其中矣……言其体也，爱有差等……言其用也。舍此而言仁，则墨氏之兼爱，释氏之慈悲，摩西氏之救世主，谬以毫厘，差以千里矣。人人亲其亲长而长，天下之至私实天下之至公……舍此而言爱则五伦去其四，一以朋友处之，而君臣父子兄弟夫妇之道苦矣。(朱一新：《佩弦斋杂存卷·复王子裳同年》)

在传统思想体系内，“仁”与“礼”两者本来是互相调和补充的，但在这里却出现了尖锐的对立和斗争，资产阶级改良派强调“仁”，正统思想的卫道者们则坚持“礼”。反理（礼）而主仁（人），是康有为、谭嗣同一派人的基本论点。“仁”在这里被他们提到空前的哲学高度，甚至把它看做是一种不生不灭万古不朽的人类本性、自然规律和世界实体，给它带来了反封建主义的近代资产阶级的自由、平等、博爱的内容，它自然为卫道者们所敌视。当然，守旧派其实也不必过分担心，因为康有为的“博爱”也仍然通过“由近及远”的理论，这在一定范围内保留了“爱有差等”的传统伦理，改良派正是需要通过逐步渐进方式慢慢地解除“理”（礼）的束缚来实现“仁”——“人的本性”。

2. 自然人性论

康有为的博爱哲学是与其人性论相密切联系的。人性善恶问题是中国传统哲学中争论不休的老问题。康有为与正统思想家的论辩是这个哲学问题的最后一次论辩。在这里，我们又可以看到新旧交替时代的内容和形式问题，又可以看到如马克思所说的还没有学会用新语言表达思想的学生，总是先在有着巨大保守力量的传统中变换花样。所以，不要为下面这些似乎是无穷的烦琐哲学的空谈苦恼，在这些古旧的传统语言中，应看出它的近代的新意义，认出它的近代资产阶级自然人性论的新的光芒。

康有为对待传统人性善恶问题上，宣称自己是告子“性无善恶”理论的信徒。“性者，生之质也，未有善恶。”“凡论性之说皆告子是而孟子非。”（《万木草堂口说》）“告子生之谓性，自是碻论，与孔子说合。……程子、张子、朱子分性为二，有气质，有义理……盖附会孟子，实则性全是气质，所谓义理，自气质出，不得强分也。”（《长兴学记》）“性是天生，善是人为。”等等。

既然“性”和“善”（这里的“善”是指传统规定的伦常道德的规范准则等等）不是生来就在一起的，既然“性”中本没有先天主宰着的“善”，“性”只是气质，“义理之性”（即“善”）是从属于气质的后天习得，那么，从这里将要得出什么结论呢?

第一个结论，就是倡人欲反天理，反对禁欲主义。谭嗣同从这里建立起他的一整套社会伦理观，猛烈冲击着封建伦常。“天理即在人欲中，无人欲天理亦无从发现”（《仁学》），这是反封建礼教的道德论。康有为也是在这种人性等于自然的理论上，多方面地论证了人生去苦求乐的正义和合理，肯定发展物质文明的必然和幸福，要求改善人们的苦难生活，要在地上建筑“大同”世界的美满天堂。他强调指出“孔子之道”就是本于“人性”，“循人之性以为道”，而“人性”则“本于天生”，这种天性也就是情欲快乐等等人类肉体和精神的需要，而且首先还是肉体的要求。“人道无求苦去乐者也”(《大同书》),“普天之下,有生之徒,皆以求乐免苦而已,无他道矣。其在迂其途,假其道,曲折以赴,行苦而不厌者,亦以求乐而已”(同上)。所以,人欲并不是“恶”,压制人欲的理则(天理)并不是“善”,“性”本身才是“善”,而“性”本身又却不过是“人欲”——去苦求乐而已。这样,就得出了与封建主义正统思想恰恰完全对立的论点:封建正统认为“恶”(人欲)的,这里却被认为是“善”(人性本身),封建正统认为是“善”(压抑人欲)的,在这里却被认为是“恶”(因为这种压抑违反了自然本性的发展)。结论就是:必须争取个性的自由、个人的权利,肯定世俗的欢乐、地上的幸福……。康有为就这样把他所标榜的“孔子之道”建筑在这种自然人性论的基础上:“孔子之道乃天人自然之理”,“圣人之为道,亦但因民性之所利而利导之……所以不废声色”,“凡道民者,因人情所必趋物性所不能遁者,其道必行”(《春秋董氏学》)。“立法创教,令人有乐而无苦,善之善者也,能令人乐多苦少,善而未尽善者也;令人苦多乐少,不善者也”(《大同书》)。如同法国资产阶级唯物主义者从唯物主义感觉论上建立起自然人性论的伦理学一样,① 中国自由主义改良派的康有为、谭嗣同的自然观与人性论也被这种思维的逻辑所支配,把人性看做是一个物质性的自然存在,而与其唯物主义倾向的自然观有密切的联系。“性—善”的问题在根本上就是“气—理”的问题,“先性后善”实质上正是“先气后理”的表现形式和逻辑演绎。康有为认为,正如不是先有一个主宰和决定着“气”的“理”一样,也没有一个在“性”之先而决定着“性”的“善”;“理”在“气”中而从属于“气”,就正如“善”在“性”中,“性”本身就是“善”一样。②

但是,封建正统思想家却不是这样想的。他们的观点与康有为的

① “照霍尔巴哈看来,……人从对象感受到一些印象,其中有一些使他愉快,有一些使他痛苦,……他把一切使他愉快的叫做善,把一切使他痛苦的叫做恶。”(普列汉诺夫:《唯物论史论丛》)

② 在谭嗣同那里,“以太”与“性”的关系也是这样。详见后文。

观点正相对立。他们认为，“善”必须在“性”之先，必须主宰节制着“性”，这就正如同“理”必须在“气”之先而主宰节制着“气”一样。守旧派也看出了人性问题与世界观问题的联系，他们也把这问题提到哲学根本问题上两条不同路线的高度上来论争：

> 性如茧如卵，亦知丝在茧中，苟无丝何有茧？雏在卵中，苟无雏何有卵乎？卵之不能为丝，茧之不能为雏，理也，惟性之不能为恶亦理也。……性自皆善不可即以性为善，容得谓性之非本善乎？譬诸茧自出丝，卵自出雏，不可即以茧为丝以卵为雏，容得谓茧非起于丝卵非起于雏乎？有雏种而后成卵，有丝种而后成茧，有继善而后成性……天道无不善，则禀乎天以为性者，安有不善？董子但知善出于性，而不知性实出于善……（朱一新：《答康长孺第五书》，见《翼教丛编》）

先有丝后有茧，先有雏后有蛋，先有善后有性，作为先天的雏的本质先于蛋并决定主宰着蛋，作为先天的“善”也就先于“性”并决定主宰着性。这个决定“性”的先天的“善”实质上当然就不是别的，正是那个决定“气”的“天道”——“理”，“善”就是“天道”“天理”。这个“理”当然实质上又不是别的，就是“礼”——封建主义统治阶级的社会秩序、社会意识。正因为如此，他们才特别强调要求这个“理”—“善”必须来决定和主宰人民大众物质生活的“气”—“性”，使“气”—“性”循规蹈矩地从属和服从它们，这就是他们主张“人性善”的本质：

> 惟气有理以为之宰，故性可节……夫性何以节，恃有礼而已。礼也者，理之不可易者也，本于太一，殽于万殊，皆所以范其血气心知以渐复乎天命之本……有物必有则，有气质必有义理，有父子必有慈爱，有君臣必有等威，放诸东海而准，放之西海而准……（同上）

一切都很清楚，这位封建主义老儒生所以如此不惮烦地反复和康有为辩论这么枯燥的人性问题，不是别的什么缘故，而只是因为害怕康有为“性无善恶”的理论将破坏封建主义的统治秩序，“将圣人立教之意皆认为矫揉造作而非本乎性之自然，势必至于弃礼蔑义而后止”(《佩弦斋杂存·答某生》)。“弃礼蔑义”，在他们看来，便是人们不再用“善”的“天理”来管制自己的“性”和“人欲”，当然是使“人欲肆而天理灭”了。所以，总括起来，康有为把“性”与“情”“欲”结合起来，认为“性”的本质就是它们，“性”就是这种“气质之性”；它们本身无所谓先天道德的善恶，“善”是它们正当的发展，“恶”是阻碍它们的发展。与此对立，封建正统主义把“性”与“情”“欲”割裂和对立起来，认为“情”“欲”本身多半为“恶”，在这种恶的“气质之性”之上必须君临着善的“义理之性”，它才是“性”的本质，人们必须应该用它来管制自己的“气质”和情欲，即所谓“人性循此本然之善，乃能穷理以尽性”。而“尽性”者，即尽封建主义之伦常道德也。这也就是所谓“圣人不授权于气质而必以善归诸性”——必须压低“气质之性”的道理。所以，同样说着“人性本善”，同样强调“圣人之道”本于人的“本性”，仍可以清楚地看出人的“本性”有着两种不同的解说——近代资产阶级人性自然论和封建主义的天理人欲论：一种是把自然的情欲当做“人的本性”，一种是把“天理”的礼义当做“人的本性”。这也正如康自己所说：“孔子之道本诸身，人身本有好货好色好乐之欲，圣人不禁，但欲其推以同人，盖孔孟之学在仁，故推之而弥广；朱子之学在义，故敛之而愈啬，而民情实不能绝也。”(《孟子微》）康有为他们这种自然人性论是直接继承明末清初思潮而来，是这一民族思潮在近代的发扬，使这一传统真正带上了比较明确的资产阶级的近代性质。此外，康接受佛学和陆王心学的影响，也与此有关。因为陆王心学具有程朱理学的对抗者的身份，佛学也有着反束缚反世俗的特征，两者都着重“心”，都认“心”作“性”。“心”比“理”毕竟有远为丰富的情欲知觉等具体的人类自然属性。“理”是一种逻辑的抽象，“心”却有着肉体的内容。

朱熹曾以告子斥责陆象山和佛学，认为佛学和象山“以心为性，正告子生之谓性之说”。但是，“以心为性”“生之谓性”等等中国古典哲学中任何对人类自然情欲的肯定的倾向或因素，就正是近代资产阶级所特别需要加以发挥的理论资料；无怪乎陆王心学能够在清末的时代思潮中取得比程朱理学远为优越的地位。[①] 自明末清初一直到近代，进步思潮的一个特色是对社会统治思想的程朱理学的反抗，“理在气先”的唯心主义，专制君主的政治观点，人欲为恶的道德理论……这个束缚心灵压制行动的封建恶魔，是近代人们所最不能忍受的仇敌。近代先进的思想家们几乎一无例外地都对它进行过批判和攻击（以谭嗣同、宋恕为最激烈，康是其中较和缓的）。此外，陆王心学以及佛学唯心主义的被欢迎和接受，固与反对封建束缚有关，但与他们夸张主观心知的投合，仍是更主要的原因。这一点我们在上一节中已看得很清楚。

从自然人性论得出来的第二个结论，就是人性平等论。这一结论实际是博爱说和人欲无恶说的推演。这种宣传“仁—博爱”的哲学与宣传平等民权的政治便这样融会贯通自成体系：“推己及人乃孔子立教之本；与民同之，自主平等乃孔子立治之本”（《中庸注》），康的“教”（哲学）与“治”（政治）原来就是这样紧密连在一块的。性的善恶既然不是因为服从或叛离先天的规约准则而决定，那么，它就只能是后天的合理或不合理的发展结果而已。那么，人在自然本质上就当然都是平等而相近的，都有同样的气质、欲求和权利。皇帝与小民，“君子”与“野人”，并没有先天的差异和不平等，康有为正是从这里逐渐引申出“天赋人权”类型的资产阶级平等思想：“人人性善（引者按：此性善即自然生性即善，性即善），文王亦不过性善，故文王与人平等相同……，

① 王阳明哲学中，“心”被区划为“道心”（天理）“人心”（人欲）。“道心”反对“人心”而又须依赖“人心”才能存在，这当中即已蕴藏着破裂其整个体系的必然矛盾。因为“道心”须通过“人心”的知、意、觉来体现，良知即是顺应自然。这样，知、意、觉则已带有人类肉体心理性质而已不是纯粹的逻辑的“理”了。从这里，必然发展出“天理即在人欲中”“理在气中”的唯物主义。

凡人亦可自立为圣人”，“人人既是天生，则直隶于天，人人皆独立而平等”（同上），“人人为天所生，人人皆为天之子，但圣人姑别其名称，独以王者为天之子而庶人为母之子，其实人人皆为天之子”（《春秋董氏学》）。不仅如此，正如认为万物皆有知觉精神与人类只不过有“团聚”与否的量的差异一样，康氏认为就先天来说，人与动物与草木在自然本质上也是相近而一致的：“夫性者，受天命之自然，至顺者也。不独人有之，禽兽有之，草木亦有之。……故孔子曰性相近也。夫相近则平等之谓，故有性无学，人人相等，同是食味，别声被色，无所谓小人，无所谓大人也。有性无学，则人与禽兽相等，同是视听运动，无人禽之别也。”（《长兴学记》）一切的差异都是后天“学”与“不学”而来，并没有先天的智慧、知识和学问。康氏的确常有这种重视后天习得的认识论倾向。“物至知至，而后好恶形焉。”“物理无穷也，非假到学问，虽生知之圣，亦不能通其名物象数，况其他乎？故以问学为道路也。”他们所以如此，是因为寻找救国真理就必须艰苦认真学习，必须采取“道问学”“格物致知”的现实态度，而不可能完全沉溺在以心为天地万物的“致良知”的纯粹主观空想中，陆王心学和佛教唯心主义并不是这些真理追求者的全部哲学。然而，人性善恶的问题因涉及先天与后天、本性与环境的关系，常具有哲学认识论的意义，康有为他们一牵涉到人类意识智慧的问题，便立即在理论上陷入那个不可救药的“知＝电”的公式中。尽管在实践和现实中他们无时不指出必须学而后才能知，必须“下学而上达”，大力讲求科学等等。

封建主义正统思想是反对人性平等物性平等的理论的。在他们看来，世上的等级、差异和不平等正是上天的旨意，正是先验规约的体现。礼者，理也。“君子”生来就体现着“天理”，就是“善”，“小人”一出世因为“气质”（“人欲”）像浊水一样，“天理”大半为“人欲”所“蔽”，就多半是“恶”。“君子”和“小人”，他们所得的“理”因为“气禀”（人欲）不一样，因为受“气质”（人欲）所蔽障不一样，从而在实际上的“性”（天理）就并不相近或平等，至于人和禽兽草木的“性”当然更不会相近似了。在二程那里，就有“天地之间皆有对……有善则有恶，君子小人之气常停，不可都生君子”(《二程遗书》卷15)的说法。所以，当时的卫道者们痛斥康有为“以平等为相近，以禽兽与人为无别”，强调“孟子言犬牛之性与人不同，是人禽之异不因学不学也”(叶德辉:《长兴学记驳议》)。归根结底，这个哲学问题的意义仍在于：封建主义思想家需要有一个主宰的“善”——“天理”(礼)作为人“性”的本质的存在，“天理”(善)之于君子小人禽兽草木，在实际上所保有的并不一样，因此，人性物性也就不能真正平等：“苟无是理以宰是气，则人物之生浑然一致，而人之性真同犬牛之性矣。”(朱一新:《答康长孺第五书》)而改良派却认为人性物性既同样是自然本身，并没有所谓“天理”(“善”)的“性”是不是为人欲气质所蔽障的问题，那么，每个人的“性”当然就是平等相近的。改良派这种思想固然是一种抽象的自然人性论，它不懂得所谓“人性”的社会历史性质，把人性归结为一种生理的体质，认为它与“物性”“浑然一致”。但是，在绝对的理论意义上来讲是谬误甚至荒唐的东西，在当时相对的历史意义上可能是进步和必要的。资产阶级自然人性论在反封建的时代里，正是如此，这种在理论上并不正确的思想，在历史上起了反对比它更荒谬的封建主义的人性思想的进步作用。所以，重要的问题还不在这一学说的理论本质的谬误，倒在于康有为不能把这一理论明确地坚持到底，与此相反，康最后却是把它与封建旧理论又相调和起来了。

与以谭嗣同为代表的改良派左翼在人性问题上的激烈态度和对封建伦常的勇猛批判不同，康有为从其基本观点出发，不但没有得出攻击旧封建纲常礼教的逻辑论断，反而是愈涉及当前的实际，便愈向后退缩。例如，在早年对学生的讲学及在其著作中(例如《大同书》《万木草堂口说》《长兴学记》等书中)，康氏还能够较大胆地说出自己真正的观点，还能够说出“告子是而孟子非”，但是在以后其他特别是注经的著作中(如《中庸注》《孟子微》等书)，康就采取了与现实社会及传统经典妥协调和的态度。这固然是为了利用封建经典进行理论政治宣传活动而大注经典，从而只得迁就经典的原意(如注解《孟子》当然就不能说《孟子》非)，同时(包括注经典的本身)也是迁就当时封建社会的环境。康有为对现实迁就调和的主张和态度也浸到了他的人性主张中。例如，康有为在《孟子微》（戊戌变法后作）中用相当大的篇章论证了人性善恶的问题。他列举了中国古代各派说法的异同而得出一个与早年论点不同的折中主义结论：“告子、荀子、董子与孟子实无丝毫之不合。特辩名有殊而要归则一也。”照康氏这里的说法，则性中本来有善恶两种因素，后天若发挥善则为善，发挥恶则为恶。如同丝的本质早已包括在茧中，善的本质也早已包含在性中，善是人循“性之善端”后天扩充而成的，“茧待缫以涫汤而后能为丝，性待渐于教训而后能为善”。归结起来，也就是董仲舒的老话：“性者，天质之朴也；善者，王教之化也。无其质则王教不能化，无王教则质朴不能善。”这虽与程朱正统的性善论仍有所不同，仍强调了后天教化的因素，但它毕竟逐渐脱离了性无先天外在的善恶、善即是自然人性的立场，承认了性中已先有某种道德规范的“善”的本质的存在，这样也就逐渐会承认性中有某种“义理”的本质而将它与自然气质分开来，结果必然重新又回到传统窠臼里，又把“理”“气”分开，“性”“善”分开，认“性”是“理”（“义理之性”）“气”（“气质之性”）两者所组成了。康有为的道路正是这样走的，在《中庸注》中，康氏承认了“义理之性”：“性有质性，有德性，德性者，天生我明德之性，附气质之中而昭灵不昧者也……后世称为义理之性，或言灵魂，或言性识……”在《孟子微》中：

> 然以气言之，则知觉运动，人与物各不异也；以理言之，则仁义礼智之禀，岂物之所得而全哉？此人之性所以无不善而为万物之灵也。告子不知性之为理而以所谓气者当之，此章之误乃其本根。
>
> 魂气之灵则仁，体魄之气则贪。……魂魄常相争……使魂能制魄则君子，使魄强挟魂则小人。

这与天理人欲论已无区别，几乎是其论敌朱一新的论调了。与由唯物主义的自然观走上心物二元的道路息息相连，康有为因为“贵知”“轻物”、“贵心知轻体魄”，分开心知与体魄，所以在这里，他也毕竟会把“义理”与“气质”分开来，“善”与“性”分开来，而认“善”（“义理”）作“魂知”，“性”（“气质”）作“体魄”，从而又贯串了康那个心爱的公式——善 = 知 = 仁 = 电，于是便专讲“魂知”“义理”，而把“气质”“体魄”作为赘物轻蔑地抛在道旁了。这便回到了以“心知”和“义理”为本体的传统老路。

3.“公羊三世说”的历史观

装在“公羊三世说”陈旧的套子里，康有为强调发展的历史观是他的思想体系的主要脊梁。

中国近代哲学的特色是辩证观念的丰富。康有为也是如此，这是当时时代情况和科学情况的特色的反映。新旧交替的社会变动给人们带来了一幅错综复杂五光十色的社会图景，自然科学也带来了一幅同样新奇怪异五光十色的自然图景。生活在猛烈的动荡，事物在迅速的变易和交替，矛盾在急烈的冲突和发展，原来认为永恒不变的尺度标准，现在全不适用了；原来认为固定不移的事物，现在分崩瓦解向前变化了……到底是什么缘故呢？是怎样的规律在决定制约着呢？这一切像一支万花筒似的在人们眼前闪耀炫动着，骚扰着人们的头脑，迫使着当时先进人们在万花缭乱之中尽量地努力去捕捉它，了解它，来刷新自己的观念，使自己的思想能正确反映这种客观环境。他们在自然科学和社会生活中看到了以前认为是孤立静止的事物，原来是如此的息息相关互相依赖，是如此的变易不居生生不已，看到了以前认为是固定统一的事物，原来本身是充满着如此尖锐的矛盾和对立，这些矛盾和对立又如此地奇异复杂地相互依存着转化着。更重要的，是他们在这样众多繁复的联系、变易和矛盾中，毕竟看出了相信了一根主要的线——这就是自然和社会必然向前发展的观念。于是，这就与主张“天不变，道亦不变”的传统形而上学相对立了。达尔文的进化论等近代自然科学知识和社会生活向前发展（如西方资本主义社会在中国封建制度前所显出的优越性）的现实，是他们这种观念产生的根源。康有为正是把这种发展观念系统地提出来作为思想骨干来建筑其整个体系的思想家。虽然建筑这个体系所用的砖瓦材料还完全是传统哲学的陈旧材料，建筑这个体系的目的，也标榜着是为供养传统圣人而必需的新式庙堂。但是，在这庙堂的道貌岸然的神像中，我们却终于认出了资产阶级自由主义的俏皮的鬼脸。在康有为庄严肃穆、慎重其事的“春秋微言大义”的“公羊三世说”的“圣人心传”中，是对封建主义的真正微言大义的捣乱式的危险的嘲笑，康有为所供奉的，是资产阶级化了的封建圣像。

康有为思想体系的特色之一是他的这个用以威吓人们的新牌的“孔子圣道”——“由据乱而升平而太平”（“由君主而君民共主而民主，由专制而立宪而共和”）的公羊三世的“微言大义”。康有为借着这个“微言大义”，提出和表述了自己的资产阶级进化论的社会历史观：

> 人道进化，皆有定位，自族制而为部落，而成国家，由国家而成大统；由独人而渐立酋长，由酋长而渐正君臣，由君主而渐至立宪，由立宪而渐为共和；由独人而渐为夫妇，由夫妇而渐定父子，由父子而兼锡尔类，由锡类而渐为大同，于是复为独人。盖自据乱进为升平，升平进为太平，进化有渐，因革有由，验之万国，莫不同风。……孔子之为春秋，张为三世……盖推进化之理而为之。（《论语注》）

由这个大义，康有为树立起变法维新活动的理论依据，因为社会必须由“据乱”进到“升平”，由“君主”进到“君民共主”，由专制进到“立宪”，而变法改良不就正是为了执行这个“伟大”的历史的使命，执行这个神圣的孔子的遗言么？这样，就在理论上使变法主张立于正义的不败之地。正因为如此，康就敢于举起“孔子改制立教”的大旗，号召摧毁传统的“伪经”“新学”以实现致太平的“孔子真道”。由这个大义，康构造出其理想社会的蓝图，画出了一幅万分美妙的大同太平之世的空想远景……。康有为装在“公羊三世”旧框子里的历史发展观，在其思想体系中就起了这样一种基干的作用。同时，也可以看出，这种历史发展观又与“去苦求乐”的自然人性论密切联系，它的发展首先就是指社会物质生活的发展，“大同之世”首先是一个物质文明高度发达、科学文化突飞猛进的时代。标志着这种不同发展阶段的，就是政治法律制度的差异。康氏在这里，深刻地把“自由”“平等”等等看做了是一定历史阶段和物质生活的必然产物。康认为，中国与欧美以及非、澳等地落后国家之不同，只是因为处在不同的社会阶段上（即“据乱”“升平”等等），相信它们将必然按照一定的规律和顺序向前发展。① 所以，封建主义中国必须也必然走上欧美资本主义的道路。康只是肯定和强调了自然和社会向上的必然发展和进步，但推动这种发展和进步的东西即社会发展的根本动力究竟是什么，康是不知道的，甚至他根本还未明确提出过这个问题，最多只是极为空洞地认为“圣人”“考饮食男女之欲，审喜怒哀乐之性”，因而，“推三世至太平”。这就是说，社会的前进只是受人性生理自然要求所推动——这当然只是一种贫乏抽象的资产阶级自由派的人本主义。②

康有为这种历史发展观，同时还是一种典型的改良主义的进化论。这种进化观的特点是对发展中的飞跃、革命、连续性的中断的否认，康有为坚持“循序渐进”：“据乱”必须经由“升平”才能到“太平”，“君主专制”必经由“立宪民主”才能到完全的“共和民主”，这就是所谓“三世不能飞跃”的“理论”。康是一贯强调这点的，如说：“春秋义分三世，与贤不与子，是太平世；若据乱世则与正不与贤，宣公在据乱世时而行太平世之义，不中乎法，故孔子不取。”(《春秋董氏学》) 并且，公羊三世说在康氏手里还是一种狡黠的工具。康氏把“三世”中的每一世又划为“小三世”：“每世之中又有三世焉。则据乱亦有乱世之升平太

① 康有为还猜测式地提到了历史发展的曲折的形态，他认为“大同太平之世”在表面现象上有着原始人们平等自由生活的特征，而与有着严格等级制度现象的“小康升平之世”在表面上完全相反，“太平与据乱（这里所指的据乱是指原始社会）相近而实远，据乱与升平相反而实近”等等。

② 孙中山提出了“民生”——人民生活为社会发展的动力，这比康有为在理论上大进了一步，并反映了政治路线的不同。与康有为这种自由主义启蒙思想的人本主义不同，孙中山的人本主义则具有革命民主主义的性质。详本书另文。

平焉，太平世之始亦有其据乱升平之别。每小三世中又有三世焉。于大三世中又有三世焉。故三世而三重之为九世，九世而为三重之为八十一世，辗转三重可至无量数，以待世运之变而为进化之法。”(《中庸注》)这种进化之法是点滴式的改良。所以，这种发展观一方面宣传了进化，同时也反对了飞跃的进化。在革命飞跃已出现的情况下，这种发展观就成批判的对象。①

正如承认发展但否定飞跃一样，康承认矛盾但否定矛盾的斗争。康认为任何事物一开始就无不具有对立的两面，沿袭着中国传统哲学术语（“阴阳”），强调：“天下之物无一不具阴阳者”，“以阴阳括天下之物理，未有能出其外者，就一身言之，面背为阴阳，就一木言之，枝干为阴阳，就光言之，明暗为阴阳……”康并指出了矛盾的相互依存的同一性：

> ……元与太极太一，不可得而见也，其可见可论者，必为二矣。……周子谓太极动而生阳，动极而静，静极而生阴，……不知生物之始，一形一滋，阴阳并时而著，所谓天道之常，一阴一阳，凡物必有合也，有合为横，互根为从，周子尚未知之也。(《春秋董氏学》)

这种对立同一的结果是调和。与谭嗣同一样，康有为的辩证观念也常常在许多地方（特别是在认识论上）流入了“大小齐同”“久速齐同”的相对主义。

* * *

康有为的思想体系以及作为这个体系的基础的哲学思想，是一种典

---

① 如康有为《答南北美洲诸华侨论中国可行立宪不可行革命书》：“时势之所在，即理之所在，……盖今日由小康而大同，由君主而民主，正当过渡之世，孔子所谓升平之世也。万无一跃超飞之理，凡君主专制、立宪、民主三法，必当一一循序行之。若紊其序则必大乱。”等等。

型的中国近代早期资产阶级改良主义者的意识形态。它在烦琐陈老的旧形式（如讨论的问题、形式、术语等等）中注入了烦扰和激动着当代人心的新内容（反封建主义、反愚昧落后的近代启蒙思想）。一方面，它是中国古典哲学的继承和终结，另一方面它显示了中国近代哲学将要真正开始。

处在一个空前的交易动荡的年代里，处在一个社会政治斗争十分急剧的舞台中，中国近代思想家们根本来不及构造出一些具有比较完备系统的理论体系。迫切等待和迎接着他们的是现实的政治斗争，他们的思想只得跟着瞬息万变的社会局势和随时得来的科学知识而矛盾错杂地弯弯曲曲地向前发展着或倒退着。他们的世界观体系不是一个无矛盾的整体，恰好相反，他们常常在不同时期不同方面陷入甚至在逻辑上都是根本冲突不能自圆其说的地步。当康有为认世界本体——“元”是物质的“精气”时，当他描绘其科学的世界图景时，他正走向唯物主义；但当他又认为“元”不过是“心知”，“以元元为已”时，他便陷进了唯心主义。这正如当谭嗣同认“以太”为世界的根元和本质时，他具有唯物主义的倾向，而当他把“以太”完全归结为“心力”时，他便作了唯心主义的归宿。总括起来，可以说，他们在自然观、人性论以及社会历史发展等问题上，他们大致是采取了素朴的自然科学和进化论的思想立场，其中包含了唯物主义的成分和因素；但在认识论、意识论等方面，他们几乎大都是唯心主义者，而连接这两者的理论纽带和逻辑关键则是对人类精神智慧问题在科学影响下的非科学的庸俗了解，从而表现出一种泛神论的近代色彩。所以，在这种种矛盾错杂着互相冲突的内容中，不能简单地给他们挂一个唯物主义或唯心主义的招牌了事，而应该深入具体地去分析揭露其中的各种矛盾，实事求是地在全面的论证中，看出他们的主要倾向。不但要看出他们的这种倾向，而且还应该把它与中国近代先进哲学思想的整个发展倾向联系起来考察。从龚自珍、魏源一直到孙中山、鲁迅（前期），整个中国近代进步哲学思潮，一方面存在着清醒的现实主义和唯物主义成分，而另一方面也一直有着很浓厚的强调心知的唯心主义和神秘论的因素。但是，中国近代先进哲学思想的主要的或基本的总趋势和特点，却是辩证观念的丰富，是对科学和理性的尊重和信任，是对自然和社会的客观规律的努力地寻求和解说，是对以程朱理学为核心的封建主义正统唯心主义的对抗和斗争，是对黑暗现实要求改变的进步精神和乐观态度……。康的思想基本上也是如此。比起谭嗣同，康的“大同”理想和历史进化论比谭是远为深刻博大的，在哲学的深度上，康则不如谭。但是，康有为的思想毕竟是中国近代思想史上一个重要环节，是近代中国一个思潮的主要代表，深入研究这一思想体系及其哲学基础对于了解中国近代史有重要的意义。

（原题《论康有为的哲学思想》，载《哲学研究》1957 年第 1 期）

二 “大同”空想

在马克思主义广泛传播以前，中国近代基本上先后出现过三种反帝反封建的思潮。与此相适应，中国近代也基本上出现和经历了三种空想社会主义思想。这就是太平天国的农业社会主义的空想、康有为资产阶级自由派改良主义的“大同”空想和孙中山的小资产阶级资产阶级革命派的“民生主义”的空想。这三种空想社会主义在近代中国的陆续出现和交替，是一种具有深刻社会意义的历史现象。它们在不同性质、不同方面、不同程度上，各自以独特的面貌反映了中国人民对剥削制度的憎恨和对幸福生活的渴望，反映了中国社会面临的客观时代课题和经济发展的现实趋向。深入研究中国近代的空想社会主义思想，对于了解中国近代历史和思想史有重要的意义，也为社会主义的世界历史增添上近代中国民族光辉的一页。

这里不可能详尽研究中国近代所有这三种社会主义空想及其相互的联系和关系，只简略地分析一下康有为的空想社会主义。

1. 思想根源

康有为的社会主义空想主要表现和保存在他的那本著名的《大同书》里。所以，《大同书》是康有为最重要的著作之一。但是，它同时也是长久被误解和曲解的著作之一。就在近来的一些涉及《大同书》的文章中，也还有这种情况。例如，有人说，《大同书》是“一种空想的农业社会主义思想”（李锐：《毛泽东同志的初期革命活动》，第一部分第一节，载《中国青年》1953 年第 13 期，第 9 页）；有人又说它是没有现实社会基础的“游离了的学说”（嵇文甫：《游离了的学说》，载《新史学通讯》1953 年 6 月号，第 6 页）；有人认为康有为著书目的是为了“给中国资产阶级指示出路”（范文澜：《中国近代史》，人民出版社版，第 322 页）；有人却确信著书目的是为了“欺骗和麻醉人民群众，以缓和人民革命高潮”（毛健予：《问题解答》，载《新史学通讯》1953 年 5 月号，第 19 页）。这种种不同看法造成混乱的感觉。实际上，《大同书》的内容和特色是它通过乌托邦的方式没有掩盖地表述了康有为前期反封建的资产阶级进步思想。如果说，在《戊戌奏稿》及其他著作中，康有为是最后总结了整个十九世纪中国改良派现实政治纲领，那么，在《大同书》中，康有为却是最先企图予改良主义以空想的最高目标。这两者有着大的距离和矛盾（正是这种距离和矛盾迷惑了许多人），同时却又是有机的统一。一方面，在“大同”世界的空想中，潜伏着改良思想；另一方面，主要的方面，“大同”空想却又远远超出了改良派的现实要求，阐述了其政治纲领中所不敢触及的思想和主张。康有为在“大同”理想和古老的“公羊三世”学说中，的确“找到了必需的理想、艺术形式和幻想，为的是不让自己看见自己斗争的资产阶级的狭隘内容，为的是要把自己的热情保持在伟大历史悲剧的高度上”（马克思：《路易·波拿巴政变记》）。对“大同”世界美丽远景的热情的幻觉和追求，成了当时改良派中坚分子（以谭嗣同为首的左翼和康有为的嫡系学生）重要的思想基础和实践动力。他们认为自己正是为解救整个世界苦难的伟大乌托邦理想在作光荣的献身。

这种乌托邦产生的主观思想原因就在于：如我在论证康氏哲学思想时所指出的，他们当时面临着一个空前变动、万花缭乱的时代，一切都在迅速地崩毁着、形成着、变异着……从未曾有的新局面令人炫惑，原来坚固的旧事物开始令人怀疑，不是个别的枝节问题而是复杂严重的根本问题摊在人们面前，要求解决。社会的崩坏，家国的危亡，逼使着真正爱国的士大夫不得不摆脱长久蒙蔽其头脑而现已失去灵效的“治国平天下”的“圣经贤传”，重新用自己的头脑来独立地深入地思考，来辛苦地向上下古今特别是向西方学习，重新考虑整个世界整个人生问题，来探求真理寻找出路。于是世界上一切大小问题就像崭新的事物一样，都为他们所重新观察着、估量着、思考着、研究着……

> 我们（按指与谭嗣同、夏曾佑）几乎没有一天不见面，见面就谈学问，常常对吵，每天总大吵一两场……那时候，我们的思想真“浪漫”得可惊，不知从哪里会有恁么多问题，一会发生一个，一会又发生一个。我们要把宇宙间所有的问题都解决，但帮助我们解决的资料却没有，我们便靠主观的冥想，想得的便拿来对吵，吵到意见一致的时候，便自以为已经解决了。由今回想，真是可笑。（梁启超：《亡友夏穗卿先生》）

而康有为也是这样：

> 长夜坐，弥月不睡，恣意游思天上人间极苦极乐，俯读仰思，至十二月，所悟日深……根元气之混仑，推太平之世宙。（《康南海自编年谱》）

显然，这些情况都是真实的，而并不可笑和可怪。它显示了人们的理性开始觉醒。在充满着荒唐呓语被讥为“扬高凿深”“如同梦寐”的《大同书》《仁学》，就并不是一种什么悬空的“游离了的学说”，而的确具有其实在的社会现实基础，它们都是当时时代的合理产物。所以，《大同书》虽然成书极晚，虽然其中还夹杂着某些康氏晚年的思想，但是，其基本观点和中心思想却是产生得颇早的。康有为本人及其亲密的学生和朋友如陈千秋、梁启超、谭嗣同等人，曾不止一次地说明过这点。实际上，1884 年，“演大同之义”的《人类公理》，就是《大同书》的初稿。康氏虽然“秘其稿不肯以示人”(张伯桢:《南海康先生传》),却在讲学和交游中向其最亲密的学生和朋友宣传了他的这种乌托邦思想。这种乌托邦思想的雄伟气魄具有着极大的吸引力量,完全打动了他的学生和朋友,使他们心悦诚服地倾倒在这一代天才的面前,而尊之为“一佛出世”(谭嗣同)。通过这个乌托邦思想,康有为的确是全面、直接和比较系统地表述了他的社会政治理想和理论。其中包括了重要的社会发展问题,民主制度问题、国家问题、家庭问题、妇女问题等等。

2. 民主主义的客观内容

甲　对封建社会的揭露和批判

《大同书》共分十部。这十部是:甲、“入世界观众苦”,乙、“去国界合大地”,丙、“去级界平民族”,丁、“去种界同人类”,戊、“去形界保独立”,己、“去家界为天民”,庚、“去产界公生业”,辛、“去乱界治太平”,壬、“去类界爱众生”,癸、“去苦界至极乐”。其中,在客观意义上最重要而同时也为康氏自己所特别着重的是甲、戊、己、庚、辛等部的思想。以下我们就《大同书》最主要的这些思想作一个最简略的论述。(引文未注出处者均见该书)

“入世界观众苦”被列为《大同书》的第一部,而作为这些自命为“救世主”的英雄们产生伟大抱负的理由和根据。“吾既生乱世,目击苦道,而思有以救之,昧昧我思,其唯行大同太平之道哉。”作者首先多方面考察了“乱世”的种种“苦道”,“观众苦”这一部实际上就成了封建社会中形形色色的矛盾、苦难的反映。《大同书》各方面地详尽列举了“人生之苦”“天灾之苦”“人道之苦”种种,其中最重要的是将封建社会不合理的人生面——贫穷、野蛮、愚昧、落后、人剥削人……作了广泛的揭露,作者指出了专制的压迫,文明的落后,生活的困苦,人民的贫穷……在这广泛的揭露中,劳动阶级的痛苦也得到了真实反映。例如在“投胎之苦”中,作者指出“寒门穷子,边蛮奴隶,又占男子十分之七八”;作者对广大人民一生下来就被注定受奴役的命运,发出了深深的慨叹和不平,而提出了“同是天子,实为同胞”,为何一出生就有贵贱差别不平等的问题。在“水旱虫灾之苦”中极力描写了农民的深沉痛苦：“农民穷苦，胼胝手足以经营之，而终岁之勤，一粒无获”，“贫农仰天，呼泣呕血”。在“劳苦之苦”“贱者之苦”中，强调诉说了工农劳动者遭受的残酷剥削。在“压制之苦”“阶级之苦”中指责了封建统治者压榨人民：“君臣也，夫妇也，乱世人道所号为大经也，此非天之所立，人之所为也。而君之专制其国，鱼肉其臣民，视若虫沙，恣其残暴……政权不许参与，赋税日以繁苛，摧抑民生，凌锄士气……”“据乱世以强凌弱，以众暴寡，以智欺愚，以富轹贫，无公德，无平心……”正是在这基础上，作者提出了摆脱苦难境地的呼号，而描画了他的空想社会的美丽。

很清楚，资产阶级的代言人在这里，与在西方一样，以全民的喉舌出现，“以社会的全体群众的资格”，“作为整个社会的代表者而出现”（马克思：《德意志意识形态》）。它大力揭发了传统社会的黑暗和罪恶，大胆反映了广大人民的深重苦难，勇敢指出了旧社会一无是处，提出了争取美好生活的要求。这显然是一种激烈的思想。但是，与此同时，虽然《大同书》作者一方面勇敢地诉说了社会的困穷，人民的灾难，另一方面，作者把旧社会中各种实质根本不同的“苦”——从被剥削者痛苦到剥削者的“苦”（“帝王之苦”“富人之苦”等）并排罗列在一起。作者超乎任何阶级之上要来“普度众生”，宣称大家都苦——连富者贵者都苦，主张大家一起和平共处走向“大同”。所以，一开始，在对待世界“众苦”的现实社会问题上，就表现了《大同书》作者改良主义的思想特色。

乙 “大同”世界的经济基础

在热情攻击旧社会苦难的基础上，作者展开了其美满的大同社会的设计蓝图。这蓝图的理论基础，就是我们在哲学思想中所指出的资产阶级“人欲无恶”的“自然人性论”：“人生之道，去苦求乐而已，无他道矣。”《大同书》抛开一切虚伪的传统道德外衣，打出了这个朴质的人本主义旗帜。《大同书》指出了人类生活去苦求乐的正义和合理，反对了千百年来禁欲主义的反动理论。“人生而有欲，天之性哉……生人之乐趣，人情所愿欲者何？口之欲美饮食也，居之欲美宫室也，身之欲美衣服也，……用之欲美机器也，知识之欲学问图书也，游观者之欲美园林山泽也，体之欲无疾病也……。”既然“人性”天生如此，从而世界就应该符合和按照这种人的“本性”来建造，就应该“民之欲富而恶贫，则为开其利源厚其生计如农工商矿机器制造之门是也；民之欲乐而恶劳，则休息燕向歌舞游会是也；……民乐则推张与之，民欲自由则与之，而一切束缚压制之具，重税严刑之举，宫室道路之卑污溢塞，凡民所恶者皆去之”(《孟子微》)。作者理想的大同世界的生活基础，正是这种物质文明的高度完善。这时，科学文化被描绘为极端发达，人民生活被描绘为极端美满，人人在物质（衣、食、住、行）上和精神（文化、教育、娱乐）上都是尽美尽善；居室则“珠玑金碧，光彩陆离”，行路则“飞屋飞船”，“舟皆电运”，饮食则“以备养生”，“故人愈寿”……。总之，“太平世之生人不知抽剥追敲之苦，只有领得工金，为歌舞游玩之乐”。于是，“安乐既极，惟思长生”，“于时人皆为长生之论，神仙之学大盛”，“专养神魂”，人类对欢乐幸福生活的渴望在这里达到了真正天真而勇敢的描绘。不能如好些论著那样，简单地把这一切斥之为资产阶级的享受腐化，这张杂夹着荒唐幻想织成的美妙图画，客观上，是对高度工业化资本主义社会的强烈的向往和美化的颂歌。作者在描画落后民族的苦难时，便立即用西方资本主义发达的物质文明加以对照：“其视欧美之民，广厦细旃，膳饮精洁，园圃乐游，香花飞屑，均为人也，何相去之远哉！”正如马克思主义论断西方资产阶级启蒙学者所指出：“不论在西欧和俄国，他们完全真诚地相信世界乐园，真诚地愿意有世界乐园，真诚地没有看出（部分地还不能看出）从农奴制度所产生出来的制度中的各种矛盾。”（列宁：《我们究竟拒绝什么遗产》）“一切以前的社会形式及国家形式，一切传统的观念，都被认为是不合理的东西，而像古老的垃圾一样抛弃了，……曙光第一次出现了，理性的王国到临了；从今以后，迷信与偏见、特权与压迫应当让位于永恒的真理、永恒的正义、从自然界本身所产生的平等，以及不可剥夺的人权。”（恩格斯：《社会主义从空想到科学的发展》）实际上，“这个理性的王国，不是别的，正是资产阶级理想化的王国”（同上）。

康有为这种“世界乐园”的幻想和确信社会必然向前发展的观点，符合当时社会发展的现实要求，客观上反映了广大人民群众对幸福生活的强烈愿望，强调大同世界建筑在物质文明高度发达的基础上，无疑是正确和进步的。这也正是康有为《大同书》比《天朝田亩制度》根本不同的地方。

康有为进一步论证了作为“大同”世界的基本条件。他认为劳动和财产的社会公有制是“大同”世界的基础。《大同书》指出工人劳动者的崇高的社会地位：

> 夫野蛮之世尚质，太平之世尚文，尚质故重农，足食斯已矣，尚文故重工，精奇琅丽惊犹鬼神，日新不穷，则人情所好也。故太平之世，无所尚，所最尚者工而已。太平之世，无所尊高，所尊高者，工之创新器而已。……故野蛮之世，工最贱，最少，待工亦薄，太平之世，工最贵，人之为工者亦最多，待工亦最厚。自出学校后，举国凡士、农、商、邮政、电线、铁路，无非工而已……至于是时，劳动苦役，假之机器，用及驯兽，而人惟司其机关焉。故一人之用可代古昔百人之劳，因工皆学人，有文学知识者也。……太平之时，一人作工之日力仅三四时，或一二时而已足，自此外，皆游乐读书之时矣……

由此，“大同”的基础之一，作者指出，是人人皆须做工，不许不劳而获。“禁懒惰”被悬为“大同”世界四大禁（“禁懒惰”“禁独尊”“禁堕胎”“禁竞争”）——四大公共法规之首。“民生有勤，勤则不匮，此大同之公理。”否则“百事隳败，机器生锈，文明尽失，将至退化”，“故不作业不出力之人，公众所恶”（《礼运注》），“其害最大，故当严禁”。作者提出，“大同”世界没有剥削和压迫，没有“一己之私”，也禁止“以私坏公”（《礼运注》）。这时财产的所有权都是“公政府”所有：“凡农工商之业，必归之公”，“举天下之田地皆为公有”，“凡百工大小之制造厂铁道轮船皆归焉，不许有独人之私业”，“不得有私产之商，举全地之商业，皆归公政府商部统之”。生产、分配都是有计划的，“无重复之余货，无腐败之殄天物”。“大同之世，天下为公，无有阶级，一切平等”。

很清楚，这是一种伟大的空想社会主义的思想。这种思想超越了封建地主等剥削阶级的思想体系范围，显示了初期资产阶级思想家敢于寻求真理，敢于作超利害关系的理论探讨的奋发精神。它具有着丰富的人民性的内容。

但是，这种空想社会主义思想，与西方十九世纪乌托邦又有差别，它带着特定的历史色彩，带着更浓厚的直观、简单、非科学的特征。康有为的“大同”空想产生的年代，是整个世界还未进入垄断资本主义的时代，是中国进步人士对西方资本主义还不够十分熟悉、资本主义社会的黑暗罪恶还未彻底暴露在中国人民面前的时代，所以，《大同书》就不但没能涉及西方批判的空想社会主义所涉及、所暴露的问题，没有企图分析和解决极端复杂的近代资本主义经济方面的各种问题；而且也没能如后来以孙中山为首的资产阶级革命派那样尖锐揭发、批判近代资本主义社会的各种黑暗罪恶、祸害的惨痛现实。（《大同书》中对资本主义社会的批判、不满，大都是康氏戊戌政变以后到欧美而后添补的，不能算作早期思想。《大同书》谈到欧美工人政党的斗争、傅立叶的思想以及主张“公工”[工厂归公有]、“公商”等等，也均为后来所添补。前期财产公有的内容主要是“土地公有”。但这一思想——土地公有与康有为当时的现实政纲和整个改良主义的政治路线是有距离和矛盾的。所以，康氏在《大同书》里，并未详细论证这一点。）

总括起来，康有为对“大同”世界的经济面貌和基本原则的悬想、计划和规定，可以借用恩格斯赞美圣西门的话来说：在这里我们看到了天才的眼光远大。他着眼于“大同”社会的经济问题，他认为“大同”世界的美满首先只有建筑在一个物质文明真正高度发达、生产力极为雄伟的物质基础之上才有可能，才能真正使所有人民摆脱穷困获得幸福和欢乐。他预示了整个政治将变为管理生产的经济事务，素朴地提出了一切人都应当劳动的伟大原则。当然，康有为不可能如圣西门那样，深刻地看到近代资本主义社会劳动和资本的根本的阶级对立，看到私有制后面的阶级利益的冲突和斗争。康有为的改良主义的“大同”空想就只好限制在这里了。

丙 “大同”世界的社会结构

“大同”世界一方面是建筑在一个劳动集体的经济基础之上，而另一方面却又建立在一个所谓“绝对自由的个人”的社会基础之上。“大同”世界的社会结构被康氏规划为一个消灭阶级、废除家庭、没有任何天然或人为束缚的绝对独立自主的个人的志愿结合。《大同书》全书的中心环节，康有为民主理论和“大同”空想的最重要的基石，是个人的自由、平等、独立，是个人的权利，个性的解放。康有为认为“欲引农工商之大同则在明男女人权始”。“《大同书》总诸苦之根源，皆因九界”，而“除九界”“至大同”的根本之点全在于“男女平等，各自独立”：

> 故全世界人，欲去家界之累乎，在明男女平等，各有独立之权始矣，此天予人之权也。全世界人，欲去私产之害乎，在明男女平等，各自独立始矣，此天予人之权也。全世界人，欲去国之争乎，在明男女平等，各自独立始矣，此天予人之权也。全世界人，欲去种界之争乎，在明男女平等，各自独立始矣，此天予人之权也。全世界人，欲至大同之世，太平之境乎，在明男女平等，各自独立始矣，此天予人之权也。

作者把“大同”的空想——甚至“炼魂养神”“长生之道”的幻想也完全建筑在“天赋人权”这样一个实在的基础上，实在是异常有趣的说法。然而，这岂不更突出地证明了康有为的“大同”空想，正是资产阶级启蒙思想在中国的一种独特的表现方式么？

康有为在其他著述中，通过各种方式，也大力宣传了这种思想，例如：

尧舜与人人平等相同，此乃孟子明人人当自立，人人皆平等，乃太平大同世之极。(《孟子微》)

《穀梁传》述孔子之大义曰，人非天不生，非父不生，非母不生。故谓天之子也可，谓之母之子也可……实则凡人皆天之子也。(《戊戌奏稿·请尊孔教为国教，立教部教会以孔子纪年而废淫祀折》)

“人人平等”的演绎就是对亲亲尊尊的纲常伦纪的否定。资产阶级要反封建，就要“无情地斩断那些把人们系缠于其‘天然尊长’的复杂封建羁绊”(马克思、恩格斯:《共产党宣言》)。为了个人的解放，《大同书》主张坚决斩除中国旧社会中最厉害的封建束缚之一——宗法家庭制度。“去家界为天民”被康氏认为是致“大同”的最重要的理论。梁启超说《大同书》“全书数十万言……其最要关键在毁灭家族”(《清代学术概论》)。康有为提出了以个人为社会构成单位和基础的资产阶级理论来代替以家族为基础和单位的封建主义。康有为曾指出，“独人”(个人)是人类原始野蛮时代的状态，它经由酋长、君主、立宪而到“大同”时代时，又“复为独人”。为了建立一个以个人为单位的资产阶级社会，必须反对封建家族制度。康有为极力揭发封建社会中“家”的黑暗，指出“家人强合之苦”，“夫天下之至大者，莫如意见矣，强东意见而从西意见，既已相反，即难相从，不从则极逆，从之则极苦”，封建家庭完全违反“意同则合，意异则离”的平等、自由的相处原则。家庭之内，“悍妇制姑而绝粒，恶姑凌妇而丧命”，“童媳弱妇，死于悍姑，孤子幼女，死于继母”，“名为兄弟娣姒，而过于敌国，名为妇姑叔嫂，而怨于路人”，“其礼法愈严者，其困苦愈深”。康氏更认为，宗法家庭阻碍了社会生产力的发展，束缚了劳动力的解放。“有家之私”构成了社会进化的阻碍。“人各私其家，则无从得以私产归公产，无从公养全世界之人，而多贫穷困苦之人”，“一家之中，分利者众，生利者寡，妇女无论矣。孩童无论矣，即壮岁子弟亦常复仰食于父兄，故家长为一家之人所累，终岁勤劳而获不足自给，一家之人，亦为家长所累，半生压制，而终不得自由”。就这样，康主张彻底废除家庭以解除封建伦常对人们的羁绊，主张人人都为一律平等的世界公民。康并提供了一个大胆的空想方案：它的要点是男女自由同居，儿童公有，一生下来就由公家所办的“养婴院”“怀幼院”来抚育，以后再经由“小学院”“大学院”等等来“公养之”“公教之”，使每个社会成员都受到优异的高度的文化教育，然后去为社会服务。到老年或不幸残废，则有社会“养老院”“养病院”等来“公恤之”。康认为这样就可以达到中国古代经典所向往着的“老有所长，幼有所恃，鳏寡孤独废疾者皆有所养”的幸福欢乐的“大同”世界。而达到这境地，首先就需要破除封建家庭的束缚，彻底解放个人。封建家庭和宗法制度，本是封建社会落后的自然经济和专制政治统治的坚固支柱，作者要求彻底打破这个支柱，同时康所悬想的那个“公养”“公教”“公恤”的社会福利工作，含有许多合理的成分。康氏这种空想在那么落后保守愚昧的封建时代里，不愧是杰出的创见。出现在近一百年前的《大同书》不愧为有卓识远见的天才著作。

与社会结构紧相联系的是妇女问题。妇女问题是人权平等运动中的具体问题之一。康有为全面地把它提出来了。《大同书》中“去形界保独立”一部中的巨大篇章，完全呈献给为妇女权利的呼吁。作为传统家庭一大特点的男女不平等，成了《大同书》猛烈抨击的对象。作者对封建社会中的妇女被压榨的悲惨境地，作了详尽透彻的叙述和慷慨激昂的反对。他指出男女不平等完全违反了天赋人权的公理，斥责认为妇女在生理上、才智上不及男子的荒谬说法：

> 人者，天所生也，有是身体即有其权利，侵权者谓之侵天权，让权者谓之失天职。男与女虽异形，其为天民而共受天权，一也。人之男身，既知天与人权所在，而求与闻国政，亦何抑女子攘其权哉？……以公共平等论，则君与民且当平，况男子之与女子乎？
>
> 至于人，则有男女，此固天理之必至，而物形所不可少者也。

> 既得为人，其聪明睿哲同，其性情气质同，其德义嗜欲同，其身首手足同，其耳目口鼻同，……其能游玩作止同，其能执事穷理同。女子未有异于男子也，男子未有异于女子也。……故以公理言之，女子当与男子一切同之，以实效证之，女子当与男子一切同之。此为天理之至公，人道之至平……今大地之内，古今以来，所以待女子者，则可惊可骇可叹可泣。

作者历数传统社会中妇女被奴役压迫和他们的政治文化等权利的被剥夺，指出封建妇女“婚姻不自由”“不得自主”，“为囚”、“为刑”（如缠足等）、“为奴”（“随意役使，有同奴隶”）、“为私”、“为玩具”，并被迫“不得仕宦”“不得科举”“不得预公事”“不得为学者”等等。作者揭发家庭中的封建统治，“一家之中，妻之于夫，比如一国之中臣之于君，以为纲，以为统”。“上承千万年之旧俗，中得数千年之礼教，下获偏酷之国法”，“始则称烈女不事二夫，……继则加以饿死事小失节事大之义”，于是“触目所见，皆寡妻也，……贫而无依，老而无告，……冬寒而衣被皆无，年丰而半菽不饱”。作者于是厉声疾呼欲为“无量数女子呼弥天之冤”，欲为“女子拯沉溺之苦”，而大唱男女平等之说。妇女解放问题是近代民主运动的重要问题。为妇女政治、社会权利的斗争，到今日还有巨大的意义。康有为在那个以“三从四德”“夫为妻纲”为社会规约和统治思想的社会里，在那个广大妇女被压榨在“最底层”的时代里，能够产生和提出这样的思想主张，鲜明地表示这位启蒙思想家的头脑的清晰和勇敢。恩格斯曾以高度的热情称赞了法国空想社会主义者傅立叶关于解放妇女的思想主张，我们对于自己国家的优秀的启蒙思想家的这种思想主张，也应予以足够的估价。

当然，也应该指出，康有为在激烈地抨击封建伦常要求解放妇女解放个人的时候，又仍然有着他的改良主义的一面。《大同书》不能如《仁学》那样比较深刻地指出封建伦常为封建政治服务的关系，也不能深入解释妇女被压榨的真正的社会原因。“原女子被抑之故，全在男子挟强凌弱之势，故女子为奴而不为人”，人本主义忽略了具体的社会内容。在破除封建伦常束缚的方法和途径，康坚持和缓的改良办法。他与谭嗣同的激烈口吻不一样，他反对人们去“冲决”封建网罗来求独立平等，却设计着一条“家去矣”而“令人无出家之忍”的自上而下的“恩赐”办法。同时，作者思想中也仍然还保留着相当深厚强烈的传统道德观念和情感，几千年来的中国伦常对思想家留下了不能摆脱的强大影响。康有为对自己家庭就充满着“孝”的观念，所以，他也就又特别辩护封建亲子关系的“孝”的必要：“孔子道本于仁，仁以孝为本，孝以父子为本。”（《春秋笔削大义微言考》）“人子宜立孝以报其德，吾取中国也，吾从孔子也。”作者一面证明去家基础的平等博爱理论的正确，同时却又证明封建伦常的“爱有差等”的正确：“父之与诸亲及路人，自有厚薄，乃天理之自然，非人为也。故孔子等五服之次，立亲亲仁民爱物之等。”（《孟子微》）作者一面反对“有家之私”，同时却又说：“父子之私，人体所以长成之妙义也，不爱不私，则人类绝，极爱极私，则人类昌。”作者反对封建纲常，却又赞扬宗法制度：“万国有人伦而族制莫如中国之盛，故（中国）人类最繁。”“必若中国之法而后为伦类合群之至也。”康有为充满许多矛盾的思想，一方面是康氏远大理想和改良方法的矛盾，另一方面又是康氏早年与晚年思想的历史的矛盾。这两方面的矛盾又是密切联系着的。两者中，前者远为重要。

丁 “大同”世界的政治原则

“大同”世界的政治原则问题显然是一个极重要的问题。“大同”世界既然已没有家庭，个人都是由公家抚养教育而为公家服务，那么，这个“公”究竟是什么东西呢？它怎样才能具体体现呢？它是不是如康有为在其政治实践中所坚持的那个君主立宪呢？很明显，“大同”世界的“公”——“公政府”的性质、内容在这里当然就极为重要。康有为在“大同”世界的空想中却给我们意外地铺出了一张彻底的民主世界的图画。所以说是“意外”，是因为这种民主思想对于一个坚持君主立宪的改良主义者来说，已经是出乎我们的预料了。

康有为自称其“在中国实首倡言公理倡言民权者”（《答南北美洲诸华侨论中国只可行立宪不可行革命书》）。康有为早年通过他的学生、朋友，通过他的《孔子改制考》等著作，的确是企图宣扬资产阶级民主思想，例如：

> 尧舜为民主为太平世为人道之至。……孔子拨乱升平托文王以行君主之仁政，尤注意太平托尧舜以行民主之太平。(《孔子改制考》)
>
> 夫天下国家者，为天下国家之人公共同有之器，非一人一家所得私有。当合大众公选贤能以任其职，不得世传其子孙兄弟也，此君臣之公理也。(《礼运注》)

但是，如果说在康氏这些公开的著作中，民主思想还只能故意穿着往圣先贤的神圣外衣，以羞怯的面貌登场，那么，在其“秘不以示人”的乌托邦的构图中，这种思想就以赤裸的大胆姿态出现了。首先，作者明确指出：“大同”世界的“政府”，主要是一种社会的经济文化管理机关，而不是具有强制压迫性质的国家机器：

> 大同无邦国，故无有军法之重律，无君主，则无有犯上作乱之悖事，……无爵位，则无有恃威、怙力、强霸、利夺、钻营、佞谄之事，无私产，则无有田宅、工商、产业之讼，……无税役关津，则无有逃匿欺吞之罪，无名分，则无欺凌、压制、干犯、反攻之事，除此以外，然则尚有何讼，尚有何刑哉？

所以，“大同之世，百司皆有，而无兵刑两官”，没有军队，没有刑罚，没有君主，没有贵族。“公政府”的管理者是由人民公选的“智人”“仁人”。“太平之世，人人平等，无有臣妾奴隶，无有君主统领，无有教主教皇。”“凡人背公政府有谋据地作乱称帝王君长之尊号及欲复世爵者，皆为叛逆最大罪。”“公政府只有议员，无行政官，无议长，无统领，更无帝王，大事从多数决之。”“公政府行政官即由上下议员公举”，“其职号有差异，但于职事中行之，职事之外皆世界人，皆平等，无爵位之殊”。而“议员皆由人民公举”，“悉为人民”，“议员但为世界人民之代表”，“三年一举或每年一举”。所以，反对个人独裁，反对破坏民主，成为康氏所强调的问题。“禁独尊”，就被列入“大禁”之一，而为作者所再三致意。《大同书》论证“大同”世界幸福生活的重要保障是真正的民主制度。只有基于“人人平等”“不限人民权利”原则上的民主社会才可能有真正自由幸福的生活。这一论证具有重要客观实际意义，它反映着新兴资产阶级的政治要求，表现着对当时反动腐朽的专制制度的不满与反对。这种民主思想有很大的进步性。

另一方面，也应该注意到，《大同书》作者在描绘最完美的“民主”的同时，就紧接指出这种“民主”是不能“一蹴即得”的，必须先经过各种有限制的“君主立宪”阶段。正如梁启超早年即严格区分“民权”“民主”之不同，认为须“循序渐进”而“未及其世，不能躐之”（梁启超：《论君政民政相嬗之理》）一样，康有为在《大同书》及其他一切著作中，也一再着重说明“由君主而民主可无一跃飞越之理”，必须“合国渐进，君主渐废”。梁启超在《康有为传》中说：“中国倡民权者以先生为首，然其言实施政策，则注重君权，……谓当以君主之法，行民权之意，若夫民主制度，则期期以为不可。”等等。完美的“民主”只是遥远的理想，向统治者要求极有限度的“民权”（“君主立宪”）才是现实。

反对“有国之私”，主张“去国界合大地”，也是《大同书》重要论点之一。不能像某些学者那样把这一观点看为“世界主义卖国思想”。当时西方帝国主义宣扬的主要还是国家沙文主义。资产阶级素来以打着民族国家的招牌。改良派和康有为在其现实的政纲中，也主张抵抗侵略保卫祖国。所以，《大同书》主要是从痛责因国家而产生的无穷战祸出发，而发出必须废除国家的呼声的：

> 然国既立，国义遂生，人人自私其国，而攻夺人之国，不至尽夺人之国而不止也。或以大国吞小，或以强国削弱，或连诸大国而已，然因相持之故，累千百年，其战争之祸以毒生民者，合大地数千年计之，遂不可数，不可议。……呜呼，以自私相争之故，而殃

民至此，岂非曰有国之故哉！

所以，“欲救生民之惨祸，其必先自破国界始矣”。认为国家是侵略工具而予以否定，反映着当时半殖民地中国对帝国主义野蛮侵略的抗议，反映着当时资产阶级对帝国主义以战争来夺取中国市场的反对。从这方面来看，这种空想的产生有其合理性。但是，另一方面，虽然康主张“大国与小国平等，不以大压小”(《春秋笔削大义微言考》)，认为“今日本之胁割台湾”，“不合于公理”(同上)，却受着人种学的影响，认为“文明国”灭“野蛮国”是文明的进化，将来也将由“文明国”一统世界来实现大同：“其强大之吞并，弱小之灭亡，亦适为大同之先驱耳。”与此适应，《大同书》“去种界同人类”一章中还宣扬了白人是优种黑人是劣种，后者须改种进化的反动种族理论。废除国家，不是从各国人民的民主政体作为基础或前提，而是从现有的各国家政权所谓协议，联合出发。“初设公议政府以为大同之始”，“俄弭兵会即开大同之始基”等。这也正是他以后赞赏“国际联盟”，认为它是“大同之行也”(《大同书》题词)的来由。

《大同书》还有“去类界爱众生”等章，但它们不是全书和康氏思想的重要部分，而只是在科学知识缺乏情况下，康氏佛学思想的表现，这里不再详论。

戊　“大同”思想的内在矛盾

在研究康有为的哲学思想的历史观时，已指出，它是一种承认渐进否定飞跃的进化思想。这种历史观是康氏整个社会政治理论的骨髓。康有为的“大同”世界的空想就正是建筑在这样一种改良主义历史观点之上：它一方面是建筑在进化论的上面，因为康有为认为社会是不断地向前发展进化，美好的“大同”世界正是这种进化的必然结果；但是又是建筑在反对革命的进化论的上面，这就是说，“大同”世界是不可能“一蹴即得”的，还需要经过一个漫长的痛苦的渐进的历史过程。“大同”世界的内容、原则，无论是土地公有也好，政治民主也好，个人自由也好，都是将来的事；现在所应要求的，完全是另外一回事。如果现在就要求实行“大同”世界的原则、主张，康有为认为，就一定会“天下大乱”。例如，如按“大同”世界所主张，土地就应该公有，政府就应该民选，就应该去掉皇帝……。这一切当然就完全不合改良主义者当时实际的主张、心意和路线。如果按照“大同”世界的原则，广大人民就有权利立即起来为自己争取政治权利，争取幸福生活，这与自由派的利益也是大不相容的。所以，这也就无怪乎康有为“(《大同书》)书成，既而思大同之治，恐非今日所能骤行，骤行之恐适足以酿乱，故秘其稿不肯以示人”(张伯桢:《南海康先生传》)。“(康有为)自发明一种新理想，自认为至善至美，然不愿其实现，且竭全力以抗之遏之。人类秉性之奇诡，度无以过是者”(梁启超:《清代学术概论》)。这并不是什么个人“秉性之奇诡”，而是表现了资产阶级自由派思想的尖锐的矛盾——要求民主自由而又害怕革命。

康有为进化论历史观使他的“大同”空想带上了矛盾的双重色彩。一方面是远大的理想，另一面却是实现精神的缺乏。“大同”世界的实现要“待诸百年之后”，“人人平等”“更无帝王”的理想，竟建筑在“满汉不分，君民同治”的实践之上。康有为一贯借孔子自喻，说“其志虽在大同，而其事只在小康”(《孔子改制考》)。他强调的是“曲折以将之，次第以成之”。梁启超说：

> 先生教学者常言：“思必出位，所以穷天地之变。行必素位，所以应人事之常。”是故其思想恒穷于极大极远，其行事恒践乎极小极近，以是为调和，以是为次第。(梁启超:《康有为传》)

反映在《大同书》里的关于土地问题的观点表明了康有为的“大同”空想与中国近代其他两种社会主义空想的不同。不能说康有为完全没有谈到土地公有的思想，但是，作为改良派的特点之一，就是无论在理论上或政治纲领上，都从不真正提出或仔细论证这个问题。表现在其“大同”空想里的也是这样，所以，《大同书》虽然各方面都谈到了，许多部分例如物质文明、人人劳动、个人自由等问题上，都谈得十分仔细、相当漂亮，但恰恰在土地问题上，却谈得模糊而简略。这与太平天国的社会主义，与孙中山和革命派的“民生主义”特别着重这一问题，显出了重大区别。这种区别当然不是偶然的现象，而是深刻地反映阶级的本质差异。从而，如前面文章所已指出，在二十世纪初革命运动蓬勃兴起的时候，由于害怕革命，康有为及其门徒学生们攻击着自己原先也理想过的东西：他们反对革命派的“平均地权”“土地公有”，“利用此以博一般下等社会之同情，冀赌徒、光棍、大盗、小偷……之悉为我用”（梁启超：《开明专制论》）。反对民主政治，“民权重而暴民大兴”（康有为：《中国以何方救危论》），“民选长吏……适为生民涂炭”（康有为：《拟中华民国宪法草案发凡》），“以少数之才民富民为治，能免于多数之暴民为乱……如必从多数以为治也……则奈之何其不流为暴民之乱政也”（《中国以何方救危论》）。反对自由平等，“平等自由之四字空文，又今吾国新学所终日大呼者也……吾国秦汉时已……久得此平等自由二千年”（康有为：《法国大革命记》）。反对妇女解放，“若今女学未成，人格未具，而妄引妇女独立之例，以纵其背夫纵欲淫乱之情”（《大同书》，显然是晚年添补的）。……就这样，一位幻想过彻底的个人独立、人权自由的勇敢的思想家发展变化而成了甚至反对短丧、反对婚姻自主、哀伤着“尽弃规矩法度教化而举国大乱”（《物质救国论》）的卫道士了。

康有为的“大同”空想，虽然在其主张与封建阶级“和平共处”等方面，与列宁批判的帝俄时代的自由主义者的政治空想即所谓政治上的乌托邦有某些表面相似之处；但是，康有为的“大同”空想却并不是一种“败坏群众民主意识”的“新剥削者……私欲的掩饰品”（参看列宁《两种乌托邦》一文）。恰恰相反，康有为不肯公开宣布的“大同”空想，在中国近代空想社会主义史上占据着重要的进步地位，它比朴素的太平天国的农业社会主义空想已向前大大跨进了一步，它根据社会必然向前发展的历史进化理论，提出了一个以高度物质文明为经济基础，以人人劳动和财产公有为基本原则，以政治民主个人平等自由为社会结构的“大同”世界。这很好地表达了中国先进人士和中国人民对幸福生活的渴望，对科学发达的希望，对封建专制的憎恨，对人权民主的要求，在这个社会主义主观空想形式里充满了民主主义的客观内容。正如列宁论孙中山时所指出，近代中国的社会主义者只是在主观上的社会主义者，他们反对一般的压迫和剥削，但是在客观上，提上日程来的只是反对“剥削的一个特定的历史上独特的形式，即封建制度”（列宁：《论中国的民主主义和民粹主义》）。这种空想的社会主义反剥削反压迫的思想，实际上正是对当前封建剥削封建压迫的强烈抗议。“大同”空想是比较彻底的反封建呼声，而并非对资本主义的批判；它实际上不是导向社会主义，而是导向资本主义；《大同书》是近代启蒙思想家渴望中国走向光明未来的欢乐颂。

（原载《文史哲》1955 年第 2 期，原题为《论康有为的〈大同书〉》）

［附］《大同书》的评价问题与写作年代

——简答汤志钧先生

汤志钧先生的《关于康有为的大同书》一文（《文史哲》1957 年第 1 期）对拙作《论康有为的大同书》的批评，其核心涉及有关《大同书》评价的根本问题。这就是：康有为的《大同书》基本上是进步的还是反动的问题。分歧在于：汤先生认为该书的思想基本上是反动的，是康氏晚年“麻痹群众”，“反对革命”，“主张保皇复辟的理论基础”（均汤先生原文）。我不能同意这种看法，而认为《大同书》的主要内容基本上是康有为早期主张资产阶级民主、自由的进步思想。下面就汤先生的论断简单提几点意见。

第一点，我认为汤先生的研究和论断方法是很不妥当的。汤先生不是从研究《大同书》本身内容的分析出发，而从其写作年代的纯粹考证来立论：《大同书》“成书”在 1901—1902 年康氏变法失败流亡海外的时候，而这时正是革命兴起康氏反动的时候，康“既感载湉之私恩，又害怕人民群众运动，又想建立理想的境界，于是撰写了《大同书》”

（汤原文），因此，《大同书》就是反动的。文中不但没有任何对《大同书》的基本思想、内容的分析批判，而且甚至对拙作关于该书内容的分析也未提出什么具体的反对意见。不去具体地研究作品本身的思想内容及其与当时社会历史情况的真正的内部联系，而仅凭考证作品的写作年代来想当然地判定其价值和作用。老实说，立论在这种基础上，是相当危险的。

第二点，我认为汤先生的考证也是靠不住的，站不住脚的。

首先，汤先生认为《大同书》"成书"在1901—1902年，因此，该书就仅只代表康有为这个时期的思想。但事实并不如此。因为今天所看到的《大同书》虽然大部分的确是写在1901—1902年间（按《大同书》中还有更晚时期的增添，并且也一直未曾定稿"成书"），但该书的基本内容和思想，正像与《大同书》同时写成康氏另一重要著作——《春秋笔削大义微言考》一样，都是成熟得较早的，基本上属于康氏前期思想的范围。也正如《春秋笔削大义微言考》一书在前期便曾有过一个稿本而当时被失散一样（参看徐致靖为该书所作的序文），《大同书》早期也有一个名叫《人类公理》的草稿本，这个草稿中的思想基本上就是《大同书》的内容。关于这一点，可资引证的材料很多，如康有为《自编年谱》中说：

> "是岁（1887年）编人类公理，游思诸天之故，……推孔子据乱、升平、太平之理以论地球，……创地球公议院，合公士以谈合国之公理，……以为合地球之计。""其日所覃思大率类是，不可胜数也。"

而在1884年年谱中即有：

> ……奉天合地，以合国合种合教一统地球，又推一统之后，人类语言文字饮食衣服宫室之变制，男女平等之法，人民通同公之法，务致诸生于极乐世界。及五百年后如何，千年后如何，世界如

何，人魂人体迁变如何，月与诸星交通如何，诸星、诸天、气质、物类、人民、政教、礼乐、文章、宫室、饮食如何……奥运窅冥，不可思议，想入非无，不得而穷也。（按《自编年谱》写于1898年变法刚刚失败后，比汤先生认定的《大同书》"写作年代"还早，应是可靠的材料。）①

梁启超、张伯桢的两篇康有为传，也都有与此类似的记载，并都强调指出了这点——康氏早年曾有社会发展、世界大同等等理想。在梁启超的康传中，还特地相当具体地介绍了这理想的基本内容：如"理想之国家"——公政府；"理想之家族"——废家庭，公育公养；"理想之社会"——公产业、"土地为公"等等。康氏《自编年谱》中提到的问题，而特别是梁启超康传所谈到的这些思想，与我们今天所见的《大同书》中的基本思想和内容是完全一致的。所以，可以知道，康有为在相当早的时候，便在当时社会局势和自然科学知识的刺激下，空想了许多有关社会发展、文化进步种种问题，从而主观构造了一幅对未来美好世界的空想，而这，就是他在年谱中所宣称的"乃手定大同之制——名曰人类公理，以为吾既闻道，既定大同，可以死矣"。显然，这里的所谓"大同"，就正如《大同书》一样，并不如汤先生所认为的那样是指所谓"君主立宪"，而正是指那千百年后的人类远景的"公理"。康有为所以自傲傲人的远不是他发现和"手定"了"君主立宪"的道理，而正是他那"合国合地球"的世界大同的远大怀抱。

康有为这一套"大同"空想与他的现实政纲有相当的距离和矛盾，所以他一直"秘不以示人"，很少在其公开著作中谈到。但是，他的一些亲密学生特别是梁启超都在许多地方谈过或透露过，这方面的旁证也可以找到很多。例如，梁作的《谭嗣同传》中说："（谭）既而闻南海先生所发明易春秋之义，穷大同太平之条理，体乾元统天之精意，则大

① 按《大同书》头二部刊布时，康亲笔题词也说："吾年二十七，当光绪甲申（1884年），法兵震羊城……感国难，哀民生，著《大同书》。"

服。”康有为《六哀诗》吊谭嗣同也说：“闻吾谈春秋，三世志太平，其道终于仁，乃服孔教精。”而在谭著的《仁学》中也就有这么一大段与《大同书》是完全吻合的思想：

> 地球之治也，以有天下而无国也。……人人能自由，是必为无国之民。无国则畛域化，战争息，猜忌绝，权谋弃，彼我亡，平等出……君主废则贵贱平，公理明则贫富均，千里万里，一家一人……殆仿佛礼运大同之象焉。

在这里，还在许多别的地方（如《长兴学记》《桂学答问》《清代学术概论》等书中）都可以证明：康有为在《大同书》里所写下的基本思想（这些思想在拙作上文中已作了分析，本文不再赘述）正是他前期的进步思想。

奇怪的是：汤先生为什么会看不见这些触目可见的材料了呢？例如为汤先生所引证的梁启超的那段话，其全文本是：“先生演礼运大同之义……立为教说……二十年前略授口说于门弟子，辛丑壬寅间避地印度，乃著为成书，启超屡劝付印，先生以为今方为国竞之世，未许也。”但汤先生却抛前去后，独独取了中间：“辛丑……成书”一句，证明《大同书》的内容是代表1901—1902年康氏反对革命的思想。这种对材料的引用方法，主观随意性不也太大了么？实际上这材料已说得很明白：《大同书》中所演的“大同之义”，正是其“二十年前”“口授”于“门弟子”的思想。这样，《大同书》的基本内容不正是代表其早期思想的吗？

汤先生没有看见这一切。只片面地抓住《大同书》里所说的“三世”与《礼运注》中所说的“三世”不同而大做文章（其实这一点钱穆也早指出过）。而殊不知康有为的“三世说”本是一种狡黠的工具，其说法是十分灵活的，康有为把三世中的每一世又划为小三世，有“据乱之据乱”“升平”“太平”，有“升平之据乱”“升平”“太平”等等，而中国则还只是“小康升平”；但出国以后，看到西方也非尽美尽善，于是又认西方才达“升平”，而以后甚至认为西方也还未至“升平”①。所以，“三世说”是确有某些变异的，但这种变异却并不十分重要。因为从早年到后来，康有为基本上是一直坚持必先实现“君主立宪”才能实现“民主共和”，当然更不能越过“君主立宪”立即实现废国合种的“大同太平”。至于实现“君主立宪”到底是“升平”还是“太平”（据我看来，康氏从来没有如汤先生所认为的那样，认为“立宪”就是实现了“大同太平”，就是人类公理的极致），当时的中国是“据乱”还是“升平”（据我看来，康氏认为当时中国是进入了所谓“升平之据乱”阶段），“君主立宪”到底是“据乱世之太平”，还是“太平世之据乱”（据我看来，“立宪”在康氏那里基本上被视作“升平世之升平”或“升平世之太平”），这些都是无关实质的次要问题。如果有人硬要在这上面做文章，钻牛角尖，研究这些“升平”“太平”，那就恐怕是上了康有为的大当了。

所以，总括起来说，与汤先生认为《大同书》写在1901—1902年因而代表一种反对革命的反动思想的论断不同，我认为《大同书》虽然写在1901—1902年，虽然“成书极晚……但是其基本观点和中心思想却是产生得颇早的”（《论康有为的大同书》）。

第三点，除了上面这个问题，其次一个问题就是汤先生认为《大同书》之作是为了“麻痹群众”反对革命，而我则坚决不能同意。我觉得这一说法首先就有两个不可克服的困难。首先，《大同书》里所描绘叙述的是一个远远超出“君主立宪”范围的比较彻底急进的民主主义的乌托邦（如废君主、平贵贱、废家庭、解放妇女等等，见拙作上文），康有为并且还是带着一种肯定和赞美的态度来提出这种思想来的。所以，连汤先生也只得承认这是一个“远大的理想”。那么，这样的一个理想的提出，究竟会对革命有何不利呢？康有为究竟是怎样利用这个理想去

① “今观孔子三世之道，至今未能尽其升平之世，况太平世大同世乎？今欧洲新理，多皆国争之具，其去孔子大道远矣……，吾昔者视欧美过高，以为可渐至大同，由今按之，则升平尚未至也。”（《意大利游记》）

反对革命的呢？康有为的“大同太平”的美好世界里是没有君主的，这不正投合了当时革命派的民主共和的主张，那么，为什么它反而会成为“保皇复辟的理论基础”呢？为什么它反而是以“改良的幌子来压制革命呢”？……很清楚，所有这些，汤先生都丝毫没有，实际上也不能加以说明。其次，汤先生硬说《大同书》是“以高远的理想——大同来麻痹群众”，既然如此，为什么康有为死也不肯公开他的这一著作呢？为什么康有为后来写了那么多的反对革命主张保皇的论著，而在这些论著中竟完全不提他的“大同”理想——如毁弃家庭、解放妇女、个人的自由独立等等呢？为了“麻痹群众”，他正应该这样做呀！……显然，汤先生的论点在事实面前又只得显出是一种无根据的武断了。

在我们看来，这种情况倒是完全可以理解的。正因为康氏的“大同”是一种比较急进和彻底的资产阶级民主自由的进步理想，是与他现实的政治实践纲领有一定距离的理想，所以，他才不愿意公布和宣传它，他才不肯公开其自认为是“至善至美”的《大同书》。因为这种远大理想的提出和传播，有利的就不会是自己的“君主立宪”的路线，而正是主张“民主共和”的人们，因为《大同书》指出，民主是比君主立宪更为美妙的阶段。所以，张伯桢《南海康先生传》说得好：“(《大同书》）书成，既而思大同之治，恐非今日所能骤行，骤行之恐适以酿乱，故秘其稿不肯以示人。”这一点（康氏为了怕它有利于革命，怕人民立即“骤行”民主共和的“大同”之治才不公开《大同书》）当时本是十分清楚的，但却想不到几十年后的研究者们倒看不见了，倒反过来说康有为写《大同书》是为了对抗革命了。事情变得真有点不可思议。

我们暂且放下这点，进一步看看汤先生究竟是根据什么来说康有为写《大同书》是为了麻痹群众、对抗革命呢？细看一下，原来根据就是这么一条：康有为写《大同书》的时候，正是革命派和改良派“逐步明确地划清了改良与革命的界线”的时候（？），“这时，全国规模的资产阶级革命政党——同盟会的阶级基础、组织基础、思想基础、干部条件已逐渐具备”的时候（？），正是康坚决反对革命派的时候（？），所以，这时写的《大同书》就当然是反动的。然而，在这里，我觉得对汤先生这一论点几乎每句都可加个问号。汤先生在文中一开场就责备我“对大同书的时代背景……未能作进一步的窥测”，而现在我倒对汤先生这一“进一步的窥测”感到十分失望了。

因为，在这里显然汤先生是完全弄错了历史事实和时间。因为，革命派与改良派明确划清界线的时间并不是1901—1902年，而是1903—1905年；同盟会的各种思想、组织、干部条件的“逐渐具备”也不是1901—1902年，而是1903—1905年；康梁改良派与革命派正式决裂水火不容，也不是1901—1902年，而是1903—1905年。在1901—1902年，还只是改良主义维新运动刚刚失败，革命思想刚刚开始有较大规模的传播，下层知识分子刚刚开始大规模地走向革命路途的时候，改良与革命之分，不但还不壁垒鲜明形成对抗，而且在有些地方还保持了一种友好的联系。不胜枚举的史实都可证明这一点。君不见，梁启超这时不是在往来于革命、改良之间受了革命派影响高唱破坏暗杀吗？当然，这时两派已有了分歧和斗争[①]，但远远不是汤先生所想象的那种情况。汤先生所论断的情况，都是1903年开始的事：梁启超赴美回东京大唱“开明专制”，与此同时，孙中山和革命派陆续发表了文章，开始真正与改良派“明确划清了界线”。汤先生没去具体地研究历史事实，只想当然地以为变法一失败，革命派便立即成熟，便立即与改良派划清了界线，康梁便立即堕入“反动”……而没看出，这其中是经过了一个好几年的过程的。革命派是经过1895、1900、1903到1905年才真正成熟的，康梁也是经过1898、1900、1903到1905年而彻底保守的（其中，1903年便是现在为大家所忽视而实际是一个很重要的关键的年头）。汤先生显然是为证实自己的论点而太性急了：结果把历史上推了两三年而将事实歪曲了。

所以，根据我们的看法，正因为这时两派的斗争还未激化，康有为

① 在1901年，就有革命派攻击梁启超和改良派的文章，如《国民报汇编》，但这究竟在当时还不是主要的必然的现象，所以当时也并没引起大的思想论战。

还未彻底反动，他才可能写出像《大同书》《春秋笔削大义微言考》这样比较进步的作品来，才会在这些著作中保存了其前期主张民主、自由的进步精神。否则是比较困难的[①]，而在《大同书》里几处反对妇女解放人格独立的地方，就正是其更晚的时候增补的。这些少数增补与这书的基本精神和主要内容是矛盾的。这样，与汤先生认为全书是反动的观点相反，我们觉得如果对其写作年代的历史情况加以具体考虑，则我们的基本论点——《大同书》内容基本上是进步的——就仍然可以成立。

最后一点，是汤先生在文中谈到《大同书》思想来源的问题。但汤先生谈的实际上是整个康有为思想的渊源问题。这问题已越出本文所讨论的范围，不拟多谈了，请参看拙作《论康有为的哲学思想》。这里简略指出两点：第一，我觉得汤先生所指出的三个来源是平列而无内在联系的，并且片面地强调经今文学这方面而完全忽视了（以至根本未提）当时自然科学知识的部分，其实作为思想来源，后者**在实质上远比前者为重要**。此外，陆王、佛学以及中国民主思想的传统（如黄梨洲）也完全被汤先生略掉了，因此显得很片面。第二，汤先生硬说康有为的社会进步思想和《大同书》里的三世进化观是看了严译的《天演论》(即1896年）以后才有的。我认为这完全是穿凿之谈。汤先生并未举出什么有力的证据，而相反的证据——如梁启超便屡屡说康氏“著此书时，固一无依旁，一无剿袭，在三十年前而其理想与今世所谓世界主义社会主义者多合符契”，倒是很多的。这里也就不列举了。

看来，我们与汤先生的分歧是很清楚了，从研究方法到具体考证，从康氏思想到历史背景，对《大同书》的估计都有相当大的出入。上面只是最简单地就几个主要问题说明一下自己的看法。

〔**附记**〕

刚才又读到林克光先生的《论大同书》(见三联版《中国近代思想

① 康这个时期写的好几本书与后一二年写的许多书（如《物质救国论》等等）就有很大的出入。

家研究论文》）一文，文中提及拙作《论康有为的大同书》，说该文“提出了许多有益的意见”，“有一定贡献”云云，实为过奖，愧不敢当。林文所有基本论点与我的看法大体一致，却责备我说：“忽视了当时中国和西方之间所处的历史特点，忽视了上述各种外部条件的变化及其对中国社会和康氏思想的影响，因而看不到《大同书》揭露批判欧美资本主义制度的可能性和必然性，竟然认为《大同书》‘没能涉及西方批判的空想社会主义所涉及所暴露的问题，没能揭露近代资本主义社会各种罪恶黑暗和不合理’（按这是林文引我的话）。”这是我所不能同意的。我仍坚持上面为林文所引用的论点而不能够同于林先生的看法：认为《大同书》批判了欧美资本主义制度。因为据我看来，《大同书》主要思想是资产阶级启蒙主义者世界乐园的空想，其特点是反对封建主义，而美化资本主义。康有为与孙中山所处的时代历史条件以及个人经历是很不同的，康氏前期在国内还不可能“认识和揭露近代资本主义各种黑暗罪恶”，林先生所说的“资本主义已经过时了，各种各样的社会主义思想早已风起云涌地席卷着欧美的政治思潮，这就是当时摆在康有为及其他先进思想家面前的铁的事实”，应该说，这就完全不是事实。不但十九世纪七八十年代还不是资本主义完全“过时”的时代，而且这时所谓“风起云涌”的社会主义思潮就更非当时康有为们所能知道。林先生这种想当然的历史背景的叙述完全是悬空的。从而，林先生的结论：康有为因此而怀疑，而批判资本主义，因而才去“追求”“幻想”他的“大同世界”，就更远离真实了。康有为在八十年代是还根本没有也不可能深刻地认识或揭露批判西方资本主义的。恰恰相反，他是理想化它，幻想它，他的“大同”世界是建筑在对封建主义的批判上而不是建筑在对资本主义的批判上。而等到后期出国以后见到资本主义的腐朽而不满的时候，他又已基本上倒退到封建主义的立场，是用更落后的观点来进行这种“批判”的了。这就主要表现为康、梁以及以后许多先进人物欧游以后大喊西方物质文明破产，要恢复中国精神文明等等的真正复古主义的呐喊。而《大同书》全书里，除了少数地方指出了欧美社会和制度的缺点弊病（如妇女仍不平等、贫富悬殊、工人反抗等）以外，实在也并没有什么深入的着重的“揭露”和“批判”，像西方近代空想社会主义者以及像孙中山和革命派那样。而即使这些个别揭发也并非康早年所能有，而只是晚年为了加强证明其“大同”空想的正确，增添上去的。所以，这些对资本主义不满或批判的部分，无论在康氏早期思想或整个十九世纪改良派的时代思潮中，是并不具有客观历史的必然的[①]（所以不应把它夸大）。所以，这一部分远不能构成《大同书》和康的思想的主要内容和根本实质。当然，这又并不是说，康有为以及谭嗣同等在早期根本不可能有任何一点对资本主义社会的怀疑、不满或“批判”，但这无论如何却远不是这一派思想家的特点，而是比他们稍迟的革命派思想家的特点。这里主要的是，不要作任何的夸大或缩小。如汤先生那样不见舆薪，固然不对；而如林先生这样强调康对资本主义的“批判”，把芝麻夸作西瓜似也有些过分。所以，总括起来，据我看，如果可以说，汤志钧先生是过低地估计了《大同书》的批判封建主义的因素；那么，林克光先生却是过高地估计了《大同书》的批判资本主义的因素了。而两者的共同点就似都在于主观主义地去对待问题，而没具体地从历史背景和思想实质来分析。

因不拟再著文详证，谨将对林文的意见附记于此。

（原载《文史哲》1957 年第 9 期）

---

① 还可以用谭嗣同的思想来印证康有为的早期思想。如《仁学》中：“有矿焉，建学兴机器以开之，……有田焉，建学兴机器以耕之，……有工焉，建学兴机器以开之，……大富则设大厂，中富附焉，或别为分厂，富而能设机器厂，穷民赖以养，物产赖以盈，钱币赖以流通，……遂至充溢溥遍而收博施济众之功。……日愈益省，货愈益饶，民愈益富，……其为功于民何如哉！……各遂其生，各均其利，杼轴繁而悬鹑之衣绝，工作盛而仰屋之叹消，……”

在西方资本主义已渐入老境，社会主义思潮已“风起云涌”的时候，远隔重洋的中国的初兴资产阶级却仍多么天真地高唱着机器生产、自由贸易的颂歌啊！他们这时根本还没梦想到去“批判”那求之不可得的天堂哩。

三 “托古改制”思想

1. 时代背景

“人们自己创造自己的历史，但他们这种创造工作并不是随心所欲，并不是在由他们自己选定的情况下进行的，……一切死亡先辈的传统，好像噩梦一般，笼罩着活人的头脑。恰好在人们仿佛是一味从事于改造自己和周围事物，并创造前所未闻的事物时，恰好在这样的革命危机时代，他们怯懦地运用魔法，求助于过去的亡灵，借用它们的名字、战斗口号和服装，以便穿着这种古代的神圣服装，说着这种借用的语言，来演出世界历史的新场面。”（马克思：《路易·波拿巴政变记》）康有为穿着中国封建圣人的古老服装，借用着孔子改制的魔杖，在公羊今文学的神秘帷幕的掩盖下，在中国近代思想史上扮演了新的一幕。

康有为是今文经学派的大师。虽然今文经学本身的学术内容以及清代公羊今文学派的发展，均不在本文范围之内。但是，“正如任何新的学说一样，首先得从在它之前已经积累的思想资料出发”（恩格斯：《社会主义从空想到科学的发展》）。康有为所依据和标榜的“托古改制”思想也正是有其“积累的思想资料”的渊源的。远在十八世纪封建学术鼎盛的反动时期，公羊今文学即兴起。其倡始者庄存与已着眼于“微言大义”，刘逢禄则已攻“左传”、斥刘歆。然而，所有这一切在当时主要只是纯粹学术研究。倡导今文学在当时不但没有危害清朝政治统治的“危险”；恰好相反，它们还常常因为维护封建专制统治秩序而得到清朝统治者的奖赏。例如刘逢禄的公羊学就讲些什么“一切既受命于天，故宜畏天命，需应天顺人……”（《春秋公羊经传何氏释例》）之类，服务于满清统治，并无革命意味。所以章太炎说，“……刘逢禄辈，世仕满洲，有拥戴虏酋之志，而张大公羊，以陈符命”（《中华民国解》）。真正使今文学带有改革的社会政治倾向的，开始于十九世纪四十年代前后的龚自珍、魏源。关于龚、魏，前面文章中已经谈到，这里不重复。总之，可以看出，十九世纪以来清朝统治的动摇，反映在文化领域内，也就使

“纯正”的封建学术中出现了异端色彩。先进人士敏感着“日之将夕，悲风骤至，人思灯烛，惨惨目光”（龚自珍：《尊隐》）的社会危机的迫近，而又在“避席畏闻文字狱”的专制淫威的胁迫下，就只能逐步通过学术活动来抒发着对封建统治的不满和评议。于是，一贯在宗教式的隐晦解说中而具有强烈的政治意义的公羊今文学，便在这时自然地走上了“讥切时政”的发展道路。在晦涩古旧的公羊学外衣下，龚自珍、魏源对当时社会政治、经济、文化、风习各方面提出了尖锐的批判和积极的要求，其中已潜伏着重要的社会改革思想的萌芽。后代的有心人终于在其中找到了精神的粮食和宝贵的启示，成为使自己更向前进的重要的“思想资料”：

> 龚自珍……好今文……往往引公羊义讥切时政，诋排专制……今文学派之开拓，实自龚氏。……今文学之健者，必推龚、魏……故后之治今文学者，喜以经术作政论，则龚、魏之遗风也。（梁启超：《清代学术概论》）

龚自珍、魏源不但一般地是改良派思想的先驱，而且还特别是康有为“托古改制”思想的向导。甚至连封建主义顽固派也看到了这点。曾廉在反对康有为变法主张的同时，痛切地慨叹“卖饼公羊是祸胎”（《𪏆庵集》）；叶德辉也一再斥责“‘毛传’之伪，自魏默深发之……魏默深晚年病风魔以死，其亦兴戎之报”（《翼教丛编·輶轩今语评》），“龚自珍学术诡僻”（《与段伯猷茂才书》），并认为康有为的今文学只是“定庵之重儓”。事实上，康有为也的确承继和利用了公羊今文学的这种传统和倾向，灌输给它以新的内容，直接配合着变法维新的政治斗争，使这一陈旧的兵刀发挥了它最大限度的战斗作用。而晚清今文学运动到这时，也就最后达到了它的成熟的顶峰，从而，也就宣告了光荣的结束。①

① 之后，像廖季平的几次“变法”以及皮锡瑞、钱玄同等人的今文学主张，就只有纯学术的内容和意义（即使在学术领域内，作用和影响也很小），不属于思想史的范围了。

然而，这仅仅只是康氏“托古改制”的“思想资料”的渊源方面。另一方面，也是更重要的方面，是康这一思想的现实物质基础。“……传统观念中所发生的变化，是由造成这一变化的人们的阶级关系即经济关系来决定的。”（恩格斯：《费尔巴哈与德国古典哲学的终结》）了解了现实关系的变化，才真正了解这一传统学术思想领域内的变化。

时代的车轮已把我们带得这么远，以致使我们今日来了解这一问题不能不感到有些困难。例如，如果今日再把梁启超比之为“思想界之一大飓风”的晚清今文学的重要典籍、康有为的著名代表作《新学伪经考》摆在面前，我们倒会要对梁氏的这种比拟感到奇怪了。难道在这本似乎丝毫也没涉及政治的纯学术著作中，难道在这些一点也引不起我们兴趣的琐细考证中，能具有强烈的政治意义，能在当时引起那么大的政治风波吗？为什么当时许多人会欢迎激动，而官方和正统学者却切齿痛心地要数次明令毁版禁止来反对它呢？

要回答这一问题，就非得要去熟悉和了解与我们相隔已六十年之久的社会环境、时代氛围特别是当时士大夫们的社会思想面貌不可。当时中国基本上还是一个封建社会，从封建官场和封建土地关系中解放出来与它们日益疏远的各种资产阶级、小资产阶级平民知识分子，还未大量出现，当时体现着资本主义要求的主要还是一些旧式的封建士大夫知识分子。他们无论在政治上或思想文化上，长期受着封建主义正统思想的支配。压在他们头上的，是一整套以孔子为偶像、以圣经贤传为中心的正统的封建专制主义的思想体系。“……一般说来传统在思想体系的所有领域内都是一种巨大的保守力量。”（恩格斯：《费尔巴哈与德国古典哲学的终结》）具有久远历史、非常完备顽强的封建理论体系就正是当时士大夫知识分子思想上一副极其厉害的枷锁和镣铐。它残酷地窒息和压制着一切进步人士和进步思想的产生和出现。“不惟关其口，使不敢昌言；乃并锢其心，使不敢涉想。”（谭嗣同：《仁学》）旧的一套已不能应付新局面，家国的危亡、时代的苦难，驱使着人们寻求思想上的新方向，向西方资本主义社会的政治文化中去寻求真理。但是封建主义的思想枷锁却又顽强地阻挠他们这样做。耸立着的封建主义的经典威吓着：

不允许“离经叛道”，“非圣无法”。近代人们在这枷锁的束缚下苦恼着困惑着，迫切要求精神上的解放。“束缚人类的锁链是由两根绳索做成的，假使另一根不断，这一根是不会松掉的”(狄德罗)，要松掉现实封建统治的绳索，就先得斩断那根束缚人们心灵的思想的威权。在这种情况下，“一切革命的社会的政治的理论必定成了神学的异端。为使现存社会关系受攻击起见，就不得不剥夺其神圣的光轮”(恩格斯：《德国农民战争》)。同时，“群众的感情是仅仅由宗教食物来养活的；所以，为了引起暴风骤雨般的运动，就必须使这些群众的自身利益穿上宗教的外衣”(恩格斯：《费尔巴哈与德国古典哲学的终结》)。对于当时中国封建士大夫的群众来说，这种作为无所不包的宗教或神学，不就正是那个神圣的“孔子之道”么？于是，在现实社会力量的推动下，时代的宠儿便应运而生了。康有为举起了“托古改制”的大旗，与其攻击封建专制制度的“现存关系”的变法思想相呼应和配合，直接冲击着封建经典，勇敢地“剥夺其神圣的光轮”，正面提出了变法主张的理论根据。于是，康有为及其著作就这样无可避免地一下子成了当时政治上和学术上的中心事件。康有为终于依靠了《新学伪经考》和《孔子改制考》这两部大著作，取得了维新运动的思想领袖地位，受到了那时候比较前进的士大夫知识分子的拥护。

所以，一方面，有着崭新的社会政治意义的思想理论斗争所以必须穿上古老的服装，是因为“一切死亡先辈的传统，好像噩梦一般，笼罩着活人的头脑”，因此，“革命的社会政治理论必定成了神学的异端”；另一方面，传统的古旧东西所以能发生变化而具有了新的内容和意义，归根结底，则完全“是由造成这一变化的人们的阶级关系即经济关系来决定的”。

2. 现实内容

甲　否定封建经典

那么，因为反映了时代要求而使康有为当时“倾动士林”的这些今文学重要典籍，例如最有名的《新学伪经考》《孔子改制考》的内容究竟是些什么呢？

让我们先看《新学伪经考》。梁启超对它已作了比较准确的概括说明：

> “伪经”者，谓“周礼”“逸礼”“左传”及“诗”之“毛传”，凡西汉末刘歆所力争立博士者。“新学”者，谓新莽之学；时清、儒诵法许郑者，自号曰“汉学”，有为以为此新代之学，非汉代之学，故更其名焉。《新学伪经考》之要点：一、西汉经学，并无所谓古文者，凡古文皆刘歆伪作；二、秦焚书，并未厄及六经，汉十四博士所传，皆孔门足本，并无残缺；三、孔子时所用字，即秦汉间篆书，即以“文”论，亦绝无今古之目；四、刘歆欲弥缝其作伪之迹，故校中秘书时，于一切古书多所羼乱；五、刘歆所以作伪经之故，因欲佐莽篡汉，先谋湮乱孔子之微言大义。(《清代学术概论》)

简单说来，《新学伪经考》的内容主要是通过历史考证的学术方法，断定《左传》等古文经典是“伪经”，它们只是“记事之书”而非“明义之书”，所以它们湮灭了孔子作经以“托古改制”的原意：“乱改制之经，于是大义微言湮矣”(《中庸注》序)，“自伪‘左’灭‘公羊’而‘春秋’亡，孔子之道遂亡矣”(《春秋董氏学》)。

如所公认，虽然康氏这书有着一些精辟论断，但总的说来武断、强辩之处更是不少。“往往不惜抹杀证据或曲解证据，以犯科学家之大忌。”(梁启超)然而，使我们今日感到兴趣和需要在这里论证的，已远不是这些“早已僵化了的废物”(范文澜)的今古文学经典本身的内容、价值以及其长期争论、聚讼纷纭的真伪问题，也远不是康有为《新学伪经考》的学术论证是否严格合理及其优缺点的问题；重要的是，康这种学术活动和论证在当时的思想理论斗争中的性质、意义和它的社会政治内容。所以，与其说是《新学伪经考》等书本身的学术内容和价值，远不如说是它的实际社会政治内容和作用，更是今日所必须注意和研究的要点。我们所要了解的，正是康有为如何通过这种学术活动来为其政治斗争、为其先进的社会政治理想服务。这一点，实际上却也正是康本人所着重的，在其著作的首页，康自己就开宗明义式地宣告了其著书的巨大的目的和意图：

吾为伪经考，凡十四篇，叙其目而系之词曰：始作伪乱圣制者，自刘歆；布行伪经篡孔统者，成于郑玄。阅二千年岁月日时之绵暖，聚百千万亿衿缨之问学，统二十朝王者礼乐制度之崇严，咸奉伪经为圣法，诵读尊信，奉持施行，违者以非圣无法论，亦无一人敢违者，亦无一人敢疑者……圣制埋瘗，沦于雺雾，天地反常，日月变色。以孔子天命大圣，岁载四百，地犹中夏，蒙难遘闵，乃至此极，岂不异哉！……不量绵薄，摧廓伪说，犁庭扫穴，魑魅奔逸，雺散阴豁，日爌星呀，冀以起亡经、翼圣制，其于孔子之道庶几御侮云尔。(《新学伪经考》)

在专制淫威的威胁下，康不可能在书中太多地直接触及攻“伪经”的真正的政治含义。但在作者其他当时未正式刊布的著作中，却更爽朗地一再强调指出了这点。

刘歆以周平王代文王，于是伪“左”行而天下不知师说……一部“春秋”之义但识尊人王而已，则是屠伯武夫幸以武力定天下，如秦始隋炀之流暴民抑压，亦宜尊守之乎？其悖圣害道甚矣。

君尊臣卑之说既大行于历朝，民贼得隐操其术以愚制吾民……刘歆创造伪经……而大义乖……微言绝……于是三世之说不诵于人间，太平之种永绝于中国，公理不明，仁术不昌，文明不进，昧昧二千年瞀焉惟笃守据乱世之法以治天下。(《春秋笔削大义微言考》)

但尽管《新学伪经考》一句也未直接涉及当前的政治制度问题，尽管康有为还拼命打着“起亡经、翼圣制”的堂皇招牌，守旧派仍然在其中嗅出了它的严重政治意义：

以“周礼”为刘歆伪撰……朱子已驳之……康有为……新学伪经之证，其本旨只欲黜君权伸民力以快其恣睢之志……其言之谬妄，则固自知之也，于是借一用“周礼”之王莽，附王莽之刘歆以痛诋之。（叶德辉：《辅轩今语评》）

不是很明白么？掩盖在所谓今古文学之争的封建学术外衣下的，是一场为客观历史任务所规定的尖锐的政治思想斗争。资本主义自由派新兴势力要在经济上和政治上对封建主义进行某种民主改良的斗争，就必须同时在思想理论上也对封建主义进行某种改良或斗争。奉行二千余年“无一人敢违”“无一人敢疑”的神圣不可侵犯的封建经典，忽然一朝在康有为手里被彻底宣告为一堆伪造的废纸，就决不是康个人主观的“恣睢”，而正是客观历史发展不可避免的要求。封建主义统治的现实基础实际上的衰败和动摇，反映为其思想体系理论上的动摇；而这种思想理论上的动摇又反过来大大促进其基础的危机。它暗中提示给人们的不正是：如果这些为统治者奉之为封建专制制度的理论根据的神圣典籍实际上并不算什么根据，并且还恰恰相反，它们只不过是某个刁滑的野心家伪造的恶劣的赝货；那么，这一专制制度统治本身的存在不也就完全失去足够的理由和根据了么？“谬误在天国的申辩一经驳倒，它在人间的存在就暴露了出来。”（马克思：《黑格尔法哲学批判导言》）“因此，反宗教的斗争间接地也就是反对以宗教为精神慰藉的那个世界的斗争。”（同上）这样，天国的批判在人间引起了那么大的震惊和波动，不就正是必然的和合理的么？亲身经历过这一事变的梁启超有一段话说得很好：

夫辩十数篇之伪书，则何关轻重；殊不知此伪书者，千余年来，举国学子人人习之，七八岁便都上口，心目中恒视为神圣不可侵犯，历代帝王，经筵日讲，临轩发策，咸所依据尊尚，毅然悍然词而辟之，非天下之大勇固不能矣。自汉武帝表章六艺罢黜百家以来，国人之对于六经，只许征引，只许解释，不许批评研究。韩愈所谓“曾经圣人手，议论安敢到”。若对于经文之一字一句稍涉拟议，便自觉陷于非圣无法，蹙然不自安于其良心，非特畏法网惮清议而已。凡事物之含有宗教性者，例不许作为学问上研究之问题，一作为问题，其神圣之地位固已动摇矣。今不惟成为问题而已；而研究之结果，乃知畴昔所共奉为神圣者，其中一部分实粪土也，则人心之受刺激起惊愕而生变化，宜何如者。……以旧学家眼光观之，直可指为人心世道之忧。(《清代学术概论》)

这也就无怪乎叶德辉们当时那么痛恨康有为的今文学理论了。

应该说明，梁启超这段话本是用以形容阎若璩的《尚书古文疏证》一书的，但那并不恰当。因为在十七八世纪阎若璩的年代里，无论在理论上或事实上，阎著都没有也不可能发生这种巨大的政治作用。思想上的解放只是在一定的社会经济政治要求的客观物质基础下，也就是说，只是在中国近代新兴资产阶级自由派已兴起向封建专制政权要求民主改良的康有为的时代里，才能真正喷发出来。这也就说明了，为什么从十八世纪以来疑伪经攻古文经学的著作并不算少，只有康有为的著作才引起这么大的风波的缘故。同时，这也就说明了，康有为的著作之所以比其同时代的著名今文学大师如皮锡瑞、廖季平等人的影响远为巨大，主要也就是因为康氏已完全自觉地将自己这种学术研究活动，与其现实的变法主张和政治斗争紧密地结合起来，从而使其学术论断含有十分直接、鲜明、尖锐的政治性质和政治意义的缘故。

乙　宣传历史进化和人权民主

那么，为康氏这么着重的“微言大义”“孔子之道”的神圣旨意，为康氏这样标榜要恢复的“亡经”“圣制”的神圣事业，究竟又是些什么呢？康氏在被其门徒誉为“火山大喷火”的著名的《孔子改制考》一书以及其他早期著作如《春秋董氏学》等书中回答了这个问题。如果说，《新学伪经考》的主要内容和目的是为了“证明”刘歆伪造经典，从而湮灭了孔子的“微言大义”，那么，《孔子改制考》等书就正是要正面来说明和阐发这种“大义”。《新学伪经考》如果是“破”，则《孔子改制考》等书是“立”。康有为紧紧把握了这点，继1891年《新学伪经考》之后，1897年又刊布了《孔子改制考》。

> 有为第二部著述，曰《孔子改制考》。……有为……定《春秋》为孔子改制创作之书……又不惟《春秋》而已，凡六经皆孔子所作；昔人言孔子删述者，误也。孔子盖自立一宗旨，而凭之以进退古人，去取古籍。孔子改制，恒托于古：尧舜者，孔子所托也，其人有无不可知，即有，亦至寻常，经典中尧舜之盛德大业，皆孔子理想上所构成也。……（梁启超：《清代学术概论》）

这就是康的“孔子改制”的学说。康氏在其著作中，遵循和尽量发挥了今文学“绌周王鲁”等等论点，从各方面来论证孔子的“托古改制”：

> 六经中之尧舜文王，皆孔子民主君主之所寄托，……不必其为尧舜文王之事实也。(《孔子改制考》)

作为康“托古改制”说的最重要的核心的，是公羊三世历史进化论的学说。正是从公羊三世的历史进化论的观点出发，康有为全面论证了人权民主等资产阶级社会政治思想。康氏强说“孔子专主人物进化之义”，认为“三世进化”就是孔子“托古改制”的中心和宗旨。康有为把孔子装扮为一个资产阶级历史进化论和资产阶级民权平等思想的倡导者，多方附会穿凿，把公羊三世的封建学说作为张本，认为这就是“孔子口授”的“微言大义”之所在：

> 《春秋》始于文王，终于尧舜，盖拨乱之治为文王，太平之治为尧舜，孔子之圣意改制之大义，《公羊》所传，微言之第一义也。(《孔子改制考》)
>
> 三世为孔子非常大义，托之《春秋》以明之。所传闻世托据乱，所闻世托升平，所见世托太平。据乱世者，文教未明也；升平者，渐有文教，小康也；太平者，大同之世，……文教全备也。……此为《春秋》第一大义。(《春秋董氏学》)

康有为的确是“利用孔子来进行政治斗争”(范文澜:《中国近代史的分期问题》),“他把孔子描绘成维新运动的祖师，面貌与古文经学派的孔子截然不同。就是说，古文经学派的孔子是述而不作的保守主义者，而康有为的孔子是托古改制的维新主义者”(同上)。康在所谓“孔子圣意改制”的符咒下，保护着自己的改制主张，证明自己的政治思想和变法主张的“合乎古训”；在所谓“《公羊》所传微言第一义”的解说中，康就大力宣传着新鲜的资产阶级历史进化论和民权平等思想，证明改良派所要求的君主立宪的历史发展的必然性和合理性。例如，康有为就这样解说了《春秋》经文“隐公”“元年春王正月”:

> 王者，往也；天下所归往谓之王。……乃可改元立号，以统天下。……盖文王为君主之圣，尧舜为民主之圣。……孔子以人世宜由草昧而日进于文明，故孔子日以进化为义，以文明为主。……(《春秋笔削大义微言考》)

康有为又这样解说了“桓公”“宋人以齐人卫人蔡人陈人伐郑”的《春秋》经文:

> 民者，君之本也；使人以其死，非正也。此专发民贵之义，而恶轻用民命。国之所立，以为民也；国事不能无人理之，乃立君焉。故民为本而君为末，此孔子第一大义，一部《春秋》皆从此发。(同上)

在“襄公”“十有四年春王正月季孙宿叔老会晋士匄齐人宋人卫人郑公孙……于向”条下:

> 此明大夫专政，以见时会之变。近者各国行立宪法，以大夫专政，而反为升平之美政者，以立宪之大夫出自公举，得选贤与能之义，非世袭而命之君者也。据乱世同为世爵，则贬大夫而从君，既

> 在升平，则舍世袭君而从公举，各有其义也。（同上）

在“隐公”“冬十月伯姬归于纪”条及僖公“夏六月季姬及鄫子遇于防使鄫子来朝”条下：

> ……当中古乱世，女弱，当有男子为依，而夫妇之道又不明，故孔子重之，著义为“归”。……此为据乱之法，若太平世则人人自立，两两相交，如国际然，则不得谓之“归”也。
>
> 升平太平世，女学渐昌，女权渐出，人人自立，不复待人，则各自亲订姻好。（同上）

等等，等等。

康有为故意撇开了春秋公羊学中许多对当时斗争无用的部分（如灾异迷信、书法义例等），尽量利用着公羊学解说“微言大义”素来的灵活性和神秘性，偷偷地暗中变换了其原本的封建思想的内容，从历史进化到婚姻自主，从立宪民主到个人自由，喜剧式地全面输进了资产阶级的社会政治思想和变法维新的主张，来为其改良派现实政治活动服务。这样，康有为的公羊今文学就具有了与众不同的鲜明的先进的政治意义：“以改制言《春秋》，以三世言《春秋》者，自南海始也。改制之义立，则以为春秋者，绌君威而申人权，夷贵族而尚平等……南海以其所怀抱，思以易天下，而知国人之思想束缚既久，不可以猝易，则以其所尊信之人为鹄，就其所能解者而导之，此南海说经之微意也。”（梁启超：《论中国学术变迁之大势》）正如西方中世纪唯名论者“强迫神学来宣传唯物论”（马克思、恩格斯：《神圣家族》）一样，企图从中国中世纪挣扎出来的康有为却强迫传统圣人来宣传资产阶级改良主义。①

① 就在《孟子微》等著作中，也仍有“法律各有权限，不得避贵也，……孟子发平世义，故明法司可执天子，而天子不能禁也”“平世法则犯罪皆同，美国总统有罪亦可告法司而拘之”“天生君与民，皆人也，其道平等……”等等，足见民权、平等确是康所谓“微言大义”的实际内容，这一点不应低估。

然而，这种在圣经贤传掩盖下的羞怯怯的资产阶级改良主义的民权平等思想，也为守旧派所识破："作者隐持民主之说，煽惑人心而犹必托于孔孟"（叶德辉：《读西学书法书后》），"明似推崇孔教，实则自申其改制之义"（文悌：《严参康有为折》）。他们对康有为的"托古改制"思想进行了狂暴的攻击：

> 康有为之徒，煽惑人心，欲立民主，欲改时制，乃托于无凭无据之公羊家言，以遂其附和党会之私智。（《輶轩今语评》）
>
> 伪六籍，灭圣经也；托改制，乱成宪也；倡平等，堕纲常也；伸民权，无君上也；孔子纪年，欲人不知有本朝也；……（《翼教丛编序》）

从这里可以看到当时社会思想的斗争情况和康氏"改制"思想的社会意义。这意义在于：康有为"托古改制"思想的资产阶级民主主义的内容严重地从内部破坏了封建正统思想体系。这场掩盖在学术活动中的思想斗争还是现实政治斗争的反映。

3. 政治意义

康有为的"托古改制"思想还不仅是为其资产阶级改良主义社会政治思想寻找神圣论据，而且同时还更是为其实际政治、组织活动寻找理论依靠。康所特别着重论证的"布衣改制"说的真实内容和意义就在于此。

在变法维新运动已提上进行实践活动的十九世纪九十年代里，这种理论具有现实的价值。康有为在其《孔子改制考》等著作中曾不惮烦地向其本阶级封建士大夫知识分子们宣传、论证着"布衣改制"的论点。康指出孔子本是"民间"一"布衣"，"有其德而无其位"，但却能"托古改制"，以"绌周王鲁"，"借鲁以行天下法度"来"为后王立法"。在《孔子改制考》一书中，康专辟一章《诸子并立创教改制考》，强调指出与孔子同时，还有许多"布衣"——先秦诸子也都在"改制立教"。"不惟孔子而已，周秦诸子罔不改制，罔不托古。"这一切无非是要指出孔子与诸子本都是无爵位权势的“布衣”，因“生当乱世”都想“拨乱反正”，就各出主张各创学说来“改制立教”；“孔子之教”因为“造端于男女饮食”，“近乎人情”，故独在诸子中得人拥护，“人人归往”，因此而成“素王”。“布衣改制”是并不希罕奇怪的，历史上只要关心民瘼国事的志士仁人都可以“改制立法”，“凡大地教主无不改制立法也”(《孔子改制考》)，“盖周衰礼废，诸子皆有改作之心，犹黄梨洲之有《明夷待访录》，顾亭林之有《日知录》，事至平常，不足震讶”(《长兴学记》)。其门徒在宣传康这种理论时，也口直心快地说出了：

> 黄黎洲有《明夷待访录》，黄氏之改制也；王船山有《黄书》有《噩梦》，王氏之改制也；冯林一有《校邠庐抗议》，冯氏之改制也。凡士大夫之读书有心得者，每觉当时之制度有未善处，而思有以变通之，此最寻常事，孔子之作《春秋》，亦犹是耳。(梁启超：《读春秋界说》)

这真一扫弥漫着的乌烟瘴气和标榜着的堂皇招牌，把真正的秘密揭示出来了：既然作为圣人的孔子以及历史上这些著名的贤良、学者都可以“觉当时之制度有未善处而思有以变通之”而“改制立教”，那么，康有为今日又有什么不可以这样做呢？既然作为圣人的孔子自己以布衣而改制，那不正是给后人以一个最好的值得仿效的榜样吗？因此，康的著书立说、宣传民主、组织群众（士大夫）、要求改革政治制度种种活动也不过是“此最寻常事，孔子之作《春秋》亦犹是耳”。康在这些“布衣改制”等等古代的“僵化的废物”中，找到了支持其现实政治活动的适用的“根据”。

但是，即使如何高举孔圣人的正统招牌，这种“改制”理论实际上是在鼓励着人们对封建专制制度的背叛。这当然激起了正统派狂热的仇视。在封建专制主义的正统派看来，无论如何，民间的“草茅”“布衣”是绝对没有权利来自出主张倡导改制的。“忧时之君子未有不知法之宜变者，惟是朝廷不言而草茅言之，未免近于乱政”(叶德辉：《与俞恪士观察书》，见《翼教丛编》)。他们认为，作为封建圣人的孔子决不会“改制”，“孔子……志在尊王……其非改定制度人人可知矣”(叶德辉:《读西学书法书后》)，孔子“假鲁而托王，背周而改制，恐不如是之僭妄”(叶德辉:《正界篇》)。对康有为等改良派所标榜推崇的黄梨洲、王船山以及近代的龚、魏、冯桂芬，反动派则力加攻击：

> 若夫黄黎洲《明夷待访录》一书，其《原君篇》隐诋君权太重，实开今日邪说之先声，……(叶德辉:《辅轩今语评》)
>
> 冯林一《校邠庐抗议》……去圣经不知几万里。(叶德辉:《正界篇》)

先进者在陈旧的古书堆中尽量去寻找、利用古代的优秀思想，去研究、承继和发展中国古代的民主思想的传统，守旧派则对此表示了疯狂的仇恨，进行了恶毒的攻击。对待古代经典、著作的解释和态度上的这种尖锐对立和斗争，仍然是尖锐的政治斗争的“学术”表现。

从上面便可以看出，“托古改制”“创教立法”对于康有为改良派政治活动之所以必要，远不仅是因为它可以作一种消极的保护色，而更重要的，是还因为康特别需要它作一面旗帜来积极地招引、争取、团结和组织变法运动的同情者和群众——封建士大夫们。康所以不但要抬出孔子，而且还要“恒欲侪孔子于基督”，“尊之为教主”(梁启超:《清代学术概论》)，就正是企图借用着这个长久支配着封建士子们的圣人名号，通过某些带着宗教意味的形式，如奉孔子为教主、用“孔子纪年”等等，来使孔教变为宗教，使大家在这准宗教式的信仰和激情中来紧密团结和共同行动。康尽量标榜“保圣教”以反抗“西教”(基督教)为名来博取士大夫们的同情和信任，要他们在“保教”的神圣口号下团结起来形成政党性的组织力量。这样，康便找到了一种使其“托古改制”的学术理论变为群众(士大夫)性的行动纲领的途径和方法。康在公羊经学中尽量利用着孔子改制论与孔子为素王的怪异理论，来作为自己进行政治性组织活动(“立教”)的护命符。实际上，康所呼喊着的“立教”“保教”的“孔教”的内容究竟是什么呢？

先生之言宗教也，主信仰自由，不专崇一家，排斥外道，常持三圣一体诸教平等之论。然以为生于中国，当先救中国，欲救中国，不可不因中国人之历史习惯而利导之。又以为中国人公德缺乏，团体散涣，将不可以立于大地，欲从而统一之，非择一举国人（按：其实以上所说的“举国人”，实际上主要只是当时的中国士大夫罢了）所同戴而诚服者，则不足以结合其感情，而光大其本性，于是乎以孔教复原为第一著手。先生者，孔教之马丁路德也。……先生以为……求孔子之道，不可不于“易”与“春秋”。……先生之治“春秋”也，首发明改制之义……先生乃著《孔子改制考》以大畅斯旨，此为孔教复原之第一段。次则论三世之义，……先生乃著“春秋三世义”“大同学说”等书，以发明孔子之真意，此为孔教复原之第二段。……（梁启超：《康南海传》）

很明白，康的“孔教”，实际上是提倡“改制进化”“三世大同”与封建圣人正相背道而驰的资产阶级化的“孔教”，是符合于新兴地主资产阶级经济政治利益的改革了的新宗教。但是，“既然上帝的王国已经共和化了，那么地上的王国难道还能仍旧处在君王、主教和诸侯的统治之下么？”（恩格斯：《社会主义从空想到科学的发展》）发现孔子的神圣教义中也已经有着资产阶级民权平等主张的时候，世上王国的封建专制制度又能够长久永存而不需要变法改良么？康氏所要的这种资产阶级化的“孔教”当然激起了封建守旧派的狂怒。他们对于为康氏称为“合群之道”的“以孔子纪年”，“闻之则舌挢汗下色变”，认为“自改正朔，必有异志”“最可骇者，不以大清纪年，而以孔子纪年”（梁启超与康有为书残稿中引语，见《觉迷要录》）。对于康有为，“立教”正是企图予孔教以资产阶级改革，以团结组织士大夫知识分子；在守旧派看来，“盖康有为尝主泰西民权平等之说……必率天下而为无父无君之行”（曾廉：《应诏上封事》）。他们认为，“平等之说，蔑弃人伦，……而顾以立教，真悖谬之尤者”（宾凤阳等：《上王益吾院长书》，见《翼教丛编》）。对于康有为，拯救中国必须“以群为体，以变为用”，所以到处设立学会或聚徒讲学进行组织活动；在反动派看来，这却正是“开会聚党，鼓其邪说”（曾廉：《应诏上封事》）。清朝入关后即曾多次严禁士大夫们结社集会，他们认为，“天下之大患曰群……为异学所簧鼓，群之害成于学”（王先谦：《群论》，见《虚受堂文集》），“讲学最为通儒所诟病……一人倡之，百人和之……梁启超在湘主讲学堂，本其师说煽惑愚民”（叶德辉：《长兴学记驳议》，见《翼教丛编》）。叶德辉再三“揭露”康有为是“假素王之名号，行张角之秘谋”（同上），“故借保护圣教为名以合外教”（《与皮鹿门书》），“其意本欲废孔教以行其佛耶合体之康教”（《正界篇》），“其门徒……恒称其师为孔墨合为一人”（《与戴宣翘书》），“人之攻康梁者大都攻其民权平等改制耳，鄙人以为康梁之谬尤其合种通教诸说……苟非博观彼教新旧之书，几不知康梁用心之所在。敬天孝亲爱人之理，中西所同，独忠君为孔教特主之义，而西教不及知也”（《与俞恪士书》），“大抵地球之世，君主兴则孔教昌，民主兴则耶教盛”（同上）……。可见，尽管康有为硬打着孔教招牌，真正的孔教信徒却并不买账，指出康是用耶稣、墨、佛来冒充、混合和代替孔教。而其核心正是一个尖锐的政治问题——“忠君”，对待君主专制制度的根本态度问题。正统派对于康有为等这种以立教保教为幌子的带有严重政治意义的组织活动，是痛恨和害怕的。他们迫使以“保教”为名的“强学会”解散，尽量以挑拨离间威胁诽谤各种手段破坏湖南的“南学会”。如梁启超后来所慨叹：“盖学术之争，延为政争矣！”（《清代学术概论》）实际上，掩盖在这种种烦琐隐秘的“改制立教”的“学术之争”帷幕后的，本就具有强烈的政治内容和政治性质，它必然引导人们走到明朗公开的思想斗争和实际政治斗争中去。以“改制立教”为形式，以民权平等为内容，新旧两派对这种所谓学术问题的争执，是戊戌变法前夕社会思想激烈斗争的历史面貌及其独特的“学术”表现。

4. 阶级特色

康有为的“托古改制”思想在当时是有很大的思想上和政治上的进

步意义的。但正如这一阶级的“变法维新”的现实政纲具备着极大的改良主义的特色一样，这种“托古改制”思想及其与传统古文经学对孔子魔杖的争夺战也不能不具有同样的极大的阶级特性。

当然，假借着封建圣人的魔杖来进行斗争，是一种历史的选择，不能把这也归咎于康有为个人的怯懦。但是，这样一种斗争方式也仍然反映和透露了其阶级的特征。太平天国革命的农民扔弃了孔圣人而拥护着其平等无私的上帝；资产阶级革命民主派也撇开了孔子，在《民报》第一期刊出了素为儒家斥责为无父无君的墨子画像，尊之为“世界第一平等博爱主义大家”。五四文化运动则恰恰以“打倒孔家店”为战斗口号击溃了这一封建主义的思想体系。这种与康有为的不同，实质上正深刻地反映着阶级的不同，革命农民和资产阶级革命民主派不需要依赖孔圣人，无产阶级领导的民主革命正需要彻底摧毁以这一圣人为偶像和标志的封建主义的上层建筑。只有康有为，只有与地主统治阶级关系特别深切的改良派才会如此钟情于这一封建圣人。正如他们只希望在不要根本改变封建制度的情况下来推行某种民主改革以便可以发展资本主义一样；他们也只希望在同样的前提下来进行某种资产阶级文化思想改革。正如他们在政治上企望的远不是华盛顿、罗伯斯庇尔，而只是彼得大帝、明治天皇一样；他们在改革传统文化、宗教上所期待的，当然也远不是激进异端的闵彩尔，而是“吾甚祝孔教之有路德也”（谭嗣同：《仁学》）。与太平天国革命领袖抬出“天父”来团结、组织广大农民群众正相映对，资产阶级改良派的代表却只能抬出孔子来团结其本阶级的封建士大夫。两个天上偶像的差异，深刻地表示着两个地上阶级的差异。天上的孔子的地位和权力的保留，实际上是意味着地上的孔子（封建主义）的地位和权力的不可全部毁弃。

瞿秋白说：“从维新改良的保皇主义到革命光复的排满主义……士大夫的气质总是很浓厚的。……在这种根本倾向下，当时的思想界多多少少都早已埋伏着复古主义和反动的种子，要恢复什么固有文化。”（瞿秋白：《鲁迅杂感选集序》）这种旧式封建士大夫的阶级气质和特征，在自由主义改良派的代表们康有为这一派人身上是最为典型和最为浓厚了。这种阶级气质决定了这一派人前期进步思想中已“埋伏”了后来倒退的复古主义因素。在前期，康氏在“托古改制”古旧形式里宣传着的资产阶级民主改革思想，因为需要迁就形式，需要用各种穿凿附会的方法来遵循“古训”而阻碍着进步内容的广阔开拓，同时也使其许多进步论断披上了一层反理性的宗教性质的黑纱。“其师好引纬书，以神秘性说孔子。”“有为心目中之孔子，又带有神秘性矣。”（梁启超：《清代学术概论》）后期，康有为的所谓“尊孔”“立教”则转化成一种维护现存社会秩序和伦常道德的活动了。与早年正相映对，康氏晚年在孔教招牌下，极力强调民权平等之不可行，辩护“君臣”“忠孝”之必要，反对个人自由，反对婚姻自主……。康有为说：“中国人数千年以来，受圣经之训，承宋学之俗，以仁让为贵，以孝弟为尚，以忠敬为美……则谓中国胜于欧美人可也。”（《物质救国论》）如果说，在康早年心目中的孔子是一个主张资产阶级民权平等的孔子；那么，康晚年心目中的孔子则已基本回到反对民权平等、肯定三纲五常的真正封建主义的孔子了。如果说，在前期康氏“托古改制”思想中是旧形式里包含着资产阶级的新内容；那么，在晚年却相反，在康氏所利用的新形式（如最新的自然科学的发明）中也大多是陈旧货色。如前所指出，对于以康有为为代表的改良派，在前期，天上孔子地位的保留即已意味着地上封建王国基础的不可真正毁弃；那么，当后来青年群众所掀起的革命风暴真正要动摇这一地上孔子——封建制度的时候，康有为当然就只得拼命护卫着其天上的孔子而不肯放手了。

康有为“托古改制”思想中最重要的骨髓和核心——历史进化论的公羊三世说也没有逃脱这种命运。这一点，我们在说明康氏哲学思想时，已看得很清楚。在早年，康通过“三世说”宣传了历史的进化，与此同时，康氏也就宣传了“循序渐进”的进化：不能飞跃，只能渐进；不能革命，只能改良。康历史进化观这一方面在后期必然发展为对抗革命的思想。反对革命的飞跃就成了康氏晚年“三世进化”思想的主要内容。康有为把“三世”中的第一世又划为小三世，小三世再划为更小的三世，这样，“三世说”就不但是其前期君主立宪政治路线的护符，而且还成为其后期反对革命的旗号。例如，在早年康氏多次认为中国封建社会是“小康世”，或将进入资本主义的“升平世”；但晚年却特别强调中国只是“据乱世”，而强说以前所说的“小康世”只是“据乱世”中的小的“小康世”，因此现在中国就根本不能脱离大的“据乱世”，不能立即进入“升平”“太平”。康氏晚年忏悔道：

> 追思戊戌时，鄙人创议立宪，实鄙人不察国情之巨谬也。程度未至而超越为之，犹小儿未能行而学逾墙飞瓦也。(《不忍》杂志汇编二集《国会叹》)

当然，这时康氏的“托古改制”思想已完全失去它的意义，连康氏自己也抛弃不讲了。康氏这种反省，虽至今仍可发人深思，但戊戌变法的失败和1905年革命风暴的来临，却毫不客气地把这种震动一时的康有为的“托古改制”思想远远地抛在后面，“已经融会了新语言的精神”的真正明朗的政治思想的斗争——革命派对立宪派热烈的直接政治论战代替了这神秘晦涩的一切。以后更是革命高潮不断前行，也就根本顾不上去再反思、省视康有为这些变化了。幸耶？不幸耶？是难言也矣。

（原载《文史哲》1956年5月号，题为《论康有为的托古改制思想》，有修改）

谭嗣同研究

谭嗣同不只是思想家，从他多年浪游南北和戊戌变法中的表现看，他并不甘心于书斋思辨，而可以是积极的政治活动家和组织家。但他在历史上留下的主要客观作用，却仍然是他那本并不完整也不成熟的哲学—政治著作《仁学》。他那策划流血的宫廷政变，和慷慨地以自己的鲜血贡献给他的事业的戏剧性的光辉终结，正是他的思想悲剧性地发展的必然结果。因之，他的思想便可以代表他的整个一生。论谭嗣同主要是论他的哲学—政治思想。

一　谭嗣同思想产生的历史背景

1. 时代特点和阶级特征

爱国主义精神是谭嗣同及当时整个改良派思想的一个主要内容，同时还特别是谭嗣同思想产生和酝酿成熟的一个直接原因。如果不对谭氏思想产生、成熟的时代作明确说明，也就很难了解和说明它所独具的爱国主义特色之所在。但是，近来好些关于谭嗣同的论文，对这一点，都没注意研究。杨正典的文章《谭嗣同思想研究》(《光明日报》1954 年 11 月 3 日)，虽然相当详尽地述说了谭氏思想的整个社会时代背景，甚至还追溯到鸦片战争以前，但对谭氏思想最有关系的十九世纪九十年代的时代特点，却缺乏足够的论述。与此近似，好些文章虽也以极大篇幅描述了自鸦片战争以来的中国近代历史背景，并着重叙说了中国近代工业和资本主义产生、发展的过程和特点，从而判定谭嗣同的哲学的阶级基础是中国近代新兴的自由资产阶级。在现在任何一部中国近代史的著述中这些叙述和描绘都可以找到，却没人论证这个背景与谭氏哲学真正具体的关系。因之所描述的历史事实便实际是游离的，谭氏思想“代表资产阶级”的判断也太空泛太笼统，这些描述和判断不但可以套在谭嗣同身上，同时也可套在康有为身上，也可以套在孙中山身上，并且几乎可以套在所有旧民主主义时期的进步思想家身上。这种对谭氏哲学的历史背景和阶级基础的论证的特点就恰恰在于：它没有看到谭氏哲学真正具体的历史阶级背景，而用一般近代史的历史阶级背景（这可以是十九世纪七八十年代，也可以是九十年代，也可以是二十世纪初年）代替了它。

我不同意仅仅套用一个无往而不适的一般、笼统的中国近代史的背景说明，重要的是在这个一般的前提下，具体地探求谭氏哲学独有的历史的阶级的特点。实际上，如本书前几篇论文所指出，九十年代中国社会已迈入一个新的阶段，1894 年的中日甲午战争在中国近代史上展开了严重的一页：六十年代以来的比较“平稳”的革命低潮阶段结束了，中国人民与封建主义尤其是与帝国主义的矛盾空前地激化起来。沉重的民族危机，激起了社会进步阶层强烈的愤怒和同仇敌忾的决心。改良主义变法维新的伏流，在甲午战后并非偶然地被推上了高潮，六十至八十年代个别人士的孤独理想和善良愿望，这时并非偶然地变成受到了许多人的赞成和拥护的政治运动。应该指出，正是在这样一种强大的爱国主义的时代氛围中，正是在惊涛骇浪的九十年代的社会基础上，在长期酝酿后，产生了谭嗣同变法维新的哲学政治思想。

> 平日于中外事虽稍稍究心，终不能得其要领。经此创巨痛深（按指甲午战争），乃始摒弃一切，专精致思。当馈而忘食，既寝而累兴，绕屋彷徨，未知所出。既忧性分中之民物，复念灾患来于切肤。虽躁心久定，而幽怀转结。详考数十年之世变，而切究其事理，远验之故籍，近咨之深识之士。不敢专己而非人，不敢讳短而疾长，不敢徇一孔之见而封于旧说，不敢不舍己从人，取于人以为善。设身处境，机牙百出。因有见于大化之所趋，风气之所溺，非守文因旧所能挽回者，不恤首发大难，画此尽变西法之策。（《上欧阳瓣薑师书二》，即《兴算学议》）

爱国的中国人在猛烈的刺激下，惊醒过来了，他们艰苦地重新学习着、深思着、探索着救中国的道路。1894—1895 年，在“风景不殊，山河顿异，城郭犹是，人民复非”的慨叹中，谭嗣同连续写下了一系列重要的文章。在《三十自纪》《莽苍苍斋诗自叙》《仲叔四书义自叙》等文中，总结回顾了过去，沉重地表示了对过去生命虚掷的悔恨，明朗宣告要与封建书生生活相决裂。在《上欧阳瓣薑师书》《思纬壹壹台短书——报贝元征》著名的两篇长文中，初步提出了关于“器”决定“道”的唯物论的哲学思想，提出了一系列的维新变法的具体主张，其中已充满了作为谭氏思想一种特色的反封建的战斗精神。这些基本思想不断地向前发展着，到 1897 年就以更深刻的内容和更丰满的面貌，企图构造一个哲学体系，在《仁学》一书中呈现出来了。

谭嗣同思想是在民族矛盾和阶级矛盾迅速激化和深化的九十年代的局势的直接刺激和影响下最终地形成的，像怒涛一般的当时社会氛围和思想情绪，通过谭氏个人丰富的生活经历，在其思想中留下了深刻的痕迹，使其爱国主义精神具有了一个区别于其他改良主义者的极为重要的内容和特色：谭嗣同在理论上所达到的高度超出了改良主义思想体系所能允许的范围，表现了对封建制度和满清政权的强烈的憎恨情绪和革命要求。它客观上作了以后资产阶级民主革命派的思想先导。

这种特点的形成与思想家的主观生活经历有关系。谭氏早年曾“为父妾所虐，备极孤孽苦”（梁启超：《谭嗣同传》）。“殆非生人所能忍受”的“纲伦之厄”（《仁学・自叙》）的切身感受，使他对封建纲常名教产生了严重的注意和深切的认识，对墨氏兼爱利人的思想也加倍地感到亲切和喜悦。壮年以来所谓“察视风土，物色豪杰”（梁传），往来南北的多次旅行尤其是与下层会党的往来①，更使谭氏较广泛地接触和感染

① 与康有为等不同，谭嗣同、唐才常等人一向与下层会党人物有密切的往来，谭自己“武艺”就很好。颇不同于一般“白面书生”，“嗣同弱娴技击，身手尚便，长弄弧矢，尤乐驰骤……此同辈所目骇神战而嗣同殊不自觉”（《与沈小沂书》）。谭在天津为了去了解下层的秘密团体，特地加入了“在理教”。在与大刀王五的交谊，使他在戊戌政变前后想搞“夺门复辟”，并把最后希望寄托在这位“昆仑”（“我自横刀向天笑，去留肝胆两昆仑”）之上（从梁启超说）。（此诗真伪，尚可细究，本文不谈。）

了一些下层现实生活和思想情绪，看到了反动政权的腐朽和罪恶，这使其“任侠为仁”“轻其生命”的“桀骜”的浪漫性格获得了积极的内容：“……见上年被水灾之难民，栖止堤上，支席为屋，卑至尺余，长阔如身，望之如柩，鹄面鸠形，无虑数千；然能逃至于此，犹有天幸者也。……而中外大僚，决计不疏凿，方以为幸，云：‘天生奇险以卫京师，使外人兵轮，不得驶入。’幸灾乐祸，以残忍为忠荩，生民殆将为鱼乎！……又自念幸生丰厚，不被此苦，有何优劣，致尔悬绝？犹曰优游，颜之厚矣！遂复发大心：誓拯同类，极于力所可至。”（《上欧阳书二二》，即《北游访学记》）

然而，不能把谭氏思想的这种急进特点完全看做是偶然的个人的主观特征和个别现象。它是有着一定的阶级基础和社会根源的。谭嗣同是改良派左翼的代表者。

本书前篇论文已指出，改良派是一个复杂的混合体，如果说，以杨锐、翁同龢等上层高级官员为代表的改良派右翼的各派别主要是以一部分开明的地主阶级为基础；如果说，以康有为为首具有浓厚的调和策略的左翼稳健派，主要是通过较广泛的一般中级政府官员、封建士大夫、富商为骨干，反映了正开始形成或转化中的自由资产阶级的要求；那么，以谭嗣同、唐才常为首的左翼激进派就是以正出现的小资产阶级青年知识分子为代表的革命民主派的先驱。封建社会在九十年代以后的急剧解体，从其中开始大量涌出第一批各种平民知识分子，他们开始脱离土地和对土地的封建所有关系，离乡背井，出外求学或谋生。比起上层封建士大夫和封建官吏来，他们与封建官场较为疏远，他们所受封建社会关系的束缚比较少，爱国热情和政治积极性却比较坚决，他们与人民也较为接近。在六十至九十年代贵族改良主义者的影响和启发下，尤其是在九十年代革命高潮的刺激下，他们逐渐形成了一股重要力量，积极地转入了政治斗争。在戊戌变法和以前，他们是赞成、拥护或积极地参加了以康有为为首的变法维新运动的。梁启超曾这样描绘过他们：“……湖南民智骤开，士气大昌……人人皆能言政治之公理，以爱国相砥砺，以救亡为己任，其英俊沉毅之才，遍地皆是，其人皆在二三十岁之间，无科第，无官阶，声名未显著者，而其数不可算计。自此以往，虽守旧者日事遏抑，然而野火烧不尽，春风吹又生……”（梁启超：《戊戌政变记》。重点系引者所加。）

然而，随着戊戌变法改良主义的幻梦的破产，随着唐才常庚子起事的流血教训，随着斗争形势的急剧发展，改良派分化了，左翼（激进派）中的大部分人却在事实的教训和革命宣传的激励下，日益走向了革命民主派和反清的革命斗争中。“‘老新党’们……待到排满学说播布开来，许多人就成为革命党了。”（鲁迅：《准风月谈·重三感旧》）①

谭嗣同的个人出身、身份和地位并不能列入上述这些比较下层的平民知识分子之中，然而，如马克思所指出，凡属一个阶级在政治方面和著作方面的代表人物与他们所代表的这个阶级间的关系，并不是表现在他们在生活和地位上的相同，而在于其代表者的理论主张反映和符合了它的实际利益。谭嗣同思想的特点就在于：它突破了封建士大夫改良主义者的狭隘性，客观上反映了这种下层知识分子比较急进的情绪和要求，反映了他们将由自由主义改良派向民主主义革命派转化的内在的阶级内容和历史倾向，谭嗣同的思想是改良主义必将让位于革命民主主义的时代动向的重要反映。

---

① 唐才常1900年领导的自立军运动，就是由改良派走向革命的过渡的一种表现。它的纲领主张（如不承认现存的清朝政权）、组成人员（如以会党为基础）、实践行动（如准备武装起义）均已越出了改良主义的范围。它虽然还保存着对统治阶级（如张之洞）的幻想，还受着稳健派（康、梁）的名义上的领导，还与极为复杂的右翼的同情分子（如文廷式、容闳等）保持联系；但是，这一运动的中坚骨干和运动的实际领导者、组织者却完全是改良派左翼（激进派），许多就是湖南时务学堂的急进人物，是谭嗣同最亲密的朋友和学生，如唐才常兄弟、毕永年、秦力山、林锡圭、蔡忠浩、田邦璿等等。他们在戊戌政变后东渡日本，与兴中会革命派人士取得了联系和合作。所以革命派也参加了这次自立军运动。自立军失败后，惨痛的血的教训使他们完全投入了革命派的阵营，接受了革命民主主义的思想。他们是相当早的加入革命派队伍中的一批人。他们的走向革命在国内影响很大，以后两湖的革命运动与他们有密切的关系。参看本书论革命派文。

这就是说，例如与康有为的思想体系（变法维新，托古改制）成熟在八十年代末不同，与孙中山的思想体系（三民主义）成熟在二十世纪初也不同，谭嗣同思想体系是产生在中日甲午战后的九十年代中下叶，从而他虽然属于改良派，但与康有为有差异；他虽有某些革命思想因素，但还不同于孙中山及二十世纪初年的革命派。为什么会这样呢？显然不能仅仅用单纯个人家庭环境、地理环境来解释，这种解释只能把谭氏思想的特点归之于历史。应该从九十年代的历史本身的特点中来找根源：中日战后的十九世纪九十年代与以前是大有不同了，且不谈帝国主义对中国资本输出、瓜分浪潮和全国爱国主义大高潮等等，而特别重要的是，正是在这种爱国主义高潮的影响下，正是在中国半殖民地已开始定型，中国旧社会阶级的分化正特别加剧进行的时候，产生了一个新的情况：社会上开始萌芽第一批“无科第，无官阶”的平民知识分子——小资产阶级知识分子，也是第一批近代青年学生知识分子群，他们满怀热情开始投入了政治生活中，这就是我要谈的谭氏哲学的阶级特征。

大家都知道，中国近代有所谓改良派和革命派，前者以康有为为首活动在十九世纪九十年代，后者以孙中山为首活动于二十世纪初年。前者大都是官僚地主的旧式士大夫知识分子，而后者则是没有官职的小资产阶级知识分子（大半是留学生），他们仍是属于不同的阶级或阶层。革命派这些人是如何来的呢？他们不会是突然在二十世纪初年代一齐冒出来的；那么，他们在九十年代又是怎样的情况呢？这里就牵涉到改良派和革命派在早期的个别情况、关系以及它们的演化过程。我们如果具体地考查一下革命派的历史，可以发现，除了孙中山极少数最先进的革命者以外，许多革命派人物在这时（九十年代）都常常不例外地是改良派变法维新运动热烈的积极的支持者、参加者、同情者，他们这时正是从属在改良主义变法维新的旗帜之下而成为改良派的一个组成部分。而这，就正是我所讲的改良派左翼激进派的具体内容。（现在许多人也用“改良派左翼”这名词，却并没说明它的实质和内容，因此好像这个左翼就只是谭嗣同、唐才常一二人而已，这是错误的。）左翼激进派与改良派的其他部分在阶级上有所不同[①]，是有其特征的，例如他们在经济地位上多是比较一般甚或破落的知识分子，他们与下层会党有联系。在政治地位上他们与改良派右翼（上层官僚）和已有“功名”的康有为、梁启超有许多不同等等。这些不同便导致他们的政治态度政治思想有差异（不满于改良要求，而有革命情绪），但这种差异在当时还是潜在的，还没有发展而成矛盾对抗，直到戊戌、庚子谭、唐两次流血以后，他们才一步步地迈上反对康梁的革命路途，改良派也就一分为二了。谭嗣同思想正好反映了处在这个过渡时期中的特点，反映了左翼激进派的这种特色，谭急进的社会政治思想及其尖锐的矛盾、苦闷就正是以它为阶级根基[②]。谭 1897 年在湖南倡导新政，通过口头（讲课）和书面（如刊印《明夷待访录》《扬州十日记》[③] 等等）勇敢地在时务学堂宣传民主思想，并有些特殊打算（如企图通过设立南学会搞成地方议会以便独立自治），也搞了些秘密的反满宣传活动，直接教育和培植了年轻的革命一代，改良派右翼因此而对它发生过猜忌阻

① 附带提一句，现在许多人常常把阶级分析简单化，以为阶级便是地主阶级、资产阶级等而已，不去分析这当中还有很复杂的阶级阶层的区别。只要看看马克思对金融资产阶级和工业资产阶级的区分，恩格斯在《德国农民战争》一书中对城市各阶级的分析，绝不是套一个农民阶级、资产阶级了事的。

② 这是从谭氏思想的客观意义上说的，谭本人并不是这种下层分子，而是具有浓厚的革命思想、情绪的上层的士大夫；但他的革命思想、情绪启蒙教导了下层的年轻一代。阶级与其代表者的身份并不一定一致。谭代表着改良派左翼，这左翼的成员是当时比较下层的知识分子（即非有官职有身份的士大夫），他们与康有为他们（代表由地主官僚转化的社会上层的地主资产阶级）有所不同，这种不同后来就发展为革命派与立宪派路线的不同。

③ “又窃印《明夷待访录》《扬州十日记》等书，加以案语，秘密分布，传播革命思想，信奉者日众。”（梁启超：《清代学术概论》）“曾经秘密把《大义觉迷录》《铁函心史》一类禁书介绍给我父亲读。”（欧阳予倩：《谭嗣同上欧阳瓣薑师书序》）

挠。[1]《仁学》的公布遭到康有为的极力反对，而由同盟会来大量宣传、介绍，在革命民主派如陈天华、邹容、吴樾等人的言论思想以及行动中，我们几乎可以直接嗅出谭嗣同反清反封建急进思想的影响。[2]在许多革命志士的思想成熟过程中，谭氏思想起了直接的重要的启导作用。而这一切与其时代阶级特征是有关系的。

---

① 湖南在变法运动中表现得很为突出，不能简单地把它仅归结为地方长官陈宝箴倡导的缘故，如现在流行的说法那样。湖南的新政很复杂，需要深入研究。它牵涉到湖南整个政治经济形势以至湖南改良派内部的矛盾冲突的问题（例如陈氏父子与谭、唐等人的思想距离等，在谭嗣同给他老师欧阳瓣薑的书信中，可以鲜明地看到这种情况），而改良派内部的这种意见不合以及湖南南学会、时务学堂在戊戌新政谕诏前的动摇危急、支持不下去的情况，都深刻地表现了湖南强大的守旧势力通过对改良派内部施加压力打击谭、唐破坏新政的阶级斗争。这里限于篇幅，不能详述。应该指出的是，比起广东江浙来，湖南的资本主义经济和政治势力并不算发达，但是在近代思想史上，湖南却一直是斗争特别尖锐激烈的场所，常常在思想界激荡起炫人心目的大火花。为什么会这样呢？这应该在湖南的社会中去找根源。湖南的守旧势力是强大顽固的，但下层人民（农民和城市平民）的反抗也是激烈的。因此阶级矛盾阶级斗争特别尖锐激烈。例如太平天国后湘军军士在被迫解散后变成哥老会而遭统治阶级的残酷屠杀，就是例子。下层人民与统治阶级尖锐的阶级冲突不能不影响到、反映到一些中下层出身地主阶级的知识分子（如唐才常、蔡忠浩等）和极少数的先进官僚士大夫（如谭嗣同）的思想行动里，激起了他们对旧制度的不满和反对，对新事物的憧憬和追求。这也就是改良派的左翼以及以后的革命派知识分子为什么会在湖南大量出现和特别活跃的缘故。

② 这种材料很多，例如："容（邹容）最仰慕谭嗣同，常悬其遗像于座侧，自为诗赞之……"（邹鲁：《中国国民党史稿四编》，第1242页）焦达峰被人"戏呼之曰谭、唐"，在起义出师时还供着谭、唐的牌位。陈天华在《猛回头》著名宣传品中称谭为"轰轰烈烈为国流血的大豪杰"，吴樾在其遗书中大倡"暗杀主义"，即首揭谭嗣同《仁学》中"任侠为仁"思想而大加发挥。这种情况相当多，革命派许多人物都对谭嗣同表示了极大的尊敬和钦仰，把谭看做是自己的前驱和同道，并极力把谭与康有为划开，甚至硬说谭"入京，目的是在革命，他的牺牲完全是受了康有为的骗"，如是云云。

2. 思想发展的曲折道路

关于谭氏思想的理论前提，许多文章都有较详细的说明，这里不拟重复。总括起来，谭与当时中国许多先进人士完全一样，他们都是急切地在中外古今各家各派的思想学说中，尽量觅取适合自己需要的理论武器。但是，在新旧事物剧烈变异、政治斗争正尖锐展开的繁忙动荡的过渡时代里，与当时许多人一样，谭也根本还来不及吸收溶化所获得的新旧知识来建立其独立完整的体系。“康有为、梁启超、谭嗣同辈，即生育于此种‘学问饥荒’之环境中，冥思枯索，欲以构成一种‘不中不西即中即西’之新学派，而已为时代所不容。盖固有之旧思想，既深根固蒂，而外来之新思想，又来源浅觳，汲而易竭；其支绌灭裂，固宜然矣！”（梁启超：《清代学术概论》）中国资产阶级出生得太晚，没有任何理论准备，便已置身在政治斗争的动荡局势中，并且，在封建主义思想和西方资产阶级思想均已过分成熟的年代里，的确使它无从独树一帜了。

然而，不能把谭的“五花八门”的各种思想来源平等看待，应该指出，中国民主思想传统尤其是墨子兼爱和王船山的民族民主学说，和西方自然科学知识，在谭思想渊源中起了重要作用。西方传来的自然科学知识是谭氏哲学唯物论成分的理论根源之一。当时传来的西方自然科学知识虽然已包括有十九世纪的科学成果，占主要地位和影响最广的却还是带着严重机械性质的初等数学、力学、化学等，这使谭氏及当时许多先进思想家的唯物论观点带上了突出的机械特性。另一方面，由于当时传来和普遍学习的西方知识主要还是自然科学知识，与康有为一样，谭的社会政治思想是在中国思想资料的基础上发生发展起来的。“当时之人，绝不承认欧美人除能制造能测量能驾驶能操练之外，更有其他学问，而在译出西书中求之，亦确无他种学问可见。”（梁启超：《清代学术概论》。谭嗣同等人是不通外文的，他们所读西方的书就大都是这些工艺科学的译本。）但“《仁学》下篇，多政治谈，……然彼辈当时，并卢骚《民约论》之名亦未梦见，而理想多与暗合”（同上书），这是完全真实的。

郑鹤声《论谭嗣同的变法思想及其意义》一文（《文史哲》1954年9月号）曾辟一节专论康、谭思想的关系这一饶有趣味的问题，但可惜仅作了事实的叙述而未有分析的说明。本文因限于篇幅也不能对此充分论证。不过大约言之，康氏雄伟的“大同”理想和在孔子改制的“微言大义”外衣下面贯彻到各方面的较有系统的资产阶级民主自由思想和历史进化论，以及康氏在“公车上书”等勇敢行动已赢有了的全国性的进步政治领袖的声望，强烈地吸引了这位孜孜不倦的真理追求者。谭氏对康有为是敬佩惊服的，一再称康是“一佛出世”“孔教之路德”，并自称为其“私淑弟子”。康有为也说：“(谭嗣同)闻吾谈《春秋》，三世志太平；其道终于仁，乃服孔教精。”(《六哀诗》)梁启超说：“(谭)既而闻南海先生所发明《易》《春秋》之义，穷大同太平之条理，体乾元统天之精意，则大服……”(《谭嗣同传》)谭在康有为思想中的确吸取了许多东西——历史进化和“大同太平”的远大理想。对其思想中“循序渐进”不能飞跃的理论，则始终未完全接受。同时，谭在佛学中吸取了丰富的辩证法思想和大无畏的牺牲精神，但所受佛教唯心论的影响，却仍是很重要的方面。“三界唯心”的神秘主义给谭哲学思想蒙上了一层黑纱。谭氏通过康有为所接受的陆王心学，也起了基本上与佛教唯心论(唯识宗)大体相同的作用和影响。谭嗣同自己说过：“凡为仁学者，于佛书当通《华严》及心宗相宗之书，于西书当通《新约》及算学格致社会学之书；于中国当通《易》《春秋公羊传》《论语》《礼记》《孟子》《庄子》《墨子》《史记》，及陶渊明、周茂叔、张横渠、陆子、王阳明、王船山、黄黎洲之书。”从谭整个思想和这个思想渊源的自我叙述中，可以看出，西方自然科学知识和中国反权威反世俗的民主主义的思想传统(如《孟子》、《史记》、陶渊明、黄梨洲等)起了重要作用。任何反抗束缚、要求解放、强调主观精神等思想，也为谭所看重(如《庄子》、陆王、佛学)。《公羊传》《论语》《礼记》等书则是与改良派“托古改制”有关的基本著作。这两部分思想(佛学、陆王和公羊)主要是在当时时代潮流下，受康有为、杨文会的影响而为谭所吸取(梁启超：《谭嗣同传》说，“当君与余之初相见也，极推崇耶氏兼爱之教，而不知有佛，不知有孔子”，后历叙谭在康、杨启导下接受易、公羊及佛学的经过）。谭自己思想的本来骨髓仍是墨氏兼爱和王船山的民族民主思想。这也可看出，谭的急进思想的独特面貌（区别于改良派的其他人）在思想渊源上也有它的根据。

谭嗣同思想来源是中外古今，相当庞杂的，而且还经历了一个曲折复杂的变化发展过程。在早年，以《治言》一文为主要代表，完全是一派顽固守旧的卫道士思想主张，反对变法，反对学西方，“今之夷狄，犹昔之夷狄之情也……而道之不可变者，虽百世如操左卷”，并且几乎是直接针对康有为提倡变法而言。由于谭嗣同始终是现实生活和政治事件的关心者，随着九十年代中外关系日益展开，谭嗣同开始阅览了一些有关西方的书籍、课本（自然科学），思想已有转变，可以笔记《石菊影庐笔识·思篇》为代表，张横渠、王船山的唯物主义的气一元论和用中国古书来联系、附会西方“格致”，成为这时的鲜明表征，为甲午战后的思想质变作了量的积累和准备。自 1895 年的《思纬壹壸台短书——报贝元征》到 1897 年的《仁学》，短短的三两年间，谭嗣同的思想又有急剧的动荡和变化，由以自然科学知识和王船山朴素唯物论为主要基础的哲学思想变到以佛学唯识论为根本基础。然而这又并非倒退（如张德钧《谭嗣同思想述评》所认为。《历史研究》1962 年第 3 期），而是在日益深入哲学堂奥的过程中，迷失在唯心主义的佛学宫殿里。谭嗣同企图以佛学唯识论为基础，融合古今中外来建造适应当时斗争需要的新体系；结果不但没有建成，而且留下来的恰恰是一堆矛盾和混乱。正如他自己在叙说写作《仁学》一书时的情况那样：“每思一义，理奥例赜，坌涌奔腾，际笔来会，急不暇择，……”许多复杂的哲学问题，他并没有考虑清楚，更没有表达清楚，暴露出种种幼稚、简单、不成熟、不完备的严重弱点。“拉杂失伦，如同梦寐”（章太炎：《人无我论》），“怪其杂糅，不甚许也”（章太炎：《自编年谱》）。谭嗣同以佛学唯识论为基础来建立近代哲学体系的事业，倒恰好由章太炎来继续（参看本书论章太炎文）。而最后终于由熊十力最终完成，但那又是由佛入儒，而且是很久以后的事情了。

由《短书》到《仁学》，政治思想一脉相承，连续发展，哲学上则由唯物转向唯心，由反对宗教转到信仰宗教，由墨家转入佛学……，然而，就在这唯心论、宗教、佛学中又仍然保留着、残存着大量的唯物论、自然科学、经验论等等因素，这个方面并未被消化或取消，仍然构成谭嗣同哲学的一个重要的甚至主要的内容。

《北游访学记》则是《短书》和《仁学》之间的中介桥梁，这篇书信清楚地表明，对清廷顽固不肯变法的强烈不满和毫无现实力量可望指靠，正是使谭嗣同一方面在政治思想上日趋急进，另方面在哲学思想上“所愿皆虚”投靠佛学的根本原因。

二　谭嗣同的哲学思想

1. 辩证观念

谭嗣同大概是中国近代最富哲学气质的思想家之一。他企图提供一个比较完整的世界观，作为变法维新运动的理论基础；但他并未完成这个任务。他写了《仁学》一书，但所构造的体系却并未成熟；相反，在谭嗣同这个并不完整的世界观中，充满着尖锐的甚至是形式逻辑的自相矛盾。一方面，它大胆冲破旧事物旧秩序，有与僵死的封建主义形而上学斗争的辩证法精神，另一方面，却又表现了主观主义、相对主义和诡辩论的性质。

谭氏哲学中，关于事物的矛盾、运动和变化、发展的辩证因素首先以特别鲜明的色彩吸引着人们。这一观点谭氏主要是把它表述在关于“仁—通”的学说中。谭氏在其主要著作《仁学》中强调提出了“仁”这一概念，并以“仁”为轴心来展开其一切思想。

“仁”是什么呢？“仁”实质上是被提升和抽象化了的客观世界总规律。如我在论述康有为的哲学思想时所指出，中国古代哲学多半是围绕和着重在社会伦理方面来进行讨论研究的。近代哲学在西方自然科学的冲击下，加重了对自然观方面的注意。在这里，旧形式与新内容发生结合。正如康有为所沿用古代哲学“气”的概念中已充满了近代自然科学内容一样，谭嗣同在这里又同样把“仁”这样一个古代哲学中的伦理学的范畴，解释和改造成自然的实体和规律，反映着资产阶级把人间的规范说成是自然规律，把当时资产阶级的经济（商品生产和流通）、政治（民权、平等）要求，说成是永恒的客观准则。改良派变法维新的经济政治思想到谭嗣同这里算是达到了最高的哲学升华。梁启超的《变法通议》强调了一个“变”字，康有为的公羊三世说，突出了进化发展，然而只有在谭嗣同这里，所有这一切才被抽象概括为“仁—通”的宇宙总规律。从而在哲学上，谭嗣同比康有为也就具有了更高的代表性。

那么，谭氏所宣称的这一自然总规律——“仁”的基本内容是什么呢？它的基本内容是“通”。谭氏开宗明义列为“界说”（定义、定理）第一条的，即是：“仁以通为第一义；以太也，电也，心力也，皆指出所以通之具。”以后又曾一再强调指出：“是故仁不仁之辨，于其通与塞。”“莫仁于通，莫不仁于不通。”“苟仁，自无不通。亦惟通，而仁之量乃可完。”……

那么，“通”又是什么呢？“通”的主要内容，是事物的平等的沟通、联系、一致和统一。谭通过多方面的例子，论证了事物的这种性质。他指出，世界不是孤立隔绝的，表面似毫无干系的事物都息息相关。“我以为远，在邻视之，及其邻也；此邻以为远，在彼邻视之，亦其邻也。衔接为邻，邻邻不断，推之以至无垠，周则复始，斯全球之势成矣。”“地球之邻，可尽虚空界也，非有隔也。”谭氏强调一切事物的“相通”，“相维系不散去”，“互相吸引不散去”，强调“异域如一身”，“牵一发而全身动”等等。万物既不是简单的同一，也不是隔绝的众多，而是同一中有众多，众多中有同一，“殊则不复同，而不害其为同”，“百则不复一，而不害其为一”。谭这种关于事物的统一性的观念，表达了对一切事物都相互制约、相互影响的初步把握，谭氏把这种规律性总称之为“仁”。

当然，这种“牵一发而全身动”的“相通”观念的内容是十分贫乏空洞的。因为他不能具体地了解各种事物联系的多样性和复杂性，就把他当时所知道的力学上的机械外部联系，来概括世界众多复杂的规律，使它具有着机械性质。

不过谭并不是静止地来了解事物的联系、统一，相反，谭氏对运动有特殊的强调。他开始意识到，在运动中一切存在着又不存在，而物质的时刻运转就正是体现其存在。而事物的联系及统一也正是产生、存在和体现在事物的运动变化中。运动的连绵和持续形成了万物的变化和发展。“……吾谓今日者，即无今日也，皆自其生灭不息言之也。不息故久，久生不息。则暂者绵之永，短者引之长，涣者统之萃，绝者续之亘，有数者浑之而无数，有迹者沟之而无迹，有间者强之而无间，有等级者通之而无等级。”“……以生为我，而我倏灭；以灭为我，而我固生。可云我在生中，亦可云我在灭中。故曰：不生不灭，即生灭也。……体貌颜色，日日代变，晨起而观，人无一日同也。骨肉之亲，聚处数十年，不觉其异，然回忆数十年前之情景，宛若两人也。则日日生者，实日日死也。天曰生生，性曰存存。继继承承，运以不停。”“天行健，自动也。天鼓万物，鼓其动也。辅相裁成，奉天动也。君子之学，恒其动也。……夫善治天下者，亦岂不由斯道矣！”谭这种运动的观点就正是为了指出“治天下”也必须“由斯道”——不断地去革旧更新，改变制度。并且这种改变是“有间者强之而无间，有等级者通之而无等级”的，具有一种强制的必然性。

所以不能认为谭运动变化的观念完全停留在循环论的范围内，“不能上升到对发展观念的正确了解”（杨正典文）。谭嗣同和改良派虽未达到对发展的真正了解，还时常说及“颠倒循环”“循环无端”。但是，强调世界和一切事物的变化发展，一向是改良派变法维新的重要的理论基础：不仅承认变化而且还肯定发展，是康有为的“大同”理想、公羊三世学说和谭的社会政治主张中的历史进化论的核心。关于自然界，谭也这样叙说过他的理解：“天地万物之始，一泡焉耳。泡分万泡，如熔金汁，因风旋转，卒成圆体。日又再分，遂得此土。……沮洳郁蒸，草蕃虫蜎，璧他利亚，微植微生，螺蛤蛇龟，渐具禽形。禽至猩猿，得人七八。人之聪秀，后亦胜前。”

与康有为的进化论思想一样，从这里可以看到十九世纪自然科学知识的影响，所以，在关于运动发展的观点上，说“谭嗣同和十八世纪法国唯物论者一样”（杨正典文），是不正确的。与康有为一样，谭基本上是把自然和社会看做一个永恒的运动、变化和发展过程，“地球之远，自苦向甘”。而“天下之势，其犹川之决乎，一逝而万古不合”，则是《仁学》一书千言万语的最终结语。“以太”是在谭氏所谓的“微生灭”的运动中，万物是在“生灭”的运动中，“以太”的“微生灭”形成了万物的“生灭”，万物的“生灭”形成了天地的“日新”。天地的“日新”就是历史的延续和进化。小至“以太”，大至世界，它们存在的“不生不灭”都正是因为它们存在在不断的永恒的“微生灭”和“生灭”的运动变化和发展中。这也就是事物总规律的“仁—通”的基本内容。

与运动、变化这一基本观念紧相联系，谭在改良派中独特地发挥了“破对待”的观点。谭否认在现存程序下事物的矛盾和差异的永恒性、绝对性，极力强调矛盾、差异的相对性质，指出矛盾的双方例如有无、善恶、存亡、生死等等的相互依存和互相转化。“譬如陶埴，失手而碎之，其为器也，毁矣；然陶埴，土所为也，方其为陶埴也，在陶埴曰成，在土则毁；及其碎也，还归乎土，在陶埴曰毁，在土又以成。”“譬如饼饵，人胃而化之，其为食也，亡矣；然饼饵，谷所为也，方其为饼饵也，在饼饵曰存，在谷曰亡；及其化也，选粪乎谷，在饼饵曰亡，在谷又以存。”这一论点又显然是前一观点——事物的联系、统一观点的进一步深化：由事物的联系、统一看到它们的相互依存和相互转化。与此同时，谭认为被世人看做一成不变的“大”“小”、“多”“寡”、“真”“幻”、“庸”“奇”……，都不过是“瞒人”的“对待”，实际上是互相依存、转化而具有着同一性的，它们是在运动变化中存在着而又消灭着：“……何幻非真？何真非幻？……何奇非庸？何庸非奇？……凡此皆瞒之不尽者，而尤以西人格致之学，为能毕发其复。涨也缩之，微也显之，亡也存之，尽也衍之。声光虚也，可贮而实之；形质阻也，可鉴而洞之。……有此则有彼，无独有偶焉，不待问而知之，辨对待之说也。无彼复无此，此即彼，彼即此焉，不必知，亦无可知，破对待之说也。”

谭的“对待生于彼此”的哲学观有重要的现实意义。它实质上是谭对当时封建主义所谓神圣、永恒的尊卑、长幼的社会秩序和准则的坚决否定的理论基础。谭从“破对待”中直接地引出了“无对待，然后平等”，“仁一而已；凡对待之词，皆当破之”。“无对待，然后平等”。“破对待”——打破一切既定的、固有的、因循陈旧的矛盾和规定，以实现“仁—通”的总规律，这就是谭嗣同首先着重讲的哲学观念。

谭这种对矛盾和“对待”的看法，是极其幼稚的直观，因为过分强调事物的变易不居，过分强调对立面的依存和转化，进一步否定事物及其矛盾和对待关系的相对稳定性，否认它们存在的必然性和现实性，于是这也就抽掉了具体矛盾的真实内容。他笼统地认为矛盾——“对待”只是暂时的、变易的、不稳定的，它不是真实的本体，而只是虚假的现象和人为的概念（“名”）。所以，“实”即是“空”，“空”即是“实”，“彼即此”“此即彼”“一多相容”“三世一时”。夸大事物和矛盾存在的相对性，认“对待”为虚假，企图根本超脱和避开矛盾和运动（要求超脱“大轮回”、“细轮回”）去寻找永恒的实体。

谭关于矛盾的最高认识是开始朦胧地意识到，矛盾的两种势力的冲突大概是事物产生、运动和发展的最后的根源：“日新乌乎本？曰：以太之动机而已矣。独不见夫雷乎？虚空洞杳，都无一物，忽有雷雨相值，则含两电，两则有正有负，正负则有异有同，异则相攻，同则相取，而奔崩轰碣发焉。……”“吾试言天地万物之始：洞然窅然，恍兮忽兮……俄而有动机焉，譬之如云，两两相遇，阴极阳极，是生两电，两有异同，异同攻取，……有有之生也，其惟异同攻取乎！”

但这一观点在他思想中，并未被确定和发展起来，说“是难言也”。谭在哲学理论上强调的是运动、变化和发展。

总括上面，谭关于“仁—通”的思想包含两个方面。一方面——主要的方面，是以“统一”“日新”“破对待”为基本内容的“仁—通”的辩证观念。这一哲学观点的现实来源，是那个时代的自然科学和社会急剧变化在哲学观上的反映，其现实意义在于：它是对“天不变道亦不变”的旧秩序旧规则旧标准的挑战和否定。谭正是遵循了这一理论观点，直接作出了一系列的急进的社会政治的主张。在其“界说”中，这种哲学理论的实际意义及其与社会政治观点（“平等”）的密切联系，谭氏自己就以总结性的公式规定出来了：“通之象为平等。”“平等生万化，代数之方程式是也。”“平等者，致一之谓也。一则通矣，通则仁矣。”……

另一方面，谭氏对事物的矛盾和运动变化以及对于概念（“名”）和实际（“实”）的关系，由于没能具体地研究这些问题，而只是带着极大的主观随意性的抽象的一般的论述，这使谭氏常常走入了相对主义和诡辩论。例如，谭正确地看到了人们使用的概念（“名”）的极大的灵活性，“达到了对立面同一的灵活性”，但是，“这种灵活性，如果加以主观的运用＝折衷主义与诡辩”，“对于客观的辩证法说来，相对之中有着绝对。对于主观主义和诡辩说来，相对只是相对的，是排斥绝对的”（列宁：《哲学笔记》，人民出版社 1957 年版，第 87 页、第 362 页）。而谭氏却恰恰是后者。正是这种主观主义，把谭氏引到了绝对的怀疑论和不可知论，谭以模拟机械的近代数理公式始，以这种混乱主观的原始辩证观念终，在下面论及谭氏认识论的时候，可以清楚地看到。

2. 唯物主义的因素

比较思想中的辩证观念来，谭氏哲学体系的唯物主义隐晦得多了，以致好些人（最早如张玉田：《论谭嗣同哲学思想的唯心主义性质》，《光明日报》1956 年 5 月 16 日）把谭嗣同的哲学说成一个彻头彻尾的主观唯心主义。可以肯定，谭嗣同的哲学的确有大量的唯心主义的成分，谭自己也曾相当明白地对自己的哲学思想作了唯心主义的规定和解释。他在《仁学》中，也的确是在自觉地建造一个以佛学唯识论为基础的唯心主义体系。但整个看来，就在这个未完成的哲学体系中，却仍然具有唯物主义的内容和因素。这些内容和因素很重要。正是它们使谭的哲学不同于章太炎的佛学唯心主义。所以，应该深入看到谭嗣同哲学思想的这种矛盾复杂的特色，不然就会把问题简单化，抓住一个片面，不是简单地描画谭嗣同是一个唯物主义者，就是同样简单地把他说成是主观唯心主义者。

所以引起这些不同看法，在理论上，常常是因为对谭氏哲学中两个主要的概念、术语——“以太”“仁”及它们之间的关系了解和分析得不够。例如，杨正典、杨荣国等认为“以太”就是物质，所以是唯物主义；另一方，张玉田、孙长江等认为“以太”完全等于“心力”——意识，是“不能脱却我们人的主观意识”的“精神性的概念”，所以是主观唯心主义。而无论是主张谭氏是唯物主义或唯心主义，又都认为“以太”与“仁”完全是一个东西，是同一个概念：“仁就是以太，以太就是仁”（杨正典文），“以太实质上就是仁”（张玉田文）。这种观点一直到最近许多论著中也仍然流行。实际上，这两者在谭氏思想中是有差别的，“以太”并不是什么“精神性的概念”，基本上是一个物质性的观念，但其中夹杂着唯心主义的规定。同时，“以太”也并不等于“仁”，“以太”与“仁”这两个概念有同一的地方，也有差异和距离的地方。它们的关系颇为复杂。在这两个概念的关系中，缩影式地全部反映出谭氏哲学的基本矛盾。当“以太”与“仁”完全相等同时，接近唯心主义；相反，则表现出唯物主义。总之，不能把“以太”和“仁”完全等同，不能认为谭氏的“以太”是一个纯粹精神性的概念，“以太”具有十分矛盾、复杂的内容和性质，尽管谭氏本人对它作了某些明显的唯心主义的规定，带有相当浓厚的精神性的色彩，但是，“以太”的主要特征却仍然是：它是中国近代哲学史上一个物质性或接近物质性的概念。

“仁”，如前所指出，是在观察探讨自然、社会各种现象后，为谭氏提升和抽象化了的宇宙总规律。“以太”是它的物质根据和基础，是它的“所以通之具”，“夫仁，以太之用，而天地万物由之以生，由之以通”。“仁”的实现必须借“以太”的存在才有可能。“以太”是“仁”的“体”，“仁”是“以太”的“用”。谭氏认为，“学者第一当明以太之体与用，始可与言仁”。可见他认为两者仍有区别。

可以认为，谭氏关于“以太—仁”这一体用关系的思想是其早年关于“器”决定“道”的观点的发展和深化。谭氏在甲午战后遵循王船山关于“器”（客观事物）与“道”（规律）的唯物主义的学说，一再强调“器”“道”是统一的存在，“器”规定“道”，“道”不能规定“器”。

“道”必须有它的物质基础，唯心论者所标榜为本体的超脱物质（“器”）的“道”，不过只是一个“迷离惝恍”“虚悬于空漠无朕之际”的“幻物”而已：

> 故道，用也。器，体也。体立而用行，器存而道不亡。自学者不审，误以道为体，道始迷离惝恍，若一幻物虚悬于空漠无朕之际，而果何物也邪？于人何补，于世何济，得之何益，失之何损邪？……夫苟辨道之不离乎器，则天下之为器亦大矣。器既变，道安得独不变？变而仍为器，亦仍不离乎道。人自不能弃器，又何以弃道哉？

谭指出因为“器”在中国外国是一样的，它具有普通性，从而“道”也具有普通性。“器”是变的，因此“道”也应该跟着变。所以结论就是：今日中国就必须采取学习今日西方的“道”。这是一种素朴的唯物主义观点，它是谭氏变法维新的政治主张的哲学根据（谭氏自己也是这样提出的）。谭氏这一思想（1894 年）是后来（1897 年）《仁学》中的哲学观的先导，并仍然自相矛盾地保存在他想要构造的唯心主义的体系之中。所以，不能如张玉田等所认为的那样，说谭氏这一思想是“散见的，不完整的，并未纳入其哲学体系中”，是与谭氏整个思想发展无关的偶然涌现的观点，或者说这一观点已完全被谭氏所彻底抛弃和否定（如张德钧文）。实际上，“以太—仁”的观点正是“器—道”思想的全面发展。前者比后者虽远为混杂不纯，但却也远为丰富而多彩。

正由于要肯定任何“道”（规律）都必须有它的客观物质基础（“器”），那么，作为宇宙万物的根本规律的“仁”—“通”的基础，作为体现“仁”—“通”的工具和实体，又是什么呢？谭氏苦心探求“所以通之故”，“究其所以相通之神之故”的结果，就在附会当时自然科学知识下，朦胧地找到和确定了这个基础，这就是“以太”：

> 遍法界，虚空界，众生界，有至大至精微，无所不胶粘，不

> 贯洽，不筦络，而充满之一物焉。目不得而色，耳不得而声，口鼻不得而臭味，无以名之，名之曰“以太”。其显于用也：孔谓之“仁”，谓之“元”，谓之“性”；墨谓之“兼爱”；佛谓之“性海”，谓之“慈悲”；耶谓之“灵魂”，谓之“爱人如己”，“视敌如友”；格致家谓之“爱力”、“吸力”；咸是物也。法界由是生，虚空由是立，众生由是出。

谭嗣同的密友、改良派左翼另一著名领袖唐才常也有着这种近似的观点，他说：

> 造地球者天，造人者天，造天者天。有地之天，有人之天，有天之天。天无薄，天之天尤无薄。然地天通，人天通，天天通。天无天，分寄于地球所有之质之点之谓天。天无质无点，分质点于地球所有六十四元质（按指化学六十四元素）暨引线引面之无数点而为千万亿兆恒何天。(《觉颠冥斋内言·质点配成万物说》，这里的“天”约相当于谭氏的“仁”；“质点”约当于谭氏的“以太”。)

与当时中国先进人士一样，谭、唐都是西方科学知识的热情的学习者。谭嗣同是在这基础上，凭借和附会着刚由西方传来的化学元素（即“原质”）不灭等科学定理和物理学中的“以太”概念，建立了自己的哲学体系，论证了“仁”的基础就是充塞宇宙、无所不在而“不增不减”“不生不灭”的“以太”。

“以太”这一概念的确包含两种内容。但首先，“以太”是被谭氏规定为一种不依赖人类主观意识而独立存在的客观物质本身，它是一切物质最后的不可分割的分子：

> ……任剖某质点一小分，以至于无，察其为何物所凝结，曰惟以太。……至于一滴水，其中莫不有微生物千万而未已，更小之又小至于无，其中莫不有微生物，浮寄于空气之中：曰惟以太。

唐才常也说：

元质者，独为一质，一成不易，无他质羼，无他功用。六十四元素配成世界万物。(《质点配成万物说》)

谭、唐说法还有若干小的差异，但应该注意的是重要的共同点：他们都采用着“元质”或“以太”等自然科学的物质概念，并且首先是把它们看成一种物质性的东西，并不带有什么目的、意识或人格等神秘性质。它们除“配成万物”外“无他功用”，或者只具有纯粹机械性的传播、媒介等物质作用，《石菊影庐笔识》中说：

热在空气之以太中，恒欲涨而四出。……以太为其所涨，依次而传之，合无量数之微质点，微气缕，互相焚烁，递相承达，条流激射，……是即所谓光也已。声光虽无体，而以所凭之气为体，光一而已，其行也，气为光所烁而相射以流也。

人类万物各种复杂多样的“体质性情”并非“质点”或“以太”中即已具有，而只是产生于“质点”或“以太”各种繁复不同的配合组成：

彼动植之异性，为自性尔乎？抑质点之位置与分剂有不同耳。质点不出乎七十三种之原质（按指化学元素）。某原质与某原质化合，则成一某物之性，析而与他原质化合，或增某原质，减某原质，则又成一某物之性；即同数原质化合，而多寡主佐之少殊，又别成一某物之性。……香之与臭，似判然各有性矣，及考其成此香臭之所以然，亦质点布列微有差池，……苟以法改其质点之聚，香臭可互易也。(《仁学》)

“以太”的存在就是万物有“性”的原因，“以太”本身没有什么先验的奇妙的“性”：“性一以太之用”，“谓以太即性可也，无性可言也。”

“以太”或“质点”是无始无终和不生不灭的，这是谭氏“以太”观念中根本内容之一，这显然是在当时化学元素（他们称之为“原质”）的自然科学知识（当时还不知道元素可以蜕变）影响下形成的观点。认为事物的生灭、存亡、成毁、分合，都并不能消毁一个元素或创造一个元素，都不过是这些元素的分、合、调整……化学元素（“原质”）如此，“以太”（“原质之原”）就更如此了。所以谭氏一再强调：“然原质犹有七十三元素之异，至于原质之原，则一以太而已矣。一，故不生不灭。”“不生不灭，仁之体。”谭指出万物虽然变化和生灭，但其最后的“原质”和“以太”却是不生不灭的：

> 不生不灭有征乎？曰：弥望皆是也。如向所言化学诸理，穷其学之所至，不过析数原质而使之分，与并数原质而使之合，……岂能竟消磨一原质，与别创造一原质哉！……本为不生不灭，乌从生之灭之？譬如水加热则渐涸，非水灭也，化为轻气养气也。……

唐才常也说：“无一质能灭之使无，……道之使有。”

同时，如前所指出，谭氏认为“以太”的“不生不灭”永远只能存在和体现在“以太”本身的运动中，谭氏把它称之为“微生灭”：

> 不生不灭乌乎出，曰：出于微生灭。此非佛说菩萨地位之微生灭也，乃以太中自有之微生灭也。成乎不生不灭，而所以成之微生灭。

而“微生灭乌乎始”？如前指出：谭氏朦胧意识到是两种“动机”——矛盾的冲突而起。

谭关于“以太”存在的永恒性与“以太”运动的不可分离的观点有着重要意义。只有把物质本身看做是永恒的活动的分子，才能使其对自然避开有神论或“最初的一击”“非物质的东西在推动它”之类的了解。“如果我们把自然了解成一堆死的、没有特性的、纯粹被动的材料，那么毫无疑问我们是会不得已而在自然之外去找运动原则的。”（霍尔巴哈。见普列汉诺夫：《唯物论史论丛》，人民出版社，1953年版，第2—3页。）一个活泼的具有内在生命或运动源泉的宇宙基本单位和由此而生的整个运动变化发展着的宇宙，便是谭嗣同这位中国新兴资产阶级代言人所首先提供出来的一种新的哲学意识形态或世界观。

谭的“不生不灭之以太”观点正是其对世界统一性和规律性的认识的根本基础。因为最后的单位如也能生灭——从无生有，从有变无——则整个世界的存在及其统一性规律性也就难于理解了。

正是在这种“以太”基础上，谭建造了其自然观。谭氏在《仁学》中一开始就尽力描绘了他所认识的广漠无垠、不可穷尽、无始无终而不断运动进化的宇宙，他把它称之为“大千世界”“华藏世界”“世界海”“世界种”：

> ……地统月，与金、水、火、木、土、天王、海王为八行星；又有无数小行星，无数彗星；互相吸引，不散去也。金、水诸行星，又各有所绕之月，互相吸引，不散去也。合八行星与所绕之月与小行星与彗星，绕日而疾旋，互相吸引不散去，是为一世界。此一世界之日，统行星与月，绕昴星而疾旋；凡得恒河沙数，成天河之星团，互相吸引不散去，是为一大千世界。此一大千世界之昴星，统日与行星与月，以至于天河之星团，又别有所绕而疾旋；凡得恒河沙数各星团星林星云星气，互相吸引不散去，是为一世界海。恒河沙数世界海为一世界性。恒河沙数世界性为一世界种，恒河沙数世界种为一华藏世界。华藏世界以上，始足为一元。而元之数，则算所不能稽，而终无有已时……

在这里，与康有为一样，谭不但没有怀疑自然、自然的统一的规律性的客观物质存在，而且还认为自然及其规律性并不是由什么魂灵鬼神或某种非物质的神秘力量从自然外面来创造和主宰；与此相反，存在的原因在其自身，运动也有内在的必然性，“虽天地鬼神，莫可如何”。可见，谭在这里的基本倾向是认为事物的生灭变化，以最根本的物质“以太”的运动为最终基础，“以太”自身处在不停顿不间断的迅速的运动、转换状态中。由于“以太”处在不断运动中，万物便在生灭变化中，天地便在“日新”过程中，整个世界就这样不生不灭地永恒存在着和发展着，这就是谭嗣同“以太”说的自然观。与康有为一样，谭嗣同也是强调历史的发展进化的，他把这一切都建筑在“以太”基础之上，比康有为讲得更富有哲学意味。

很明显，与康有为一样，谭氏这种唯物论的自然观是在当时由西方传来的自然科学知识的直接帮助和影响下形成的。它的意义在于与当时封建主义反科学的世界观的尖锐对立和斗争。这一点不容忽视。把谭嗣同说成一堆漆黑的主观唯心主义，主要就在忽视了上述自然观中的科学倾向的历史地位和意义。当时封建反动统治阶级的唯心论者就正是极力反对科学，斥科学为“绝不可信”的“异端邪说”的：“西人言日大不动而八行星绕之，……盖西人主天故抑地，使不与天配。”“窥其用心止以破天地两大，日月并明，君臣父子夫妇三纲而已矣，吾不知今之学者何为舍尚书而信其说也。”（曾廉：《瓠庵集·西人天算·历象》）

谭嗣同的自然观正是应与这种愚昧、守旧却具有悠久传统和巨大力量的封建主义唯心论相比较，来估计它在当时的哲学作用，谭嗣同三十岁左右写《仁学》前对当时流行的各种封建主义神秘的、传统的唯心主义的批判反对，也应该从这个角度予以评价：

> 释氏之末流，灭裂天地，等诸声光之幻，以求合所谓空寂，此不惟自绝于天地，乃并不知有声光，夫天地非幻，即声光亦至实，声光虽无体，而以所凭之气为体。（《石菊影庐笔识·思篇》，后来，以太便替代了“气”，声光不再以“气”为体，而是以“以太”为体了。）
>
> 夫浩然之气，非有异气、即鼻息出入之气。理气此气，血气亦此气，圣贤庸众皆此气。然则所谓天者安在乎？曰：天无形质，无

> 乎不在。粗而言之，地球日月星以外皆天也。……此以气言也。精而言之，地球日月星及万物之附丽其上者，其中莫不有天存。朱子“四书注”曰：天即理也。此以理言，而亦兼乎气也。……自后人误分天地为二，其解遂晦。夫地在天中，天亦即在地中。（同上书）

谭指出客观世界的实在性，否定有超脱物质（“地”“气”）的而独立存在的规律、理则的本体（“天”“理”），这正如谭氏否定有离“器”的“道”一样，是对当时根深蒂固的传统封建主义唯心论思想的反驳。

谭还嘲笑和否定过在中国封建社会长久并相当广泛地流行着的玩弄“数”的神秘主义思想：

> 中国往往以虚妄乱之，故谈算者必推本河图洛书，为加减乘除之所出。不知任举二数，皆可加可减可乘可除，何必河洛。夫河洛诚不解是何物。要与太极图先天图谶纬五行爻辰卦气纳甲纳音风角壬遁堪舆星命卜相占验诸神怪之属，同为虚妄而已矣，必如西人将种种虚妄一扫而空，方能臻于精实。算家又言黄钟为万事之根本，此大可笑，黄钟一律筒而已，何能根本万事？……理数二也，其实一也……知数者，知理而已，无数之可言也。不善言数而专任乎数，数始与理判矣。……自邵子囿数为道，而数始为天下惑……然不过附会五行，排比八卦，听命于未定之天。及一值乎其机，遂同符契，而要之所以致此之故，莫之能知。……故夫星卜命葬诸术即有可观，君子必远之而弗为，以其不知本也。（《短书》）

封建唯心主义把“数”神秘化，不认为“数”是“理”（客观事物的规律）的一种抽象反映方式，不去研究“数”如何表现“理”，而认“数”为本体，认为其中先验地包含了一切“理”，企图从“数”中直接推算出一切事物的规律。谭嗣同的这些反对迷信、相信科学的思想，都应该看做是其唯物主义的因素和倾向。这些因素和倾向是与《仁学》以“以太”为基础的唯物主义自然观进化论相连结、一致的。

一般来说，这些“零散”观点本来并无多大意义，不能看做是什么重要的哲学思想。它的意义只在于（一）它表现了当时先进人士接受科学的时代精神；（二）它在谭嗣同哲学思想发展行程中占有地位。它们虽是所谓谭在接受佛学之前的“佞西学太甚”（梁启超）的时期的思想，但与后来并非毫无关系。不能把《仁学》中关于“以太”的观点与这些观点完全隔绝分开（如张德钧文），许多把它们隔绝分开的论著也都未正面论证其理由。事实是，谭嗣同在写作《仁学》前后，在杨文会等人的严重影响下，在力图构造一个以佛学唯识论为基础的唯心论体系的同时，前数年这些朴素的唯物论的观点、看法，尽管与其体系自相矛盾（例如以前的反佛与现在的尊佛等等），又并未完全舍弃。相反，而是包容错杂在其哲学思想中。他之所以要提出一个“以太”的概念，所以认为“下学”（指西学）为“上达”（“教务”，指宗教）的“始基”，之所以坚持一大堆自然科学的知识观念，他的佛学之所以并未能完全消化或取消西学，“仁”与“心力”之所以并未能完全取代“以太”，都表明了这一点。这也说明谭嗣同《仁学》是一个未成熟、未完成的体系，还处在构造的过程中，所以充满了矛盾和混乱。斥责这种混乱（主张谭为唯物论者或唯心论者都斥责过这种混乱），或人为地替他弥缝补合，都是无用的，它自有其历史的意义和原因。《仁学》中“以太”这个概念便是如此。因关乎多年争论，下面对这个谭嗣同哲学中的核心——“以太”概念，不嫌重复再作些分析。

例如，孙长江认为：谭的唯心主义在于，他以为声、光、电不能由其本身来说明，而必须找出一个更根本的东西——“以太”作为原因，认为在声、光、电之外再提出什么“以太”是不对的，根本就不应该提出究竟什么是声光电等等现象之共同基础和原因的问题。光就是光浪，电就是电浪，提出究竟它们存在的共同的本质和原因，就是脱离“客观物质世界本身去求解释”的唯心主义。实际上，谭嗣同所表现的这种思想，所提出的这个问题，我以为倒清楚地显示了他作为一个哲学家的特色。因为他不满足于对世界和一切事物的存在作表面现象的繁多解释，而极力在思考和探求这些众多复繁的现象的一个根本的实质和统一的原因。“光浪”“电浪”“声浪”所以没有满足他，正因为他觉得这些都还只是一种形态和现象，它们本身的存在需要解释：“动荡者何物”？“牵引者何物”？“何以能成可纪之数”？在这种声光电化的规律的现象和存在的后面，是不是有一个共同的基础或原因？是不是有一个统一的本体或实质呢？显然，谭嗣同在这里是接触、提出和研究了有关世界统一性、世界的实体和本质等哲学问题。当时谭所知道的自然科学对声、光、电的科学解释的模糊（电子学说、光粒波二重说未出世，“光浪”“电浪”究竟是什么东西还很模糊含混），更助长和刺激了谭氏在哲学上去探求其统一性和实体性问题。谭所以不仅是一个单纯的自然科学知识的宣传者，而能是一个哲学家，也正在于他的这种探求，和在这种探求之上提出以“以太”为世界本体的哲学观点。他以“以太”为基础，提出了他自己的一个统一的宇宙观。本来，企图从多样性的物质现象追寻一个统一的世界本体实质，这常常是一般哲学家（不管是唯物主义或是唯心主义）所提出和研究的课题。不管用“理”也好，用“气”也好；用“理念”也好，用“原子”也好；用“精神”也好，用“物质”也好；古今中外好些哲学家都无非是对世界事物、现象提出一个统一的本体论的哲学概念来在根本上说明它。所以，不能说提出这样一种概念就是“脱离客观事物本质去求得解释”的唯心主义。

问题不在于谭嗣同是否应该提出一个哲学本体论的“以太”概念，而在于这样一个“以太”概念究竟具有些什么特征，包含些什么内容。正是在这里，才面临了最复杂的问题。因为“以太”是一个充满矛盾的和含混的概念，因为这个概念既不像“原子”那样彻底是物质性的概念，又不像“理念”那样是纯粹精神性的概念，因此，也才发生争论。重要的是不要抓住任何一个片面来立论。

首先，如前面刚已说过，“以太”基本上是被谭氏规定为一种物质的微粒子似的东西。（“任剖某质点一小分，以至于无，察其为何物所凝结，曰惟‘以太’。……更小之又小至于无，其中莫不有微生物，浮寄至空气之中，曰惟‘以太’。”）在许多地方，谭氏对“以太”也作了朴素的物质性的描写和说明。要注意“以太”在当时自然科学中，也是被认作无所不在、无形无性、贯通万物而为光电传播的原因媒介的微细之至的物质的。谭没有考虑其他精神性的概念而恰恰采用当时这个自然科学上的物质概念，就不偶然。与康有为、唐才常等属于同一类型的体系，谭的哲学也是中国古典传统哲学在近代的终结。他们的特点是承继了古代关于"气""器"等等传统观念、思想，而给这些古老的哲学范畴牵强附会地填塞和改换以他们当时所接受的近代自然科学的内容。他们尽量利用和附会着当时的自然科学的知识，把世界解说和归结为电、为质点、为元素、为"以太"等等。尽管他们对电、以太等本身还带着神秘的唯心主义的看法，但是，其主要的时代历史意义却仍然是：他们热诚接受自然科学的洗礼，选择和采取了当时自然科学对世界的唯物主义的科学解释，来作为建立自己的世界观和本体论概念的依据。忽视或否认这一总的思潮倾向和时代特色，片面强调他们所用概念（"以太""质点""电"……）中所附加的非科学性和唯心论成分，便很难正确估计当时这一时代精神的意义所在。脱离开整个时代思潮的特色，一个充满矛盾的哲学体系仅就其自身而言，便很难确定其真实内涵和历史价值。仅就《仁学》来谈论《仁学》，是不够的。

其次，谭嗣同的"以太"，也并不如柏拉图、黑格尔的"理念"或二程朱熹的"理"那样，它不是脱离或超越客观物质世界的实体存在。谭嗣同自己说得明白："以太"是"无形焉，而为万物之所丽，无心焉，而为万心之所感"。就是说，"以太"并不存于万物万心之外，而只存在于万物万心之中："以太"并没有超脱万物而独立存在的"形"和"心"。在谭氏整个对"以太"的描叙中，强调的是"以太"与万物的不可分割，是"以太"存在、运变在万物中，而没有像"理"或"理念"那种高出世界的实在的或逻辑的先验存在的规定。"以太"与世界的关系，在谭那里，不是一种逻辑的演绎或反照（像"理"或"理念"与物质世界的关系那样），而只是一种构成物质世界的"至精微"的"原质之原"的单粒子。因此，在这里，与其说"以太"接近于精神性的"理念"，就不如说它更近于物质性的"原子"。所有这些，是"以太"概念的一个方面。

然而，“以太”概念又确有另一方面，正因为谭嗣同所选择的这一科学概念本身也是模糊不清的，使谭更便于把它加上浓厚的神秘色彩，而与唯心主义相妥协。首先，由于谭强调“以太”不能为人类感官所感知，所谓“目不得而视，耳不得而声”，它“无形”“无性”之可言，形体性质缺乏明确的感性规定性，这就使“以太”的客观存在带上了极抽象的性质，它的物质性缺乏足够的内容。更重要的是，由于谭不了解世界事物规律性的存在和发展的繁复众多的具体的物质原因和根据，就概括地把这一切万事万物之“所以然”——从“骨肉之能粘砌不散去”，“声光热电风雨云露霜雪之所以然”等自然现象一直到“有家有国有天下之相维系”等社会问题都一概简单地抽象地诿之于“以太”的作用。因之，“以太”在这里就远远超出了其作为纯粹物质的功能而带有了某种神秘的主宰的性质。于是，很清楚，在这种情况下，“以太”与“仁”这两个概念的差别就大大缩小以至到完全消失，“以太”在这里也作为自然规律的抽象存在，与“仁”完全等同起来合而为一了。“反而观之，可识仁体”，不再是“以太”为体，而是以“仁”为本体了。在这种情况下，也就可以说“以太”即“仁”，“仁”即“以太”。从而，在这里，“以太”和“仁”的本体的“不生不灭”也就带有了形而上学的抽象性质。因之，谭氏说：“仁者寂然不动。”强调自然的规律，以至把自然及其规律从其具体感性物质中抽出来当做世界的本体，常常是刚脱胎的唯物论的特点之一，是其向唯心主义转化的契机。在欧洲哲学史上就有过这种情况，在中国近代，这一特点的发展和转化就更为迅速和突出，它首先挤在、缩压在谭嗣同一个哲学体系中了。

总括起来，我认为，“以太”与“仁”是两个不能完全等同的概念。“以太”有与“仁”可以等同的一面，也有非“仁”所能完全概括包含的另一面。一方面，谭嗣同说，“夫仁，以太之用”，“其显于用也，孔谓之仁”，“谓之性”，“谓之灵魂”，以及“性一以太之用”等等，表明物质“以太”是“仁”(规律)的“体”，“仁”是“以太”的“用”(表现)，“以太”是本源的，第一性的；“仁”是派生的，第二性的，其他如“性”“灵魂”等等，也都是“以太”的“用”。在这里，“以太”与

“仁”二者不可以等同，这不是“一个是来自西方，一个则是借用于古代”（孙长江文）的问题。但另一方面，谭又的确经常把“以太”与“仁”完全等同起来，甚至认为“仁”比“以太”更根本更重要，“以太”不仅作为单粒子的物质，又作为万事万物的原因的超感官经验的抽象的存在。在这里，“以太”本身带有自然规律的性质（在启蒙思想家那里，社会规律一般都只是自然规律的推演，谭也如此，所以他把“仁”看做世界〔包括自然与社会〕的总规律，把“有国有家之所以然”，与“电光声之所以然”看做是受同一规律的支配），因此，在这里，“以太”就带上抽象的“至大”的形而上学的实体存在的本体论性质而确乎与“仁”相等同了。总之，“以太”一方面作为一种单纯的“至精微”的单粒子式的物质存在，在这方面，它与“仁”是不同的；但另一方面，它同时又具有一种所谓“至大”的形而上学的抽象实体性质和作用，在这方面，“以太”与“仁”又是相同的。正是因为这两个方面的交错混合，就使“以太”概念带有准泛神论的特色。

这就是“以太”这一概念本身的巨大矛盾和不同含义，也是“以太”与“仁”的多层关系。但“以太”之作为物质单位和作为规律这两方面，前者毕竟是主要的。这就是“以太”之不同于“仁”所独具的特征之所在。并且，即使“以太”作为根本不生不灭的永恒实体（“仁”），它无所不包无所不在，是一切物，一切事，一切事物之所以然；但它仍不超脱这些事物和世界之外，而只存于其中。它毕竟具有着与现实物质世界密切统一可以察知的感觉性的光辉。这与康有为哲学思想的情况又完全一致，自然观上科学唯物论影响在转入唯心主义本体论的过渡中，闪灼着这种准泛神论的先彩。谭嗣同一方面固然是把物质（以太）存在神化（仁）了。把物质升华为规律，让规律作为主宰的神而君临万物；但另一方面，这神化的规律（“仁”）又毕竟只能与物质（以太）同在，只能存在在物质之中。在“以太”作为自然观（物质构成和宇宙图景）与“仁”作为本体论这一既渗透等同又差异矛盾的错综多层关系中，呈现出比欧洲资产阶级哲学如笛卡尔的二元论、斯宾诺莎的泛神论要远为混乱和幼稚的状况。忽视或甩开这种种复杂、错综、幼稚、混乱的情况特点，简单地把他说成是完整的唯物论（如杨正典、杨荣国、冯友兰文）或完整的唯心主义（如张玉田、孙长江、张德钧文），无助于揭示谭氏哲学的内在矛盾。

3. 唯心主义的成分和体系

泛神论把整个物质世界置放在上帝实体之内，上帝存在于事物之中，上帝实体就是物质世界。所以，“泛神论是神学的无神论，是神学的唯物论，是神学的否定”（费尔巴哈：《未来哲学原理》，三联书店 1955 年版，第 23 页）。但是，“泛神论必然要走到唯心论”。“唯心论也是泛神论的真理：因为上帝或本体只是理性的对象，‘自我’的对象，思维实体的象。”“没有上帝，任何事物就都不能存在，就都不能被思想。这些话在唯心论的意义之下就是说：一切只是作为意识的对象而存在……存在的意思就是成为对象，所以要以意识为前提。”“你何以相信事物存在于你之外呢？这是因为你看到、听到、触到一切东西。因此这些东西只有作为意识的对象之后，才成为一种实际的东西……因此意识是绝对的实在或绝对的实际，是全部存在的尺度。”（同上书，第 27、28、29 页）

所以引这么一大段外国古典哲学，是因为这些话深刻地揭开了哲学思想发展的内在的逻辑行程。上帝实体存在于物质世界之中而作为思维的对象的存在，必然会过渡到物质世界的本身作为思维对象而存在，泛神论必然过渡到唯心论。哲学由对象走向自身，由客体走向主体，由自然观走向认识论。

这一哲学的历史行程，是以多么急骤的缩影挤在中国近代的许多哲学体系中啊。谭嗣同不是对宗教有神论斗争的泛神论，“仁”也不是“上帝”，他的泛神论是没有神（上帝）的泛神论（所以我说它是准泛神论）。它只是反对程朱理学唯心论，把程朱高高在上的“规范准则”——“天理”，变成为与现代人世浑然一体不能分割的“仁”。但由肯定“仁”的实体只能存在于物质世界的“以太”之中，而迅速地走向认为物质世界的“以太”也只是作为“唯识”——意识对象而存在，从而意识“是全部存在的尺度”。谭的唯物主义的自然观就这样迈入唯心主义的认识论。这个过程与上述西方哲学史的行程是近似的。

认识论是近代哲学的主题。在中国近代，这一主题到谭嗣同这里才变得突出起来。在这之前，包括康有为在内，重点仍在自然观；在封建时代，重点是在伦理学。谭保留了“仁”这个原本是封建伦理学的范畴，以之来作本体论的应用，到这里，在杨文会以佛释儒的直接影响下，谭嗣同的“仁”（儒家）也逐渐隶属于“识”（佛学）之下，本体论、自然观完全归宿为认识论。如果说，在自然观中，唯物主义的成分占着优势，那么，在认识论上，唯心主义却充塞了谭的整个思想。如果说，在世界观中，自然科学知识对谭氏产生了积极影响，那么，在认识论上，佛教唯心论和伪科学（如证明灵魂不死、心灵感应的所谓“灵学”“治心免病法”……）却造成损害。

谭承认认识对象及真理的客观性。例如，谭指出，香臭等不同感觉只是外界不同构造的物质作用于感官的结果。所以，“改其质点之聚，香臭可互易也”。谭也认识了人类知识的相对性质和客观真理的无穷尽。他从理论和实践上大力提倡科学，强调“仁而学”，“学当以格致为真际”，反对愚昧与保守。但由于谭过分夸大客观世界的运动变易，否定事物存在的相对稳定性和质的规定性，从而就强调人类感官的“不足恃”，进而怀疑依靠感官和科学认识真理的可能性和它们所得到的知识的可靠性。因为他以为感官和科学所获得的都不过是主观的假象和“我见”而已：“……且眼耳所见闻，又非真能见闻也。眼有帘焉，形入而绘其影，由帘达脑而觉为见，则见者见眼帘之影耳，其真形实万古不能见也。……悬虱久视，大如车轮；床下蚁动，有如牛斗，眼耳之果足恃耶否耶？……”

但谭企图在其哲学体系中完成对绝对真理的认识，把认识看做有一个终点，谭说：“识者，无始也，有终也，业识转为智慧，是识之终矣。”正因为谭割裂相对真理与绝对真理，把绝对真理看做是与相对真理脱离甚或背反的永恒不变的实体，这样逼使谭氏抛弃感官的实践和理性的思维，转而求助于神秘的“直觉”“顿悟”：“不以眼见，不以耳闻，不以鼻嗅，不以舌尝，不以身触，乃至不以心思，转业识而成智慧，然后一多相容、三世一时之真理乃日见乎前。”这种由相对主义经过怀疑论、不可知论最终导致主观唯心论和神秘，又都是从认识论的感觉论和经验论开始的。在康有为那里，经验论的认识论在其哲学体系中的地位还不明显和突出，在谭嗣同及后人，就不然了。从感觉立论，也重视感官认识的意义，与强调“学”——学习科学知识联系在一起，这本是谭嗣同等人的时代共同点，尽管要“上达”到宗教（详后），却又以“下学”（科学）为基础。在当时自然科学知识影响下，谭嗣同以感官感觉为起点，从经验论的认识论为出发，而迅速转向相对主义和主观唯心论，却构成一奇异图景。这种由经验论到唯心论的过渡，是以主观地使用辩证法——诡辩式地玩弄概念的灵活性——为其具体途径。

所以不能同意谭嗣同哲学的基本矛盾是“体系与方法的矛盾”（孙长江：《试论谭嗣同》《谭嗣同是唯物主义者吗》，《教学与研究》1955 年第 10 期、1956 年第 10 期），即认为是辩证的方法和主观唯心主义的体系之间的矛盾；“先进的方法，曾导致唯物论的闪光；但体系是唯心主义的，这就窒息了进步的方法”（同上）。但究竟是如何“窒息”的呢？这种体系与方法的矛盾究竟是如何产生，如何发展，如何呈现的呢？它们的具体情况如何？具体表现在哪些问题上？它们对谭氏整个思想又有什么关系？这一切都丝毫没有说明。在我看来，无论是谭氏的体系，或是谭氏的方法，其内部都存在着尖锐的矛盾和冲突。就体系来说，是唯物主义成分与唯心主义矛盾，是“以太”与“心力”的矛盾；就方法说，是辩证法和诡辩论的矛盾，是强调事物的变化发展和否认事物相对稳定企图另求永恒的实体的矛盾。一个内部蕴育着这种极其尖锐的几乎是直接陷入形式逻辑矛盾的体系，如本文所不断指出，这就是谭嗣同的哲学思想区别于其他人（如康有为、严复、章太炎、孙中山）特点所在。

这里所谓方法，也就是认识论，因为谭的方法论与认识论是紧密相连交织一处的。上面讲辩证观念时已指出这点，即主观地使用辩证法，由强调人类感官作为认识的“不足恃”，进而怀疑和依靠感官和科学认识真理的可能，到根本怀疑和否定客观真理和客观事物的存在；由强调认识的相对性质和客观真理的无穷，到认为一切认识都不过是主观的“我见”。可以经常直接看到这个由辩证法滑入相对主义和诡辩论的思想过程。常常是这样：在一大段连续的谭的原文中，上半部还是相对深刻的辩证法，下半部却已变成了主观主义的诡辩论了。例如，“一多相容”“三世一时”“何幻非真”“何真非幻”这样一段相对主义的诡辩就正是紧接着为今人称赞能比美于赫拉克利特的辩证法观点（世界一切的变化发展，一切存在的相对性质）的论证之后，并且还正是它的直线推演。正是：跨出真理一步，便变为荒谬，辩证法主观任意的直线推演便立刻转为诡辩。了解这一点很重要，它是谭氏哲学思想一个关键所在，也是这个哲学留下的重要教训之一，貌似辩证法而实际是主观诡辩论，这在中国近代是颇具代表意义的。一方面，要求热情学习科学知识，相信并重视经验科学，提出“学当以格致为真际”“仁而学，学而仁”；另一方面，又轻视感知认识，认为它们“不足恃”，以为“但有我见，世上果无大小”。把物质世界当做假象而要求超脱这个运动变化生灭不息的世界，超出这个所谓可悲的“轮回”，而去寻求和把握另外的不生不灭永恒存在的真理和实体。这种寻求的结果，谭氏就终于找到了他的心灵的宝贝——无所不在的“心力”。

> 念人所以灵者，以心也，人力或做不到，心当无有做不到者……所谓格致之学真不知若何神奇矣，然不论神奇到何地步，总是心为之，若能了得心之本源，当下即可做出万万年后之神奇，较彼格致家惟知依理以求节节为之……利钝何止霄壤。

企图一下子立即完成绝对真理的认识，谭以为“心”—“心力”就是这种真理本身。谭怀疑和否定感觉知识的可靠，想用灵魂和智慧去寻求绝对的真理，这种寻求的结果，所得到的便只是一种纯精神性的实体“心力”。谭认为通过智慧（这智慧不是理性、逻辑，而是一种神秘的直觉）达到绝对真理的认识的时候，也就是“天人合一”，人的“心力”“灵魂”与宇宙的大“心力”大“灵魂”合一的时候。这样，认识就完成了，“仁—通”实现了，人我万物浑然为一了。在这方面，谭的神秘的直觉认识论与其“心力”确是一致的。归结起来，为什么认识论上相对主义会占优势呢？这是因为（一）主观主义地运用了辩证法，变成了诡辩论；（二）认“心力”为本体，世界为假象。应该指出，谭氏只是怀疑和否定通过感官和理性能够获致绝对真理（只能在这个意义上可对谭氏使用“不可知论”的名词），而并不否定可以通过“智慧”即通过“心力”相通的神秘直觉来取得它。所以它的认识论的矛盾不是什么不可知论的问题，而是科学认识与神秘直觉的矛盾，是格致与宗教的矛盾。

既然“心”—“心力”不依赖客观物质力量便能创造改变一切，“一切唯心所造”，当然也就“尊灵魂，揞体魄”，认为一切问题皆可直接由心来解决。因为人心即天心（仁），天心（仁）亦即人心，“理者何，即天也，然而至诚所成可致饮羽，是理为心所致，亦即天为心所致矣”。如能求得人类万物的“心力”相通，仁也就能实现。在这里“心”就成为“仁”的根本内容而为宇宙本体了。宇宙本体在这里，就是一个统一的“心”，它是灵魂，是规律，也是人的意识。人的意识是这个大心的一部分。客观世界变成了主观意识。在这里，具有物质内容的“以太”也就自然成了一个不必要的幻象和假借，所以谭氏一再说：“仁为天地万物之源，故唯心，故唯识”，“以太也，电也，粗浅之具也，借其名以质心力”，“以太者，固唯识之相分，谓无以太可也”，“三界唯心，法界唯识”，“大地乎，万物乎，夫孰知其在内而不在外乎”。如此等等，不一而足。一切物质都等同为精神，实在的现实世界被宣布为空灵的心力意识，自然科学的“以太”被当做佛教唯心主义的注脚，“以太”说中的唯物主义的倾向和因素迅速地淹没在唯心主义之中。

那么，谭嗣同的“心力”说到底是主观唯心主义还是客观唯心主义呢？从表面看，“心力”既然是“心”，是“识”，并且又明确以佛学唯识论为基础，当然应该是主观唯心主义。许多论文（如张玉田、孙长江、张德钧诸文）也都是这样讲的，似乎确凿无疑了。然而，事情好像又没有这样单纯。谭嗣同哲学思想拥有各种极端尖锐的矛盾，既有唯物论与唯心论、辩证法与诡辩论的矛盾，同时还有客观唯心主义与主观唯心主义的矛盾。就拿“心力”这一概念来说，它既是主观唯心主义的概念，同时又有许多客观唯心主义的规定，它所指的不仅是人类的意识，而且也是指一个客观的大精神。“心力”被谭氏描述为普遍的独立的无所不在的贯串万物的大灵魂大智慧，人类的“心力”不过是其中的一部分：“同一大圆性海，各得一小分，禀之以为人，为动物，为植物，为金石，为沙砾水土，为屎溺，乃谓惟人有灵魂，物皆无之，此固不然矣。”“推此则虚空之中，亦皆有知也。”心“在外而不在内”等等，这正是谭氏所再三强调的而为许多研究者所避而不提的思想。他的“通人我”“通天地万物人我为一身”，正是建立在这样一个万事万物的共同的、统一的客观基础之上，且不管这个统一的共同的基础是接近物质的“以太”也好，是精神性的“心力”也好（究竟是谁、谁为主要，上已说明），它们的共同的和基本的特点却又正是客观的。正因为这样，所以谭又常常用无所不在而贯通万物的“电”来比拟和论证“心力”，就因为“电”也是一种客观的存在。因此，所谓“电气即脑”“无往非电即无往非我”，“思入于物，物入于思”，凡认为是主观唯心主义的，也可以解说为客观唯心主义：“人心”只是“天心”的一部分，它们同质而相通，“以太”也好，“心力”也好，“电”也好，它们又都可以是客观的概念。“仁—通”的规律正是建筑在这基础上，被谭嗣同看做是种不可阻挡的客观性的法则。所以谭说“识”有终，谓“以太有始终不可也”。并且，更有趣的是，谭这种“心力”说又还与他的机械唯物主义倾向有关系。在用“以太”替代“气”时，谭也就用近代的机械运动替代了中国古代的素朴的“气化流行”的模糊观念。而当谭用“心力”来界说“以太”时，他的这种“心力”—“仁”的唯心主义，又恰好与其在物质与精神的关系问题上的机械唯物论的观点混杂糅合在一起。于是，荒谬的“心力”说唯心主义居然又是这种唯物主义的独特引申：谭氏虽然在其世界观中明确承认了客观世界的物质性，但他把精神（意识）认作是居于人体而能独立存在的如电一般的高级的轻巧的物质，便把人类的意识（精神）看做是一种巧妙的物质的机械运动。他说：“原夫人我所以不通之故，脑气之动法各异也。吾每于静中自观，见脑气之动，其色纯白，其光灿烂……如云中电，无几微之不肖。信乎脑即电也。……当其万念澄彻，静伏而不可见，偶萌一念，电象即呈，念念不息，其动不止，易为他念，动亦大异……某念即某式，某念变某式，必为有法之动，且有一定之比例。……可驭之入算，列之成图……”“脑为有形质之电，是电必为无形质之脑”，“电与脑犹以太之表著于一端者也”。

科学知识的幼稚使谭相信将来“能测验脑气体用，久必能去其重质，留其轻质，损其体魄，益其灵魂……今人灵于古人，人既日趋于灵，亦必……化为纯用智纯用灵魂之人”。同时谭氏也认为万物（动植物、无机物）都有“灵魂”，都有“知”。“知则出于以太……灵魂者，即其不生不灭之知也。而谓物无灵魂，是物无以太也，可乎哉？”“人之知为繁，动物次之，植物以下惟得其一端，如葵之倾日、铁之吸电、火之炎上、水之流下。……在人则谓之知，在物乃不谓之知，可乎？”

无视人知与所谓“物知”的根本区别，把高级人类思维等同于低级物质的电的活动，是当时先进人士在当时自然科学影响下产生的机械观点的共同点，在康有为哲学思想中已看到过这点，谭嗣同只不过表现推演得最为突出罢了。

所以，谭鼓吹的“心力”“灵魂”是被赋予了物质机械内容的精神，“心力相通”“心灵感应”是被等同于物质机械运动的精神活动。正因为不能认识人知与“物知”的区别，不认识人类意识产生、发展的真正社会历史根源，于是就在对人类智慧感到惊奇之下，才去寻找人心中某种神秘的“灵理”—“心力”，才去荒谬地夸大“心”—“心力”的作用。

这是不是说，完全否认谭嗣同哲学没有主观唯心主义的成分呢？当然不是。恰好相反，除了唯物主义和客观唯心主义、泛神论和物活论种种矛盾混杂外，主观唯心主义也占有突出的位置。并且，就体系的构造说，谭嗣同既以佛学唯识宗为核心和依据，是一种主观唯心主义。问题只在于，这个体系并未成熟或建成，所以有各种“混乱”和形式逻辑上的自相矛盾。简单说来，“以太”可说是其唯物主义（自然观），“仁”属于客观唯心主义（本体论），“心力”基本是主观唯心主义（认识论），谭嗣同将此三者有时区别开来，有时等同使用，有时混杂一起……他自己也没来得及想清楚，更没有表达清楚，如前所说，他写《仁学》时是“每思一义，理奥例赜，坌涌奔腾，际笔来会，急不暇择……”（《仁学·自叙》），“决非此世间语言文字所能曲肖，乃至非此世间脑气心思所能径至”（同上），想未清，道不出。章太炎当年就说它“拉杂失伦”，今天重要的是去揭开这层层矛盾，而不必去强持一端以概全体。

不成熟的理论反映不成熟的社会政治力量，谭嗣同的哲学深刻地反映了中国近代资产阶级改良派要求自由与解放，而又缺乏和找不到进行现实斗争的力量。正因为找不到“体魄”的斗争，这就必然逃向“灵魂”的空想：“吾贵知不贵行，知者，灵魂之事也；行者，体魄之事也”，“轻灭体魄之事，使人人不困于伦常而已矣”。

一方面，要求“体魄”的平等，要求实现所谓“仁”——这实际是资产阶级“自由”“平等”“博爱”口号的哲学抽象化——的新秩序新标准新尺度，必须把这口号鼓吹为根本不变的“自然法则”和绝对真理，所以，在谭氏，“仁”也就是“天地万物之源”，是“不生不灭”的存在，同时，他们又看到了要树立新标准、新尺度、新秩序就必须无情地摧毁封建主义旧标准、旧尺度、旧秩序，所以，在谭氏，“仁”也就必须依靠物质的“以太”的运动变化来“破对待”，来“冲破重重网罗”，来“有间者通之而无间，有等级者通之而无等级”……但是，另一方面，因为在实践上并没有真正的革命斗争，并不能真正找到和投入这种斗争。于是，在连改良主义的道路也被堵塞、阻碍，满腔悲愤而又无可如何时，便只好在南京埋头写这种哲学著作，反映在哲学理论上，“仁”的实现也就更偏重于“心力”的交通、心灵的感应了。谭嗣同救中国的进步要求和努力学习西方自然科学，使他原先的朴素唯物主义思想向前发展为机械唯物主义。另一方面，政治上消沉苦闷和接受佛教唯识宗的学说，把他引入唯心主义。这两个方面两种成分在这位还不成熟的思想家的头脑中矛盾错综，此起彼伏，在《仁学》中，常常上句还包含着自然科学的真理，下句就变成了佛教唯心主义的梦呓。尽管这种思想矛盾的政治内涵并不为谭本人所自觉意识到，它的客观历史内容却确乎如是，它产生的具体状况也确乎如此。

并非偶然地，唐才常的质点配成万物说的哲学理论与谭嗣同有完全近似的矛盾。唐氏认为“物之身配于质，质之生起于点，点之微起于魂，魂乎质点之中者天”，“虽微点亦灵魂，筦此微点世界者灵魂”，“司大千界诸微点脑气者是谓大灵魂”。无超越的独立形体，无人格、无目的的“天”“灵魂”分寄而存在于“质点”之中，“质点”本身即是“魂”。这是与“仁—以太”一样的准泛神论。但是这种泛神论的后路又仍然是经过机械唯物主义，走到唯心主义中去了：“天之大脑气曰电，人之大脑气曰灵魂”，“天有大灵魂质点万物，故万物魂。人能天其灵魂以用质点，故魂而灵……”。天—电—灵魂成了高于“质点”的宇宙本体。这一代人的哲学，从康有为到谭嗣同、唐才常，竟是如此之相似。

这里，又要再次回到《仁学》和谭氏哲学的中心概念“以太”问题上。“以太”与“心力”又是一种什么关系呢？既然“仁”可以通过“心力”来实现，“以太”也就自然成为多余，于是也就成了“心力”的“假借”，“借其名以质心力”，“心力”是更根本的东西。而“心力”无可争辩地即是精神性的东西；那么，这样一来，“以太”不就只是精神性的概念，从而谭嗣同的哲学不就正是主观唯心主义了么？好些文章千言万语，简单说来，其实也就是为了论证这一点。

谭嗣同说“以太”是“心力”的“假借”，当然是对“以太”作了明显的唯心主义的规定和解释。但是不是由此就可以立即得出“以太”就的确只是“心力”，只是精神性的概念了呢？并不如此。首先，既然“以太”只是“心力”的“假借”，那为什么谭氏一定要而且必须靠着这个“假借”呢？为什么不直接从纯粹精神性的“心力”来推演一切而必须用一个近乎物质的“以太”来作为构造他的体系的杠杆呢？其次，在谭氏哲学中，究竟是“以太”还是“心力”在客观上占着重要的地位呢？尽管照谭氏那句话，“心力”的确比“以太”更根本，但只要通读谭全书便可看出，“以太”仍然是远比“心力”更为根本更为重要的东西。谭氏整个哲学是建筑在物质性的“以太”上，而不是建筑在精神性的“心力”上，这一点仍然很明白。因之，不能把“以太”完全等同于或归结为“心力”，不能认为“以太”=“心力”=“精神性的概念”，不能抹杀“以太”的双重性的矛盾特点。“以太”等概念这一双重性特点，不但是谭氏而且还是整个中国近代哲学思想的特征之一。直到孙中山那里，“生元”也还没有摆脱这种两重性：一方面是物质的单位，另一方面带有精神性的活力论的性质。然而，这种双重性的矛盾只在谭嗣同哲学里才呈现最为尖锐深刻。谭嗣同哲学充满唯物主义和唯心主义的尖锐矛盾，有着矛盾的两个基本方面，每个方面都千丝万缕地与其整个哲学的两种成分两种倾向联系着，一方面发展观点的辩证法与其朴素的唯物主义的自然观、人性论联系着；另一方面相对主义、诡辩论与其夸张“心力”的唯心主义、神秘的直觉认识论联系着。而其哲学思想这两种成分两种倾向的矛盾又直接表现为其社会政治思想中的急进与保守、革命与改良、主张科学与宣扬宗教的矛盾。总括谭嗣同哲学思想，“仁”是谭嗣同哲学的最根本的实体，它依附于（一）“以太”或（二）“心力”而实现其存在。“以太”基本上是一种物质性的概念（虽然它同时还有某些精神性的功能，但这是次要的），“心力”基本上是精神性的概念（虽然它也有某种庸俗唯物主义的物质内容，但这是次要的）。在谭氏自己的规定中，“心力”高于“以太”，“以太”只是“心力”的假借的“粗浅之具”，“心力”更接近于“仁”的本性。所以，我们说谭氏对自己的哲学作了明白的唯心主义的解释和规定，他是在构造一个唯心主义的体系。但是，在实际上，谭氏整个哲学却主要不是建筑在“心力”这个精神概念上，而是建筑在“以太”这个物质概念上，“以太”在其哲学中占据着比“心力”远为重要的基础地位。谭正是必须依赖这个“以太”来展开他的自然观、人性论的构图。所以，尽管“以太”被宣称为是一种不必要的“假借”，但这个哲学体系又终于需要这个“假借”，终于必须建筑在这个“假借”之上。这也证明了：在这种种矛盾错综中，其唯物主义的成分、因素，仍然是更为重要的方面。其重要性在于，这些观点是与其社会政治思想直接联系在一起的，而其社会政治思想却是当时时代的最强音。

三　谭嗣同的社会政治思想

1. 对封建伦常礼教的批判

谭嗣同的社会政治思想与其哲学理论保持着几乎是直接推论式的形式逻辑的演绎关系，反映了哲学体系与社会政治主张密切联系和统一，证明了这个哲学是其社会政治主张的一种直接的提升。一方面，从其“以太”—“仁”、“通”的唯物主义直接引出了急进的社会批判的逻辑结论；另一方面，其唯心主义的“心力”说又作了神秘的社会宗教主张的理论基础。

与康有为一样，谭嗣同也是从自然人性论开始社会批判。谭嗣同从“以太”为万物“原质之原”和“以太即性”的哲学观点出发，论证了中国哲学上长期聚讼纷纭的人性善恶问题。他否定封建主义先天人性善的唯心论，认为“性一以太之用”，其中不存在先天的所谓“义理”的善恶因素或本质。因为天地间本来就没有超绝的所谓善恶道德法则，支配人类万物的只应是自然的规律或法则——“仁”，合乎自然本来的条理规律——“仁”的就是“善”，而“恶”即是“不循条理之谓也”：

> 生之谓性，性也。形色天性，性也。性善，性也；性无，亦性也。无性何以善？无善，所以善也。有无善而后有无性，有无性斯可谓之善也。（这即是否认有先天主宰的义理之性——善的存在，认为性本身即善。）……性一以太之用，以太有相成相爱之能力，故曰性善也。性善何以情？有恶曰情。岂有恶哉？从而为之名耳。……礼起于饮食……则饮食无不善也。民生于货财……则货财无不善也。……故曰：天地仁而已矣，无所谓恶也。恶者，即其不循善之条理而名之。……言性善，斯情亦善。生与形色，又何莫非善？故曰：皆性也。世俗小儒，以天理为善，以人欲为恶，不知无人欲，

> 尚安得有天理？吾故悲夫世之妄生分别也。天理善也，人欲亦善也。王船山有言曰："天理即在人欲之中；无人欲，则天理亦无从发现。"……男女构精，名之曰淫，此淫名也。……名之不改，故皆习谓淫为恶耳。向使生民之初，即相习以淫为朝聘宴飨之巨典，行之于朝庙，行之于都市，行之于稠人广众，如中国之长揖拜跪，西国之抱腰接吻，沿习至今，亦孰知其恶者？……是礼与淫，但有幽显之辨，果无善恶之辨矣。（将封建社会认为"万恶之首"的"淫"与封建社会认为最崇高的"礼"等同起来！）……恶既为名，名又生于习，可知断断乎无有恶矣。假使诚有恶也，有恶之时，善即当灭，善灭之时，恶又当生；不生不灭之以太，乃如此哉？（《仁学》）

与康有为的人性论一致，他们都从唯物主义的自然观出发，直接引申为社会道德政治方面的自然人性论。他们都把自然的规律看做是人间的规律，都认为人间的一切规范准则只能是也只应是那个永恒不变的自然规律的表现、体现。在康有为那里，正因为"理"只在"气"中存在，所以，"善"（"义理"）就只能在"性"（"气质"）中存在，因此："生之谓性"，没有超脱"气质之性"的主宰的"善"。在谭嗣同这里，正因为"仁"只能存在在"以太"中，因此，"天理"就只能存在"人欲"中，"人欲"本身就是"天理"；没有与"以太"超脱、对立的"仁"，从而也就没有与"人欲"超脱对立的"天理"及"善恶"。所以，谭特别强调"以太"就是"性"，"仁"（自然规律）就是"善"，此外没有其他的"善""恶"，一切旧的"善恶"标准都是反自然规律（"仁"）的虚假的"名"、人为的锁链："性一以太之用，以太有相成相爱之能力（按即仁），故曰性善也。""天地间仁而已矣，无所谓恶也。"因此，传统社会的"善""恶"的道德规范，概念就都应该一律废除，封建道德认为的"恶"并不是"恶"，"善"也并不是"善"。这样，他们就把批判武器的锋芒指向了当时那些不可侵犯的神圣的封建主义的纲常礼教，也就是所谓纲常名教。

在中国哲学史上，几乎每次社会大转变阶段，例如先秦、魏晋，总要提出名实问题来讨论，近代中国又是如此。谭嗣同又提出名实问题，对封建名教进行了猛烈抨击，鲜明地标志了时代转换的急迫要求。谭嗣同强调封建纲常都是不符合实际（“以太”）的“名”，制造了大量的混乱。“不识仁之体，故为名乱。乱于名，故不通。”（《仁学》）封建名教造出种种人为的等级、区别、界限和隔阂，就“不仁”“不通”“不平等”。他问道：“仁而已矣，而忽有智勇之名，而忽有义信礼之名，而忽有忠孝廉节之名……胡为者？”本只要一个有“以太”实体为根据的“仁—通—平等”就够了，为什么会有“本无实体”的忠孝廉节礼义信之类的“名”的标准、观念呢？他认为，这是因为要故意制造出来以压制人民：

> 俗学陋行，动言名教，敬若天命而不敢渝，畏若国宪而不敢议。嗟乎，以名为教，则其教已为实之宾，而决非实也。又况名者，由人创造，上以制其下，而不能不奉之；则数千年来，三纲五伦之惨祸烈毒，由是酷焉矣。君以名桎臣，官以名轭民，父以名压子，夫以名困妻，……
>
> 君臣之祸亟，而父子夫妇之伦遂各以名势相制为当然矣。此皆三纲之名之为害也。名之所在，不惟关其口，使不敢昌言，乃并锢其心，使不敢涉想。愚黔首之术，故莫以繁其名为尚焉。
>
> 礼者，忠信之薄，而乱之首也。夫礼，依仁而著，仁则自然有礼，不特别为标识而刻绳之，亦犹伦常亲疏，自乱而有，不必严立等威而苛持之也。礼与伦常皆原于仁，……
>
> 如曰仁，则共名也，君父以责臣子，臣子亦可反之君父，于钳制之术不便，故不能不有忠孝廉节一切分别等衰之名，乃得以责臣子曰：尔胡不忠！尔胡不孝！是当放逐也，是当诛戮也。

这就是说，封建主义奉为“大经大法”的种种观念、标准，举凡所谓忠、孝、廉、节、礼、义、信以及“三纲五伦”等等，都是“上以制其下”的反动工具。谭嗣同继承了王夫之、戴震批判程朱哲学的传统，在近代社会条件和西方影响下，激烈地控诉了封建伦理道德的罪恶，揭露了统治者利用伦常名教残酷迫害人民的事实，淋漓尽致地控诉了斥责了传统伦常的罪恶，揭发出广大人民在礼教纲常的束缚压制下深重痛苦，没有自由，没有平等，没有独立自主的权利，人的精神、肉体在这副枷锁下遭受着最大的折磨和屈辱，除了正式的君臣、父子、夫妇以外，即如“……后母之于前子，庶妾之于嫡子，主人之于奴婢，其于体魄皆无关，而黑暗或有过此者乎！三纲之慑人，足以破其胆，而杀其灵魂！……”

这些资产阶级思想家大声疾呼地要破除这一切反人道的束缚和枷锁“礼”，要破除这一切违反自然本来规律（“仁”）的人为的标准、网罗和锁链，与此对立，他们抬出了新的道德标准规则，认为这种新的道德准则就正是自然和人性的本来规律。中国传统以“仁”“礼”互补，这是内外、本（实体）末（现象）的关系，到谭这里，变成了相互对立、冲突和不可并存的仇敌关系了。谭嗣同认为，只有“冲决”这种种传统名教（即礼教）的罗网，实现“仁—通—平等”，才能还事物以本来面目，才能谈得上政治上的改革。谭要求把传统的三纲五伦一律废除，而以“朋友”一伦来替代之，认为只有“朋友”一伦的人与人的相处的原则，还合乎自然“本性”和人的“本性”，也即是表现了“仁—通”：

> 五伦中于人生最无弊而有益，无纤毫之苦，有淡水之乐，其惟朋友乎！……所以者何？一曰“平等”，二曰“自由”，三曰“节宣惟意”。总括其义，曰不失自主之权而已矣。兄弟于朋友之道差近，可为其次。余皆为三纲所蒙蔽，如地狱矣。上观天文，下察地理，远观诸物，近取之身，能自主者兴，不能者败。公理昭然，罔不率此。……故民主者，天国之义也，君臣朋友也。父子异宫异财，父子朋友也。夫妇择偶判妻，皆由两情相愿……夫妇朋友也。……今中外皆侈谈变法，而五伦不变，则举凡至理要道，悉无从起点，又况于三纲哉！

与康有为在“大同”空想里所规划的一样（不过谭嗣同是急切要求

立即实现康有为认为需要慢慢地来的自由、平等、博爱的原则），谭嗣同幻想在这样一种自由独立的社会结构下，在工商业和物质文明十分繁荣发达的经济基础上（谭所理想的社会，是与那安静、节俭、分散、保守的自然经济小生产的封建社会完全相反的动荡、奢侈、集中、先进的机器大生产的资本主义社会，他天真地尽力讴歌着机器生产、自由贸易、反俭主奢等等），建立起一个普遍幸福的理性的国度、地上的天国："君主废则贵贱平；公理明则贫富均。千里万里，一家一人。"——一种空想的社会主义的大同世界。这些启蒙者们还不能如以后的革命派那样，看出资本主义社会的矛盾和溃疡，他们所向往歌颂的这个"地上的天国"，正是理想化了的资本主义社会。这是中国近代先进的意识形态，它突破了几千年的传统，从经济、政治、文化、观念体系都具有崭新的性质，是近代客观历史行程的要求和反映。它没有太平天国意识形态那种农民阶级的革命性，但它在指向更高一级的社会形态和反对封建意识形态（详下节）等方面，却具有比前者更为先进的性质。例如谭嗣同主奢反俭，提倡消费，以发展生产，批判封建剥削，倡导资本主义，"有矿焉，建学兴机器以开之……有田焉，建学兴机器以耕之……有工焉，建学兴机器以代之。……富而能设机器厂，穷民赖以养，物产赖以盈，钱币赖以流通，己之富亦赖以扩充而愈厚，遂至充溢溥遍而收博施济众之功故。理财者慎毋言节流也，开源而已"，是相当鲜明突出，富有眼光的。

正如马克思以及普列汉诺夫所指出，法国十八世纪唯物主义由唯物主义的自然观和人欲非恶的伦理观念出发，构造了一整套的社会政治理论和社会主义乌托邦的理想（十九世纪的西方乌托邦是法国唯物主义理论的继承和发展）。谭嗣同康有为的人性论与法国唯物主义者的人性论是相当近似的。他们都吐露了反封建的锋芒。其出发点是"以太"而不是"心力"，是其唯物主义的自然观，而不是主观唯心主义的认识论。与法国唯物主义者一样，谭嗣同也是企图"用人性当做钥匙……相信能用它来打开道德上、政治上、历史上的一切门户"。与法国唯物论者一样，谭氏也觉察到了"社会法则与自然法则相抵触"，也企图从"自然中抽引出人人应守的不变规则来”，也“把自然母体在政治方面、道德方面都当做法则看待”（普列汉诺夫：《唯物论史论丛》，人民出版社1953年版，第24、22、27页）。这个所谓自然的永恒“法则”，这个所谓“人人应守的不变规律”，在谭嗣同，就正是“不生不灭”的“以太”，就正是“不生不灭”的“仁”—“通”—“平等”。当然，这里的“自然”和“人性”，仍然是比较模糊空洞的“自由”“平等”“博爱”。

这种资产阶级人权平等的社会伦理思想，与禁欲主义的思想体系是相对立的，它的出现激起了守旧派的狂怒。“新道德恢复了肉体的地位，重新肯定情欲为正当，要社会对社会组成人员的不幸负责……希望‘在地上建立天国’。这是它的革命的方面，但是在拥护当时已有的社会秩序的人们心目中，这也是它的过错。”（普列汉诺夫：《唯物论史论丛》，人民出版社1953年版，第13页）这些“拥护当时已有的社会秩序的人们”对谭嗣同和改良派掀起了狂热的仇视和攻击：

> 君为臣纲，父为子纲，夫为妻纲。……董子所谓……天不变道亦不变之义本之。……亲亲也，尊尊也，长长也，男女有别，此其不可得与民变革者也。五伦之要，百行之源，相传数千年更无异义，圣人所以为圣人，中国所以为中国，实在于此。故知君臣之纲，则民权之说不可行也；知父子之纲，则父子同罪免丧废祀之说不可行也。知夫妇之纲，则男女平权之说不可行也；……近日微闻……有公然创废三纲之议者……怵心骇耳，无过于斯。（张之洞：《劝学篇内篇·明纲第三》）
>
> 夫有君斯有国，有亲斯有种，有师斯有教……然而保国不以君为本，则民主民权之义起而父子同权矣……此大乱之道也。（王仁俊：《正学叙言》）

这些理论与谭嗣同上面所主张的理论，完全对立。从这种激烈的反对声中，也就可以了解，当时谭氏思想是在何等尖锐的斗争中勇敢地前进着，它在当时曾有过多么大的进步意义。

2. 对君主专制和清朝政权的抨击

谭嗣同社会思想的特色之一（如不同于康有为），是着重社会伦常问题，特别是他把社会伦常问题集中归结为政治压迫的问题，围绕着君臣这一伦（“五伦之首”）来展开广泛批判，对君主专制制度勇敢冲击。也如普列汉诺夫称赞法国唯物主义者一样，“道德在他们那里，全部变为政治”（《论一元论历史观的发展》，人民出版社 1954 年版，第 19 页）。充满了光辉的爱国主义、民主主义和人道主义精神的对君主专制、伦常名教和满清政权的勇猛批判，是谭氏思想中最深刻和最重要的内容和特色，它起了极大的进步影响，至今犹为人所熟知。但因许多文章对此都作了着重的说明，这里不拟作过多重复。总括起来，应该指出，谭的社会政治批判有它的独特的时代和阶级的光辉，这就是：它深刻地反映了在悲惨苦痛的现实中对专制主义长期压迫的憎恨情绪，反映了反抗这个制度的暴风雨的快要来临。谭的批判达到了惊人的思想高度：首先明确坚决地正面抨击了整个封建专制制度，指出了它奴役剥夺人民的深重罪孽，“二千年来之政，秦政也，皆大盗也”。谭氏通过经济、政治、军事、文化各方面的具体事实论证了这一点，他历数千年以来封建专制的残暴罪恶，悲痛地控诉着君主专制制度，痛斥了神圣不可侵犯的皇帝的威严：

> 由是二千年来君臣一伦，尤为黑暗否塞，无复人理，沿及今兹，方愈剧矣。夫彼君主犹是耳目手足，非有两鼻四目，而智力出于人也，亦果何所恃以虐四万万之众哉？则赖乎早有三纲五伦字样，能制人之身者，兼能制人之心……
>
> 积以威刑，钳制天下，则不得不广立名，为钳制之器。

谭氏揭发了传统社会的法律、政治、文化、道德为君主专制制度服务的本质，指出统治者制礼立法，一切行政措施都是为了其统治：“独夫民贼，固甚乐三纲之名，一切刑律制度皆依此为率，取便己故也。”“其所以待官待士待农待工待商者，繁其条例，降其等差，多为之网罟，故侵其利权，使其前跋后踬，牵制百状，力倦筋疲，末由自振，卒老死于奔走艰蹇……然后彼君主者，始坦然高枕曰，‘莫予毒也已’。”“言学术则曰‘宁静’，言治术则曰‘安静’。处事不计是非而首禁更张……统政府台谏六部九卿督抚司道之所朝夕孜孜不已者，不过力制四万万人之动，絷其手足，涂塞其耳目。”兴“文字之冤狱”以威胁，张科举八股以利诱，“焚书以愚黔首，不如即以诗书愚黔首”，“修‘太平御览’之书，以消磨当世之豪杰”，“惨鸷刻核，尽窒生民之灵思”……

谭嗣同深刻地指出了历代儒家学说为统治和压迫服务的性质，指出一向被尊为“忠臣”“大儒”的封建社会著名的政治学术代表人物，不过是“辅纣助桀”的帮凶和奴仆：

> ……其为学也，在下者术之，又疾遂其苟富贵取容悦之心，公然为卑谄侧媚奴颜婢膝而无伤于臣节，反以其助纣为虐者名之曰忠义；在上者术之，尤利取以尊君卑臣愚黔首，自放纵横暴而涂锢天下之人心。……（中历数汉唐各代封建君主利用“荀学”——儒家学说的手段）割绝上下之分（指尊君卑臣），严立中外之防……遂开两宋南北诸大儒之学派……其在上者，亦莫不极崇宋儒，号为洙泗之正传，意岂不曰宋儒有私德大利于己乎？……二千年来之学，荀学也，皆乡愿也。惟大盗利用乡愿，惟乡愿工媚大盗，二者相交相资……
>
> 呜呼，三代以下之忠臣，其不为辅桀助纣者几希！况又为之掊克聚敛，竭泽而渔，自命为理财，为报国，如今之言节流者，至分为国与为民二事乎？国与民已分为二，吾不知除民之外，国果何有，无惑乎君主视天下为其囊橐中之私产，而犬马土芥乎天下之民也！

与此相对立，谭提出了新的政治原则——这就是我们在前面文章里所已讲到的资产阶级民主政治。谭对民主政治作了理论上的证明，他直接遵循和承继着黄梨洲、王船山的民主思想，指出民贵君轻，民本君末，指出“政”的“极致”就是“兴民权”，“君也者，为民办事者也；臣也者，助办民事者也，事不办而易其人，亦天下之通义也”，谭所急切盼望的是比较彻底的民主共和国的理想。所以，与康有为有所不同，在他的著述中，很少论证历史进化渐进论的一面——必须由君主立宪才能过渡到民主。相反，表现在谭氏愤怒呼号中的，是对革命的想望和民主的渴求，这也正是改良派左翼激进派的特色所在。

上面只是把谭嗣同社会思想的特色作了着重的提出，谭与其他改良派人士许许多多共同的思想——如经济上对自由贸易、自由竞争的强调，政治上的民主人权的宣传解释，文化上的反对八股时文，主张科学“格致”以及变法维新的具体方案主张，就不一一论述了。

当然，谭嗣同还不认识君主专制制度和伦常名教的历史根源，这些启蒙者们总是站在历史唯心主义的立场来对待和论证社会问题：把历史和人类的灾难看做是一种简单的“不幸”和“错误”，是人类的理性在“荀学”和“大盗”的欺骗下，在习俗和偏见的蒙昧下，作了悲惨牺牲的缘故。他们以为把历史和人类从“错误”和“不幸”中解救出来，就只有恢复理性：“作育人材”。历史不是一种规律性的结果，而只是漆黑的一团不幸。只有理性才能解救灾难，理性是历史的推动者。

但是，尽管如此，谭对封建伦常名教为专制统治者服务的实质的揭穿，这一点却仍然是谭氏整个思想中最深刻的部分。在当时那个像子夜般的漆黑的时代环境里，这些思想是一种革命的火花，是一支反叛的号角。比起《大同书》的作者以及当时其他所有进步人士来说，谭对封建伦常秩序的批判，带着更丰富更饱满的具有感性血肉的内容，带着更强烈更勇厉的斗争的生活气息。谭氏比当时任何人都发掘得狠，发掘得深，其中已闪灼着某些接近历史唯物主义的个别观点（如对伦常名教和学术文化为封建君主专制政治制度服务的性质的揭发）。谭氏这方面的批判，是直接为五四运动所承继下来，终于烧起了摧毁那个古老而凶狠的旧文化庙堂的熊熊大火。谭嗣同的这支批判的武器到今天仍然闪耀着它的不可磨灭的光彩。今天读着这些充满着战斗气息的批判文章，仍然能够令人亲切地感触到那个时代的进步精神，那种激动人心的巨大力量。

如果说，谭对封建伦常礼教的批判必须到五四时代才烧起真正的革命的烈火，那么，谭对清朝政权的攻击却立即哺养了当时革命派的人员。① 如果说，前者可算做是五四思想的先导，那么，后者则是辛亥革命的前驱。谭嗣同反满反君主专制的思想，直接作了当时已兴起的革命民主主义者的精神食粮。谭嗣同反满革命的倾向成为他的整个社会思想的第二个大特色（第一个特色即上面所说的对伦常礼教的批判）：

> 天下为君主囊橐中之私产，不始今日，固数千年以来矣。然而有知辽金元之罪浮于前此之君主者乎？其土则秽壤也，其人则膻种也，其心则禽心也，其伦则毳俗也；一旦逞其凶残淫杀之威，以攫取中原之子女玉帛……锢其耳目，桎其手足，压制其心思，绝其利源，窘其生计，塞蔽其智术……而为藏身之固。……虽然，成吉思之乱也，西国犹能言之，忽必烈之虐也，郑所南"心史"纪之；有茹痛数百年不敢言不敢记者，不愈益悲乎！"明季稗史"中之"扬州十日记""嘉定屠城记略"，不过略举一二事，当时既纵焚掠之军，又严剃发之令，所至屠杀虏掠，莫不如是。……亦有号为令主者焉（按指乾隆），观《南巡录》所载淫掳无赖，与隋炀明武不少异，不徒鸟兽行者之显著《大义觉迷录》也。台湾者，东海之孤岛……郑氏据之，……乃无故贪其土地，据为己有。据为己有，犹之可也，乃既竭其二百余年之民力，一旦苟以自救，则举而赠之于

① 其所以如此，可以用普列汉诺夫的说法来解释，一个时代的革命有它最主要的战场、最主要的对象和目的物。在十九世纪末二十世纪初，这种最主要的战场既不是在封建伦常礼教的方面，也不在文学改革的方面，而是集中在反对或改革现存政权的直接政治方面。而这也就可以理解，为什么那么激烈勇敢的革命派人士并没有掀起整个思想领域——道德、学术、文艺的大改革。这也就可以理解，谭嗣同对礼教纲常的批判为什么必须延续到五四时代才能找到他的继承者，而对君主制度和对清朝政权的攻击，为什么却在当时立即引起了那么广泛的兴趣和注意。详本书另文。

人。其视华人之身家，曾弄具之不若。噫！以若所为，台湾固无伤耳，尚有十八省之华人，宛转于刀砧之下，瑟缩于贩贾之手……吾愿华人，勿复梦梦谬引以为同类也。……故俄报有云：“华人苦到尽头处者，不下数兆，我当灭其朝而救其民。”凡欧美诸国，无不为是言，皆将借仗义之美名，阴以渔猎其资产。华人不自为之，其祸可胜言哉！

《仁学》中的这些片断，如果放在以后《民报》等革命派刊物中，是没有什么区别的。这就证明了，一叶知秋，谭嗣同这种思想的出现，预告着革命风暴要到来了，预告着改良主义将让位于民主主义，预告着革命民主主义的浩大思潮即将万马奔腾而至！谭氏对清朝政权的批判中已开始认识了满清统治者的利益与人民利益根本对抗不可调和的性质，开始认识了满清统治者对外卖国与对内屠杀的必然的联系：

中国则惟恐民之知兵，民间售藏枪械者谓之犯法，……盖防民熟其器而为乱，如汉时挟弓弩之禁也。……日存猜忌之心，百端以制其民……一遇外侮，反靦靦然乐且受召之焉。

……外患深矣，海军熸矣，要害扼矣，堂奥入矣，利权夺矣，财源竭矣，分割兆矣，民倒悬矣，国与教与种将偕亡矣。惟变法可以救之，而卒坚持不变！岂不以方将愚民，变法则民智；方将贫民，变法则民富；方将弱民，变法则民强；方将死民，变法则民生；方将私其智其富其强其生于一己，而以愚贫弱死归诸民，变法则与己争智争富争强争生，故坚持不变也。

谭氏对满清统治政权的极度憎恶中，自然地引出了对人民起义和反抗的同情。郑鹤声的文章引谭氏早年遵父命所写的家谱中对其祖先（湘军将领）的颂扬，以证明谭氏对人民群众的敌视态度，是片面的。实际上，谭氏在理论上一贯地表示了对人民革命的同情和对统治阶级屠杀政策的愤慨：

> 洪杨之徒，苦于君官，铤而走险，其情良足悯焉。……奈何湘军乃戮民为义耶？……湘军之所谓克服，借搜缉捕匪为名，无良莠皆膏之于锋刃，乘势淫掳焚掠，无所不至。……中兴诸公，正孟子所谓“服上刑者”。
>
> 中国之兵，固不足以御外侮，而自屠割其民则有余。自屠割其民，而方受大爵，膺大赏，享大名，晌然骄居，自以为大功，此吾所以至耻恶湘军不须臾忘也。
>
> 设陷阱以诱民，从而扼之杀之，以遇禽兽，或尚不忍矣，奈何虐吾华民，果决乃尔乎！杀游勇之不足，又济之以杀“会匪”。原“会匪”之兴，亦兵勇互相联结，互相扶助，以同患难耳，此上所当嘉予赞叹者。且会也者，在生人之公理不可无也。今则不许其公。不许其公，则必出于私，亦公理也。遂乃横被以匪之名，株连搜杀，死者岁以万计。往年梅生、李洪同谋反之案，梅生照西律监禁七月，期满仍逍遥海上，而中国长江一带，则血流殆遍。徒自虐民，不平孰甚！

从上面这些论点，谭得不出“满汉不分”“君民同治”的改良主义的理论纲领，和“循序渐进”“不能躐等”的改良主义的政策主张。这种主张和纲领无论在实质上或逻辑上都直接地与谭氏的急进政治批判和爱国精神相矛盾相冲突。所以，理论的逻辑把谭氏引到了反满革命的自然结论：“彼君之不义，人人得而戮之。”“铲除内外衮衮诸公而法可变。”“今日中国能闹到新旧两党流血遍地，方有复兴希望。”“志士仁人求为陈涉杨玄感以供圣人之驱除，死无憾焉。”“各国变法无不流血。”等等。

与康有为进呈《法国革命记》以恐吓统治者恰好成了一个对照，谭嗣同大肆赞扬了法国大革命的“誓杀尽天下君主，使流血满地球，始泄万民之恨”的“民主主义”。而把反满的书籍秘密地介绍给他的学生、朋友们，与下层会党开始有所交往和联系，以及不把全部希望寄托在为满清贵族所控制的中央政权，而是同样注意地方政权，如暗地谋划湖南独立，以“南学会”为政权组织的种种思想、行动①，已相当接近了以后革命民主派的主张。它是改良派左翼激进派在政治、组织方面的特点的表现。

当然，并不是说，谭已完全是一个革命民主派。人所共知，在实践中真正承认和履行其思想中所意识和肯定的东西，还有着距离。又何况谭这种革命意识还只是处在当时国内改良主义思潮的汪洋大海似的包围中的萌芽，很可能，如普列汉诺夫论霍尔巴哈时所说：“……当暴风雨不再在一座陈设富丽的客厅里爆发，而在巨大的历史舞台上爆发时，他这个最可怜的人却改变了自己的看法……很可能他是不愿与这些‘粗野的’共和党人有任何往来的……”（普列汉诺夫：《唯物论史论丛》，第38页。）思想家们很难摆脱对人民群众的轻视，总认为只有“救世济民”的伟大个人才是历史的推动力。谭在某些时候也表明自己“害怕骚动”，怕“大乱一作，无可收拾”。但另一方面，按谭的“不乐小成”的个性特征和上述激进思想，革命风起也很难保证他不会卷入其中而成为领袖的。所以，与康有为、梁启超不同，谭在中国近代应是激进派和激进思想的最早代表，他是辛亥革命和五四运动的真正先驱。他的思想是中国近代由自由主义到激进主义、由改良到革命的意识形态的转折点。

3. 对宗教神秘主义的膜拜

如果说，上面两节中所谈到谭氏社会观点的谬误，还是许多启蒙思想家共同的局限性的话，那么，这里所要披露的，就是集中反映了苦闷的谭氏在思想中所独有的谬误了。这就是由其哲学“心力”唯心论直接引申出来的宗教神秘主义的思想。

---

① 当时谭嗣同等人认为只有兴民权（政治）和办公司（经济）才是救亡之本，如果清廷不行，则地方可搞。“南学会”就是作为议院雏形而倡立的：“湘省请立南学会，既蒙公优许矣，国会即于是植基，而议院亦且隐寓焉。……无论如何天翻地覆，惟力保国会，则民权终无能尽失。于有民权之地而敢以待非澳棕黑诸种者待之，穷古今亘日月，可以断其无事也。”（《秋雨年华之馆丛脞书未刊稿·上陈右铭抚事书》，《湖南历史资料》1959年第4期）

这种思想的来源，从理论上说，是因为谭氏不能了解社会灾难的真正原因，因为找不到社会罪恶的物质根源，而又在自己生活经历中看到了统治阶级和封建士大夫们各种卑鄙污浊、自私自利的卑劣心理，于是与其错误的精神论和抽象的人性论相吻合，谭就简单地把一切罪恶的原因归之于“人心”的后天的不善，归之于人因自私而起“机心”生“我相”，产生“念念相续”之“意识”“我识”，归之于人类万物的“心力”受阻而不能交通融会，从而也就“不通”“不仁”。所以谭说：“大劫将至矣，亦人心制造而成也。西人以在外之机器制造货物，中国以在心之机器制造大劫。”“缘劫运既由心造，自可以心解之。”(《北游访学记》)于是，“仁”—“通”一方面是要求冲破当时重重的传统“网罗”，要求“破对待，求平等”；而另一方面却又希望通过人们“心力”精神的相通以实现灵魂的交流、佛法的普度。前一方面指向现实的斗争，后一方面投入宗教的怀抱。因为谭氏本人毕竟出身高级官吏家庭，当要求改变社会而无从着手无所依靠时，特别是遭到严重困难和消沉状态时，也就自然而然地转向宗教，以实行抽象的“人心的改造”：

达则兼善天下，不知穷亦能兼善天下。且比达官之力量更大。盖天下人之脑气筋皆相连者也。此发一善念，彼必有应之者，如寄电信然，万里无阻也。……人心风俗之受害殆不可胜言，无术以救之，亦惟心以救之。心力不能骤增，则莫若开一讲求心之学派，专治佛家所谓愿力，英士乌特亨立所谓治心免病法。……各教教主，皆自匹夫一意孤行而创之者也。盖心力之用，以专以一。佛教密宗，宏于咒力，咒非他，用心专耳。故梵咒不通翻译，恐一求其义即纷而不专。……思之思之，鬼神通之。孔子曰民可使由不可使知，殆此谓也。言慈悲而不言灵魂，止能教圣贤而无以化愚顽。愚夫妇能常念此，则知生前之声色货利诸适意事，一无可恋，而转思得死后之永乐，尤畏死后之永苦。知天堂地狱，森列于心目，必不敢欺饰放纵，将日迁善以自兢惕。

谭在这里只能解嘲似的提出所谓“以心度一切，众生苦恼”，号召大家去“慈悲”，去“除我相”“断意识”“泯灭机心”，去“视敌如友”“爱人如己”，使“心力”交通，人我合一，这样“仁”也就能“豁然体现”。就谭氏自身说，这种与宇宙同一的宗教感情是其世俗行为和道德意志的根基和动力，同时也与他早年即有的人世悲凉感密切相关。但就客观意义说，谭氏的“仁”—“通”思想本来是要求“中外通”（“通学”“通政”“通教”，即向西方全面学习，沟通科技、思想、政治、宗教）、“上下通”（即兴民权，反对君民上下悬隔）、“男女内外通”（即男女平等反对礼教）、“人我通”（即自由平等博爱），是具有各方面现实内容和斗争意义的，这时在这宗教感怀里变成了、缩成了只讲“人心”沟通的虚幻超度了，谭氏把实现“仁”—“通”的希望竟完全寄托于“愚夫妇辄易听从”能“使民归命”的宗教信仰上。一个号召武器批判的急进战士同时又变为一个主张“向人涕泣陈诉”的可怜的乞求者。“原夫世间之所以有教，与教之所以得行，皆缘民生自有动而必倦倦而思息之习性，然后始得迎其机而利导之。”要求宗教把人送到对现状的安眠中：这与谭氏主张动反对宁静的思想又多么矛盾！“人心难静而易动者也……静之以和平，天下自渐渐帖服；动之以操切，皆将诡诈流转，以心相战，由心达于外而劫运成矣。……自此猛悟，所学皆虚，了无实际，惟一心是实。……虽天地之大，可以由心成之，毁之……”（《北游访学记》）于是一切现实的斗争，一切“格致”“西学”，都并无意义，一切运动变化亦然。“冲决网罗者即是未尝冲决网罗”，干脆逃避到宗教中去吧。“人力或做不到，心当无有做不到者”（同上），这一切，与谭强调倡“动”反“静”，又是何等的矛盾。谭氏学佛，完全逃向这条神秘道路，是正当谭氏由京去宁，在污浊官场中感到“所愿皆虚”“茫无所倚”，自己的抱负和精力都没法开展的最孤独最寂寞最痛苦的时候。脱离了现实斗争，急进思想家也可以投向消极的宗教解脱。谭嗣同这条道路又是具有典型代表性的。以后革命派中的好些人也是走的这条路，由革命家变而为沙门和尚，由要求改变现实变而为去超度心灵，包括章太炎也一度要去做和尚。但是，后代的激进革命者却批判谭氏这种宗教方面，认为它是与《仁学》中的进步思想大相径庭、不能一致的：

> 读《仁学》书有一大疑点，即提倡宗教以笼罩人民，与力倡平等自由及自主之权是也。夫宗教者，世间极不平等、不自由、不自主之障碍物也。总之，宗教乃限制人民之思想，非开展人民之思想，则平等、自由、自主之说，自不能与宗教愚民之说同时并立，明矣。(《张昆弟烈士日记》，见《湖南革命烈士传》，湖南通俗出版社，第 99 页。)

谭氏思想、性格和行动，充满着这种急进又不能急进，要求斗争而没有斗争的尖锐的矛盾——这是一种悲剧性的矛盾。谭嗣同的思想矛盾与康有为是有着区别的。康有为思想矛盾是他自己意识到并自觉地加以调和和统一的：康有为一方面相信激进的“大同”理想，另一方面却又清醒地制定了一套必须“循序渐进”“不能躐等”的改良主义的策略主张，所以也可说不矛盾。谭嗣同的矛盾是不清醒的矛盾。他在九十年代爱国主义高潮下所形成的急进民主思想，以及其个人“赋性偏急”“不乐小成”的勇敢的浪漫性格，就常常很难满足这套“循序渐进”的理论和策略主张。与康、梁不一样，谭氏著作中很少有对这套主张的论证和阐发。即使在实践上参加和从属于这条改良主义道路，也总还是难以掩盖其独特的激烈色彩。而在这条改良主义道路实践面临破产，以强力说袁世凯企图实行宫廷政变的谋划又失败后，谭氏就只能以拒绝出走的“我自横刀向天笑”的慷慨就义和“有心杀贼，无力回天”的悲壮精神，向统治者表示了他最后的急进的“桀骜”。

所以，谭氏之死不能说是为了“报圣主”(梁启超)，或者是“个人英雄主义”(杨正典文)，而正是谭氏思想的悲剧性矛盾发展到顶峰的光辉呈现。这种个人的悲剧反映了当时改良派左翼的悲剧，反映了这一阶层或派别有其独具的急进的政治要求，却又不能不从属和追随在改良主义实践下的内在的痛苦和矛盾。而这种急进思想与温和实践的矛盾，却只有在悲惨地将谭氏本身埋葬后，才取得真正的解决——走向革命的进军，谭氏的激进思想经过血的洗炼，在人心中便生长得愈加茂盛而坚决，开放出美丽而悲惨的行动的花朵。革命派打着谭嗣同的旗号向前迈进了。

* * *

总之，谭嗣同整个思想具有着尖锐的矛盾的两面性：它呈现了唯物主义与唯心主义、辩证法与相对主义诡辩论、科学与宗教、反满与改良……的不可调和的矛盾、冲突与混乱。一方面是物质的“以太”，另一方面是精神的“心力”；一方面是强调事物的运动发展，另一方面是寻找永恒不变的实体；一方面谭的哲学并不建筑在“心力”而是建筑在“以太”上，讲了一大堆“以太”，另一方面又硬要说“谓无以太可也”，“以太”又可以根本不要，只是“借其名以质心力”①；一方面要“冲破网罗”“流血遍地”，另一方面要“涕泣陈诉”“视敌如友”；一方面在理论上痛斥封建君主，另一方面在实践上又要依靠封建君主；一方面是急进要求，另一方面是宗教神秘……然而，谭氏思想起了重要历史作用的，是其哲学中的辩证法因素和社会政治思想中对传统伦常道德和君主专制的挑战和反叛。他的这些勇敢思想至今读来犹虎虎有生气，似乎并未失去它的进步意义。

因之，我以为与其凭几个公式去争论不休谭嗣同到底是唯物主义还是唯心主义，还不如具体研究问题，深入揭露和分析矛盾，论证谭嗣同的思想各个方面如何具体联系关联着，如何既矛盾又统一的，以展开问题的全部复杂丰富的性质，并历史地评价和肯定他那“以太”—“仁”—“通”—“平等”的思想主线。

（原载《新建设》1955 年第 7 期，有修改增补）

① 懂西方哲学的王国维当年评论康有为的哲学“大有泛神论之臭味”，谭嗣同“其形而上学之以太说，半唯物论半神秘论也”（《论近年之学术界》），今日看来，仍颇准确。

论严复

一　在中国近代史上的地位

1. 是“法家”吗？

严复是为什么被毛泽东挑选为“在中国共产党出世以前向西方寻找真理的一派人物”（《论人民民主专政》）的四大代表之一？1949年前，“译才并世数严林”，人们只把严复看做与林纾一样的著名翻译家而已，1949年毛提出严复是与洪秀全、康有为、孙中山并列的代表人物，曾使好些人包括学术界出乎意料。对洪、康、孙三人的地位是没人怀疑的，他们不但代表了中国近代三大先进思潮，而且本人也都是当时站在时代前列、叱咤风云、指挥斗争的政治活动家和领导者。严复显然不具有这种著名作用和显赫身份，他何以能与上述三人并列呢？不是谭嗣同，不是黄兴、章太炎等等，不是其他当时更有声势和名望的人物，而偏偏是严复？1949年后有关严复的论著仍寥寥无几，在好些论及中国近代思想界先进人物的文章中，也经常看不到严复的名字。前数年，由于毛泽东再次提及严复，情况有所改变，有关严复的文章大大增多了。但是，这时又用儒法斗争来编纂中国近代历史，把严复说成是什么“法家”。毛以前所说的，“在五四以前，中国文化战线上的斗争，是资产阶级的新文化和封建阶级的旧文化的斗争。在五四以前，学校与科举之争，新学与旧学之争，西学与中学之争，都带着这种性质”（《新民主主义论》），这时都变成了“法家”和“儒家”，法家思想与儒家思想的斗争。于是，一些奇怪的现象都出来了，讲革命派，不提孙中山，只大讲所谓“法家”章太炎；代表改良派的，也不能是“儒家”康有为，而成了“法家”严复……

一般地说，作为先秦特定思想政治派别的儒法两家，不能作为一种超时代的抽象框架，用于全部中国史或思想史哲学史；特殊地说，更不能把它们作为近代中国史或思想史哲学史的斗争线索。当然也不能用于严复。关于严复批儒尊法思想并不是什么新发现或新问题，早有人作过论述，国外也有人特别强调过这点。① 关键在于需要把它们放在具体历史条件下作分析。严复的确有一些推崇、赞扬中国古代法家或具有某些法家思想的人的议论。前期有，后期也有，它们有着大不相同的具体内容。

在前期，严复是西方资产阶级新文化的热心的倡导者，他在热情宣传、介绍、翻译这种新文化的时候，也不断援引中国古代各家各派的思想学说加以比较、对照、印证和发表议论。其中就有一些赞美申、商、荀况、王安石和不满或批评孔孟程朱陆王的话，例如：

> 尚贤则近墨，课名实则近于申商，故其为术，在中国中古以来，罕有用者，而用者乃在今日之西国……（《天演论》卷上导言十七善群按语）
>
> （斯宾塞）大阐人伦之事，帜其学曰群学。群学者何？荀卿子有言：人之所以异于禽兽者，以其能群也。（《原强》，据《直报》原文）
>
> 千古相臣，知财计为国之大命……荆公一人而已。……不容后人轻易排击也。（《原富》按语）王荆公变法，欲士大夫读律，此与理财，皆为知治之要者。蜀党群起攻之，皆似是实非之谈。至今千年，独蒙其害，呜呼酷矣。（《法意》卷 6 按语）
>
> 吾国自三代至今，……至于政法，非所得立者也。孔子谓观于乡，而知王道之易行，使此老而生于今，所言当稍异耳。（《法意》卷 19 按语）

---

① 如本杰明·史华兹（Benjamin Schwartz）:《寻求富强：严复与西方》（伦敦，1964 年）第 1 章。其中便认为，“十九世纪以前所发展的中国传统思想在可称做政治—经济的哲学领域内提供两种基本选择，一是儒家正统的主线，另一就其根源是常与法家相一致的……”（10 页），点出了《商君书》、《韩非子》、《管子》、《盐铁论》、汉武帝、诸葛亮、朱元璋、张居正等，“有生气活力的皇帝和宰相……似乎本能地即是法家”（13 页），以及严复反儒尊法等等。

严复批评孟轲、韩愈、宋儒特别是陆王的言论是更加突出和明确的。因此，在援引中国古人以印证西方新说时，严复也确将商鞅、荀况、刘（禹锡）柳（宗元)、王安石与孟轲、宋儒等对立起来，并肯定前者反对后者。例如，在《天演论》中，当严复不同意赫胥黎认为人性中“有其精且贵者，如哀乐羞恶，所与禽兽异然者”等等，从而“人惟具有是性而后有以超万有而独尊”即先验的人性善时，便“按”曰：“此篇之说与宋儒之言性同，……朱子主理居气先之说，然无气又何从见理?”（卷下论十三论性按语）而当严复同意赫胥黎“与天争胜”的思想时，却“按”曰：“此其说与唐刘柳诸家天论之言合，而与宋以来儒者以理属天以欲属人者，致相反矣。”(《天演论》卷下论十六群治按语）但是，所有这些，并不是用古代儒法来衡量和介绍西学，恰恰相反，严复是为了介绍西学，而用霍布士、洛克、亚当·斯密、斯宾塞等人的观点来援引、评点、估量和议论中国古人。他认为人不是由于天生“性善”，而是由于各为“私”“利”“安全”争斗，终于“积私以为公”，“明两利为利，独利为不利”，才结成社会和有近代资本主义经济的大发展。他之所以称引荀况、刘柳、王安石，批评孟轲、程朱、“蜀党”，是因为前者更接近、后者更远离这一观点。召唤亡灵是为了当前需要。因为要提倡资产阶级的法制和宣传社会必然变化进步，所以才赞扬法家和变法[①]；

① 所以《法意》《社会通诠》等书按语中，多提及法家。如：“夫井田之制，至于春秋定哀之间，有存盖寡，至孟子时，扫地尽矣。故其所陈说于齐梁诸君者，常存复古之意，江河趋下，其势必不可挽。商君李悝因而毁之，以收一时之利……唐宋诸儒想望太平，皆太息于先王经制之破坏，而归狱商君，虽然，商君不任咎也。认思当日即无商君，井田之制尚克存乎?”（《法意》卷 27 按语）“物穷则必变，商君始皇帝李斯起而郡县封域阡陌土地”“乃悟商君李斯，其造福于中国之无穷也”(《社会通诠》序、按语)。这是近几年人们常引用的几段，其实，当时主张改革而赞扬商鞅王安石，并不是特别稀罕的事。例如，连主张极其温和后代也不甚知名的钟大纬（1840—1900)，便专门写过肯定商、王的《商鞅论》《王安石论》以及《汉武帝论》等（见钟著《刖足集》)。

才强调“中西之异在于法制”(《原富》按语)。因为主张“功利何足病”“理财计学为近世最有功生民之学”(《天演论》卷下论十六群治按语),所以才反对“何必曰利”的“孟子”和称赞“理财读律”的“荆公”。而当“荆公”的“理财”并不符合近代资产阶级的经济原则(如自由主义、个人主义、放任主义)时,也就立即予以批评:

> 读王介甫度支付使厅壁题名记……是名理财,实以禁制天下之发财,既禁发财而又望天下之给足而安吾政,所谓多所抵牾者也。(《法意》卷21按语)

可见,严复对中国古代各家学说的评论取舍,都完全服从于、从属于他当时提倡资产阶级新学、西学的需要,都具有这个特定的时代内容。从议论“六经且有不可用者”①到横扫宋学、汉学、科举词章、金石书法种种传统文化(见《救亡决论》等论文),都是为了替资本主义新文化鸣锣开道。它鲜明地表现了当时的近代西学、新学和传统中学、旧学的斗争。这里根本不是什么“儒法斗争”,儒、法都是前近代的东西。严复也不是什么“法家”,如果看到严复有几句推崇、赞同法家人物的话,就把他说成法家或“继承法家传统”,那么,严复也有好些推崇老子的话(其评价远超过任何法家理论或人物)②,也有多处赞同墨翟反对孟轲的话③,是否因之就可以说严复是“道家”“墨家”或“继承”道家、墨家传统呢?

并且,有意思的是,严复的“尊法”思想,是在辛亥革命后变得最

---

① 《原强》直报原文,后严复将“六经”二字改为“古人之书”。

② 见《老子评点》,如“太史公六家要旨注重道家,意正如是。今夫儒墨名法所以穷者,欲以多言求不穷也,而不知其终穷”,等等。

③ 如:“夫孟子非至仁者欤?而毁墨,墨何可毁耶?……吾所至今而不通其说者也。”(《法意》卷24按语)“兼爱之说,必不可攻,兼爱者不二本,孟轲氏之说,乃真二本耳!……夫孟子固圣贤人,而以云其学说,则未安者众矣。程朱又安能尽护之?”(同上卷21按语)等等。

为鲜明、确定和突出的。在这一时期，严复反复这样说：

> 齐之强，以管仲，秦之起，以商公，其他若申不害、赵奢、李悝、吴起，降而诸葛武侯、王景略，唐之姚崇，明之张太岳，凡有强效，大抵皆任法者也。(《与熊纯如书》第 15 函，1915 年）①
>
> 是故居今而言救亡学，惟申、韩庶几可用。除却综名核实，岂有他途可行？贤者试观历史，无论中外古今，其稍获强效者，何一非任法者耶？管商尚矣，他若赵奢、吴起、王猛、诸葛、汉宣、唐太，皆略知法意而效亦随之，至其他亡弱之君，大抵皆良懦者。……（同上，第 16 函，1915 年）
>
> 然今日最难问题，即在何术脱离共和，……自吾观之，则今日中国需有秦政、魏武、管仲、商君及类乎此之政治家，庶几有济……所用方法，皆在其次。（同上，第 32 函，1916 年）
>
> 其能闳济艰难，拨乱世而反之正者……能得汉光武、唐太宗，上之上者也。即不然，曹操、刘裕、桓宣武、赵匡胤，亦所欢迎。（同上，第 36 函，1916 年）

这不是很接近近几年艳称的“法家名单”么？看来，严复这时倒真有点“继承法家传统”的样子了。但是，它的具体的历史阶级内容又是什么呢？

本来，严复就是坚决反对革命和资产阶级革命派的。辛亥以后，他更认为现实证明他原有主张的正确。所以他一再说：“天下仍需定于专制。”（同上，第 1 函，1912 年）“终觉共和政体，非吾种所宜。”（第 6 函，1913 年）也正是在这样一种思想基础上，他终于被列名参与了袁世凯称帝的筹安会。袁垮台后，严复仍然坚持己见。他又一再说：“项城之失……，因别有在，非帝制也。……夫共和之万万无当于中国，中外人士人同此言。”（第 26 函，1916 年）“吾国形势、程度、习

① 次序及年代依南京大学历史系编严复书信油印本。下同。

惯，于共和实无一合。”（第40函，1916年）“现在一线生机，存于复辟。”（第41函，1917年）“总之，鄙人自始至终，终不以共和为中华宜采之治体。”（第68函，1920年）上述“尊法”言论，正是与这些思想、言论紧密交织在一起的，是与他极力支持袁世凯（只恨铁不成钢，嫌其才识不够），主张复辟，是与他大骂孙（中山）、黄（兴）、抨击辛亥革命，是与他反对白话文、反对五四运动等联系在一起的。反对民主共和，主张帝制复辟，提倡马基雅弗利（Machiavelli），幻想强人政治，希望出现一两个强有力的统治人物，以铁腕方式，“恢复秩序”、“拨乱反正”、“综名核实”、“脱离共和”、镇压革命、统一中国，这就是严复这个时期占主导地位的政治思想，也就是他这个时期“尊法”的具体含意和阶级内容。因之，不难理解，严复在抒发“尊法”思想的同时，何以愈来愈赞扬旧文化。“尊法”并不与批儒批孔而是与尊儒尊孔同时并举。例如，他提出“将大学经文两科合并为一，以为完全讲治旧学之区，用以保持吾国四五千载圣圣相传之纲纪彝伦道德文章于不坠……此真吾国古先圣贤之所有待，而四百兆黄人之所托命也”（《与熊纯如书》第2函，1912年）。这种思想、言论、活动很多①。

可见，同是讲申商，说法家，时间、条件不同，在严复便有大不相同，乃至完全相反的意义。在前期是与“专制之治所以百无一可”（《法意》卷5按语）的观点相连，在后者则与“仍需定于专制”的主张一致，那么，为什么硬要避开具体分析，把它们糅在一起混为一谈呢？

---

① 如：“1913年，孔教会成立……以严复领首。同时，他又在中央教育会发表《读经当积极提倡》的演说，亦旨在尊孔读经。在此以后，他又写了《导扬中华民国立国精神议》，竭力提倡忠孝节义等封建道德。1914年，他看到卫西琴（A.Westharp）所著《中国教育议》中有赞美孔丘的话，就引为同道，将全书翻译过来。第一次世界大战爆发后……更笃信代表中国封建时代的孔丘思想，以为这就是救中国救世界的丹方……严复又歌颂起孔孟以来的道统了。”（王栻：《严复传》，上海人民出版社，1976年版，第132—133页）

2. 在于代表改良派吗?

也是由于“四人帮”只许讲“儒家”康有为的尊孔与复辟，于是颇有让“法家”严复来充当戊戌变法运动的改良派的主要代表之意。这一点，在近几年好些文章、小册子中，或明或暗不同程度地浮现出来。

这本是个一直没有说清楚的问题。多年以来讲严复，几乎很少例外，都把他当做资产阶级改良派的代表来论述，都着重谈他在戊戌时期要求变法维新，代表了当时的改良派，等等。当然，就广义说，即严复的政治思想和阶级立场属于当时资产阶级改良派，这是事实。但我以为，它并不是严复历史作用的主要方面。这个时期，严复写过几篇重要文章，《天演论》的译稿也被极少数人阅读称赞，但不仅其影响和作用不及康有为的万言书和梁启超的《时务报》，而且严复提出的具体主张和变法方案，也比康、梁要保守得多。① 并且，当变法维新运动日益走向高潮，参加和赞同的人越来越多的时候，严复刚好相反，却日益退下阵来，对它抱着怀疑以至反对的态度。1898 年的《上皇帝万言书》就比前两三年的那些文章还要更保守。实际上，他并不很赞成康有为等人掀起的政治改革运动，他强调的是搞教育，办报纸，“开民智”，认为这才是救国之“本”。一个在理论上思想上并不很赞成、在行动上也并不很热心和积极于戊戌变法的政治运动的人，硬要他来充当它的主要代表，岂不有点冤枉？如果严复在中国近代史上的地位，只是代表了戊戌变法运动的改良派，有康有为还不够吗？显然，严复作为能与农民革命领袖洪秀全、资产阶级改良派领袖康有为、资产阶级革命派领袖孙中山齐名并列的而为毛所赞颂中国近代大人物，其历史地位和代表意义，并不在这里。

我认为，严复在中国近代史上的地位不是什么“法家”，也不在于代表了资产阶级改良派，而在于他是中国资产阶级重要的启蒙思想家。他之

① 《原强》文中最“急进”的政治主张，不过是“设议院于京师，而令天下郡县各公举其守宰”这么含糊笼统的一句，这一句也是应付梁启超而增写的，《直报》原文并无此句。可参看王栻《严复传》第 47—48 页。

所以被毛看重，与毛个人亲身经历和感受有关，而毛是素来重视意识形态和“世界观”的。严复代表了近代中国向西方资本主义寻找真理所走到的一个有关“世界观”的崭新阶段，他带给中国人以一种新的世界观，起了空前的广泛影响和长远作用，这种启蒙影响和作用不只是在戊戌时期和对改良派，更主要更突出的是对后几代包括毛在内的年轻的爱国者。所以，尽管严复本人在基本政治倾向上属于戊戌时期的改良派，但把他的客观历史地位、意义和作用框限在改良派或戊戌时期，又是不符合实际的。

从林则徐主纂《四州志》《华事夷言》，魏源编写大部头《海国图志》开始，先进的中国人踏上了寻求救国真理的千辛万苦的艰难道路，到五四运动马克思主义输入中国之前，历时八十年。中间经历了好几个重要阶段。像十九世纪七八十年代以郑观应《易言》(即《盛世危言》)为代表，提出向西方学经济学政治，主张“藏富于民”，“开议院以通下情”等等，是一个阶段。像九十年代，以康有为、谭嗣同为代表，创造性地提出一套资产阶级哲学思想，作为变法运动的理论基础，又是一个阶段。但是，郑观应等人提出的，只是些具体的政策措施，至于这些政策措施的理论依据是什么，亦即西方资本主义种种经济政治制度的根本实质是什么，人们还是茫然。当时所能读到的西学译书，不过是些《汽机问答》《格致汇编》《万国公法》之类，从这些译作中得不到上述问题的解答。康有为、谭嗣同正由于迫切感到现实斗争需要理论的指导，才“于此种学问饥荒之环境中，冥思枯索，欲以构成一种不中不西即中即西之新学派”(梁启超:《清代学术概论》)，写了一些理论著作。这些著作，混合着一大堆从孔孟、陆王到唯识、华严的各色传统，“盖固有之旧思想既深根固蒂，而外来之新思想又来源浅觳，汲而易竭；其支绌灭裂，固宜然矣”(同上)。无论是装在“公羊三世”套子里的历史进化论，或者是《仁学》里人权平等的政治呼号，都半是荒唐，半嫌肤浅，“拉杂失伦，几同梦寐”(章太炎评语)，没有多少科学性和说服力，不能适应和满足愈来愈多的爱国人士特别是年轻一代的要求。需要从根本上了解西方，中国往何处去，是与世界发展的普遍趋向相联系的，需要了解这一趋向，已经日益成为当时的迫切课题。不是别人，正是严复，自觉地担负起时代提出的这个历史重任，通过《天演论》《原富》《法意》《穆勒名学》(这是严译中最重要的四部）等翻译，把进化论、经验论的认识论、西方古典经济学和政治理论，一整套系统地搬了进来，严复是将西方古典政治经济学说和哲学的理论知识介绍过来的第一人。它标志着向西方寻找真理由感性到理性、由具体到抽象、由形式到内容、由现象到本质这条“天路历程”中不断上升的一个界碑。从而严复在中国近代思想史上开创了一个新纪元，使广大的中国知识分子第一次真正打开了眼界，看到了知识的广阔图景：除了中国的封建经典的道理以外，世界上还有着多么丰富深刻新颖可喜的思想宝藏。严复对西方学术思想的系统介绍，及时满足了当时人们进一步寻找真理、学习西方的迫切要求。从此，人们就不必再去从那些《汽机问答》《格致汇编》等自然科学或工艺技术的课本中，也不必再去从那些《泰西新史揽要》《政法类典》之类的单纯的政法史地的记述译作中，来费尽心思地学习研究、揣摩推测西方的道理和情况了。(在这以前，许多人正是这样去学习和了解的，如康、谭等人建立自己的思想体系也只得如此。）这样，中国近代先进人士向西方寻求真理的行程便踏进了一个崭新的深入阶段。这一事实是极为重要的，它从根本上打开了人们的思想眼界，启蒙和教育大批的中国人，特别是爱国青年。从严复同代或稍晚一些的人，到鲁迅的一代，到比鲁迅更年轻的一代①，无不身受其赐。他们一开始都是用严复搬来的这些思想，构成他们思想历程中所必然经过的一环，并对其中一些人留下了不可磨灭的深远痕迹。其后，革命派和其他人介绍卢梭和各家各派西方理论学说，尽管政治路线可以有所不同②，翻译形式可以

① 这里所谓“一代”，非二三十年一代的严格时间概念，下同。

② 正如林则徐、魏源与洪秀全向西方寻找真理，代表了两种不同的政治路线一样，严复与革命派对西学的介绍，也存在着政治路线的对立。革命派所推崇的卢梭和天赋人权、民主共和等理论，是严复始终加以反对的。他用十九世纪的进化论观点，指摘、批评卢梭和天赋人权说是非历史的，认为并非生有人权或天生平等，平等、人权、民主都是历史进化的产物，等等。好些论著把严复说成天赋人权说的倡导者，误。

大有发展，但就介绍西学、新学的整个理论水平说，却并没有超过严复。严复于是成了近代中国学习和传播西方资本主义新文化的总代表，成了最主要的启蒙思想家之一。不能低估严复的这种作用和影响。鲁迅就是很尊重严复的。① 在接受马克思主义阶级论以前，鲁迅一直是相信严复介绍过来的达尔文进化论的。毛泽东青年时代阅读严复的译作，更是大家熟知的事情。而胡适给自己取的名字就昭示严的影响。所以，在某种意义上，也可以说，与其是严复本人的主观思想，不如说是受严复译作重要影响的后人的思想、作为，使严复在中国近代史上取得如此光荣的一席。

严复在《天演论》出版后一年说："有数部要书，非仆为之，可决三十年中无人为此者。"（致张元济函）后来的事实证实了这个颇为傲慢自大的说法。包括严复翻译的资本主义古典名著《原富》《法意》，数十年便没出过新译本。所以，从最简单的"船坚炮利"的《海国图志》前进到"藏富于民"和"开议院以通下情"的《筹洋刍议》《盛世危言》，再前进到有着朴素简单的资产阶级民权平等理论思想的《大同书》《仁学》，而最后进到真正系统复杂的资产阶级古典经济政治的思想理论的《原富》《法意》等，这就是中国近代不断向西方寻求真理几十年艰辛的整个历史过程。

然而，严复带给人们的又不只是某些资产阶级的理论学说而已，更重要的是，他结合这些介绍、翻译，创造性地给予了当时中国人以一种新鲜的世界观，从思想根基上突破了传统的意识形态。这主要表现在《天演论》的译作中。要准确估计严复在中国近代史上的地位，的确不能与《天演论》分开。

二 《天演论》的独创性

不但在严复所有译著中，而且在马克思主义传播以前的所有译作

① 鲁迅曾多次提到严复的翻译，"据我所记得，译得最费力，也令人看起来最吃力的是穆勒名学和群己权界论的一篇作者自序，其次社会通诠……"（《二心集·关于翻译的通信》），可见鲁迅对严复的译作都认真读过并有印象的。

中，《天演论》是影响最大的。为什么会这样？它到底给了人们什么？

严复《天演论》的特点在于它不是赫胥黎原书的忠实译本，而是有选择、有取舍、有评论、有改造，根据现实，“取便发挥”的“达旨”（《天演论》译例言）。这本书所以能起巨大影响，原因也在这里，它对外国思想的介绍翻译没有生搬硬套，而是力求服务于当时中国的需要。鲁迅称赞严复是“感觉锐敏的人”（《热风》），他“做”过《天演论》。严复“做”的《天演论》，确乎已不同于赫胥黎的原书《进化论与伦理学》了。

书名只用了原名的一半，正好表明译述者不同意原作者把自然规律（进化论）与人类关系（伦理学）分割、对立起来的观点。赫胥黎是达尔文主义的勇敢捍卫者。但他认为人类的社会伦理关系不同于自然法则和生命过程。自然界没有什么道德标准，优胜劣败，弱肉强食，竞争进化，适者生存。人类社会则不同，赫胥黎认为，人类具有高于动物的先天“本性”，能够相亲相爱，互助互敬，不同于上述自然竞争，“社会进展意味着对宇宙过程每一步的抑制，并代之以另一种可称为伦理的过程”（赫胥黎：《进化论与伦理学》科学出版社，1973 年版，第 57 页）。由于这种人性，人类不同于动物，社会不同于自然，伦理学不能等同于进化论。这是赫胥黎本书一个基本观点。严复是不同意的。在《天演论》中，他不断通过按语加以批评。例如，在译述赫胥黎“人心常德，皆本之能相感通而后有，于是是心之中常有物焉以为之宰，字曰天良。天良者，保群之主……”（卷上导言十三制私）这段话后，就“按”：“赫胥黎保群之论可谓辩矣。然其谓群道由人心善相感而立，则有倒果为因之病，又不可不知也。盖人之由散入群，原为安利，其始正与禽兽下生等耳，初非由感通而立也。夫既以群为安利，则天演之事，将使能群者存，不群者灭，善群者存，不善群者灭。善群者何？善相感通者是。然则善相感通之德，乃天择以后之事，非其始之即如是也。……赫胥黎执其末以齐其本，此其言群理所以不若斯宾塞之密也。”（同上按语）

这就是说，所谓人类有“善相感通”的同情心、“天良”而相爱互助，团结“保群”，也只是“天演”的结果和产物，而不是原因，是“末”而非“本”。人本与禽兽下生一样，之所以“由散入群”，形成社会，完全由于彼此为了自己的安全利益，并不是由于一开始人就有与动物不同的同情心、“天良”、“善相感通”。因此，生物竞争，优胜劣败，适者生存的自然进化规律，同样适用于人类种族和社会。在讲社会学原理上，严复指出，赫胥黎的上述观点不及斯宾塞。①

斯宾塞并非达尔文的信徒，却是社会达尔文主义的倡导者。他在达尔文《物种起源》出版前便提倡一种普遍进化的观念。这种观念是经由柯律立芝（Coleridge）接受德国古典哲学（主要是谢林）后的产物，其中也混杂着生物学中的拉马克主义。斯宾塞的哲学和进化论思想充满了种种矛盾、含混不清和前后变异②，但在当时，却是具有所谓完备体系、风行一时、“主宰这世纪最后三十年左右英国哲学界”③的著名哲学家。

严复留学英国，正当其时，深受影响，把它当做了科学真理。在

---

① 又如，严复坚持感觉论的道德论，反对赫的先验论：“有叩于复者曰，人道以苦乐为究竟乎，以善恶为究竟乎？应之曰，以苦乐为究竟。……乐者为善，苦者为恶。苦乐者，所视以定善恶者也。……赫胥氏是篇所称屈己为群为无可乐，而其效之美不止可乐之语，于理荒矣。且吾不知可乐之外，所谓美者果何状也。”（《天演论》卷上导言十八新反按语）等等。即认为苦乐是根本的，善恶（道德）是派生的。这与康有为的观点一致，而不同于章太炎。严复反对割裂“天理”“人欲”，认为“生民有欲”也是“天”所给予的。严复的这些观点与康有为、谭嗣同等人大体上是一致的。

② 如一面力主极端自由主义、个人主义，另面又以社会有如生物机体。前一面要求保护个人求生存的自然竞争权利，不应受任何干涉限制，因而反对政府或国家的任何干预，后一面因视政府为生物体的中枢，从而个人作为社会机体的部分，又并不能享有无限制的自由而影响整体，但社会机体的进步又首先有赖于个体细胞的更新、发展，等等。把社会比拟于生物体，本就是庸俗理论。斯宾塞的一些基本概念，如所谓“力”“生命”等等，也是非常含混模糊的。可参阅巴克尔（E.Barker）《英国政治思想：从斯宾塞到今天》第四章。

③ 罗道夫·梅兹（Rudef Metz）：《英国哲学百年》，伦敦，1950年，第98页。

《原强》中，严复介绍达尔文之后，紧接着便介绍斯宾塞，并对之作了极高评价："美矣备矣，自生民以来未有若斯之懿也，虽文（文王）周（周公）生今，未能舍其道而言治也。"① 在《天演论》中，严复也一开始就在按语中介绍斯宾塞的著作，说："呜呼，欧洲自有生民以来，无此作也。"（卷上导言一察变按语）全书更多处用斯宾塞来反驳赫胥黎，特别是用斯宾塞的普遍进化观念来强调"天演"是任何事物也不能避免的普遍客观规律，完全适用于人类种族与社会。他说："万类之所以底于如是者，咸其自己而已，无所谓创造者也。"（《天演论》卷上导言一按语）严复非常欣赏老子所讲的"天地不仁，以万物为刍狗"，认为王弼解释为"地不为兽生刍而兽食刍，不为人生狗而人食狗"，符合进化论观点，即并不是某种神秘的宗教目的论支配着世界，天地或上帝也并不特别对人或物有什么恩惠，人所以成为"万物之灵"，并不是上帝的赐予，完全是自己奋斗的结果，包括人的聪明才智，也是在进化中大脑容量和皱纹不断加大加多的结果。自己努力奋斗，不断进化，就能生存、发展，否则就要被淘汰而归于灭亡。严复举例说："澳洲土蜂无针，自窝蜂有针者入境，无针者不数年灭。"（《天演论》卷上导言四人为按语）植物也如此。"嗟呼，岂惟是动植而已，使必土著最宜，则彼美洲之红人，澳洲之黑种，何由自交通以来，岁有耗减？"（同上）在《原强》中，严复也说："达尔文曰，物各竞存，最宜者立，动植如是，政教亦如是也。"这些都是接受斯宾塞学说的表现。②

但是，斯宾塞终究是当年所谓日不落国的大资产阶级利益的代表，他那套强调个体之间、种族之间的所谓自由竞争、优胜劣败，甚至主张政府不办教育，不搞福利，不管人民健康等等，以任其自然淘汰、适者生存的社会达尔文主义，是欺压、剥削殖民地民族的强权逻辑，它本质上与严复要求救亡图存的爱国思想处于很不协调和实际对立的地位。所

① 据《直报》原文。后严复改为"呜呼，此真大人之学矣"。

② 达尔文虽从马尔萨斯人口论得到启发，但他并未认为自己所发现的生物界生存竞争规律适用于人类社会。

以，尽管评价很高，严复对斯宾塞这样一些基本主张却并未着重介绍。相反，严复倒是选择翻译了反对斯宾塞社会达尔文主义理论的赫胥黎。如严复在《天演论》自序中所点明，“赫胥黎此书之旨，本以救斯宾塞任天为治之末流，……且于自强保种之事，反复三致意焉。”所谓“任天为治”，指的就是任凭“物竞天择”的自然规律起作用，而不去积极干预它。严复不满意这种思想，认为这是斯宾塞“流末之失”，从而要用赫胥黎“与天争胜”的观点来纠正“补救”它。赫胥黎在这本书里宣传的便是“我们要断然理解，社会的伦理进展并不依靠模仿宇宙过程，更不在于逃避它，而是在于同它作斗争”(《进化论与伦理学》，第58页)。主要是由于这一点，而不是别的什么理由①，使严复对这本新出（1894年出版）的通俗书大感兴趣。并立即翻译了过来。总之，一方面虽不同意赫胥黎人性本善、社会伦理不同于自然进化的观点；另一方面又赞成赫胥黎主张人不能被动地接受自然进化，而应该与自然斗争，奋力图强。一方面虽然同意斯宾塞认为自然进化是普遍规律，也适用于人类；另一方面又不满意斯宾塞那种“任天为治”弱肉强食的思想。

这一态度完全是当时中国的现实所决定的。严复是在中日甲午战争失败的巨大刺激下着手翻译《天演论》的。②甲午战后，帝国主义列强看到日本如此得手，都眼红心急起来，纷纷各划势力范围，要求“瓜分中国”。当时中国首次面临帝国主义各国大规模入侵宰割的危亡局面。但当权的守旧派却依然故我，不肯改革，顶着“天朝上国”的纸帽子不放。知识界的士大夫们也仍然抱残守缺，夜郎自大，愚昧无知，空谈夷夏，还认为中国作为“圣圣相传”的“礼义之邦”，优越得很，特殊得很。严复所以要大声疾呼地介绍达尔文、斯宾塞，就是针对这种现实情

---

① 不是如史华兹提出的那些理由：文字简洁，诗意盎然等等。

② “和议始成，府君大受刺激，自是专力于翻译著述，先从事于赫胥黎之天演论，未数月而脱稿。”(严璩：《侯官严先生年谱》）一般均说《天演论》于1896年译出，但王栻《严复传》考证认为，《天演论》“至迟在光绪二十一年（即1895年）译成”(该书第41页)。

况，强调进化是一种不可抗拒的客观普遍规律，是中国与外国、人与自然万事万物均如此，“虽圣人无所为力”的“运会”。严复要突出进化规律的普遍有效性，要宣传、介绍事物共同遵循这个普遍观念，要指出中国并不特殊，并不例外。因此不能再麻木不仁，自以为了不起，自以为历史悠久，人口众多，便不会亡国灭种。他举出上述动植物和美洲红人、澳洲黑人等等作为例证来警告。这也就是他接受、推崇、宣传斯宾塞和用以驳难赫胥黎的地方。

但与此同时，也是更重要的，是严复要人们认识这种规律后，不应自甘作劣等民族坐待灭亡，而应该赶快起来进行奋斗。只要依靠自己的力量，团结一致，奋发图强，命运还是操在我们自己手里。这就是他选择翻译赫胥黎这本书，要用赫胥黎来“补救”斯宾塞的缘故，也是他在提倡西学的文章中，对比中西时特意提出“其于祸灾也，中国委天数，西人恃人力”①，以及称颂欣赏荀况、刘柳“制天命而用之”“天人相分”思想的缘故。严复要人们重视的是：自强、自力、自立、自主……这才是严复宣传“物竞天择，适者生存”的“天演”思想的真正动机和核心。严复在各种著译中再三说：“万类之所以底于如是者，咸其自己而已，无所谓创造者也。”（《天演论》卷上导言一察变按语）“要当强立不反，出与力争，庶几磨砺玉成，有以自立，至于自立，则彼之来，皆为吾利，吾何畏也。”（《有如三保》）“国之兴也，必其一群之人……人人皆求所以强而不自甘于弱。”（《国闻报缘起》）严复具有强烈的民族自尊心和自信心，对中国的前途，如对人类的前途一样，抱着乐观态度②。

可见，强调自然进化的普遍规律和人们应该适应这一规律而团结起

① 《论世变之亟》。《救亡决论》也说：“故凡遇中土旱干水溢，饥馑流亡，在吾人以为天灾流行，何关人事，而自彼（指西方）而论，则事事皆我人谋之不臧。”

② 如：“吾民……实有可为强族大国之储能，虽摧斲而不可灭者……尽去腐秽，惟强之求，真五州无此国也。何贫弱奴隶之足忧哉，世有深思之士，其将有感于吾言。”（《社会通诠》按语）此种言论思想多见。

来，自强、自力、自主、进步，以与外物斗争，不再受别人的欺侮、主宰和控制，这就既不是斯宾塞的一般进化观念，也不同于赫胥黎的人性本善的伦理学说，表面看来，严复折中赫胥黎和斯宾塞，似乎是矛盾，实际却是一种合情合理的“创造”。①

《天演论》用自然科学的许多事实，论证了生物界物竞天择、进化无已的客观规律，以达尔文主义的科学性和说服力，给了当时中国人以发聩振聋的启蒙影响和难以忘怀的深刻印象，立即作了当时正涌现的新型知识分子和革命派的重要的精神食粮，煽起他们救亡图存的爱国热情，走上革命道路。固然这主要由于社会斗争形势所决定，而《天演论》在思想上所起的作用，也不容忽视。正如当时革命派所公正指出：“自严氏之书出，而物竞天择之理，厘然当于人心，中国民气为之一变。即所谓言合群言排外言排满者，固为风潮所激发者多，而严氏之功，盖亦匪细。”(《民报》第 2 号《述侯官严氏最近政见》)②

然而，《天演论》的作用还不止此。人们读《天演论》，不只是获得了一些新鲜知识，尽管例如破天荒第一遭儿知道西方也有并不亚于中国古圣贤的哲人，“苏格拉底、柏拉图也出来了”(鲁迅)，的确使人备感

---

① 史华兹只讲严复用斯宾塞批评赫胥黎，说严完全站在斯的一方，似片面。

② 严氏的译作大都出版在戊戌以后(《天演论》正式出版于戊戌年，而大量风行则在戊戌以后)，与其说是为改良派变法运动服务，实际上还不如说，不管作者主观意图如何，它作了正兴起的革命派的思想食粮。而革命派虽对严氏某些译作如斯宾塞的《社会通诠》虽有反对意见(参看章太炎《社会通诠商兑》)，但与对康、梁不同，基本上仍采取了尊重的态度，并且还认为严氏“未尝以排满为非”，“其对于民族国民主义，实表同情”，“严氏民族主义至译《法意》而益披露”，“……故知排满革命为吾民族今日体合之必要，严氏征据历史而衡以群学之进化之公例，其意盖有可识者”，“皮相严氏者，……以为严氏主张平和”，“或者不学，不察严氏之意，……而疑其拥政府而非民族主义”，“严氏既以所学重于世，世亦受严氏学说之影响，而自吾人观之，皆足以征其鼓吹民族之精神而鲜立于反对者之地位”(均《民报》2 号)。这是把严复并不具有的排满革命思想强加给他，硬把严说成自己的同道。

兴趣；也不只是获得对某些问题甚至是救国之类的大问题的具体解答，尽管这种解答的确掀起了上述救亡图存的爱国热情。更独特的是，人们通过读《天演论》，获得了一种观察一切事物和指导自己如何生活、行动和斗争的观点、方法和态度，《天演论》给人们带来了一种对自然、生物、人类、社会以及个人等万事万物的总观点总态度，亦即新的世界观和人生态度。晚清末年以来，中国封建社会和封建家庭加速度地瓦解崩溃，一批又一批、一代又一代的不同于封建士大夫的新式青年学生和知识分子在迅速涌现，严复介绍过来的这种斗争、进化、自强、自立……的资产阶级世界观，正好符合他们踢开封建羁绊，蔑视传统权威，锻炼身体与自然界斗争（传统社会是不讲体育的），走进人生战场，依靠自己力量去闯出道路来的需要。而这种观点和态度，又是以所谓“科学”为依据和基础，更增强了信奉它的人们的自信心和冲破封建意识形态的力量。自《天演论》出版后，数十年间，“自强”“自力”“自立”“自存”“自治”“自主”以及“竞存”“适存”“演存”“进化”“进步”之类的词汇盛行不已，并不断地广泛地被人们取作自己或子弟的名字和学校名称。今日老人中，此类名号恐还有不少，这就深刻地反映了严复给好几代中国人特别是知识分子，以一种非常合乎他们需要的发奋自强的新的世界观。这是《天演论》独创性之所在，也是这本书及其思想长久风行、获得巨大成功的主要原因。

当然，用“物竞天择”的生物学规律来解释社会发展和历史进化，是并不科学的。如恩格斯所指出：“想把历史的发展和错综性的全部多种多样的内容都总括在贫乏而片面的公式‘生存斗争’中，这是十足的童稚之见。”（《马克思恩格斯选集》第3卷，人民出版社，1972年版，第572页）社会生产方式的演变，才是人类发展的历史。《天演论》和进化论在马克思主义广泛传播后，其社会影响也就很快地消失了。

三　经验论及其归宿

如果说，《天演论》带给人们一种新的世界观，对严复本人来说，并不一定是很自觉的事；那么，用培根、洛克和穆勒等英国经验论作为认识论和方法论，来武装中国人的头脑，则是他非常重视、十分自觉的工作了。许多文章也都讲到，严复用唯物论的经验论批判以陆王心学为主要代表的中国传统唯心论的先验论，这里不再重复。本文认为，更重要的是，严复从一开头就非常重视哲学认识论。他提到哲学路线斗争的高度来考察向西方寻找真理的整个问题，并明确认定认识论是关键所在，这才是严复思想一个很突出的地方。这一点大概也给毛泽东以重要影响。

严复驳斥那种认为“中国之智虑运于虚，西洋之聪明寄于实”，即西方只讲求所谓实学的肤浅看法，指出问题不在虚实，“中国虚矣，彼西洋尤虚”(《原强》)。西方所以船坚炮利，国力富强，经济政治制度所以比封建中国精良优越，正在于它们有各种近代基本理论科学（包括自然科学和社会科学）作为基础和依据，而所以有这种种科学，又正在于它们都以新的认识论——逻辑学为指导。这种认识论——逻辑学就是培根开其端的经验论和归纳法。他说，“而有用之效征之富强，富强之基本诸格致，不本格致，将所无往而不荒虚”(《救亡决论》)。“是以制器之备，可求其本于奈端（即牛顿）；舟车之神，可推其原于瓦德；用灵之利，则法拉第之功也；民生之寿，则哈尔斐之业也（指哈维发现血液循环，在医学上的重大贡献）。而二百年学运昌明，则又不得不以柏庚（即培根）氏之摧陷廓清之功为称首”(《原强》)。严复把富强之基归于科技，科技之本在于方法，即培根提出的哲学经验论和归纳法。严复称之为“实测内籀之学”。所谓“实测”，是指一切科学认识必须从观察事物的实际经验出发，“其为学术也，一一皆本于即物实测”(《原强》)。“古人所标之例，所以见破于后人者，正坐阙于印证之故。而三百年来科学公例，所由在在见报不可复摇者，非必理想之妙过古人也，亦以严于印证之故”(《穆勒名学》部丙按语)。不是书本，而是实际经验，才是认识的出发点和检验的标准。因之，“吾人为学穷理，志求登峰造极，第一要知读无字之书”(《西学门径功用说》)。“故赫胥黎曰，读书得智是第二手事，唯能以宇宙为我简编，民物为我文字者，斯真学耳。此西洋教民要术也。”(《原强》)“夫理之诚妄，不可以口舌争也，其证存乎事实。”(《原富》译事例言)所谓“内籀”，是相对于“外籀”(演绎)而言的归纳，它是上述认识论所具体采用的逻辑方法。严复认为，一切科学真理必须通过归纳法而设立：“内籀者，观化察变，见其会通，立为公例者也。”(《原富》译事例言)“西学格致……一理之明，一法之立，必验之物物事事而皆然，而后定之为不易。”(《救亡决论》)

严复大力提倡逻辑归纳法，是针对中国传统“旧学”而发的。严复将“西学”与“中学”作了一番比较。他列举出中国社会的科举八股、汉学考据、宋学义理，以及辞章、书法、金石等等“旧学”“中学”，“一言以蔽之，曰无用”，“曰无实”(《救亡决论》)，“其为祸也，始于学术，终于国家”(同上)。

严复认为，传统的文化学术的根本问题在于不从客观事实的观察、归纳出发，也不用客观事实去验证。演绎的前提来自主观臆造或古旧陈说，是“师心自用”的先验产物。“旧学之所以多无补者，其外籀(演绎)非不为也，为之又未尝不如法也，第其所本者，大抵心成之说。”(《穆勒名学》部乙按语)“不实验于事物，而师心自用，抑笃信其古人之说者”(同上，部甲按语)，“何尝取其公例，而一考其所推概者之诚妄乎”(同上，部乙按语)？因此，讲起来似乎很有道理，实际上脱离现实，墨守陈说，推论过程即使不错，但前提完全错了：“原之既非，虽不畔外籀终术无益也。”(同上，部乙按语)原因仍在于前提不是来自实际经验的归纳，而是主观臆造的，“无他，其例之立，根于臆造，而非实测之所会通也”(同上)。

与康有为等人欣赏陆九渊、王阳明不同，严复用唯物主义经验论，着重批判了以陆王心学为代表的唯心主义先验论。严复在《穆勒名学》中一再提到“良知良能诸说，皆洛克、穆勒之所摒”(部丙按语)，认为一切真理都由归纳经验而来，没有什么“良知”“公例无往不由内籀……无所谓良知者矣”(部乙按语)。严复还明确指出：

> 西语阿菩黎诃黎(即先验的，a priori)，凡不察事实，执因言

果，先以一说以概余论者，皆名此种。若以中学言之，则古书成训，十九皆然。而宋代以后，陆、王二氏心成之说尤多。(《穆勒名学》部乙按语)

夫陆王之学，质而言之，则直师心自用而已。自以为不出户可以知天下事，与其所谓知者，果相合否？不径庭否？不复问也。(《救亡决论》)

严复对陆王心学的批判，把由培根到穆勒的英国哲学经验论，即严复所谓"西学"，是与中国传统的先验论，即严复所谓"中学"，从方法论认识论的哲学高度上对立了起来。这就比康有为、谭嗣同等人对西方自然科学的认识，要远为深刻。

总之，只从传统的"古训"、教条出发，"不实验于事物"，"不察事实，执因言果，先以一说，以概余论"(《穆勒名学》部甲、部乙按语)，这才是中学不如西学的问题所在。"中土之学，必求古训，古人之非，既不能明，即古人之是，亦不知其所以是，记诵词章既已误，训诂注疏又甚拘……"(《原强》)这种教条主义和唯心论的先验论，必须予以打倒和废除。必须"即物实测"，从实际经验出发，观察、归纳、综合，才能得到"无往而不信"的科学"公例"，即普遍原理、原则。"科学所明者公例，公例必无时而不诚。"(《原富》译事例言）掌握了这种"公例"，就可以普遍应用，驾驭各种繁复变化，是"执其例可以御蕃变者"(《天演论》自序)。从实际经验出发，通过归纳，得出原则"公例"，然后再普遍运用，这就是严复所要大力提倡的哲学认识论。他所以不惜花费最大的精力和时间去翻译《穆勒名学》，这部书所以能与《原富》《法意》两部古典名著，同成为他所着意译出的"数部要书"之一，原因就在这里。约翰穆勒（John Stuart Mill）时负盛名，被认为英国经验论的最大代表，其《名学》一书被看做集归纳法大成的名著。严复翻译它，实际是想把从培根、洛克开创的英国经验论搬过来，所以在《穆勒名学》按语中经常提到培根、洛克，在一开始"正名"时，便指出"本学之所以称逻辑者，以如贝根（培根）言，是学为一切法之法，一切学之学，明其为体之尊，为用之广”（《穆勒名学》部甲按语），并一再指出，“西学之所以翔实，天函日启，民智滋开，而一切皆归于有用者，正以此耳”（同上，部乙按语）。总之他认为，由于培根等人“倡为实测内籀之学”，牛顿、伽利略、哈维“踵用其术，因之大有发明”（《天演论》卷下论十一学派按语）。正因为如此，才取得近代自然科学的巨大成就，严复认为，这才是中国所应学习的根本。

严复这样高度重视认识论和逻辑学①，自觉介绍经验论②和归纳法，就眼光和水平说，在七八十年前确是凤毛麟角，极为难得。这一点就使他超过了前前后后许多人，是在提倡“新学”反对“旧学”中的一个独特标志。毛泽东在《新民主主义论》及其他地方多次提及“旧学”与“新学”、“西学”与“中学”的斗争；当然有严复的身影在。而毛的强调经验，反对所谓“本本主义”，以及直到晚年还提及形式逻辑，也仍是严的影响。这样看来，毛把严复提到那么高的地位，也就是可以理解的了。

---

① 严复是在近代中国最早讲逻辑学的人。1900年，“开名学会，讲演名学，一时风靡，学者闻所未闻”（王遽常：《严几道年谱》）。1908年给女学生某讲授逻辑学，其教本和讲义即《名学浅说》（1909年出版）。严复开其端后，逻辑学在晚清曾风行一阵，王国维、章士钊均有译著。严复通过讲述形式逻辑一再指出，中国传统哲学概念极不严密精确，例如“气”之一词就如此，中国常用“元气”“邪气”“厉气”“淫气”“正气”“余气”等等，但“今试问先生所云气者究竟是何名物？可界说乎？吾知彼必茫然不知所对也。然则凡先生所一无所知者，皆谓之气而已，指物说理如是，与梦呓又何以异乎”？“出言用字如此，欲使治精深严确之科学哲学，庸有当乎？……他若‘心’字、‘天’字、‘道’字、‘仁’字、‘义’字，如此等等，意义歧混百出”（《名学浅说》）。这种澄清含混的语义批判，在中国至今犹堪借鉴。

② 严复之后，对西方哲学的介绍更多是当时流行的反理性主义、浪漫主义思潮，如叔本华、尼采、柏格森之类，对古典哲学认识论相当冷淡。法国唯物论很少被翻译介绍，德国古典哲学也直到解放后才有像样的翻译。严复倒早在1906年专文介绍过黑格尔（《述黑格尔惟心论》，《寰球中国学生报》第2期）。

但是，唯物论的经验论最终走进了主观唯心主义和不可知论。培根、洛克之后，有巴克莱和休谟。约翰穆勒是继承巴克莱、休谟追随孔德（Comte）的不可知论和实证主义者。人的认识不能超出感觉，物质不过是“感觉的持久可能性”，是穆勒的哲学名言。英国经验论的归宿是这样，他们的中国学生严复也没有例外。由于片面强调感觉经验，轻视理论思辨，迷信归纳万能，严复终于完全投入实证主义，并涂上一层实用主义的色彩[①]。在探讨哲学根本问题时，他不断把笛卡尔（“我思故我在”）、巴克莱、斯宾塞与庄周、孟轲、周易以及佛、老拉在一起，认为事物的最终本质、实体是“不可思议”即不可知的，而且也无需去认识，因为它们于国计民生没有什么干系，没有什么用处，可以不去管它，可以不去研究议论。对一切涉及哲学根本课题以及宗教迷信等等，均认为既不能肯定，也不能否定，既不去提倡，也不应反对。严复说：

> 窃尝谓万物本体，虽不可知，而可知者止于感觉……（时空中）有其井然不纷秩然不紊者……为自然之律令……亦尽于对待之域而已。是域而外，固无从学，即学之，亦于人事无涉也。（《穆勒名学》部甲按语）
>
> 朱子谓非言无极，无以明体，非言太极，无以达用，其说似胜。虽然，仆往尝谓理至见极，必将不可思议。（同上）

① 正如前述中国近代许多人一样，严复的哲学思想也不是单纯的。他的思想主流是英国经验论，所以，某些论者说他为机械唯物论是不对的。但在这个英国经验论中，则既有培根、洛克的唯物论，也有穆勒、斯宾塞的不可知论和唯心论，后者无疑占主导地位。在严复的意识中，却并未将两者明确分开。并且，同是不可知论，赫胥黎毕竟不同于斯宾塞，尽管《天演论》按语大肆推崇斯宾塞，但此书毕竟不能算为实证主义的译作。他的《原富》《法意》，就更如此。他译的半部《穆勒名学》，主要也仍是介绍逻辑科学。所以，严复的译作和他在中国近代所起的历史作用和客观地位，就不是“中国第一代实证主义者”（陈元晖：《严复和近代实证主义哲学》，《哲学研究》1978 年第 4 期）所能概括和代表，说严复主要是把实证主义搬进了中国，似片面。

严复认为，所谓“不可思议”，不是“不可名言”，也不是“不能思议”。例如看见某种“奇境怪物”或“深喜极悲”“得心应手之巧”等等，都难以语言表达，这叫“不可名言”“不可言喻”。例如热带的人没见过冰，听说水变冰后，冰上可以行走，觉得不好理解，这叫“不能思议”。“不可思议”与这些都不同：“谈理见极时，乃必至不可思议之一境，既不可谓谬，而理又难知。……不可思议一言，专为此设者也。”（《天演论》卷下论十佛法）这是说，一些哲学问题推到最后时，便不知真谬，不可思议了。例如“天地元始”（世界来源）、“造化主宰”（上帝存在）、“万物本体”，佛说“涅槃”，以及时空、精神、力等等，便都是这种“不可思议”，“虽在圣智，皆不能言”（同上）。追求一切事物的最最终极的原因，就必然会遇到这种“不可思议”。哲学本体论的种种问题，就正是这种“不可思议”。

> 大抵宇宙究竟，与其元始，同于不可思议，不可思议者，谓不可以名理论说也。
>
> 老谓之道，周易谓之太极，佛谓之自在，西哲谓之第一因，佛又谓之不二法门，万化所由起讫而学问之归墟也，不生灭，无增减，万物皆对待而此独立，万物皆迁流而此不改，其物本不可思议，人谓之道。常道常名，无对待故，无有文字言说故，不可思议故（《老子评点》）。是以不二法门，文字言语道断，而为不可思议者也（《穆勒名学》部甲按语），问上帝有无，实问宇宙第一原因……虽不设，可也（同上）。

严复认为，这种世界的本体既是不可认识的，也就不必去讲求这种“心性之学”，实际是反对思辨理论，认为这种学问没有实用，“不必亟求其通”，感知对待之域而外，“固无从学……吾闻食肉不食马肝，不为不知味……不必亟求其通也”（《穆勒名学》部甲按语）。

本体论如是，认识论也同样。严复认为，“心物之接，由官觉相，而所觉相，是意非物，意物之际，常隔一尘。物因意本，不得径同，故此一生，纯为意境”(《天演论》卷下论九真幻按语)，他举例说，圆红色的石头的圆、红、坚，都只是我们主观的感觉，并不属于物体自身，“是三德者(指圆、红、坚)，皆由我起”，“则石之本体，必不可知；我所知者，不逾意识”，因之，“人之知识，止于意验相符，如是所为，已足生事，更骛高远，真无当也”(同上)，主张不必去追根究底，好些问题可处之于一种非信非疑的态度。“迷信者，言其必如是，固差；不迷信者，言其必不如是，亦无证据。故哲学大师如赫胥黎、斯宾塞诸公皆于此事谓之 Unknowable(不可知)，而自称为 Agnostic(不可知论者)。盖人生智识至此而穷，不得不置其事于不论不议之列，而各行心之所安而已。”(严复家书，见《严几道先生遗著》，新加坡，1959 年版)

在严复看来，万物本体既不可知，“可知者止于感觉”。因之尽管严复承认自然规律有其普遍必然性质(“不同地而皆然，不同时而皆合”)，认识、科学赖此而立，但这也只是感觉现象的所谓“对待之域”，“对待为心知止境”，这就是认识的有限范围。尽管严复认为外物是认识的原因，我的认识是外物作用的结果，但所认识的究否外物，还是不能肯定的，这种离开认识的外物存在也没有意义。“必有外因，始生内果。然因同果否，必不可知。”(《天演论》卷下论九真幻按语)“我而外无物也。非无物也，虽有而无异于无也。然知其备于我矣。乃从此而黜即物穷理之说，又不可也。盖我虽意立，而物为意因，不即因而言果，则其意必不诚。”(《穆勒名学》部甲按语)承认有外因才能生内果，但同时又认为离开果(我)也就谈不上什么因(物)，即使有这种独立于我之外的物，也是不可知的，等于没有一样。于是，“积意成我，意自在，故我自在”。只有“意”“我思”才是惟一无可怀疑的。“我”(思维的我)是积“意”而成，“是实非幻者，唯意而已”(均《天演论》卷下论九按语)。严复的不可知论与主观唯心论终于混同在一处了，巴克莱、笛卡尔、穆勒……被严复一古脑混合起来了。

严复这种哲学认识论影响了其政治思想，在政治思想上，严复原来就存在着一个内在矛盾和理论的恶性循环，即一方面认为要国家富强，首先有赖于组成国家的无数细胞即国民个体的“德”“智”“体”三方面的基本素质，着重个人在经济上、思想上、言论上的自由、竞争和发展。这当然与他接受斯宾塞的社会机体论有关，是斯宾塞的这种理论的具体应用。“斯宾塞非正式建立而是暗中以之为前提的现象主义，是从巴克莱到穆勒的思维经验方式的共同财产，是斯宾塞精神生活在其中成长发展的那个传统的一部分。”（梅兹：《英国哲学百年》，伦敦，1950年，第105页）这其实也是严复的精神生活在其中受到熏陶培育的“传统”。这个“传统”已是英国经验论的没落之流的实证主义，斯宾塞便是著名的实证主义者。严复脱离当年改良派所掀起的变法活动，① 认为中国人民的德智体基本素质都很落后，没有实行政治变革的基础。

另一方面，迫切的救亡局面，把国家富强问题推到当务之急的首位，使严复愈来愈痛感“小己自由非今日之所急，而以合力图强……为自存之至计”（《法意》卷18按语）。这样，国家富强又比个体的德智体，比个人思想言论上经济上的自由和发展要紧得多，急迫得多，应该摆在前面。这是近代思想家包括严复在内所实际着重的首要主题。严复把这个摆在首位的国家富强问题，先是寄托于清朝政府，后是幻想在统治者中出现强有力的法家人物，只要达此目的，手段方法均属次要，表现了他思想中的实用主义的成分。到暮年，严复每况愈下，不但完全抛弃经验论，而且最后（第一次世界大战中）又终于放弃了他一直坚决信奉的进化论，连法家人物也不再指望，完全回到孔孟，并且在极端悲观中，沉浸在庄周的虚无主义的哲学中，以麻痹自己。“槁木死灰，惟不死而已……以此却是心志恬然，委心任化。”（《与熊纯如书》第74函，1921年）

严复的悲剧归宿就是这样。②

---

① 可参看王栻：《严复传》，描写这个时期，“严复当日声望虽高，却常闭门寡合，郁郁不欢”（第52页），与康有为意气风发地积极从事组织、鼓吹变法运动，成了对照。

② “羸病余生，旦暮入地，睹兹世运，惟有伤心无穷而已。”（《与熊纯如书》第65函，1920年）“惟是对于时局，终是悲观。”（第66函，1920年）

然而，当严复日益为历史所遗忘的时候，他的前期译作却还在起着作用。一代接一代的青年仍在继续寻找救国的真理，他们仍在认真阅读严复的译作，接受严复的世界观和方法论的教导，并由此而迈上接受马克思主义的道路。毛泽东就是这样。而严因毛而名始大彰于今日。

四 “以自由为体，以民主为用”

如果说，严复在介绍西学中客观上起了最大效果的，是世界观（“天演”）和方法论（逻辑），对后人影响甚巨的话，那么，严复主观上想搬到中国来的更为现实的救国之道——以英国为榜样的欧洲资产阶级的经济和政治，却非常遗憾地毫无反响。在广大农村小生产为社会基础和农民革命为实质的中国近代，这种微弱的资产阶级自由主义的理想和要求，根本得不到任何力量的支持，只好消失在漫漫长夜中了，连思想领域内的影响也微不足道。真正信奉和要求实行《原富》《法意》以及以洛克等人为代表的英国民主政治体系的人，不过是少数知识分子，没有任何可以称道的社会力量作依靠。戊戌以后中国近代日益处在军阀专政与农民革命这样尖锐斗争中，“第三条道路”始终没走通。严复以英国为榜样的改革主张，成了无用的高调。然而，它却并非历史的陈迹。把严的这一部分思想放在全文的结尾，注意历史的经验教训，应该不是赘物。

严复翻译《天演论》，介绍“物竞天择”思想，翻译《穆勒名学》，介绍逻辑科学特别是归纳法，以及翻译介绍《原富》《法意》等等资本主义经济、政治基本理论，都是为了要说明西方资本主义的“强盛”，并不在于“船坚炮利”之类“形下之迹”，也不在于“善会计”“善机巧”之类的注重功利事务，真正的关键在于“学术则黜伪而崇真，于刑政则屈私以为公”（《论世变之亟》）。也就是说，“黜伪而崇真”的自然科学方法和“屈私以为公”的民主政治制度，才是西方资本主义国家的根本。这其实也就是五四提出来的赛先生与德先生——科学与民主。

科学与民主不可分割。企图用西方科技来保卫中国封建的“中体西用”理论，自然成了严复批判对象。严复《天演论》的译序说：“西学之事，问涂日多，然亦有一二巨子，訑然谓彼之所精，不外象数形下之末，彼之所务，不越功利之间，逞臆为谈，不咨其实。”这就是针对“中体西用”而言。严复随后明确指出，“体”“用”不可分割，一个国家的“政教学术”好像具备各种器官的生物，它的各个组成部分是完整的统一物。它们的功能（“用”）与其存在（“体”）不能分开，不能把马的四个蹄子加在牛的身上，“有牛之体则有负重之用，有马之体则有致远之用，未闻以牛为体以马为用者也”(《与外交报主人论教育书》)。“故中学有中学之体用，西学有西学之体用”，如果要“合而为一物”，连道理名义都讲不通，更不要说能够行得通了。严复举例说，中国以前没有枪炮，现在买来了枪炮；中国城市以前没有什么警察，现在设立了警察，凡此种种，就能解决问题，使国家富强吗？严复指出，“挽近世言变法者，大抵不揣其本，而欲支节为之”(同上)，当然不能成功。

中国近代曾经经历过学习西方“船坚炮利”工艺技术的阶段，没有解决问题，原因就在不明体用不可割裂，科技与政教不可分开，科学与民主不可分开。严复较早从理论上注意了这个问题。

那么，什么是西方社会的“体”呢？当时大多数先进分子，甚至后来的人，都把民主政治作为这个“体”。严复也是主张资本主义的民权或民主的，所以他才猛烈抨击韩愈的君主专制、君权至上论，指出“君也，臣也，刑也，兵也，皆缘卫民之事而后有也”(《辟韩》)，因为人民中间有各种纠纷欺夺祸害，自己又忙于“耕织工贾”，所以才设立“君”“臣”等等来保护自己。“故曰：君臣之论，出于不得已也。惟其不得已，故不足以为道之原……”(同上)封建专制统治，不是应该如此或必然如此的天经地义，韩愈主张的君主专制的原道，不过是窃国大盗的道理罢了。“国谁窃？转相窃之于民而已”，“斯民也，固斯天下之真主也”。严复认为，这才是西方资本主义社会政治的命脉：“是故西洋之言治者，曰国者斯民之公产也，王侯将相者，通国之公仆隶也。”(同上)

但是，严复比当时其他许多人更深刻，在他看来，“民主”还不是西方资本主义的根本。“民主”不过是“自由”在政治上的一种表现，“自由”才是“体”，“民主”不过仍是“用”。“自由”才是资本主义的实质，严复认为，这正是中国社会所最为害怕和反对的。他说：

> 夫自由一言，真中国历古圣贤之所深畏，而从未尝立以为教者也。彼西人之言曰：唯天生民，各具赋畀，得自由者，乃为全受，故人人各得自由，国国各得自由……，而其刑禁章条，要皆为此设耳。(《论世变之亟》)
>
> 夫所谓富强云者，质而言之，不外利民云尔。然政欲利民，必自民各能自利始。民各能自利，又必自皆得自由始。(《原强》)

严复把斯宾塞的社会机体论竟一改而为反洋务派“中体西用”论的武器：“一群之成，其体用功能无异生物之一体。”(《原强》)“身贵自由，国贵自主，生之于群，相似如此。”(同上)国家为生物，个人为细胞，都要有自由。自由才是根本。甚至到较晚时期，严也仍在理论上认为：

> 故今日之治，莫贵乎崇尚自繇，自繇则物各得其自致，而天择之用存其最宜，太平之盛，可不期而自至。(《老子评点》)

严复对资本主义社会的了解比改良派任何其他人更为深入，他把个人自由、自由竞争，以个人为社会单位，等等，看做资本主义的本质，从政治、经济以及所谓“物竞天择”的生存竞争进行了论证。并且指出，民主政治也只是“自由”的产物。这是典型的英国派自由主义政治思想，与强调平等的英国派民主主义政治思想有所不同。在中国，前者为改良派所主张，后者为革命派所信奉。然而，以“自由贸易”为旗号的英国资本主义，数百年来的确建立了比其他资本主义国家（如法国）更为稳定、巩固和适应性强的政治体系和制度。其优越性在今天也仍是一个值得研究的课题。严复当年的眼光是锐利的。

严复的“自由”、谭嗣同的“平等”、康有为的“博爱”，完整地构成了当时反封建的启蒙强音。

严在理论上比改良派其他人物要坚实，并且他的《辟韩》也的确是《仁学》的前驱，他的《原强》是梁启超《时务报》《清议报》好些文章的先导。严复提出了一些带有普遍规律性的问题，并采取了真正近代科学的形态。严复强调的是社会发展的必然趋向。所以章太炎说他是“知总相而不知别相”(《菿汉微言》)。所谓“总相”，就是这种包括中国在内全世界各国向前发展的普遍规律。这种规律（走向资本主义）是主张中国走特殊道路的章太炎所当然不赞成的（详本书论章太炎文）。严、章二人的分歧对立，实际代表中国近代两种不同要求和两种思潮倾向。但它们又同属于反对帝国主义侵略这一共同主题之下。所以，即是主张“自由为体”的严复也仍然把国家的自由（即独立），把富强、救亡远远放在个人自由之上，这就构成严复的理论思想（“自由为体”）与实际主张的一个重大的内在矛盾。

严复尽管在理论上是先进和彻底的，但如前所说，他在现实政治主张中，却比康、谭要慎重和保守，他尽管在理论论文《辟韩》中反对君主专制，但同时却认为，“然则及今而弃吾君臣可乎？曰是大不可。何则？其时未至，其俗未成，其民不足以自治也”。又坚决反对立即实行资产阶级民主政治。他认为，根本问题在于进行教育，只有每个人都能够自强自治，然后才可能实行资本主义的民主政治，国家也才会繁荣富强。所以，严复才提出“鼓民力”“开民智”“新民德”三项以作为变法改革的根本。“欲听其皆得自由，尤必自其各能自治始”(《原强》)，但总的观点和方案是，强调制度由教育决定，变法改革首先在于对人民进行新式教育。这就与康有为、谭嗣同、梁启超要求立即改革政治制度颇为不同了。他说：

> 生民之大要三，而强弱存亡莫不视此。一曰血气体力之强，二曰聪明智虑之强，三曰德行仁义之强。是以西洋观化言治之家，莫不以民力民智民德三者断民种之高下。……至于发政施令之间，要其所归，皆以民之力智德三者为准的。(《原强》)

严复这种观点正是与他的“物竞天择”的生物学的社会观点，与他的所谓“以自由为体”的资产阶级个人主义社会观点，密切相联系的。将政治民主归结为个人自由，把社会进化归结为人各自强，从而也就把尖锐的政治斗争归结为一般的教育任务，严复终于把自己一生完全献身于译著、教育事业，成为中国近代教育救国的先驱。“为今之计，惟急从教育上着手。”（在伦敦答孙中山语，引自王遽常《严几道年谱》）他把“愈愚”当做拯救中国的“要道”。

由于持有这种观点，严复在政治上便越来越保守、稳健。他在《原强》等论文写后一二年，在戊戌变法走向高潮时，便表现出倒退。他嫌康有为、梁启超太急进了，他反对“减君权，兴议院”，认为“君权之轻重，与民智之深浅成正比例……以今日民智未开之中国，而欲效泰西君民并主之美治，实大乱之道也”（《中俄交谊论》）①。随着改良派失败，革命派在《民报》大登华盛顿、卢梭照片以示推崇时，这位在中国宣传介绍西方资产阶级“新学”“西学”的权威，却大唱其不同的调子。他曾翻译穆勒的《论自由》，出版时改名为《群己权界论》，连过去提倡过的“自由”一词也不愿用。这一点至今发人深思（翻译是在戊戌后，出版则在1903年）。1903年出版斯宾塞的《群学肄言》时，严说，“窃以为其书实兼《大学》《中庸》精义……于近世新旧两家学者，尤为对病之药”（《译余赘语》），企图把斯宾塞的社会学与中国儒家学说调和结合起来。接着他又翻译出版了甄克思的《社会通诠》，反对民族民主革命，遭到了章太炎的驳斥②。但是严复坚持这一立场，并越来越赞扬和推崇“孔孟之道”，甚至用西学来辩护“民可使由之，不可使知之”的孔学

① 严对帝俄是颇为反感的，这不仅因其英国派的教养，而且帝俄对中国的侵略，均使他憎恶这个亚洲式的欧俄。但在个人政治关系上，他与亲俄派李鸿章以及荣禄等或密切或有交往。此《交谊论》看来是在某种压力下写的，但上引观点为严所本有。

② 与当时革命发展、两条政治路线划分界限等总形势完全适应，1903年也是严复思想消极苦闷而急剧转变的时间。严的重要译著大都完成在1903年前。此后严积极搞起实业投资等活动来了，而仍以失败告终。

教义（《平报》1913 年 9 月），更后，他说："中国目前危难，全由人心之非，而异一线命根，仍是数千年来先王教化之泽。"（《与熊纯如书札》第 53 函，1917 年）于是整个向西方学习也大可怀疑和否定了。"觉彼族（指西方资本主义民族）三百年之进化，只做到利己杀人寡廉鲜耻八个字，回观孔孟之道，真量同天地，泽被寰区。"（同上，第 59 函，1918 年）"窃尝究观哲理，以为时久无弊，尚是孔子之书。"（同上，第 45 函，1917 年）"欧洲三百年科学，尽作歧禽食肉看。"（《瘉壄堂诗集》）至此，严复背弃了他早年曾热情相信过、宣传介绍过的"新学""西学"，而完全回到传统怀抱中去了。数千年中国传统经常把好些"向西方学习"的分子又逐渐吞噬、消化进去了。严复不过是一个典型例子。其后有更多的人走的都是这条路。这是一个值得好好研究的课题。中国意识形态的顽强力量，本不是数年数十年所能清除，特别是小生产社会基础没有彻底改变之前，资本主义的东西不一定能生根，封建主义的东西倒驾轻就熟，可以改头换面地一再出现，并把人们从思想到行动，从灵魂到肉体都吃掉。严复介绍西学、新学的故事可以提醒我们注意。综合严复前后期，潜伏的提示仍然是，守旧骛新都不行，中国出路何在？

（原载《历史研究》1977 年第 2 期。有增补）

下页附严复译书表（据王栻《严复传》）：

书名	原书名	原著者	原书出版年份	译著年份	出版年份	出版者	备注
《支那教案论》	*Missionaries in China*	英人宓克（A.Michie）	1892	甲午战争前后（1894—1895）	未详，当在1899年以后	南洋公学译书院	严璩云，译书年代当离原著年代不远。
《天演论》	*Evolution and Ethics and other Essays*	赫胥黎（T.H.Huxley）	1894	1894（？）—1896	1898	沔阳卢氏慎始基斋木刻	最早木刻本当是1894年或1895年陕西味经售书处刻本，这是未经修改之初稿印本，与以后版本文字不同。再者，《天演论》自1898年（光绪二十四年）出版后，各处翻印本甚多。
《原富》	*An Inquiry into Nature and Causes of the Wealth of Nations*	斯密亚丹（Adam Smith）	1776	1897—1900	1901—1902	上海南洋公学译书院	
《群学肄言》	*The Study of Sociology*	斯宾塞（H.Spencer）	1873	1898—1903	1903	文明编译书局	
《群己权界论》	*On Liberty*	穆勒（J.S.Mill）	1859	1899	1903	商务印书馆	

续表

书名	原书名	原著者	原书出版年份	译著年份	出版年份	出版者	备注
《社会通诠》	*A History of Politics*	甄克思（E.Jenks）	1900	1903	1904	商务印书馆	
《法意》	*L'esprit des Lois*	孟德斯鸠（C.L.S.Montesquieu）	1743	1900（？）—1909	1904—1909	商务印书馆	
《穆勒名学》（上半部）	*A System of Logic*	穆勒（J.S.Mill）	1843	1900—1902	1905	金陵金粟斋木刻	
《名学浅说》	*Logic the Primer*	耶芳斯（W.S.Jevons）		1908	1909	商务印书馆	
《中国教育议》		卫西琴（S.A.Westharp）		1914	1914	文明书局	

二十世纪初资产阶级革命派思想论纲

二十世纪最初十年是中国资产阶级旧民主主义革命的风雨年代，它以义和团勇士们无畏的血火宣告灿烂的开端，却完结在辛亥革命那个悲惨的胜利中。以孙中山为首的中国革命派思想的兴衰故事，是近代世界史上富有教益的一课。

一　两个关键环节

关于中国近代史的分期，二十年前有过一番热烈讨论①，本文认为，在社会性质已确定的前提下，应以社会斗争形势为标准，以重大历史事件为界标②，将中国近代分为（一）1840—1864年，（二）1864—1894年，（三）1894—1911年，（四）1911—1919年这样四个时期，其中两个革命高潮（一）、（三），两个低潮（二）、（四）。本文涉及的第二高潮时期，又可以1898年、1900年、1903年、1905年、1908年为界，划分出一些小的阶段。

1894年中日甲午战争的失败，结束了“同治中兴”的神话，太平天国失败后维持相对稳定的年代结束了，中国人民各阶级阶层开始了

① 见《中国近代史分期问题讨论集》，三联书店出版。

② 作为界标的所谓重大历史事件，应严格限制在这一事件体现出社会斗争总形势转折点这一意义上，从而也才能标志出社会发展趋向的阶段性质。因之，既不是任何重大事件均适宜作界标，也不是作为界标的事件比未作界标的，其本身的历史地位或意义是一定要更重大。所以本文不以1900年或1905年作分期界标。就中国整个近现代，应分别（一）1840—1895，（二）1895—1911，（三）1911—1949，（四）1949—1976，（五）1976—，其中亦可见最为短暂的第二时期的关键性。

第一次救亡图存的爱国运动，出现了政治斗争的新形势。从经济到思想，从政治局面到社会气氛，的确进入了一个新的时期。在意识形态方面，上一时期积累起来的变法维新思潮，一下被推上时代的高峰，形成了一条思想、政治路线，这就是以康有为为代表和以后以张謇为代表的改良派和立宪派的路线。与这条路线由差异、矛盾终于发展为对抗的，是以孙中山为首的革命派路线。就思想史的主流说，二十世纪最初十年，正是后者与前者不断划清界限、逐渐成熟壮大的发展过程。这个过程不是思想自身的自然延伸，而是以现实社会斗争为根基，经历了几个重要的部分质变和飞跃而实现的。如果以 1895 年兴中会成立作为革命派活动的开始，以 1905 年同盟会成立作为革命派的成熟，那么，其中对革命派这一发展无论在思想上、政治上、组织上起了关键作用的，就有两个十分重要的中介环节，这就是 1900 年的自立军运动和 1903 年的拒俄义勇队运动。对这两个环节及其意义，研究、重视得是很不够的。

1. 自立军运动

戊戌变法失败以前，尽管已有兴中会的活动，但影响不大。与政治斗争的形势完全一致，当时充当思想舞台主角的，是与封建主义正统意识形态作斗争的资产阶级改良派变法维新思潮。当时先进的中国人大多接受从郑观应的《盛世危言》到梁启超《时务报》的启蒙，热心地读新书，谈西学，议论时政，积极参加和卷入变法维新运动，认为这是拯救中国免于灭亡的惟一道路。尽管其中一些激进分子在思想、言论上开始越出君主立宪的界线，提出民权、反满、革命等观念（例如谭嗣同、梁启超①1897 年在湖南的宣传组织活动和思想状况）。但总的说来，却仍然从属在改良主义的旗帜之下，这包括不久以后成为革命派的大部分著名领导人物如黄兴、章太炎、蔡元培等人在内。章太炎很早即

① 梁启超的思想特征之一是摇摆和善变，容易接受外来影响。在戊戌前后，他在外来影响（前是谭嗣同，后是孙中山）下，思想言论曾两度激越，但很快就被他老师康有为拉了回来。辛亥后始摆脱康的影响，五四时曾接受白话文等，很快在胡适影响下，大搞整理国故。

有反满思想，但这时也仍然忠诚地隶从于他并不满意的以今文经学为理论基础的变法维新的路线，这说明当时时代精神的确还依附在改良派身上。

戊戌变法的失败，谭嗣同等人的流血，湖南新政的惨遭摧残，使这个庞杂的改良派队伍本身起了巨大分化。它的上层和右翼不是被吓得一蹶不振从此消极（如陈宝箴父子可为代表），便是坚守原有主张，寸步不前（如康有为和一批中级官员），这些人大都是有了一官半职的封建官僚或名流士大夫，代表着开明地主和上层资产阶级（亦官亦商）的利益。原来追随在改良派旗帜下的下层和左翼，情况却有了重要变化。其中大多是年轻的一代，即刚刚接受改良主义启蒙洗礼，在九十年代变法维新运动高潮中成长崛起的一代，也就是前面谭嗣同文中说过的，“湖南民智骤开，士气大昌……人人皆能言政治之公理，以爱国相砥砺，以救亡为己任，其英俊沉毅之才，遍地皆是。其人皆在二三十岁之间，无科第，无官阶，声名未显著者，而其数不可算计”(《戊戌政变记》)。最后这一特征是很重要的，它说明与“强学会”“保国会”等以名流、官僚、士大夫为主体的上层改良派组织很不相同，在变法运动思潮的高潮中，涌现了一大批年轻的可说是近代中国第一批学生知识分子（其中大部分日后都去日本留学）。他们与有功名爵禄的传统封建士大夫有了质的区别，这也就是章太炎后来所说的，“今革命者则异是，大抵年少不为禄仕者”(《革命之道德》)。这些人在戊戌后并没悲观消极，也未停步不前，思想上在寻找新的出路，酝酿着新的变化。然而，这种新的出路和变化都只有通过现实的教训，才可能获得成熟。

自立军运动就是这样一次教训。

人所周知，自立军的实际领袖是谭嗣同的死生挚友唐才常。唐的哲学观点和社会政治思想和谭完全一致（见《觉冥颠斋内言》），不同的是家庭出身、社会地位比谭嗣同等人要低得多，与下层会党的联系也多一些。谭嗣同绝命诗说“我自横刀向天笑，去留肝胆两昆仑”，寄希望于一文一武。据梁启超的解释，文是指康有为，武是指大刀王五。这和谭嗣同说袁世凯实行宫廷政变一样，象征性地表现了既希望和平改良又不得不诉诸武力流血这种深刻的思想政治矛盾。唐才常以自己的现实活动恰好外化了谭嗣同思想的这种内在矛盾。不是康有为，也不是王五，而是唐才常，成了谭嗣同思想遗嘱的忠实执行者。

在八国联军入侵中国、满清政府摇摇欲坠的时局关头，唐才常一方面与孙中山、毕永年[①]取得联系和帮助，准备武装起义；一方面又仍然与康有为、梁启超以至文廷式等保持联络，并推请这些改良派名流，包括容闳、严复，作名义上的领袖。在纲领上，一方面提出“创造新自立国”“不认满清政府”“非我族类，其心必异”等等反满革命主张；另一方面却又倡言“君臣之义，如何能废”“请光绪皇帝复辟”等等改良口号。在组织上，一方面以上述下层知识分子和会党力量作骨干、主力，另一方面又寄希望和幻想于地方军阀张之洞……[②]谭嗣同的思想矛盾在这里竟活生生地呈现为十分现实和具体的政治、组织、军事上的矛盾两面性。如果说，戊戌变法是康有为的思想的现实体现，那么自立军运动就正是谭嗣同思想的具体展开。如果说，谭嗣同的思想是改良主义必然让位于革命民主主义时代动向的重要反映，那么，唐才常领导的自立军运动就正是这一动向通过现实斗争直接呈现出来了。

结果悲惨之极。地方军阀不过是满清中央政权的走狗，自立军大批领导骨干，大多是当年改良派左翼下层成员，如湖南时务学堂的学生二百余人被杀。《革命逸史·兴中会时期之革命同志》中注明是自立军组织的凡五十余人，并说：“以上李英等二百数十人均被派在湘省各县

---

① 毕受谭嗣同影响很深，戊戌后参加革命派，“与湘鄂会党关系极深，谭嗣同倚之于左右手，戊戌政变后东渡，谒孙总理加入兴中会”(《革命逸史》)。

② 从谭嗣同当年在湖南办“南学会”，就有在必要时搞地方独立自治以实行民权民主的想法（参见论谭嗣同文）。包括“自立”这一口号，也是戊戌时便提出过的。从而对地方军阀、封疆大吏的幻想（希望他们脱离满清中央政府的控制），成为当时一种带普遍性的想法。庚子时，唐才常幻想于张之洞，章太炎也曾寄希望于李鸿章，写信给他，望李“绝诏追府以舒近祸”。《訄书》木刻本中《方镇》一篇也表现了同样的思想。这种思想正是经过自立军运动的血的教训而放弃的。

发难，与唐才常等先后被逮，为湘抚俞廉三所杀。”如林圭、李炳寰、田邦璿、蔡忠浩等，便都是当年湖南时务学堂的高材生，“是役之败，株连而死者自男爵道员至诸生以千数”（赵丰田：《康长素年谱稿》），远远超过了戊戌的流血。这次流血不只有量而是有质的不同意义。张之洞在杀唐才常等人后曾发表一篇所谓“劝戒”大文，其中说，“……起事之人，率皆文弱书生……卿本佳人，何为从贼？……思之而不得其解也”，知识分子为了救国维新居然会和下层会党（张之洞目中之“贼”）联系在一起搞武装起义，这对清朝统治者是件新鲜事情；对这些文弱书生来说，他们被屠杀、被镇压，却正是使他们完全摆脱改良主义道路的根本契机。

事情就是这样。自立军的参加者在哀悼了自己的领袖和同伴后，大都成了坚决的革命分子，很快投身于孙中山的旗帜下，成为继兴中会之后又一批革命的活动家。自立军的重要人物秦力山、陈犹龙等人跑到东京找康、梁算账，秦与兴中会人共同创办《国民报》，自任总编辑，“开留学生革命新闻之先河”（《革命逸史》卷 1，第 96 页），并是最早（1901 年）与改良派论战的刊物。1902 年秦力山与章太炎等人开“支那亡国纪念会”，秦成为沟通留日学生与孙中山的重要桥梁，如章太炎所记载：“孙公之在东国，羽翮未具，力山独先与游，自尔群士辐辏，岁逾百人，同盟会之立，斯实为维首焉。”（《太炎文录续编·秦力山传》）此外，如黄兴，“与毕（永年）素投契，……而秦力山唐才常均倚重兴，恒资擘画，及庚子汉口事后，兴以计得全”（邹鲁：《中国国民党党史稿》4 编，第 1534 页）。如禹之谟“……与谭嗣同唐才常等人有所接洽，并同湖南哥老会首脑毕永年等人……几次会晤。戊戌政变失败，他引为憾事。庚子年，唐才常在上海筹设正气会、自立会以及开办富有山堂，召开中国国会等举动，禹之谟都参与其事。是年秋，他偕唐才常到汉口，规划组织自立军起义。……他对唐才常的牺牲，每一谈及，不觉泪下如雨，无限悲伤”（《辛亥革命回忆录》2 集，第 215—216 页）。其他如杨笃生（时务学堂教习）、沈荩（自立军右军统领）、龚超、孙武等等，都先后成为革命派的重要分子、骨干。在他们带动下，两湖地区（又特别是湖南）成为革命派势力发展得最早最快和最有基础和力量的中心地区。辛亥前，湖南曾被称为“小法兰西”。自立军运动的十年后，辛亥革命终于在这里爆发和成功，并非偶然（武昌起义是以湖南焦达峰等人为主要后盾的）。这一直延续到五四运动、勤工俭学运动（湖南人最多）和1927年大革命时代。两湖（特别是湖南）的革命者始终前仆后继，成为全国最富有生气活力的中心地区，与此也是有关系的。这种民主革命传统，应该上溯到戊戌、庚子，也就是应追溯到“南学会”“时务学堂”和自立军运动的。①

可惜迄今对这一关键环节研究还很不够，绝大多数论文贬低自立军运动，把它简单地说成是戊戌变法的尾声。其实，它并不是改良主义的尾声，倒是革命斗争的序幕；它不是终点，而恰恰是起点。自立军运动及其失败是使两湖地区革命化的媒蘖。②

2. 拒俄义勇队运动

然而，就全国或就日益增多的留日学生全体说③，情况还不是这样。康、梁以其盛名还为许多人仰慕和追随，改良主义热潮还占优势。为什么一定要革命，一定要推翻满清政府才能救中国，这个道理对许多人并不清楚。从全局上改变这个局面，不仅在两湖地区而且使全国大多数爱国志士和先进分子决心走革命道路，使革命派在思想、政治、组织上来一个更大

---

① 谭嗣同当时就用长沙与南京作了比较：“闻湘中长沙一城销（湘学报）千数百份，销时务报又千余份，盛矣！士之好学也。金陵销时务报仅及二百份，盖风气之通塞、文化之启闭，其差数亦如此矣。”(《与唐绂丞书》，见《湖南历史资料》1959年4期）

② 当年的目睹者对这一事件的描述和评价，对这一点也表述得很清楚，例如，有的认为，唐才常打出勤王旗号是因为当时革命风气未开，“非借忠君爱国之名词，不足以鼓动天下”(黄中黄:《沈荩》)；有的指出，自立军事件揭穿了梁启超名为保皇党实则革命的骗局，“……这一次骗局揭穿，遂造成汉口大流血的惨剧，保皇党的信用扫地，革命党的怒气冲天，由此展开斗争，成为势不两立的仇敌”(《鄂州血史》，第10页）。

③ 当时留日学生数字大体如下：1900年100人左右，1902年500人左右，1904年1500人左右，1905年8000人左右，1906年13000人左右。

的变化，光自立军事件是不够的，它毕竟有地区局限，还要有一次更广泛的震动。这次震动终于来了，这便是1903年发生的拒俄义勇队运动。

1900年沙俄参加八国联军侵入中国后，以保护铁路为名，占领我国整个东北地区，他们“杀人放火，把村庄烧光，把老百姓驱入黑龙江中活活淹死，枪杀和刺死手无寸铁的居民和他们的妻子儿女”（列宁：《中国的战争》）。到1903年4月，沙俄不但拒不履行刚签订不久的撤兵协定，而且向清朝政府提出七项要求，实际是要求将其控制和侵略我国东北加以条约化、合法化。这激起了中国人民的极大义愤，学生作为先锋群起抗议。北京京师大学堂的学生“鸣钟上堂……登台演说”“发电各省学堂……禀请该省督抚电奏力争”（《湖北学生界》4期），武昌高等学堂“各处集会，有所商议，遂相约不登校”（《游学译编》8期）。学生最集中的留日学生界更“闻之大愤，各省同乡会纷纷开会研究对策”（《革命逸史》初集，第104页）。四月初三，留日学生开大会，讨论组织“拒俄义勇队”，到会五百余人，情绪悲愤激昂，随后，“福建、江苏、湖北、湖南、浙江、云南、贵州、广东各开同乡会，演说义勇队事，莫不呕心沥血沉痛悲切”。十五六岁的小同学也以国亡无日奋起签名，坚决要求北上抗俄，“举座皆涕不可抑”（均《湖北学生界》4期），这可说是中国近代史上最早一次的学生爱国运动。①

学生赤手空拳，如何抗俄呢？当时义勇队的规程是：“定名：学生军。目的：拒俄。性质：甲、代表国民公愤；乙、担荷主战义务。体制：在政府统治之下。”（《革命逸史》初集，第105页）最后一条表露了这个运动基本上属于反帝爱国范围，并无明确的革命反满之意。拒俄义勇队当时曾致电清朝政府北洋大臣袁世凯，“告以学生军组织，请隶其麾下，求其援助”（同上）。他们强烈要求满清政府积极抗俄，不要再丧权卖国。也正是在这一爱国主义的旗帜下，这个运动把当时站在改良派政治立场上的许多同学大都卷进来了，成为在留日学生中具有空前广泛基础的一次运动。

① 如果不算康有为的“公车上书”的话，那次是已有“功名”的旧式知识分子，还不能算近代学生运动。

但对满清政府说，这种学生运动是“托拒俄以谋革命，其用意与唐才常相似”。“前岁汉口唐才常……托勤王以谋革命”，这次也是“名为拒俄，实则革命”，认为“东京留学生已尽化为革命党，不可不加防备”，密令“于各学生回国者，遇有行踪诡秘，访闻有革命本心者，即可随时获到，就地正法”（同上，第107页）。抗俄有罪，爱国该杀，反动派对付学生运动历来如此，这个头，是本世纪初清朝政府开的。

然而，镇压学生运动总没有好下场。正是这种镇压使人们的眼睛擦亮，认清满清政府的性质，由爱国而走向革命。如果说，1900年自立军运动的失败使两湖地区一部分人脱离了改良主义的思想樊篱，抛弃了对清朝政府或地方官僚的幻想，迅速成为革命派；那么，1903年拒俄义勇队运动的失败则是在更为广泛的地区内，实现了这一点。1903年所以成为革命发展行程一个关键的转折年头，原因就在这里。全国各报刊（主要是各地留日同学在日本办的报刊）由温和而激烈，由改良而革命，是在这一年。邹容、章太炎的著名革命文章和轰动一时的《苏报》案，是在这一年。陈天华那影响极大的小册子的产生，是在这一年。鲁迅译作《斯巴达之魂》，提倡“尚武精神”和爱国主义，是在这一年……。这些直接间接与拒俄义勇队运动所激起来的巨大浪潮密切相关。可以拿当时一个著名杂志《江苏》为例。1903年第1期《社说》中尽管喊改革，倡“尚武”，讲政体，但主旨仍在抵抗帝国主义侵略，并没有明确的反满和革命主张，刊物用光绪纪年，在国内时评中仍称“皇上”，思想、论调尚未超出梁启超的影响范围，也就是大骂荣禄之类。到第2期，介绍了拒俄“义勇队”，已慷慨激昂起来，论说中也有所变化，字里行间流露出一种“不得已”的过渡状态，例如说，“自上让之则可以无血，至万不得已自下争之，则历史具在，吾色变，吾心疼，吾泪血，吾不忍言，吾又不忍不言”。但这种腔调和文体也还是梁启超式的。到了第3期，论调大变，不再用光绪纪年，用黄帝纪元，登出臆造的黄帝肖像，高唱民族主义，《论说》中正式公开宣布：“今而后吾以民族主义”为宗旨，“国亡矣，欧族为主人，满族为奴隶，我为奴隶之奴隶”，要求革命、反满。第4期评《苏报》案。第

5期评沈荩案。这期另一篇时评中说："由是观之，满洲者，大盗也，盗之魁也，军机者，盗之军师也；督抚者，盗之分头目；州县，其小盗也，胥吏差役，盗之喽啰也。"第6期一开头的《社说》便痛斥立宪、改良，说"吾敢正告我同胞曰，公等今日其勿言改革，唯言光复矣"，完全是革命派的宣传品了。这与年初第1期，简直完全换了一副模样。

1903年正月创刊的《湖北学生界》的情况也基本如此。在第1期论说中，还未标明革命，而是强调反帝和教育，看来受梁启超的新民说等影响很深，到第5期、第6期，便宣布改名《汉声》，斥责政府卖国，明确宣传革命。当时如《浙江潮》等杂志报纸，也大都有与此类似的重要变化。而其中介环节，便正是这次拒俄义勇队运动。有如《江苏》杂志所一再指出和劝说：

> 呜呼，我留学生何万幸而遽邀革命之名乎？夫有拒俄之诚，而即蒙革命之名，方知自今以往世人之欲效忠于满洲者惧矣。然使昌言革命，而徐图拒俄之计，吾将不知彼满洲者，于我将奈之何？（4期社说《革命其可免乎》）
>
> 今运动满清政府之方针，既不可遂，则诸君与其为满清政府刀头之饿鬼，何如为革命党之骁将乎？（4期《内国时评》）

由拒俄而反满，由爱国而革命，"欲思排外，不得不先排满，欲先排满则不得不先以革命"（吴樾：《遗书》），这样一种认识，首先是从1903年拒俄义勇队运动的现实教训中总结出来的。满清政府是帝国主义的忠实走狗，这一革命派的宣传主题，也是最早从这次运动中概括出来的。

1903年是革命派与改良派开始正式划分思想政治界线的一年。在这以前，梁启超作为戊戌被迫害者是深得革命派和爱国人士的同情的，他的思想言论，诚如革命派后来所指出，"虽然不敢说排满，但法国美国意国革命的事情，他也时时提倡"（《天讨·谕立宪党》），也如梁自己所说，"我向年鼓吹破坏主义，辛壬之间（1901—1902年）师友所以督责之者至甚（指康有为等不满意他）”(《答和事人》)。但“自癸卯（1903年）甲辰（1904年）以后之新民丛报，专言政治革命（指改良、立宪），不复言种族革命（指反满革命）”(《莅报界欢迎会演说辞》)。原因就正在于“见留学生及内地学校，……频闹风潮，……雅不欲破坏之学说深入青年脑中”。这也很清楚表明了以1903年拒俄义勇队事件为起点的学生运动的巨大影响。可见1903年是中国思想界一大转变的关键年头，是革命思潮开始替代改良主义作为思想舞台主角的第一个年代①。它为1905年《民报》创立和与改良派《新民丛报》大论战作了先导。

不仅在思想上、政治上，而且在组织上，也如此。一方面，1903年之后，“出保皇党以入革命党者，不可以千数计”(《民报》5期)，更重要的是，以两湖和江浙为基地的华兴会和光复会也都是在1903年拒俄义勇队的基础上成立的。由“拒俄义勇队”改组成的“军国民教育会”，派遣骨干回内地组织武装活动，黄兴、陈天华等人回到湖南，成立了华兴会，被派回江浙的龚宝铨和上海“中国教育会”“爱国学社”的蔡元培、章太炎等人组织了光复会，“光复会……源流则出自癸卯……留日学生所设军国民教育会”。虽然从1903年到1905年，仍有一些高低波折，但总的说来是革命思想蒸蒸日上，一往无前。兴中会、华兴会、光复会在1905年合并组成以孙中山为首的同盟会，革命派有了统一的组织、纲领和领袖，然而没有1900年和1903年，没有自立军运动和拒俄义勇队运动，也就不可能有1905年的同盟会的成立。这两个关键环节为同盟会作了思想上、政治上、组织上的准备。

二　四个思想代表

1. 三大政治派系

上述兴中、华兴、光复是同盟会成立前三个著名革命组织，同盟

① 从《苏报》办的过程也可具体看到这一点，原来是改良、革命两派共事合作的，4月龙泽厚（康门弟子）蔡元培等一起工作，6月分裂，《爱国学社》也于同时瓦解。

会成立后，它们也并未减少或停止其各具特色的思想和活动。如何进一步研究、分析它们的共性与个性，也是迄今做得很不够的重要课题。首先此三会在形式上都具有明显的地域性，是某种封建传统的同乡会的变形，参加这些革命派系活动的也大多是知识分子，但即使从这种地区形式着眼，也可看出它们仍各有特点，这些不同地区的知识分子反映了各该地区一些社会情况。兴中会是以海外华侨下层为主要基础①，兴中会刚成立时，华侨资产阶级上层是支持的，但很快就转向保皇党了。兴中会多活跃在河内、新加坡等外地，国内影响并不很大。光复会则间接反映出江浙地区自耕农以上的农民阶级的思想情绪，这与太平天国以后江浙封建关系被革命打乱，土地得到重新调整，自耕农大量增加，永佃制长久保持等等阶级情况有关②。江浙上层资产阶级势力很大，但大多站在立宪派一边。光复会的活动主要放在联系会党方面，其实际力量并不很大。与兴中、光复不同，华兴会的基础远为广泛，从陈天华强调中产阶级革命到共进会，以及日知会、文学社等等的新军中的活动，它获得了两湖地区从资产阶级中上层和开明地主士绅的积极支持，再加上会党而特别是新军中的巨大力量，它实际成为同盟会中实力最为雄厚的主干势力③。同盟会中湖南人人数最多还是表面现象，重要的是在这表层下面的比较广泛的社会力量。也正

① 孙中山后来说“向来本党势力多在海外，故吾党在海外有地盘有同志，而中国内地势力甚为薄弱”(《国民党改组演讲》)，这其实也符合于自兴中会开始的孙中山的嫡系情况。

② 可参阅王天奖《太平天国革命后苏浙皖三省的土地关系》(《新建设》1963年第8期）等文。这问题是有争论的，本文基本同意王文观点。

③ 当年孙、黄（兴）并称，亦非偶然。不仅是黄的个人品质才能功绩，而且是他团结、组织、代表的力量，使黄仅居孙下。黄的这种地位以及如焦达峰、谭人凤等人的作用，一直注意和研究得不够。由于蒋介石要冒充孙中山的嫡系，国民党搞党史就尽量抬高汪精卫、陈其美等人，而贬低或冷淡黄、焦等人，谭延闿本是立宪派，做了国民党大官后，要掩盖湖南地区的革命人物和史实，也是原因之一。应该肯定，黄兴是当时仅次于孙中山的中国革命派的伟大代表。

因为这个缘故，反映在这三派的人物、思想中，便显然各具特色。如果说，以章太炎为主要代言人的光复会更多反映出一种单纯而狭隘的反满革命的农民阶级的意识状态，兴中会可以朱执信为代表，表现了一种激进的然而当时在国内很难能为人所了解和支持的社会主义思想，那么，以陈天华为最早发言人的华兴会的反帝救国思想却赢得了广泛的同情和影响。这种不同倒恰好反映了这三大派系社会基础的某种差异。

当然，这一切决不能绝对化或简单化。派系、人物和思想都是十分复杂的，不可能清一色。一方面要注意到它们的个性，便于作进一步的深入探求；另一方面要注意到它们的共性，他们都是资产阶级民主革命派，共同拥护同盟会的纲领。并且，共性这一方面是主要的方面。

光复会的思想代表章太炎，有专文论述，下面只简明提一下陈天华和朱执信。

2. 邹容和陈天华

提陈天华之前，首先应谈邹容。诚如鲁迅所说："倘说影响，则别的千言万语，大概都抵不过浅近直截的'革命军马前卒'邹容所做的《革命军》。"邹容的《革命军》有如一声春雷，以震耳欲聋的气势，响彻在千年专制古国的上空。它的特点是全面地、明确地宣告了资产阶级民主革命的口号、纲领、政策、原理，是整个革命派的最早最鲜明的号角。它把比较彻底的天赋人权说、民主共和制、卢梭、华盛顿、法国革命纲领和美国独立宣言……，统统以明朗的语言搬了进来。这本书如同它的作者一样，处在朝气蓬勃、锋芒逼人的早期青年时代，显得那么视野宽广和一往无前。从"各人不可夺之权利皆由天授"，"无论何时，政府所为有干犯人民权利之事，人民即可革命"，"凡为国人，男女一律平等，无上下贵贱之分"等等资产阶级民主革命的基本原理，到"先推翻满洲人所立之野蛮政府"，"诛杀满洲人所立之皇帝，以儆万世不复有专制之君主"，"定名中华共和国"等等具体反满革命的号召和政策，它都用概括而鲜明的方式提了出来。其中常为人忽视而实际颇具特色的是，在这本全面宣传政治革命的小册子里，以相当集中的注意力揭露和批判了当时意识形态方面的问题，指出奴隶主义作为精神枷锁之严重，“中国所谓二十四朝之史，实一部大奴隶史也”，“我中国人固擅奴隶之所长，父以教子，兄以勉弟，妻以谏夫，日日演其惯为奴隶之手段”，“宴息于专制政体之下，无所往而非奴隶”……，指出“革命先去奴隶之根性”。这是继承了为作者所十分钦佩的谭嗣同的批判的锋芒①，同时也是五四运动和鲁迅作品的先导。

然而，《革命军》正如它的作者的短促年华一样，虽以彗星般的耀眼光焰突地照亮了一个黑暗的世纪，翻印销行量达百余万册，占当时所有革命书刊的第一位，但它很快也就消失在这长夜难明云压天低的封建暗空中。《革命军》所向往所宣告所要求的资产阶级的民主主义，包括如“凡为国人……无上下贵贱之分”，这些最基本的原则，也远远没能实现。几千年的封建主义很快就把它们吞噬掉了。《革命军》所斥责批判的种种“奴隶根性”，包括“世有强权我便服，三分刁避七分媚”，“不管内政与外交，大家鼓里且睡觉”等等，也并没有多少改变，封建秩序必然继续培育这种奴隶主义。邹容所追求的自由、平等、民主、独立，这个世纪初的天真理想宛如春梦一般地消褪，留下来的仍然是多少世纪的封建妖魔以各种变相不断出现。

如果说，邹容《革命军》的基调是反封，那么，同样受到狂热欢迎的陈天华的作品——《猛回头》《警世钟》《狮子吼》等基调则是反帝（当然这种比较均系相对而言，下同）；如果说，前者着重宣讲的是为民主自由而革命，那么后者着重宣讲的是为爱国、救国而革命；如果说，前者更多突出的是民主革命的一般原理，那么后者更多突出的则是当前的危亡局势：

---

① “困之以八股试帖、楷折，俾之穷年矻矻，不暇为经世之学”“辱以童试、乡试、会试、殿试（殿试时无座位，待人如牛马），俾之行同乞丐，不复知人间有羞耻事”“汩之以科名利禄，俾之患得患失，不复有仗义敢死之风”；“羁之以庠序卧碑，俾之柔静愚鲁，不敢有议政著书之举”；“贼以之威权势力，俾之畏首畏尾”；“名为士人，实则死人之不若”。汉学是“六经之奴婢”，宋学是“啖冷猪肉”等等，均可说是《仁学》的继续。

> ……俄罗斯，自北方，包我三面，英吉利，假通商，毒计中藏；法兰西，占广州，窥伺黔桂；德意志，胶州领，虎视东方；新日本，取台湾，再图福建；美利坚，也想要，割土分疆……疼只疼，甲午年，打了败仗；疼只疼，庚子年，惨遭杀伤；痛只痛，割去地，万古不返；痛只痛，所赔款，永世难偿……怕只怕，做印度，广土不保；怕只怕，做安南，中兴无望……怕只怕，做非洲，永为牛马；怕只怕，做南洋，服事犬羊；怕只怕，做澳洲，要把种灭；怕只怕，做苗族，日见消亡……（《猛回头》）

如此急迫痛切的国家种族的危亡感，如此愤激慷慨的救亡呼声，如此通俗易懂的语言形式，把要救亡爱国就必须反满革命的道理，说得最透最为淋漓尽致了。毛泽东说："辛亥革命是革帝国主义的命，中国人所以要革清朝的命，是因为清朝是帝国主义的走狗。"陈天华把这个命题最早最明确地表达了出来，与前述由爱国而革命的当时现实情况完全一致。反帝是中国近代一个首要命题。

3. 朱执信

邹容和陈天华都很早就死了。以《民报》为喉舌的革命派虽然又拥有一批著名的作者和政论家，但像当时颇有名气的胡汉民、汪精卫等人却并没有什么独特的思想贡献。他们（特别是胡汉民）写了许多宣传文章，阐述了革命派的一些主张，如《民报六大主义》等等，起了很大作用。但是，他们基本上只是转达了孙中山的三民主义思想，没有多少独创性。真正具有特色的只有独树一帜的章太炎，其次就要算朱执信了。

章太炎有专文，此处不谈。朱执信看来则是当时革命派的最左翼，他的思想特点是着重阐发孙中山的民生主义，并是最早介绍过马克思的名字和学说的人。在《民报》第2期（1906年）《德意志革命家列传》一文中，朱执信介绍了《共产党宣言》，指出在马克思之前，虽有主张社会主义攻击资本主义的人，"然能言其毒害之所由来，与谋所以去之之道何自者，盖未有闻也，故空言何所裨"，"夫马尔克（马克思）之为共产主义宣言也盖异于是”，说明马克思创立的科学共产主义不同于以前。紧接着，朱执信介绍了马克思的阶级斗争观点：

> 马尔克之意，以为阶级争斗，自历史来，其胜若败必有所基……不待龟筮而瞭也。故其宣言曰：“自草昧混沌而降至于吾今有生，所谓史者，何一非阶级争斗之陈迹乎？”

朱执信比较详细地介绍了《共产党宣言》提出的十项措施，并认为“马尔克素欲以阶级争斗为手段”，“以之去不平所不可阙”。朱接着简略介绍了《资本论》：“马尔克以为资本家者，掠夺者也，其行盗贼也。其所得者，一出于腹削劳动者以自肥尔”，“譬有人日勤十二小时，而其六小时之劳动已足以增物之价，如其所受庸钱，余六小时者直无报而程功者也。反而观之，则资本家仅以劳动结果所增价之一部还与劳动者，而干没其余”。这就是朱执信当时所了解的马克思关于剩余价值的观念。

当时提到马克思的文章，不只此一人一篇，在朱执信此文以前，诸如梁启超、《浙江潮》杂志都有文评介涉及过。这是当时介绍国际各种革命学说和思潮以求其友声的表现。其中更大量的、介绍得更多的是无政府主义派别和思想。因之朱执信的特点不在于介绍马克思，而在于他逐渐赞同、接受、走向马克思的这些观点，企图用这些观点来观察、评论当时中国的革命，企图从社会的生产、分配、所有制以及阶级关系上来探究贫富的“本源”。这在当时确乎是凤毛麟角。朱执信认为“政治革命”是建立民主共和国，“社会革命”则是“社会经济组织上的革命”，这是由于社会经济组织的不健全而引起，之所以不健全则是由于资本主义私有财产和“放任竞争”造成社会上“贫富悬隔”。“贫富悬隔，由资本跋扈。……无私有财产制，不能生贫富，固也。”（《论社会革命与政治革命并行》，下同）朱执信强调光政治革命不行，革命主要应进行社会制度的改革。他说“革命者，阶级战争也”，“社会革命之主体为细民，其客体为豪右”。所谓“细民”指“力役自养之人”即无产者；而“豪右”也就是资产阶级。朱执信希望在中国资本主义尚未大发展之时，“当其未大不平时行社会革命，使其不平不得起”。这也就是孙中山讲的“举政治革命与社会革命毕其功于一役”，并通过“土地国有”“定地价税”等等办法来达到之。

但是，中国当时面临的是资产阶级民主革命，而不是无产阶级社会主义革命。因之，孙中山、朱执信主观上为防止资本主义而提出的“社会革命”便有如列宁所说：

> 中国社会关系的辩证法就在于：中国的民主主义者真挚地同情欧洲的社会主义，把它改造为反动的理论，并根据这种防止资本主义的反动理论制定纯粹资本主义的、十足资本主义的土地纲领。（《中国的民主主义和民粹主义》）

所以说是“反动”，指的是违反了历史发展的客观规律。他们的“社会革命”要去“防止”资本主义，是违反社会客观发展的反动理论；但其客观内容如“土地国有”“定地价税”之类则又恰恰是打击封建地主而有利资本主义的发展的。但后来的历史说明，他们的“土地国有”之类发展资本主义纲领根本未能实现，而他们“防止”（实亦畏惧）资本主义的主观空想却有其深刻现实根源。这是当时弥漫在革命派阵营里的一种小生产者民粹主义思潮（参阅本书《章太炎剖析》文）。朱执信在七十多年前便同意并企图采用马克思主义的观点来观察分析问题，在当时革命派中超出了一般的思想水平。但是由于中国毕竟仍是一个小生产者汪洋大海的社会，这种马克思主义从一开始就渗透了小生产者的主观空想，反而成了一种民粹主义的混合物了。

但是如果与章太炎仔细比较一下，则二人仍有不同。章太炎是站在封建宗法农民的立场，带着小生产者的狭隘眼界来抨击和反对资本主义，也是要竭力“防止”、阻止资本主义在中国的发展。朱执信虽然主观上站在左面（工人）来反对资本主义，然而由于超越历史当下的任务，不但根本行不通，比起章太炎，更少人能理解。在革命势力最雄厚的两湖地区，共进会把平均地权改为平均人权，三民主义成了二民主义，一点也不奇怪。

其实，“二民”也没有。邹容所宣传的民主、自由、平等、独立等等观念，并没能克服和战胜封建主义传统意识形态，当时真正深入人心起了实际作用的，倒只有陈天华宣传的为富强、为救国而革命的道理，加上章太炎竭力宣扬的反满光复，这二者共同构成当时整个革命思潮主要的和突出的部分，人们一般都只是把打倒满清皇帝、推翻清朝政府和在形式上建立共和政体，作为革命的主要甚至惟一的目标。

这取得了成功，但更带来严重的后果。

4. 国粹主义与无政府主义

同盟会是一个松散的组织，有各种各样的“革命家”，有各种各样的思想和人物。以上四位，可以看做革命派思想的主流或代表，从邹、陈到章、朱，既是横的解剖面，也是纵的发展面。它们都基本从属和概括在孙中山的三民主义的纲领下。与这个主流相并行，也还有一些支流。其中又可分出“左”右两翼。右翼是当时的国粹主义思潮，这一思潮与章太炎相联系，但更专门致力于保存和发扬国粹，强调用封建传统教义如华夷之辩等等来宣传革命，它常常把人们引导到单纯复仇反满等狭隘民族观念中去。这一派当时未对革命造成严重损害，但其潜伏的消极影响在日后经常成了封建主义文化反攻的组成部分。

“左”的一面是由刘师培、吴稚晖等人所宣扬的无政府主义思想。这些人赶国际时髦，大唱高调，以所谓个人苦乐均等分配为原则，要求泯灭分工，提出人人做工，做农，做兵，主张不要政府，包括反对共和政制，认为社会解放重于政治斗争等等，在“左”的旗号下，脱离当时民主革命的现实目标，转移斗争的方向和视线。它出现和喧嚣于 1908 年左右（当时革命形势相对低落，起义多次失败，同盟会组织涣散分裂，立宪派迅速发展），表现了第一批小资产阶级知识分子的虽激昂实动摇的特征。“左”右是可以逢源合一的，例如，刘师培既是国粹思潮的干将，又是无政府主义思潮的先驱。无政府主义是一直到五四运动前后仍极有影响的思想，它作为对现存秩序的个人病态反抗，实际反而成了封建主义的补充和帮闲。它们相反相成地构成了在长期小生产基础上的近代中国意识形态中的一个重要成分。章太炎当时批评过无政府主义思潮，[①]但无政府主义那种种反工业文明、反共和政体、主张无政府等等，又是与章的“四惑”“五无”可以相通的。“左”右两翼的共同特点是或超越或落后于当时时代所提出的发展资本主义中心要求，从而在客观上便共同起了阻挠这一时代要求的消极作用，反而替封建主义帮了大忙。国粹主义是直接帮助，无政府主义、主观社会主义是间接帮助。因之，无论是朱执信，或是章太炎，或是无政府主义，他们把矛头针对资本主义，反对或要求“防止”资本主义，却经常在客观上掩护了、帮助了封建主义。中国作为有长期封建传统的国家，同时又作为有广大落后小生产者的国家，使这种现象以各种方式不断重演，特别是使以“左”的社会主义面貌的思潮长期泛滥，它们在革命阵营中经常占据统治地位，造成了巨大损失。从太平天国的军营式的共产主义到资产阶级革命派中的章太炎式的主张，以及无政府主义，等等，无不反映中国无论经济政治或思想文化领域所受资本主义发展不足的苦，使封建主义的陈货可以借“左”的伪装或掩护而顽强地延续下来。封建主义与民粹主义成了中国革命的巨大阻碍。

三　一束历史教训

辛亥革命以出人意料的速度在全国胜利了。武昌起义后各省几乎大都是所谓“兵不血刃”“传檄而定”。然而实际上是悲惨地失败了。绝大部分的政权都落在立宪派或旧封建军阀、官僚的手中。有的是发动政变抢去的（如湖南），有的是请进外省兵力夺走的（如贵州），有的是采用

① 吴稚晖、刘师培虽一为章太炎恶一为章太炎亲，但他们先后都是告密者。当然，虽同为无政府主义，吴、刘思想仍有很大差异，吴外在表现更“科学”，例如，信进化论；章太炎、陶成章大肆攻击孙中山时，吴站在孙一方，等等。

阴谋办法谋得的（如湖北），更多则是干脆一夜之间换块招牌，由清朝政府的“巡抚”改为革命军政府的“都督”（如江苏）。正如鲁迅在《阿Q正传》中所艺术地概括的：“未庄的人日见安静了。据传来的消息，知道革命党虽然进了城，倒还没有什么大异样。知县大老爷还是原官，不过改称了什么，而且举人老爷也做了什么——这些名目，未庄人都说不明白——官，带兵的也还是先前的把总。”“假洋鬼子回来时，向秀才讨还了四块洋钱，秀才便有一块银桃子挂在大襟上了，未庄人都惊服，说这是柿油党的顶子，抵得上一个翰林。”从阿Q所在的未庄到革命首义的武昌，从杰出的艺术概括到床底下请出个黎元洪的真实历史，革命派让权、反革命派夺权的辛亥革命悲喜剧上演得淋漓尽致。辛亥革命使政权实质并无改变，却由于甩掉一个作为权力中心象征的清朝皇帝，反而造成了公开的军阀割据，内战不已，人民的生命和权利连起码的保障也没有，现实走到原来理想的反面。

然而这才是第一幕。第二幕便是反革命的任意屠杀。革命派在起义后几乎对一切人都是“不念旧恶”“咸与维新”，把以前大声疾呼的“顶子（指清政府官吏）之红色蓝色，无非血也”①，从而主张惩办各级满清政府官员等主张完全置诸脑后，孙、黄之于袁世凯，谭人凤等两湖革命派之于谭延闿，都是节节退让，希望和衷共济合为一体（孙、黄让袁加入国民党，被袁拒绝，谭延闿则居然成了国民党的要人），从章太炎到孙武更是干脆叛己投敌，“革命军兴，革命党消”。相反，反革命派则只要略有机会，便极其残酷地大行镇压和屠杀：从谭延闿杀焦达峰、陈作新，黎元洪杀张振武，袁世凯杀宋教仁，到二次革命的全国大屠杀。革命派上层著名人物尚且如此，下层一般分子遭遇就更惨。例如，湖

① “必杀各官吏之暴者。枢臣则以囊括海内专利中央为能，督抚则以镇压民气，摧抑革命军为能，州县则以拿获会党严刑威民为能，武员以扣减军饷杀败国民军为能，上而中堂、宫保，下而老爷太爷，顶子之红色蓝色，无非血也……项羽起兵先杀会稽守，洪军（指洪秀全）所过先杀地方官，俄虚无党革命惯杀将军宰相，驱满者之先杀此伪官也必矣。”（《汉帜》1907年1期，锄非《驱满酋必先杀汉奸论》）其中提出必杀康、梁、张之洞等等。

南焦、陈被害后，在常德“将杨任（革命派骨干）等三人血尸陈堂前，一一剖心……”，“接着涂鉴衡、刘汉廷、钟杰、张盛唐和陆军小学学生向忠勇等数十人也……枪毙。……这样，常德的革命党人就被一网打尽了”（杨世骥：《辛亥革命前后湖南史事》，第211页）。在贵州，如革命派后来所追悔，“只以一念平和，不杀刘显世于光复之始，坐令外引邻军，内谋暴动，起义同志，尽遭杀害”（张石麟：《党泽霖传》见《民国野史》第2编），“肢体裂为数十段”（《革命逸史》第4册《贵州首义发难者杨树青》）。在湖北，革命首义团体文学社、共进会大批成员被杀，波及到了新闻界，一些新闻记者如凌大同、余慈舫都被惨杀。“黎元洪说，他所发表的文章过于激烈……留着是害人的……不明杀，不标真姓名，也不宣布罪状。都督府向来杀人一贯是这样的。”（《鄂州血史》，第215页）“（余慈舫）受刑极惨，由汉口解到武昌军法处时，在肩骨缝中，用刺刀戳穿一洞，再用铁链系之以行……枪毙并无罪状公布。”（同上，第217页）黎元洪规定，凡管带以上军官就有杀人权。谭延闿要求部下“便宜从事”。清朝未完蛋时，尽管已经极其凶残，但在形式上一般还有所谓按大清律行事的规矩，到现在连任何形式上的刑律也没有了，一切都可“便宜从事”，真是杀人如草不闻声，人民毫无任何法律保障，所谓“形式的”“虚伪的”“残缺不全”的西方资产阶级民主也根本没有，由封建主义开始直接走向现代法西斯。自袁世凯之后，便是走的这条路。

鲁迅对辛亥革命后这种血的教训是极为沉痛的，他多次指出这一点（参阅本书论鲁迅文）。辛亥革命前革命派所指望、宣传的资产阶级民主、共和、自由、平等一点也没有得到。没有民主，没有自由，有的仍然只是披上各种现代形式的封建主义。从思想史来看，为什么会这样？

如前所述，中国资产阶级革命派的思想发展的主流是由爱国而革命，即由抵抗外国侵略要求祖国富强而必须推翻满清政府，是为了国家的独立、自由、富强而革命，这与洛克、卢梭等人强调个人的自由、平等、独立、人权，为这些东西而斗争而革命，并不完全相同。国家的独立始终是中国革命的首要主题①。所以孙中山要用国家的自由（即不做外国的奴隶）来界说他的“民族主义”。孙中山说得极明白：“外国革命是由争自由而起，奋斗了两三百年，生出了大风潮，才得到自由，才得到民权。……民族主义就是为国家争自由，但欧洲当时是为个人争自由。到了今天……万不可再用到个人身上去。要用到国家上去。个人不可太过自由，国家要得到完全自由，到了国家能够行动自由，中国便是强盛国家，要这样做去，便要大家牺牲自由。”（《民权主义》第二讲）辛亥革命前革命派与梁启超的大论战，虽然极为重要而激烈，讨论的问题也很多，但实际主题仍然是集中在革命与保皇这个焦点上，亦即集中在是否实行“民族主义”推翻满清政府才能救国这个目标上。在法兰西，“不自由毋宁死”的呼号响彻一时。在中国，蹈海以死激励人们的是为了救国爱国。至于人权、民主等等，虽然辛亥前有过一些宣传，但既未真正深入人心，也确非当时现实迫切要求所在。它只在表面形式例如主张共和政体废除君主政体这种极为外在的意义上，为人们所接受和了解。辛亥以后的历史表明，谁想使清朝政府复辟，或谁想公开再做皇帝，倒的确是不得人心，天下共击之的。袁世凯称帝和张勋复辟很快都失败。但如何在更深远的含义和内容上，从经济、政治、军事、文化各个方面实行资产阶级民主，以真正战胜封建主义，革命派始终没有充分的思想武装和舆论准备。对旧势力旧传统可以以各种新形式来继续进行统治，甚至反攻倒算，更丝毫没有认识。思想启蒙工作，革命派本来就做得很少，也不重视。如何在政治上真正实现民主共和，在经济上搞富强建设，在文化上宣传自由平等，革命前大多是空话，并没有生根；革命后很快就被纵横捭阖的帝王权术（如袁世凯）和杀人如草的血腥镇压所淹没了。报馆被大批封闭；结社被公开禁止。在金钱收买下，议员成猪仔，议会乃玩物。袁世凯称帝，所谓“国民代表”一千余人全体一致

---

① 不仅革命派，当年改良派的讲民权（如谭嗣同）、自由（如严复），也都是为了“救亡”，即为了反侵略争独立而提出的手段和方案（详见各文），反帝救国成了整个中国近代思想的压倒一切的首要主题。

通过，演出了一幕又一幕的专政丑剧。哪里有什么起码的资产阶级人权、民主、平等、自由。而这一点，无论从经济基础、上层建筑或意识形态来说，又是有其深刻原因的。

仅从思想史角度看，便很清楚，资产阶级民主思潮并未在中国生根，在中国有深厚基础的是封建统治传统和小生产者的狭隘意识，正是这两者结合起来，构成了阻碍中国前进、发展的巨大思想障碍。它们与近代民主主义格格不入，蒙昧、等级、专制、封闭、因循、世袭，从自给自足的经济到帝王权术的"政治"，倒成为习以为常的思想状态和正统力量。正是与这种状况相抗争，与这种意识形态相搏斗，才有五四运动，才有启蒙思想家鲁迅、胡适等人。

五四运动提出科学与民主，正是补旧民主主义革命的思想课，又是开新民主主义革命的启蒙篇。然而，由于中国近代始终处在强邻四逼外侮日深的救亡形势下，反帝任务异常突出，由爱国而革命这条道路又为后来好几代人所反复不断地在走，又特别是长期处在军事斗争和战争形势下，封建意识和小生产意识始终未认真清算，邹容呼唤的资产阶级民主观念也始终居于次要地位。一方面，历史告诉我们，经济基础不改变，脱离开国家、民族、人民的富强主题，自由民主将流为幻想，而主要的方面，则是没有人民民主，封建主义将始终阻碍着中国走向富强之道。从而，科学与民主这个中国民主革命所尚未实现的目标，仍然是今天的巨大任务。特别是当封建主义穿着社会主义衣裳，打着反资本主义的幌子，实际是把中国拉向"封建法西斯"的时候，这一任务的重要性、急迫性和艰巨性就更突出了。"四人帮"在这问题上给上了深刻的一课。因此，在向二十一世纪初实现社会主义现代化目标的进军中，回顾二十世纪初的资产阶级革命思想和这一思想的历史行程，不是很值得研究者们去总结和发现其规律和教训的吗？

（原载《历史研究》1979 年第 6 期）

论孙中山的思想

孙中山是中国革命的先行者，是不止一代的革命家的领袖和旗帜。他的遗像耸立在海峡两岸数十年，并是具有世界声誉的人物。孙中山在十九世纪九十年代第一个举起了民主革命的火把，在举国沉浸于改良派变法维新浪潮的时候，不屈不挠地组织武装起义，不怕孤立，不畏失败。孙中山第一个全面提出了资产阶级民主革命的理论和政纲，领导了与改良派的大论战。孙中山最早识破了袁世凯的阴谋，与军阀野心家作了长期的坚决斗争。他的一生比他的同时代的革命者，都站得高看得远，善于团结人们，勇于抛弃错误。孙中山数十年间在中国这样半封建半殖民地的社会里，外不依靠帝国主义，内无个人一兵一卒，却始终享有崇高威望，是人民公认的革命领袖。他以其坚持一生从不稍懈的革命活动和人格，感召着亿万群众。

孙中山是积极的革命活动家，很少有时间、精力和兴趣去进行专门的思辨。他的思想学说不能离开他的革命活动作学究式的研讨。所以，尽管理论深度有所不够，他所提出的思想和政纲，他的三民主义学说却概括了整个时代的要求和历史的动向，是当时中国最先进最完整的思想体系，并产生了国际影响。

一　民族主义与民权主义

1. 反对帝国主义

反帝与反满是中国二十世纪初中国资产阶级革命派的主要起因，被孙中山概括为民族主义，构成三民主义首要的组成部分。孙中山的民族主义在辛亥革命前是全体革命派的旗帜，辛亥革命后他认识直接反对帝国主义的重要性，发展为新三民主义的一部分。

在十九世纪九十年代兴中会宣言中，孙指出："方今强邻环列，虎视鹰瞵，久垂涎吾中华五金之富、物产之多，蚕占鲸吞，已见效于接踵，瓜分豆剖，实堪虑于目前"，"为免奴隶于他族"，"特集志士以兴中"。为救国而革命，进行武装起义，用暴力推翻满清政府，是源起于要求改良而不可得的必然结果。孙中山在中国近代最早把这条道路指了出来。当康有为倡导保国、保教、保种，严复也说"有如三保"时，孙中山却提出了"种姓革命"，这是孙中山民族主义的最早提法。

当二十世纪初，反满情绪已弥漫开来，所谓种姓革命已为人们所欢迎、了解的时候，孙则强调指出："兄弟听见人说，民族革命是要尽灭满族民族，这话大错。""民族主义并非是遇到不同种族的人便要排斥他，是不许那不同种族的人来夺我民族的政权。"(《三民主义与中国前途问题》）孙把当时民族斗争问题归结到推翻为满族贵族把持的国家政权这一要点上，今日看来如此简单的道理，在当时的革命阵营中并不清楚。孙于革命高潮中要求把"民族革命的目的认得清楚"，这是有针对性的，即要求不要把民族主义看做是种族复仇之类，不只是什么"仇满""光复"等等。

所以如此，从理论上讲，是因为孙的民族主义是向西方学习的结果。孙中山的民族主义属于资产阶级思想范畴，不同于章太炎等人那种"夷夏之辩"的中国传统封建观念。孙后来对民族主义作了理论阐明，他说明"民族"这概念是与国家不同的东西。国家是"用武力造成的"(《民族主义》第一讲），民族则是"天然力造成"，所谓用自然力造成也就是自然而然的形成。孙认为一个民族可以由五种"自然力"形成。这五种自然力就是"血统"("祖先是什么血统，便永远遗传成一族的人民")、"生活"("谋生的方法不同，所结成的民族也不同")、"语言"("如果外来民族得了我们的语言，便容易被我们感化，久而久之，则遂化成一个民族")、"宗教"("大凡人类奉拜相同的神和信仰相同的祖宗，也可结合成一个民族")、"风俗习惯"("如果人类中有一种特别相同的风俗习惯，久而久之，也可自行结合成一个民族")。这些说法显然是从西方资产阶级社会学里搬来的一般观念。它不同于从孔夫子到王夫之的封建主义的“夷夏大防”的理论。孙上述解说虽然比较晚，但对于熟悉西方文化的孙中山来说，无疑很早就知道的。

孙的民族主义，从现实渊源说，则是太平天国、义和拳等农民革命的反满要求的承续和提高。一些材料说明，孙中山很早便以洪秀全的继承者自命，“他进校以后，天天谈革命……常常说起洪秀全，称为反清第一英雄，可惜他没有成功”(《兴中会革命史要》)。“真有以洪秀全第二自命的志向。”（同上）当然，孙中山有继承洪秀全发扬民生主义那一面，但暴力革命无疑也占重要地位。这种继承在向西方学习的观念基础上，已有很大提高。孙中山的民族主义，比太平天国的《奉天讨胡檄》的坚决反满，或义和拳“挑铁路，把（电）线砍，旋即毁坏大轮船”的原始排外，当然要先进得多。正如李大钊几十年前所指出：“他（孙）承接了太平天国民族革命的系统，而把那个时代农业经济所反映出来的帝王思想，以及随着帝国主义进来的宗教迷信，一一淘洗净尽。他整理了许多明末清初流传下来以反清复明为基础的，后来因为受了帝国主义的压迫，而渐次扩大着有仇洋色彩的下层结社，使他们渐渐脱离农业的宗法的社会的会党的性质，而入于国民革命的正轨。”(《守常文集》，第223—224页）孙中山总是把革命活动和希望放在下层会党，当好些革命派把重点移到新军方面时，孙开始还不赞成，这说明他的革命思想包括民族主义，确有这样一种下层社会根基的特征。

孙中山民族主义的含义本是较宽泛的，但辛亥前现实斗争的需要却把它集中到反满上。从《兴中会宣言》到《同盟会宣言》，明确提出来的并非反帝，而是反满：“倡率义师，殄除外虏，此为上继先人遗志，大义所在，凡我汉人，当无不晓”，“驱除鞑虏，恢复中华……我汉人为亡国之民者二百六十年于斯。满洲政府穷凶极恶，今已贯盈，义师所指，复彼政府，还我主权”。孙甚至还说过民族主义是“从种姓出发，朱明灭元”，“民族革命即已做成”等等。这与当时革命派流行的论调，就没有什么区别了。包括当时革命派与改良派的大论战，论题虽然众多，焦点也仍然集中在这里，革命与改良，民主共和与专制……一切都集中在是否应推翻满清政府的问题上。反满竟然掩盖了一切，也代替了一切。本来，“外邦逼之”与“异族残之”是联系在一起的，“今有满清政府为之鹰犬，则彼外国取其土地，有予取予携之便矣”，“故欲避免瓜分，非先倒满清政府，则无挽救之法也”，反满本是为了反帝，结果却是反满替代了反帝，后一任务根本没有完成。有如亲身经历者所言：“当时革命（指辛亥革命）的目的，不是仅仅推翻满洲政府，并且在推翻清朝之后，使半殖民地的中国变为独立的中国，这个意义本来是很明白的，但是当时有个弱点，只提出反满的口号，未曾提出打倒帝国主义的口号，以致革命党人一经推翻满清政府，便多数认为民族主义革命已告成功。在革命军起义和临时政府成立的时候，对外宣言首先就承认了满族政府和帝国主义国家订的条约、赔的外债，甚至海关收入的支配权、上海混合裁判的法权，更是无条件地送给列强，而成为恶例……”（《胡汉民先生在俄演讲录》第 1 集，第 2—4 页）

辛亥后，甚至孙中山也一度把民族主义的旗帜收卷了起来，例如在中华革命党党章和宣言中就没有再提这方面的任务。但孙中山很快就纠正了这一错误，现实教育了他看到独立的中国并未出现，中国仍然是在列强帝国主义的宰割和支配之下。孙中山陆续指出，“日人驻兵于南满，俄人驻兵于蒙古，英人驻兵于西藏，法人驻兵于滇黔，日思瓜分”；“我汉族实无国家存在于亚东大陆上，而外忧日迫，瓜分立刻之危机，在昔不过危言恫吓，近日见之实行”；“现在清室不能压制我们，但各国还是要压制的……勿谓满清已倒，种族革命已告成功，民族主义即可束诸高阁矣”。于是孙中山再次强调提出民族主义，并且愈来愈朝着反对帝国主义的方向前进，他提出取消列强在华特权，废除领事裁判权，恢复关税自主，收回租界和失地等等，这为日后接受、提出新三民主义中的反帝纲领做了思想准备[①]。也可以说，绕一个螺旋又回到出发点，回到了为爱国救亡（即抵抗帝国主义侵略）而革命（推翻反动政府）的初衷，回到了这一整个近代中国的思想主题上。

---

① 所谓“新三民主义”是指二十年代以来，孙关于三民主义的一系列的演讲中所重新规定和解释的三民主义。

在新三民主义中，孙中山对帝国主义的侵略，做了多方面的揭露。其中特别强调了帝国主义用“政治力”和“经济力”征服中国的问题。孙在叙述了“政治力”的压迫之后，又指出“经济的压迫比……政治的压迫还要厉害。政治力的压迫是看得见的……但是受经济力的压迫，普通人都不容易生感觉”(《民族主义》第二讲)。孙中山接着详尽地列举了关税问题、洋货问题、外国纸币问题、特权经营问题等等。孙指出，帝国主义的经济侵略给中国人民带来了深重的祸害，他用一些例子说明中国人民吃不饱穿不暖，是由于帝国主义的经济侵略使得中国工农业不发达的缘故。“经济压迫令我们中国所受的损失总共不下十二万万元。”“一年有十二万万,十年就有一百二十万万……因为有了这种经济力的压迫，每年要受这样大的损失，故中国的社会事业都不能发达，普通人民的生计也是没有了，专就这一种压迫讲，比用几百万兵来杀我们还要厉害。”(同上)孙又指出，帝国主义的经济侵略和政治压迫有必然联系，指出帝国主义用不平等条约的政治压迫手段来保卫和达到它经济侵略的目的。“他们的政治力帮助经济力，好像左手帮助右手一样。”(《民族主义》第四讲)孙说：“我们要解决民生问题，保护本国工业，不为外国侵夺，便先要有政治力量，自己能够来保护工业。”“要民生问题能够解决得通，便要先从政治上来着手，打破一切不平等的条约。”(《民生主义》第四讲)孙中山把民生问题集中在反帝的民族主义上面，民族主义仍然是三民主义之首，国家的独立(民族主义)仍然是压倒一切的革命首要任务。孙中山当年从提出中国连殖民地都比不上，中国是受许多帝国主义奴役压迫的“次殖民地”的著名论点，极大地唤起了中国人民的反帝爱国热情。

孙还说：“我们中国革命十三年，每每被反革命力量所阻止，所以不能进行，做得彻底成功，这种反革命的力量就是军阀。为什么军阀有这么大的力量呢，因为军阀背后有帝国主义的援助。”(《中国内乱之因》)可见，反帝是打倒军阀进行国内战争的前提和本质。

孙中山用自由平等博爱的理想，来解释和规定他的三民主义。孙说：民族主义对自己民族来说就是争自由，对别的民族来说就是平等和博爱，也就是相互支持和帮助。辛亥革命前，孙中山曾支持菲律宾的独立战争，企图“率兴中会至菲岛投阿氏军，速其成效，转余势而入支那内地，以起革命于中原”(《三十三年落花梦》)。二十年代孙提出“大亚洲主义”，主张受欧美奴役的亚洲各国团结起来，一致反帝。在民族主义讲演结束语中，孙中山又强调“我们要先决定一种政策，要济弱扶倾，才是尽我们民族的天职。我们对于弱小民族要扶持它，对于世界列强要抵抗它，如果全国人民都立定……济弱扶倾的志愿，将来到了强盛时候，想到今日受过了列强政治经济压迫的痛苦……我们便要把那些帝国主义来消灭，那才算是治国平天下……这便是我们四万万人的大责任……便是我们民族主义的真精神”(《民族主义》第六讲)。也正是在这些讲演中，孙一再提到和接受了列宁民族自决的思想，“列宁……提倡被压迫的民族去自决，为世界上被压迫的人打不平”(《民族主义》第四讲)。

对国内各民族，孙中山辛亥后强调“五族共和”，并且“我们国内何止五族呢，我的意见应该把我们中国的所有民族融成一个中华民族”。孙在这方面的思想主张、政纲政策，基本上是健康正确的。到国民党第一次全国代表大会宣言，这方面更有了发展，“民族主义有两方面的意义，一则中国民族自求解放，二则中国境内各民族一律平等”，“目的在使中国民族得自由独立于世界”，“其目标皆不外反帝国主义”等等。从种姓革命到民族自决，从承认不平等条约到废除不平等条约，从五族共和到各民族一律平等，孙中山的民族主义达到了他思想的最高水平。

孙的反帝国主义的民族自决思想与中国共产党的民主革命纲领大体一致，但世界观和理论基础并不相同。孙中山始终不用马克思主义阶级斗争观点来解释民族斗争问题，而是用抽象的“王道”“霸道”“公理”“强权”等概念来解释，以讲和不讲“仁义道德”来解释。例如他说，“讲王道是主张仁义道德，讲霸道是主张功利强权，讲仁义道德是用正义公理来感化人，讲功利强权是用洋枪大炮来压迫人”，“俄国现在要和欧洲白人分家……因为它主张王道，不主张霸道，他要讲仁义道德，不愿讲公理强权”(《大亚洲主义》)，“将来白人主张公理的、黄人主张公理的，一定是联合起来，白人主张强权的和黄人主张强权的，也一定是联合起来，有了这两种大联合，便免不了一场大战，这便是世界将来战争的趋势”（《民族主义》第一讲），孙已看到了民族问题上的阶级分裂的现象，但他把这一切都简单地纳入了抽象的所谓“王道”“霸道”“公理”“强权”之争去了。

实践比理论更重要。列宁说：“资本主义把亚洲惊醒起来的时候，在那里也是到处引起了民族运动，而这运动的趋向，是要在亚洲创立一些民族主义国家……”这是一种近代性创立民族国家（nation-state）的世界潮流。从亚洲丛林到非洲沙漠，从阿拉伯半岛到拉丁美洲，民族独立作为不可阻挡的历史潮流，成了这一世纪整个世界史上民族民主革命的核心，它与这些国家从农业国走向工业化，或者与这些国家的农民革命是密切联系着的。孙中山不愧是这一历史潮流的最早的先行者。

2. 建设伟大祖国

无论是反满和反帝或其他斗争，孙中山的目标和当时先进人士一样，是为了建设一个独立富强的中国。如果说，在反满反帝方面，孙主要是承接了从太平天国到义和团下层会社的火种，把它在全民族范围内（即包括中上层社会）点燃了起来；那么，在建设祖国方面，孙则主要是承接了七十至九十年代改良派的要求和理想，把它向全民族提了出来。政治上获得独立之后，必须有经济上的富强独立，这是孙的民族主义的另一巨大内容。以前好些文章却忽略了这一方面。

在 1894 年《上李鸿章书》中，孙提出“人能尽其才，地能尽其利，物能尽其用，货能畅其流”的著名纲领：“所谓人能尽其才者，在教养有道，鼓励以方，任使得法也”；“所谓地能尽其利者，在农政有官，农务有学，耕耨有器也”；“所谓物能尽其用者，在穷理日精，机器日巧，不作无益以害有益也”；“所谓货能畅其流者，在关卡之无阻难，保商之有善法，多轮船铁道之载运也”。“此四者，富强之大经，治国之大本也”。这当然不出改良派主张的范围，但孙中山以后摈弃了改良主义，搞革命斗争，也仍然没有忘怀这个建设祖国的巨大任务，孙中山实行与改良不同的革命办法，还是为了建设祖国这个目的。长期的革命斗争，容易使人们把手段误认为目的本身，把手段看得很高，反而轻视和忘记了其手段之所由起，即原先的目的所在，从而经常走入歧途。孙比革命派好些人认为革命本身似乎即是目的，辛亥以后即认为大功告成等等，要高明得多了。

孙中山不仅以革命而且也以建设富强祖国为己任，他苦口婆心地再三说明，中国必须摆脱穷困和屈辱，消灭愚昧和落后，要做到这些必须在革命后实现工业化，努力兴办规模巨大的工业，建立高度发展的交通线和铁路网，生产大量的农产品和日用物。他在《建国大纲》中说："建设者首要在民生，故对于全国人民之食衣住行四大需要，政府当与人民协力，共谋农业之发展，以足民食，共谋织造之发展，以裕民衣，建设大计划之各式屋舍，以乐民居，修治道路运河，以利民行。"孙一再说，"……我们革命之后，要实行民生主义，就是用国家的大力量，买很多的机器，去开采各种重要矿藏，像煤矿铁矿……我们也用机器去制造货物……中国将来矿业开辟，工业繁盛，把中国变成富庶，比较英国、美国、日本，还要驾乎他们之上"(《女子须明白三民主义》)。"第一是交通事业，像铁路运河都要兴大规模的建筑；第二是矿产，中国矿产极其丰富，货藏于地实在可惜，一定要开辟的；第三是工业，中国的工业非要赶快振兴不可"(《民生主义》第二讲)。孙中山特别着重从改善和提高人民生活水平这个角度，强调要从根本上解决吃饭和穿衣问题，要"解决农业和工业问题"，而关键就在兴办近代大机器的工农业生产。孙中山对此作了十分具体细致的研究，提出了一个中国建设的具体蓝图，即有名的《实业计划》。这个计划的要点是在国家统一规划，主办和经营下，吸收外国投资，来迅速发展各种近代企业，首先是交通运输业。孙认为交通运输是近代工业的先行。

《实业计划》指出："中国今尚用手工为生产，未入工业革命之第一步，比之欧美已临第二革命者有殊。故于中国两种革命必须同时并举，既废手工采机器，又统一而国有之。如斯际，中国正需机器以营其巨大的农业，以出其丰富之矿产，以建其无数之工厂，以扩张其运输，以发展其公用事业。"

孙中山在辛亥后，即提出修筑十万英里铁路的计划。在《实业计划》中，则更具体化为六大铁路系统（西南、西北、中央、东南、东北、高原），从边疆到内地，从西北到江南，铁路密如蛛网，四通八达，无远弗届。孙中山对各种干线、支线都拟定得十分具体。《实业计划》中还规定建立三大海港（北方大港、东方大港、南方大港），围绕这三大港，疏通内河水运，发展内地交通。《实业计划》规定兴建粮食工业、衣服工业、居室工业、行动工业、印刷工业……孙中山说："欧美两洲之工业发达，早于中国百年，今欲于甚短时期追及之，需用其资本，用其机器。若外国资本不可得，至少亦需用其专门家、发明家，以为吾国制造机器……"有的人因之批评孙中山依靠外国，其实不然。孙中山远比章太炎等人的"依自不依他"式的空论要切实和高明，他所主张的是在不损害中国主权条件下，来引进外资和技术，以便在最短时期内迅速赶超外国，从根本上改变中国数千年来手工式的落后的生产方式。这种种设想在当时国际国内的条件下，是不可能实现的计划，当时帝国主义资本家对孙中山这些主张和要求采取了嘲笑和冷淡的态度，国内反动派嘲笑孙中山是孙大炮，但它并不因之而失其为伟大的爱国者的主张。

历史证明，《实业计划》是一个眼光远大、气魄宏伟、在中国近代思想史上应占有重要地位的伟大理想，它开时代之先声，是孙中山民族主义重要主题之一。它是为了解决亿万中国人民的丰衣足食问题，也是使中国民族能自立于世界民族之林，对人类能做出贡献的基本方案。今日读来，犹使人备受鼓舞而感慨万千，由于帝国主义特别是小生产封建主义的阻挠，使这个计划推迟了数十年。

（原载《中国青年报》1956年11月12日、13日，有增改）

3. 民主共和国的理想

照理说，民权主义本该是三民主义的核心，是资产阶级主要的革命纲领，因为正是民权主义才使中国革命和中国思想具有明确的近代性质，使它区别于太平天国和义和团，也不同于改良派。它是革命的纲领，所以不同于改良派。但更重要的是，它是资产阶级民主主义的纲领，所以不同于单纯农民革命和农民思想。作为整个世界的时代思潮，它本应能开花结果。但严酷的事实是，数千年的封建社会传统土壤，使向西方学习来的资产阶级民主思想，在中国远没能生根，这个近代社会的基本主题，在中国失败得很惨。民主主义被湮没在各式各样的封建主义的蹂躏下。

孙中山一开始便把实行民权主义作为革命的内容，在兴中会的简短誓词中，“建立共和政体”是重要目标。在同盟会宣言中，“建立民国”是四大纲领之一。“今者由平民革命，建立民国政府，凡我国民皆平等，皆有参政权，大总统由国民共举，议会以国民公举之议员构成之，制定中华民国宪法，人人共守，敢有帝制自为者，天下共击之。”在1906年《民报》创刊周年纪念会上，孙又强调说：“民权主义就是政治革命的根本，……我们推倒满洲政府……以颠覆君主政府那一方面说，是政治革命，……照现在这样的政治论起来，就算汉人为君主，也不能不革命。……凡革命的人，如果存有一些皇帝思想，就会弄得亡国，因为中国从来当国家作私人的财产。”这是有所指而言的。当时参加革命的人，例如以章太炎、陶成章为代表的光复会一派，只着重在光复旧物，驱除鞑虏，对资产阶级民主主义、对所谓自由平等博爱，并不太感兴趣。至于当年想当皇帝的，当然更不乏人。① 皇帝是封建社会的至贵至尊，辛亥后，袁世凯当了实际上的皇帝仍不过瘾，硬要名副其实才甘心，就可见当时社会思想的一斑，也可见坚持资产阶级民主主义理想在千年封建王国中的可贵。本世纪初，同盟会宣言说：“前代为英雄革命，今日为国民革命，所谓国民革命者，一国之人皆有自由平等博爱之精神……”自由平等博爱是反对传统的等级制、世袭制的思想武器。不是少数英雄

① 孙中山晚年还一再指出了这一点：“当我提倡革命之初，其来赞成者，十人之中，差不多有六七人是有一种帝王思想的，……其中还有一二人，就是到了民国十三年，那种做皇帝的旧思想，还没有化除。”“现在共和成立了十三年，但是还有想做皇帝的，像南方的陈炯明……北方的曹锟……广西的陆荣廷……此外还更不知有多少人都是想做皇帝的，中国历代改朝换姓的时候，兵权大的就争皇帝。”（《民权主义》第一讲）

而是“全体国民”，不是改朝换代而是建立共和，不是君君、臣臣、父父、子子，而是自由、平等、博爱，这就是孙中山“天下为公”在政治思想方面的含义，亦即孙中山民权主义的基本观点。

与辛亥后一些人抛弃民主理想，幻想强人政治不同，孙中山始终坚持了资产阶级民主主义，并不断对他的民权主义作各种说明补充。其中重要的是提出了著名的“五权宪法”的原则。所谓的“五权”就是立法（议会议员制定法律之权）、行政（政府首领管理国事之权）、司法（裁判官司法之权）、考试（试官掌管考试以选择大小国家官员之权）、监察（监察官对国家大小机关和官员进行弹劾之权）。这“五权”是从西方资本主义的三权（立法、行政、司法）加上考试、监察而来，其实质是权力分散，即分权制。“三权分立”是从洛克、孟德斯鸠（理论）到美国独立、法国革命（实践）以来的资本主义政治制度的根本原则。孙说，“英国宪法所谓三权分立……是从六七百年前由渐而生，成了习惯，但界限还没有清楚，后来法国孟德斯鸠将英国制度作为根本，参合自己的理想，成为一家之学。美国宪法又将孟德斯鸠学说作为根本，把那三权界限更分得清楚，在一百年前，算是最完美的了。一百二十年以来，虽数次修改，那大体仍然是未变的”(《三民主义与中国前途问题》)。所谓三权分立，也就是行政、立法、司法彼此独立，相互制约，尽力避免封建专制政体将权力集中于一人一处的严重弊病。应该说，这在政治思想史和整个历史上，都是一大进步。事实证明，这种政制对于促进资本主义社会生产力的顺利发展，起了不可磨灭的积极作用。尽管仍有缺陷，但它比君主专制和封建官僚体系，无论在发展近代工业生产和改善人民生活等等方面，都要先进得多。严复曾以英国为榜样，提出“以自由为体，以民主为用”，正是要在资本主义自由竞争的经济基础之上，树立起“三权分立”的近代资本主义民主政治体系。虚君共和也好，民主立宪也好，民主共和也好，这都是外在形式，实质基本一致，都是要求从君主专制和封建官僚统治体系走向适应现代经济基础的民主分权制。因此，也可以说改良派（康、梁、严）与革命派的手段虽有不同，在目标上倒是相近似的，而不同于农民革命，也不同于章太炎。地主阶级对近代民主主义是坚决反对的，束缚在封建生产方式里的农民，对此也无多大兴趣。而软弱的中国资产阶级只能依附于统治集团，于是真正热心于近代民主主义的，便只剩下浮萍一般的知识分子群了。除了爱国主义外，民主主义经常驱使他们掀起反封建反专制独裁的斗争浪潮。然而他们在中国毕竟没有基础，这种热潮很快消失在传统重压之下。二十世纪初，以孙中山为首的革命派的民主共和国的理想，在中国终究没有实现。列宁曾经赞扬孙说："孙中山的纲领每一行，都渗透了战斗的真实的民主主义，他充分认识到'种族'革命的不足，丝毫没有对政治表示冷淡，甚至丝毫没有忽视政治自由和容许中国专制制度与中国'社会改革'、中国立宪并存的思想。这是带有建立共和制度要求的完整的民主主义。"这个"完整的民主主义"没有实现，实现的倒是戴着假民主面壳的一次又一次的封建法西斯的个人独裁。

如同详细作《实业计划》一样，孙中山也作了一本十分详细的《民权初步》。这本书具体告诉人们如何开会、发言、表决，如何当会议主席，如何作提议、附议，等等。这种如此粗浅的程序设计，却有其苦心和价值在。因为当时中国人确实不知道也不习惯如何来实行近代民主方法，"头说了算"的封建宗法习惯——在乡里是家长、族长、村长说了算，在官场是大官说了算——几乎是不成文的法律和以为当然的观念。因此，不但从政治体制上，而且从思想观念和传统习惯上来个改革，显然十分必要。《民权初步》正是作为这种民主实习教材而写作的，至今有用。

孙中山在新三民主义时期中，对资产阶级民主的种种弊病有了进一步的认识。他针对当时西方资产阶级议会的"贵族"性质，提出"政权非少数可得而私"的思想，在具体方案上，孙中山提出了"直接民权"，即广大人民有选举、罢免（官员）、创制、复决（法律）四权。这"四权"仍然是从瑞士、美国学来，但它表明孙中山已不满足于代议政治，对进一步真正扩大人民自己的权力十分重视。

但是，孙的民权主义一种重要的理论是"权""能"分开。孙认为要超越欧美，避免其政治的各种混乱，主张把权（"政权"）能（"治权”）分开。他说，“政是众人之事，治是管理众人之事”(《民权主义》第六讲)。“政治之中，包含有两个力量，一个是政权，一个是治权，……一个是管理政府的力量，一个是政府自身的力量”(同上)。在孙中山的设想中，人民有“政权”(“权”)，可以选举、罢免官员，创制、复决法律；政府有“治权”(“能”)，具有高度的行政效率和专长，以服务于人民。这样“人民和政府的力量，才可以彼此平衡”，孙中山认为中国和欧洲不同，自由平等早就有了，白屋可出公卿，布衣可至将相，不像欧洲封建世袭制那样严格，“欧洲的专制要比中国厉害很多，原因在什么地方呢，就是在世袭制度……帝王公侯那些贵族，代代都是世袭贵族……耕田的人，他的子子孙孙便要做农夫，做工的人，他的子子孙孙便要做苦工，祖父做一种什么事业，子孙不能改变，这种职业上的不能改变，就是欧洲的不自由……因为职业不自由，所以失掉了平等……”“欧洲人民在两三百年以前的革命都是集中到自由平等两件事，中国人向来不懂什么是争自由平等，当中原因就是中国的专制和欧洲比较实在没有那样厉害”(《民权主义》第三讲)。所以“如果专拿自由平等去提倡民气，便是离事实太远，和人民没有切肤之痛，他们便没有感觉，没有感觉，一定不来附合”(同上)。孙从辛亥以来，看到了广大人民（主要是农民）对自由平等没有多大兴趣，似乎是在开始放弃他前期那些资产阶级民主理想，但其实却是对中国封建专制严重估计不够。他自认为超过欧美资本主义的新思想，却恰恰成了容易为封建主义利用的理论。他把中国地主制度与欧洲中世纪领主封建制度作为本质区分，他没看到，虽然这两种制度有所不同，但是基本经济形态和在这基础上的世袭制、终身制、等级制等等政治法律体制和社会结构，其性质是一致的，而与资产阶级的经济基础和在这基础上的上层建筑及意识形态，包括自由平等博爱，有社会形态的根本区别。孙低估了专制政体的严重影响和传统潜力，把“政权”与“治权”分开，又强调行使“治权”的是诸葛亮，是先知先觉者，这就在理论上和实际上，把“治权”放在“政权”之上。更由于孙在理论上没重视国家政权的专政性能，以及政府机关、军队、警察、法庭、监狱这些东西（“治权”）的严重性和历史具体性，没重视在所谓民主、民权的外在形式下，仍然可以是封建专制的老一套，因此，所谓权能分离说，倒可以成为符合皇帝独裁统治需要的东西。后人就利用了这一点，他们的确把孙中山的所谓“万能政府”实现了，但他实现的不是孙所理想的为人民服务的行政效率的“万能”，而是残酷压榨和剥削人民的“万能”。至于人民所拥有的甚至公之于“宪法”的所谓“四权”，在这种“万能政府”的统治下，完全不过是一钱不值的空话而已。

要进行近代社会管理和建设，需要有权威有效能的政府；同时，人民也要有直接参与的民主权利，这的确可以出现矛盾，因为多数意志并不一定经常正确，特别是在处理一系列专门课题之上，这种课题由于近代工业的发展和社会的变化而愈来愈多。但是，这个矛盾不能由孙设计的这种权能分开、治权万能的道理来解决，因为这种解决可以为“领袖”“天才”独裁统治的理论，为凶暴的独裁统治的实际开辟道路。历史的行程一再证明了这一点。

由于中国社会的落后，孙中山主观上想超越和优越于西方资产阶级民主主义的设想，实际得到的却反而是比资产阶级民主更落后的东西。旧中国在政治、经济和意识形态方面，缺乏在欧洲已有了数百年历史的近代民主主义。这个民主主义是封建法西斯的死敌。袁世凯害怕宋教仁真正搞资产阶级议会，便图穷匕首见，公然实行暗杀。蒋介石害怕真正的宪政，便把孙中山的“军政”“训政”“宪政”三时期中的所谓“训政”无限期地延长，甚至没有人敢在名义上和他竞选总统。至于议员成猪仔（曹锟贿选）、投票为形式（“国民代表”一千余人全体投票拥护袁世凯当皇帝）①，“人民代表大会”乃“橡皮图章”等等，更是所在多有。所有这些，近代历史已写下了许多教训。它说明资产阶级民主在中国不是太多太虚伪，而是从来没有过，而是从来遭到封建法西斯的各种阻挠、反对和破坏。因此，很好地总结孙中山的民权主义思想，高度评价他的

① “收买国民代表，……故一千九百九十三人竟得一千九百九十三票，一律赞成君主。”（《袁氏盗国记》）

“完整的民主主义”，继承他为民主而奋斗的革命传统，在今天也仍然不是没有意义的。

二　民生主义

1. 思想背景

“民生主义”是孙中山“三民主义”中最具特色的部分，是孙中山自己自始至终都看得最为重要的思想。从同盟会时代他就向革命派中许多人竭力讲解，到新三民主义时期中，他又把三民主义说成是“发财主义”①，都说明孙重视把中国从贫困境地中解放出来。国家独立的民族主义（自由），建立共和的民权主义（平等）和平均地权的民生主义（博爱），是孙的全面的资产阶级民主主义的内容和理想。但孙中山认为，他的三民主义所以比欧美资产阶级的自由、平等、博爱要优越，正在于他有重点，在于他有解决人民经济生活问题的民生主义。所以，从一开始，孙的“民生主义”既反映了当时中国社会经济发展的矛盾和要求，同时又是弥漫在当时整个革命派阵营中的社会主义主观空想的代表和表现。1904 年《致公堂重订新章要义纲领》中把“平均地权”作为政纲和口号提出；同盟会成立，确定革命纲领时，“……有数人于平均地权一节略有疑问，总理乃历举世界革命之趋势及当今社会民生问题之重要，谓平均地权即解决社会问题之第一步方法，吾党为世界最新之革命党，应高瞻远瞩……庶可建设一世界最良善富强之国家云云。演讲约一时许，众大鼓掌……全场无异议”（冯自由：《革命逸史》2 集，第 149 页）。随即，《民报发刊词》上，“民生主义”正式被孙中山宣布为革命

① “中国人听到说发财就很欢迎的缘故，因为中国现在到了民穷财尽的时代，人民所受的痛苦是贫穷，因为发财是救穷独一无二的方法。……发财便可救穷，救了穷便不受苦。所谓救苦救难。”“……现在中国来提倡自由，人民向来没有受过这种痛苦，当然不理会，如果在中国来提倡发财，人民一定是很欢迎的，我们的三民主义，便是很像发财主义。……俄国革命之初，实行共产，是和发财相近的。”（《民权主义》第二讲）

的三大主义之一。以后，在一切有关“三民主义”和革命政纲的演讲著作中，孙中山坚持和着重地宣传、解释了他的“民生主义”的思想学说。“民生主义”所以占有如此突出的位置，首先是因为它是孙中山和当时革命民主主义思潮的一个时代特征和阶级标志。

“民生主义”诞生在二十世纪初帝国主义疯狂侵略、国内革命的高潮中，是这种情况下中国社会经济发展动向和千百万下层民众愿望的表现。

十九世纪九十年代中叶到二十世纪初年，中国民族资本有了初步迅速发展。大批的官僚、地主、商人相继投资于近代企业，并掀起了修筑铁路收回利权的高潮。民间商人、作坊主也逐渐扩充、转化成为民族资产阶级的下层。统计材料指出，正是从这个时候起，“商办的新式工业有了一些增加”，并且越来越“可以看出商办工业逐渐占优势”（严中平等:《中国近代经济史统计资料选辑》，科学出版社，第90页），资本主义的正式出现和要求发展，是当时中国社会经济动向中的主要情况之一。

随着资本主义的发展，特别是外国资本主义的大量侵入，农村（主要是沿海沿江地区）在迅速地分化解体，农民走向破产和赤贫化。广大人民对资本主义怀着不了解和恐惧，对日益加重的封建压榨充满着不堪忍受的仇恨，农民群众的土地要求构成了整个时代的核心问题。这就是当时社会经济动向中的另一个基本情况。

这两个情况是交织着和联系着的。它们是近代历史的根本问题的两个方面。前者（资本主义发展问题）以后者（如何解决土地问题）为前提，又以它为基础。它们成了激动、困扰当时整个社会的重要问题。不同阶级、不同集团以不同的思想学说来对待这种情况。地主阶级的顽固派和洋务集团，一方面既压制民族资本主义的发展，另一方面又坚决镇压农民以保卫自己的封建地租。他们的经济思想和经济政策，无论是“重本抑末”，或者是“中体西用”，都是以不同的方式歪曲和否定中国社会经济生活的真实情况，阻挠社会经济的发展。当时资产阶级改良派和立宪派主张创办资本主义民族工商业。但这些资产阶级政治家思想家们掩盖了严重的农村土地问题。他们对农民采取敌对态度。以孙中山为代表的“民生主义”的经济思想，在当时历史所能允许的条件下，全面地反映了当时社会经济发展的客观趋向，是中国近代资产阶级革命派的经济学说和社会主义，它基本上属于资产阶级经济思想的范畴，但浸透了小资产阶级民粹主义的浪漫空想。这两个方面的交错，正是孙中山及其“民生主义”的特色。

孙中山的“民生主义”有复杂的思想来因和理论源泉。从历史程序上，首先应把中国近代太平天国的空想社会主义和九十年代改良派发展资本主义的思想看做是“民生主义”最重要和最直接的思想前导。“民生主义”是上述近代两个历史阶级和两种不同思想的继承和发展。太平天国素朴的革命思想对这位与农民有血缘关系的民主主义者，一开始便具有着很大的吸引力量。孙中山对洪秀全的倾服，不能单纯归结为对反清民族英雄的向往，它充满着更亲切的阶级同情。“孙中山是从民间来的……他生于农民的家庭……就在这早年还是贫农家里的贫儿的时候，他变成为一个革命的人。……他下定决心，认为中国农民的生活不该长此这样困苦下去。”（宋庆龄：《为新中国奋斗》，人民出版社版，第50页）孙说：“民生主义即贫富均等，不能以富者压制贫者是也。但民生主义在前数十年已有人行之者，其人为何？即洪秀全是也。”（《欲改造新国家当实行三民主义》）孙曾屡屡提到洪秀全和太平天国，指出自己的“民生主义”与他们的革命事业的类似和相近，自认是他们事业的继承者。八九十年代资产阶级改良主义者站在太平天国农民革命的否定者的立场上，他们不赞成并敌视农民革命；但却强调提出和广泛传播了中国必须发展民族工商业使祖国独立富强的进步思想。孙早年是这种思想的热烈的拥护者。前述著名的《上李鸿章书》中提出的主张就属于当时改良主义思潮的范围。孙中山在《伦敦避难记》中说明，九十年代“兴中会”时期是他由改良主义向革命民主主义的过渡。孙中山接受和承继了改良派发展资本主义的思想，但否弃这一思潮敌视农民群众的地主资产阶级自由派的立场。孙氏同情和拥护着农民的利益，提出了与改良派路线不同的发展资本主义的另一条道路。所以，孙中山的“民生主义”

思想是整个中国近代经济思想和社会主义思想的继承和发展，是它的扬弃和否定。从太平天国到改良派再到革命派，由洪秀全到康有为再到孙中山，这是中国近代彼此不同而相互连续、相继交替而出现的三个历史时期，同时也是中国近代进步思想所经过的不同而相连续的三个思想历史阶段。中国近代旧民主主义革命时期，在反帝反封建的斗争中，出现了上述三种重要的社会思潮，它们属于三个不同的类型，带有三种不同的特色，处在近代三个不同的历史阶段。它们上承古代民主思想，下接马克思主义，并为它在中国的传播发展扫清道路。它们是马克思主义在中国传播以前的近代中国思想的主流。它们在中国的陆续出现相互交替，是一种具有深刻社会含义的规律性的历史现象。孙中山是它的未完成的综合和总结。这条本应贯串着“否定之否定”（第二个否定并未完成）的逻辑规律的历史道路，揭示着“民生主义”的真正意义。

当然，中国近代思想又是中国古代思想历史的继承和发展，它有着自己民族的悠长传统。太平天国和改良派就正是以不同的阶级立场、不同的政治出发点，各自分别承接了古代中国“均分田地”的农民思想和地主士大夫的“经世致用”等社会改革思想。孙中山在制定其“民生主义”学说的时候，也研究了中国古代各种社会经济思想和经济政策。其中他一再提及了古代中国的“井田制”，并以它与“平均地权”相比拟。“〔孙中山〕在己亥庚子间（1898—1899）与章太炎、梁启超及留东学生界之余等晤谈时，恒以我国未来之社会问题及土地问题为资料。如三代之井田，王莽之王田与禁奴，王安石之青苗，洪秀全之公仓，均在讨论之列。”（冯自由：《革命逸史》2集，第144页）然而，中国近代进步思想一个更为重要的标志，是他们几乎“都从欧美借取了自己的解放思想”（列宁：《中国的民主主义和民粹主义》），他们都是“经过千辛万苦，向西方国家寻找真理”（《论人民民主专政》）的人物。孙中山当然更是这样。如果说，洪秀全在四五十年代从西方教士那里借来了基督教素朴“天国”观念，康有为在西方资本主义阶段里产生了对资本主义世界乐园的大同空想；那么，孙中山却是在帝国主义诞生时代，接受和提出了避免西方资本主义道路的社会主义。其中特别是当时风靡一时的亨利·乔治的著作、学说，几乎为孙氏所完全吸取过来，作为“民生主义”的具体内容和办法。与此同时，马克思主义的社会主义对孙中山和革命派在当时也产生过影响。他们的民主主义立场，使他们欢迎一切反对压迫和剥削的理论。但是，尽管在外表上看来，孙的社会主义思想多么像纯粹从外国搬来的古怪东西，然而归根结底，它却仍然是自己社会的客观历史要求的真实反映。孙中山所以会和所以能接受、吸取西方社会主义作为自己革命的思想，特别是又在其中特别选择和看上了亨利·乔治，把这种社会改良思想变成革命武器，就正是中国自己的社会条件和时代任务所决定。所以，本来只能产生发育在当时西方的社会历史条件下的各种社会主义，到孙中山他们手里毕竟完全变了样。在借来的西方社会主义的空想的思想形式里，我们看到了中国民主主义的现实内容。

2.“资本问题”

土地问题和资本主义发展问题是当时社会发展的中心问题。它构成了“民生主义”的主要内容。孙把他的“民生主义”明确地归结为“资本”和“土地”两大问题（这一明确规定虽然说在辛亥革命后，其根本思想却在辛亥前就有）：

> 民生主义，就是时下的社会主义。……兄弟所主张的民生主义，有很好的具体办法……我的办法是什么呢？就是归宿到“土地”和“资本”两个问题。(《三民主义之具体办法》)
>
> 民生主义，必不容缓……依余所见，不外土地与资本问题。(《军人精神教育》)

先看资本问题。在这个问题上，他以高度爱国热情指出中国要摆脱愚昧和落后、贫困和屈辱，就必须有近代的大工业、大厂矿，必须有高度发达的交通线和铁路网，必须有丰足的农产品和日用品，总之就必须使中国工业化。从早年的《上李鸿章书》到建设十万英里铁路自许和《实业计划》，孙中山在期望着、憧憬着在祖国富饶的土地上，建立起具有高度现代科学技术和物质文明的繁荣、富强、幸福、安康的地上天堂。孙中山曾多次指出他的“民生主义”这方面的含义：

> 民生主义，就是用国家的大力量去开矿……此外还有开辟交通、振兴工业、发展商业、提倡农业，把中华民国变成一个黄金世界。(《革命军人不可想升官发财》)
>
> 我们的民生主义是做全国大生利的事，要中国像英国美国一样富足……(《女子须明白三民主义》)

在以后《三民主义》的著名演讲中，孙又着重指出要解决当前广大人民“吃饭”“穿衣”问题，也就必须发展近代机器生产的工农业。孙中山提供了一个使中国工业化的十分庞大的具体计划。在这个计划里，修筑铁路是它的主要基干之一。“予之计划，首先注重于铁路道路之修筑”(《中国实业应有的发展》)，“交通为实业之母，铁道又为交通之母。国家之贫富可以铁道之多少定之”(《铁道计划》)。当然，与一般资本主义工业化的程序大体近似，这个方案也仍是首先着眼在创建发展交通业、矿务业和轻工业方面。这个使中国工业化的巨大计划气魄雄伟的蓝图，代表了千百万中国人民使祖国富强起来的忠诚愿望，这方面我们在民族主义中已经强调过了。

如列宁所指出，孙中山完全“承认生活所强迫他承认的东西，即是‘中国正处在巨大工业（即资本主义）发展的前夜’，中国的‘贸易’（即资本主义）将大规模地发展起来”(《中国的民主主义和民粹主义》)。孙中山不但反映和承认了这种社会发展的客观情况，而且还欢欣鼓舞去迎接和推动这种发展。在这里，孙中山比许多悲观的小资产阶级社会主义者，例如俄国民粹派和中国的章太炎等人要高明，孙不像他们那样在资本主义面前感伤、悲叹，认为近代文明是时代的“不幸”和“错误”，是历史的“衰落”和“倒退”；孙不像他们那样“宁肯停滞而不要资本主义发展”(列宁：《我们究竟拒绝什么遗产》)，从而把落后保守的封建农村硬加以温情脉脉的牧歌式的粉饰和理想化，拿旧时代的小生产的落后框子来衡量和规定现代的生产方式而加以抨击反对。孙中山从“进化论”的哲学观点出发，乐观地眺望着未来，相信资本主义是历史发展的必然。“社会党常言文明不利于贫民，不如复古，这也是矫枉过正的话。况且文明进步是自然所致，不能逃避的。”（《三民主义与中国民族之前途》，即《民报发刊周年纪念会上演讲》）“大公司之出现，系经济进化之结果，非人力所能屈服。”（《实业计划》）在对待近代文明（即资本主义）的态度上，孙中山与那些以小生产为基地的小资产阶级经济学家或社会主义者并不相同，他毕竟反映和代表着中国民族资本发展的要求和利益。他与章太炎、光复会一派的不同和分歧，实质也在这里。

中国社会历史的特点，规定了孙的特点：一方面，作为启蒙者，孙中山他们刚从沉沉昏睡的封建古国的愚昧里骤然惊醒过来，他们满怀希望和信心去迎接了那个在封建制度面前显得那么优越的西方文明，他们与十九世纪俄罗斯的革命民主主义者一样，“热烈地相信当时社会发展的进步性质，把无情的仇恨全部针对着陈旧东西的残余”（列宁：《我们究竟拒绝什么遗产》），当时中国社会的落后，资本主义发展微弱，使他们要求大力发展资本主义和近代文明；但是，另一方面，他们所处的时代与十九世纪六十年代的俄国“启蒙者们”毕竟已大不相同，西方以及俄罗斯正经历着无产阶级的革命风暴，世界资本主义已暴露出它的严重弊病，当时资本主义两极分化迅速而巨大，工人阶级相对贫困化和绝对贫困化异常触目惊心，孙中山看到了当年西方资本主义的残酷现实，在美妙动人的高度文明后面的，是那么骇人听闻的贫困与压迫。“文明越发达，社会问题越着紧……英国财富多于前代不止数十倍，人民的贫穷甚于前代也不止数千倍。并且富者极少，贫者极多。”（《三民主义与中国民族之前途》）这一切强烈刺激着这些怀着伟大理想而献身革命的真理追求者，使他们义愤填膺地来抨击这种情况。他们当然不能容忍自己的“民生主义”建设工业、发展资本主义的后果是这种沉重苦难的制造，是使广大群众贫困和破产。资本主义在当时中国是先进的东西，不是太多，而是太少。但从西方的经验看来，它又必将产生严重的后果。先进人们希望只取其利，免去其害。正是这样，他们愈益清楚地看出西方资本主义社会惊人的矛盾，愈益看不出自己社会向前发展必然重复这个矛盾，他们便愈益一方面相信当时社会的发展，努力为发展资本主义创造最好的条件；另一方面却愈益自相矛盾着要求中国避开这个必然到来的矛盾，“预防”这个矛盾，这也就是愈希望避免资本主义；而中国资本主义的愈不发达，又使他们愈相信可以避开这个矛盾，从而乐观地希望资本主义的发展。他们毫不怀疑地把发展工商业作为“民生主义”的重要内容，同时又痛心疾首地把自己的这种主义与现实的资本主义的真正发展区别开来：“许多资本家开了一个工厂，雇了几千名工人做工，每人每日发给很少的工钱，他们便自夸于众，说是实行民生主义。诸君想想：这种资本家所讲的民生主义，同真正的民生主义相差有多远呢！”（《三民主义之具体办法》）所谓真正的“民生主义”，便是既要发展大工业又要“预防”和避开资本主义。中国社会的落后和世界资本主义的危机，客观上更从矛盾的两方面加强了它的尖锐性质（即中国更迫切需要发展资本主义，而西方的客观经验更迫切告诉人们不能发展资本主义），使它比在法国启蒙思想家（普列汉诺夫曾指出，那里已开始有避免资本主义的思想）和俄国革命民主主义者（他们比法国启蒙者有更明朗的避免资本主义的乌托邦的思想）显得更加突出更加明朗。这种矛盾的表现，按照列宁的提法，便是资产阶级民主主义涂上了民粹主义的色彩。孙中山的“民生主义”正是如此。虽然真正的“民粹主义”的代言人并非孙中山，而是章太炎。孙中山只带有“民粹主义”的“色彩”而已。

民粹主义渗透在当时革命派的整个思想中。孙中山的经济理论观点也具有这种气质。

孙中山把经济学看做是研究生产与分配的科学。“千端万绪，分类周详，要不外乎生产分配二事，……社会之万象莫不包罗于其中也。”（《社会主义之派别与方法》）孙在生产问题上，相信了和接受了当时流行的资产阶级经济学生产三要素的说法：“生产之原素三，（一）土地；（二）人工；（三）资本，土地为人类所依附而存者也，故无土地即无人类……仅有土地而无人工资本，则物产仍不能成。”（同上）关于资本，孙说：“凡物产或金钱以之生产者，可皆谓之资本。”“资本原非专指金钱而言，机器土地莫不皆是。就今日世界现状观之，其资本生资最巨者，莫如铁道。”（同上）“夫资本者，乃助人力以生产之机器也……资本即机器，机器即资本，名异而实同也。”（《中国实业当如何发展》）在孙看来，凡用于生产的一切资料工具，甚至荒岛上鲁宾逊的“斧与粮”也是“资本”。孙把“资本”的概念扩大了，使它成了一个从古便有而将永世长存的非历史、非社会性质的范畴。孙中山固然不能从理论上认识“资本”的真实；但是，孙中山从自己革命派的观点出发，虽然是简单地然而是严厉地斥责了资产阶级金钱万能论和商品拜物教。他直观地认为劳动“人工”是一切财富和价值的泉源和创造者。他一再强调指出“人工”“劳力”是“资本”以及金钱货币的“母亲”，“人工者，则所以生资本也”（《社会主义之派别与方法》），“人工生货物，货物生金钱”（《说知难行易》），“经济学者仅知金钱本于货物，而社会主义（作者名之曰民生学者）乃始知金钱实本于人工也（此统指劳心劳力者言也），是以万能者，人工也，非金钱也”（《孙文学说》）。把“人工”看做比“资本”更根本更重要，正表现了孙的特色（当然在这里，“人工”又是被放大了的概念）。并且，与借生产三要素理论来为资本和土地所有者的高额利润的分配来辩护完全不同，孙指出了根据三要素的分配是严重的“不公平”和“非正义”：

> 我人知社会贫困，当求生产发达，何生产既多而社会反致贫困乎？其中原因实由于生产分配之不适当耳，工之所得，不过其一小部分，地主与资本家所得，反居多数……故根本解决有不能不从分配上着手也。
>
> 社会主义者……当于经济学上求分配平均之法，而分配平均之法，又须先解决资本问题。
>
> ……按斯密亚丹经济学生产之分配，地主占一部分，资本家占一部分，工人占一部分。遂谓其深合于经济学之原理，殊不知此全额之生产，皆为人工血汗所成。地主与资本家坐享其全额三分之二之利，而工人所享三分之一之利，又析与多数之工人，则每一工人所得，较资本家所得者，其相去不亦远乎。宜乎富者愈富，贫者愈

> 贫，经济阶级，愈趋愈远，平民生计遂尽为资本家所夺矣。
>
> ……按以旧经济学之三原素分配亦不符也，故有生利之工人，则恒受饥寒，而分利之大地主及资本家，反优游自在。……当知世界一切之产物，莫不为工人血汗所构成，故工人者不特为发达资本之功臣，亦即人类之功臣也。以世界人类之功臣而受强有力者之蹂躏虐待，我人已为不平，况有功于资本家而反受资本家之戕贼乎？……（《社会主义之派别与方法》）

孙中山斥责资本家的残酷剥削，诅咒资本主义的暴虐腐朽，热烈关怀和同情工人大众的困苦生活，抽象地但是热情地提出了“贫富不均”的问题。孙揭露西方资本主义经济发展和经济制度的无法解救的矛盾。他指出机器大生产带来的贫困和失业，带来的生产过剩和经济危机、生产无政府状态和财富的极端的不平均，带来的托拉斯的暴虐统治，资本和土地的高度集中……。孙中山还看到了在西方帝国主义国家中，资本家实行政治统治和这种统治的必然覆灭：“他们（资本家）用金钱的势力，操纵全国的政权，总是居于优胜地位。试看哪一国的法律政治及一切制度不是为资本家而设。”（《三民主义是建设新国家的完全方法》）“现在世界经济革命的潮流，一天高似一天，这就是平民和劳动者对着富豪和资本家的反动，”（同上）“大资本家擅经济界之特权，牛马农工，奴隶负贩，专制既甚，反抗必力，伏流潜势，有一发而不可抑者，盖资本家之专制与政府之专制，一也。政府有推翻之日，资本家亦有推翻之日。”（《社会主义之派别与方法》）孙素朴地把复杂的资本主义社会经济问题归结为简单的“分配不均”的问题，表示了这位东方的革命家仍然忠诚于为西方已被抛弃的自由、平等、博爱的革命理想。

站在革命派的立场，孙中山在前期就自发地同情马克思主义，坦率地宣称自己对马克思主义的尊敬和同情。他不但一再赞扬了马克思主义经济学说是“得社会主义的真髓”，“使研究社会主义咸知其本”（《社会主义之派别与方法》），而且即在资产阶级古典政治经济学和马克思主义政治经济学之间，孙也拥护后者：

> 现之所谓经济学者，恒分二派，一旧经济学派，如斯密亚丹派是，一新经济学派，如马克思派是。各国家学校教育多应用旧经济学，故一般学者深受旧经济学之影响，反对社会主义，主张斯密亚丹之分配法，纵资本家之垄断，而压抑工人。实则误信旧经济学说之过当，其对于新经济学说之真理盖未研究之耳。社会主义者则莫不主张亨（按指亨利·乔治）马（马克思）二氏之学说而为多数工人谋其生存之幸福也。(《社会主义之派别与方法》)

前面已说过，孙中山“民生主义”对资本主义是要求既发展大工业，又避免资本主义。那么，用什么具体办法来实现这个要求，来解决这个矛盾和问题呢？孙认为具体办法就是实行“集产社会主义”。所谓“集产社会主义”，实际上是一种国家资本主义，即由国家来举办企业，铁路、工厂都归国有……。在孙中山看来，这就一方面既发展了实业，另一方面又避免了资本家的产生。这种“集产社会主义”的主张成为“民生主义”关于解决资本问题最终的归宿：“主张集产社会主义，实为今日惟一之要图。凡属于生利之土地铁路，收归国有，不为一二资本家所垄断渔利，而失业小民务使各得其所，自食其力，既可补救天演之缺憾，又深合于公理之平允。……”(《社会主义之派别与方法》)“凡天然之富源如煤铁水力矿藏等，及社会之恩惠如城市之土地交通之要点等，与夫一切垄断性质之事业，悉当归国家经营，以所获利益归之国家公用……此即吾党所主张民生主义之实业政策也。”(《中国实业当如何发展》)

当然，孙中山并不能避开资本主义的发展，孙以为“国家民有以后，国有即民有”(《民生主义有四大纲》)，但是问题正在于把国家看成是抽象的超阶级的。从而，经济上的“国有—民有”也就只能是十分模糊的概念。在这里，所谓国有化也就不过是各种变形的资产阶级通过政权来掌握企业，这一点在今天仍然如此明显突出，就更不用说当年了。然而，另一方面，如恩格斯所指出：“即使是资本主义的国有化，它也显示着生产力的突破生产关系，它在使社会本身掌握一切生产力的道路上前进了新的一步。”(《反杜林论》) 但是否真如此呢？这一问题是一个具有世界历史意义和世界走向何处的巨大问题，仍然值得深入探索。

总括上面，可以用孙中山自己的一句话来标出他的“民生主义”对资本问题的思想主张的全部特点，这就是：“夫吾人之所以持民生主义者，非反对资本，反对资本家耳。”(《民生主义谈》) 把资本与资本家分开这句天真的话语清晰地表现着“民生主义”的矛盾：既要求发展资本主义（近代大企业），又坚决谴责和反对资本主义的剥削压迫，要求避开资本主义。然而，在当时历史条件下，孙中山不能“避开”资本主义，可以一蹴即得的社会主义只是空想。但应该说，由这位伟大革命家所提出并坚持的“民生主义”，却庄严地宣告了这个伟大民族的要求。既发展大工业使国家工业化，又不走西方资本主义道路的远大理想。虽然这个远大理想的真正实现，仍大有待于实践和探索。孙中山那么早地把它提出来，却无疑是一大卓见。

3.“土地问题”

与资本问题紧相联系，实际作为解决资本问题的条件和基础的，是土地问题。土地问题是资产阶级民主革命的中心问题。就经济意义和理论说，在民主革命中如何解决土地问题，实质上也是如何发展、采取何种道路发展资本主义的问题。因为要发展资本主义，就必须从封建土地所有制的桎梏下解放农村劳动力，扩大市场和原料的供应。资本主义的发展，必然要求、同时也必然促使封建自然经济的崩毁和改变。但是，正如列宁在论证俄国民主革命中的土地问题时所指出，这种改变或崩毁可以有两条完全不同的道路：“这种发展（按指资本主义的发展）可能有两种形式。农奴制残余消灭的过程可能走改造地主经济的道路，也可能走消灭地主大地产的道路——换句话说，可能走改良道路，也可能走革命道路。资产阶级的发展可能在由日渐资产阶级化和日渐用资产阶级剥削手段代替农奴制剥削手段的大地主经济占主导地位的情形下发生，也可能在以小农经济占主导地位的情形下发生，这种小农经济用革命手段把社会机体上的赘瘤即农奴主大地产铲除，然后就在已铲除这种赘瘤的基础上，按资本主义法麦尔经济道路自由地发展下去。”(《社会民主党在一九〇五至一九〇七年第一次俄国革命中的土地纲领》）列宁把这两种不同的道路分别叫做“普鲁士式的道路”和“美国式的道路”。列宁在论证民主革命中的土地问题时，反复地强调了这两条道路的根本歧异和不同阶级（自由派地主资产阶级和民主派资产阶级）对它们的不同选择以及无产阶级的态度。列宁这种在民主革命中解决土地问题两种不同道路的理论，对了解孙中山对土地问题的主张、思想、政纲可能有些用处。

作为民主主义革命家，孙中山“民生主义”与以前所有改良派发展资本主义的经济思想不同，它没有忽视土地问题来谈发展国民经济；相反，孙中山特别重视土地问题。与康有为自由主义改良派所主张的“普鲁士式的道路”刚好对立，孙中山在土地问题上，坚持了最大限度来发展资本主义的“美国式的道路”。尽管在孙主观上并没意识到这点，而把自己的选择叫做“社会主义”。反映着中国落后的社会存在和不成熟的资本主义生产状况和阶级关系，孙认为中国当时还没有大资本家和显著的资本主义生产关系，所以只要通过土地问题的解决便可以直接实行社会主义，“预防”资本主义的祸害，“可举政治革命与社会革命，毕其功于一役”(《民报发刊词》)，从而将“民生主义”的视线集中在土地问题上。另一方面，这种对土地问题的注意，实际上又并不是别的什么缘故，而恰恰是因为当时中国客观上所面临的还只是民主革命而不是社会主义革命，革命的客观性质要求解决的还只是土地问题而不是消灭资本主义问题。正是这种客观历史条件，规定了孙中山这种以社会主义为形式标志而以民主主义为真正实质的思想的产生和出现。

从这种客观历史条件出发，便可以了解，为什么在派别繁多的西方社会主义学说中，孙中山会独独选择了打着社会主义招牌的资产阶级土地国有论者的亨利·乔治？这就是因为：以“土地公有”为内容，而又有着“社会主义”的名号的亨利·乔治的理论，正好投合了孙中山当时的愿望和需要的缘故：

> 原夫土地公有，实为精确不磨之论。人类发生以前，土地已自然存在。人类消灭以后，土地必长此存留，可见土地实为社会所有，人于其间，又恶得而私之耶，或谓地主之有土地，本以资本购来，然试叩其第一占有土地之人，又何自购乎？故卓尔基·亨利之学说，深合于社会主义之主张，而欲求生产分配之平均，亦必先将土地收回公有，而后始可谋社会永远之幸福也。(《社会主义之派别与方法》)

然而，亨利·乔治的急进的土地公有，却并不是真正的社会主义。恩格斯说：

> 亨利·乔治却使自己局限于把土地像现在这样分租给个人，只是调节它的分配，并且把地租用于公共的用途，而不是像现在这样的用于私人用途。社会主义者所要求的是社会生产的整个制度的总的革命，亨利·乔治所主张的则是丝毫不动目前社会的生产方式。(恩格斯：《美国工人运动》)

恩格斯在同篇论文中指出："亨利·乔治认为人民大众之被剥夺土地是造成人们之所以分成贫富的重要的和普遍的原因。从历史上看来，这是不十分正确的，在中世纪成为封建剥削的根源的，并不是由于人被剥夺了土地，相反地是由于人被束缚于土地。"马克思在《哲学的贫困》中揭示了资产阶级土地国有论的阶级本质，指出"这是工业资本家对地主怀抱的仇恨的率直的表现，因为在工业资本家的心目中，地主是无用之长物，是在资产者的生产的全盘机构里面的一个累赘"。

但是，这样一种理论却历史地最适合于孙中山和当时革命民主派的口味。其所以如此，如前指出，是因为这些"主观上的社会主义者"在客观上却处在民主主义革命的缘故。他们主观社会主义历史地以客观民主主义为其真实内容。他们要求废除抽象的一般的"贫富不均"的"社会主义"，不能不历史地成为要求废除特定的封建主义土地私有制下的土地的贫富不均。孙中山应用亨利·乔治的社会主义理论，认为“欧美为什么不能解决社会问题，因为没有解决土地问题”(《三民主义与中国民族之前途》)。实际上，欧美为什么不能解决社会问题，当然不是“因为没有解决土地问题”。所以，孙中山的这句话的真实的客观意义却应该是：中国为什么没有解决社会问题，是因为没有解决土地（私有或国有）问题。中国社会当前所面临的问题正是这个反封建土地私有制制度问题。这就让历史本身说明了孙中山和革命派为什么会特别借重亨利·乔治社会主义，要在其中“借取自己的解放思想”；亨利·乔治土地公有的“社会主义”为什么会成为“民生主义”的土地纲领的思想依据①。我们从这一纲领提出的具体办法中，便可以清楚地看到这一点。

在旧民主主义时期，孙中山提出了“平均地权”的政纲，作为“民生主义”主要内容。这一政纲的具体实施办法则是“定地价”和“土地国有”：

> 本党的民生主义，是有办法的，这个办法就是平均地权，平均地权的一部分的手续，就是定地价。(《三民主义之具体办法》)其平均之法，(一)照价纳税；(二)土地国有。(《续论民生主义之实施》)
>
> 对于土地，宜先平均地权，此与中国古时之井田同其意而异其法。法之大要有二，一为照价纳税，一为照价收买。(《军人精神教育》)

所谓“定地价”和“照价纳税”，就是由地主自报地价，国家征以重税，同时国家又握土地国有之权，可以随时按地价收买地主土地。孙

① 附带提一笔，独特地反映了俄国农民的情绪要求，作为“俄国农民革命的镜子”的列夫·托尔斯泰，在所有西方的社会主义中，也同样倾心于亨利·乔治，这不应是偶然的现象。它同样反映了资产阶级革命中的农民土地要求。

中山认为这样一来，则地主报价时不敢“以少报多”，因如此“年年须纳最高之税，则已负累不堪，必不敢”；同时又不敢“以多报少”，因如此“则又恐国家从而收买，亦必不敢”。而“在国家一方面言之，则无论收税买地，皆有大益之事”。因为这样便消灭了土地投机和土地垄断，而能促进工商业的发展。“投机业（指土地投机业）愈盛者，其工商业必为阻滞。若实行税价法及土地收用法，则大资本家不为此项投机业，将以资本尽投之工商”(《论三民主义》)；同时国家只征地税（天然税）而不征“人工税”，则更扶助了工商业，“中国行了社会革命之后，私人永远不用纳税，但收地租一项”。孙中山直观地认为，随着资本主义的发达，不劳而获的土地所有者所得的绝对地租的增加是不正当的。他多次强调说，“世界地面本属有限，所有者垄断其租税……坐享其成……不平之事孰有过于此者”，“地价的高低没有一定，完全随附近交通的方便和商务的繁盛为转移”，“因为社会上大家要用那处地方来做工商事业的中心点，便去把它改良，那块地方的地价，才逐渐增加到很高”。“纽约一城地租每年至八万万之巨，惜均为地主所私有，若归公有，则社会经济上必蒙其益”。所以，孙中山就特别致力于消灭这种随资本主义发展而日益增大的绝对地租量。孙中山以为消灭了这种地租，便是消灭了资本主义；实际上却正好相反，孙中山的这种努力客观上却是便利于消灭封建地租发展资本主义。列宁在评论孙中山时，特别尖锐地指出了这一点：

事实上，孙逸仙在文章开端谈得如此漂亮而又如此模糊的经济革命，其结果如何呢？

结果是地租转交国家，即采用亨利·乔治的什么单一税制来实行土地国有。孙逸仙所提出和宣传的“经济革命”中绝对没有任何别的实在的东西了。

穷乡僻壤的土地价值与上海的土地价值之间的差别，就是地租量上的差别。土地的价值是资本主义化的地租。使土地“价值的增加”成为“人民的财产”，就是把地租的土地所有权，交给国家，

或者换句话说，使土地国有化。（《中国的民主主义和民粹主义》）

但是，“土地国有的经济意义，并不在于人们所常常追求的地方，它不在于反对资本主义关系的斗争中……而在于反对农奴关系的斗争”（列宁：《十九世纪末期俄国的土地问题》）；“民粹派以为否定土地私有制便否定资本主义，这是不对的，否定土地私有制，便是表现着最纯粹的资本主义发展的要求”（列宁：《社会民主党在一九〇五年至一九〇七年第一次俄国革命中的土地纲领》）。正是这样，孙中山的民主主义以避免资本主义的社会主义空想为形式，以反封建主义的平均地权、土地国有的社会改革为内容，孙中山的资产阶级的民主主义以小资产阶级的民粹主义作了补足。

进一步的问题在于，孙中山“土地国有”“平均地权”的思想和理论，在具体实践方案上达到了怎样的急进手段呢？

从前面“平均地权”的具体办法——“定地价”和“照价收买”的方案中，可以看出孙中山当时就没有把土地纲领，在实践上与农民阶级的利益、与农民革命紧密结合起来。孙中山的民粹主义只具有理论上的意义，只是在客观上曲折反映了时代的动向、群众的要求，它并没有成为农民群众的战斗纲领，像太平天国和洪秀全那样；恰好相反，孙的“平均地权”与农民群众是脱离和隔绝的，它的着重点是城市土地的地位问题，而不是具有迫切意义的广大农村的土地问题。它提出的是未来的问题，而不是当前的问题，是理想的问题而不是现实的问题，它不能动员农民群众，并且，为了避开反对者的攻击和诬蔑，孙中山否认“夺富人之田为己有”的“均产”之类的说法，希望采取和平的、“使地主也不受损失的”、“地主也可以安心的”办法来实现“平均地权”和“土地国有”。孙在理论上坚决反对马尔萨斯主义和社会达尔文主义，站在资产阶级小资产阶级的立场，孙中山主张博爱的“互助论”。孙认为既不是“弱肉强食”，也不是“阶级斗争”，而是社会各阶级“经济利益的调和”，“人类的求生存”才是社会进化的动力。他把具体历史的现实社会问题归结为“民生”“人类求生存”的抽象、一般的概念，把有着阶级矛盾、对立和斗争的社会现实，看成或希望成一个和谐的生理有机体。他宣称自己不是“病理学家”而是“生理学家”（这与圣西门以生理学作为自己的社会主义的理论基础相似），从而把自己的社会主义建筑在人道主义的基础上：

> 社会主义者，人道主义也。人道主义，主张博爱、平等、自由，社会主义真髓，就不外此三者。……社会主义为人类谋幸福，普遍普及，地尽五洲，时历万世，蒸蒸芸芸，莫不被其泽惠，此社会主义之博爱，所以得博爱之精神者也。（《社会主义之派别与方法》）

把社会主义融解在人道主义里面，把具有具体社会阶级内容的社会主义归结为超阶级的自由、平等、博爱的口号，把具体历史的经济剥削归结为一般的贫富不均，“平”与“不平”（“我人所抱之惟一宗旨，不过平其不平，使不平者趋于平而已矣”）。“把解放一定历史条件下之具体阶级归结为解放一切众生……”（《共产党宣言》）“用‘平等、博爱、自由’代替‘不平等’（地主大地产）——这就是民粹派思想十分之九的内容。平均地权、平等使用土地、社会化——这一切都不过是同一思想之各种表现形式。……在民粹派分子看来，目前的土地变革不过是……从不平等和压迫转到平等自由的一种过渡。”（列宁：《社会民主党在一九〇五年至一九〇七年第一次俄国革命中的土地纲领》）

也由于在理论上把社会主义和土地问题归结为抽象、一般的“人性”和“平等”，就容易在实践中看不清现实真正存在的问题和关键。孙中山当时忧虑的是中国未来的资本主义制度下的绝对地租量的增长危险，是西方资产阶级与无产阶级的变得简单明了的阶级对立和阶级斗争；反而看不见那时中国当前的现实的封建地租问题，看不见在落后的封建地租的生产关系和等级制度掩盖下，中国社会的比较复杂和比较隐蔽的阶级对抗和阶级斗争。孙中山指出将来世界范围内资产阶级和无产阶级（孙中山把它们称做“横暴者”和“被压迫者”，“强权”和“公理”）的阶级决战的不可避免，并坚决站在“被压迫者”和“公理”的无产阶级方面，却又同时把中国的阶级分化归结为所谓“大贫小贫”，从而否认地主和农民的阶级斗争。“中国人大家都是贫，并没有大富的特殊阶级，只有一般普通的贫。中国人所谓贫富不均，不过在贫的阶级之中，分出大贫与小贫。”（《民生主义》）从所谓“贫”“富”等财产占有或消费质量，而不是从生产方式、生产关系上来区别人群，划分阶级，这正是小资产阶级的典型观点。这样，符合人道主义的博爱，便自然而然地倾向于在经济上和平进化。孙中山的思想是中国落后的社会关系（资本主义还很不发达，阶级关系还很不成熟）所必然带来的想法。孙中山这种人道博爱的胸襟和愿望无可非议，然而用以指导实际，却行不通。尽管苦口婆心地到处宣讲劝说，终于还是失败了。在辛亥革命前，就连华兴会一些人也不理解，把“平均地权”改为“平均人权”，“三民主义”变成了“二民主义”；光复会一派人也对“土地国有”“定地价税”之类极不满意，而自行设想其更落后更空想的民生主义（参阅本书论章太炎）。在辛亥革命后民生主义更是被人置于脑后，连孙的嫡系派别的大多数人也把它忘得一干二净。只有孙中山本人在坚持着。

应该指出，即使在“旧民主主义革命”时期，也不能说孙中山完全没有“耕者有其田”和农民革命的思想。孙是来自民间的革命者，很多记载都说明孙早期便有解除农民痛苦、均分土地给农民和土地革命的思想。章太炎在《訄书》中提及他的均分土地的主张是得自孙中山，梁启超曾说过孙中山主张国家直接授田给耕者以排除地主的地租剥削。它是当时孙主张的“土地国有”一个重要内容。梁启超说：“孙文尝与我言曰，今之耕者，率贡其所获之丰于租主而未有己，农之所以困也。土地国有，必能耕者而后授以田，直纳若干租于国而无一层地主从中朘削之，则可以大苏。”“同盟会”成立后，革命派在报刊上也曾经宣传过这种急进主张，也鼓吹过农民革命（参阅本书其他文章），但这种思想却并没有作为一种同盟会的明确的理论、政纲和革命手段制定下来和付诸实行，在实行中仍然只是联络会党、活动新军，在理论上，则是淹没在繁琐而不切实际的“定地价税”之类的研讨中。孙中山的“平均地权”

的“民生主义”没在农民群众中找到实践它的物质力量，来彻底变动封建农村的经济基础。中国近代由太平天国开始的“否定之否定”的历史行程，只好留待给“新民主主义”的农民战争了。

总结上面，可以知道，提出“平均地权”“土地国有”来解决土地问题，是孙中山“民生主义”的关键。在主观上，孙中山以为解决土地问题，便能避免资本主义和实现社会主义；但在客观上，解决土地问题却正是打击封建主义，为资本主义创造广阔前途。但正因为这个“民生主义”没有找到实现它的物质力量和物质基础，于是封建主义既没有被推倒，资本主义也没能发展，更谈不上“预防”云云了。相反，因为害怕资本主义，千方百计地“预防”它，“在娘胎里弄死它”，这种思想带来的反而是封建主义的延续和变形，使即使后来在解决土地问题后也得不到迅速而正确的发展方向和道路。中国近代历史和思想史在这方面留下了不少辛酸的经验。孙中山的“民生主义”、这种带有民粹主义特征的资产阶级空想，便是一种典型，是值得很好研究和总结的。

4. 新的发展

辛亥革命后，孙中山获得了无数痛苦教训，孙中山满以为辛亥以后是实现民生主义的时候了，到处游说，在社会上层得到的只是冷淡和讪笑。这个主义的主观理想性质，使它无法用社会事实证明自己；也没法找到真正的物质力量来实现自己。帝国主义和封建主义的反动派打击和阻挠他，资产阶级冷漠和不支持他，农民阶级不了解他。正当孙中山在黑暗和孤立中找不到出路的时候，中国共产党提出了中国革命的纲领，孙中山得到了共产党的拥护和支持。在与中国共产党合作后，孙中山重新解释了他的“民生主义”，使它具有了一些新的特点。

与“民族主义”“民权主义”一样，新“三民主义”中的“民生主义”，贯彻了“联俄、容共、扶助农工”三大政策的主张，与以前幻想依靠帝国主义经济援助来发展中国实业已不同，在苏俄反对帝国主义影响下，在几十年痛苦教训下，孙中山新“民生主义”中突出揭发了帝国主义经济侵略。孙中山这时通过许多具体实际例子一再向人民生动地说明：中国人民吃不饱穿不暖，正是由于外国经济压迫，使国家工农业不发达的缘故（见《民生主义》演讲）。“中国人民就谋生一方面的经济说，完全是处在外国的经济压迫之下。中国国家表面上虽是独立国，实在成了外国的殖民地。”（《中国工人所受不平等条约之害》）“现在中国不止工人要受外国资本家的压迫，就是读书的人耕田的人做生意的人都是受外国经济的压迫。”（同上）“要抬高中国国家的地位，就先要中国脱离了外国经济的压迫，也是对资本家宣战。现在中外的工人都是一样的作战，所向的目标都是一样的敌人。所以中外的工人应该联成一气。中国工人联络了外国工人，向外国资本家宣战。”（同上）这时孙中山还指出帝国主义利用不平等条约的政治特权来进行经济侵略的特点。孙中山把经济问题归结为政治斗争问题：

> 外国压迫中国，不但是专用经济力……到了经济力有时而穷……便用政治来压迫。……当从前中国用手工和外国用机器竞争的时代，中国的工业归于失败，那还是纯粹经济问题。到了欧战以后，中国所开纱厂、布厂，也学外国用机器去和他们竞争，弄到结果还是中国失败，这便不是经济问题，是政治问题。（《民生主义》第四讲）

这个政治问题，就是帝国主义进行政治压迫，与中国订立不平等条约等问题。孙把中国经济发展问题，归结为必须首先废除不平等条约。因此，要解决中国的经济问题，要想中国工业发达，国家富强，首先就必须解决政治问题，打倒帝国主义侵略：“外国便强迫中国，立了许多不平等的条约。外国至今都是用那些条约来束缚中国，中国因为受了那些条约的束缚，所以无论什么事都是失败。中国和外国如果在政治上是站在平等的地位，在经济一方面可以自由和外国竞争的。……但是外国一用到政治力，要拿政治力量来做经济力量的后盾，中国便没有方法可以抵抗，可以竞争。”“……我们要解决民生问题，保护本国工业，便先要有政治力量，自己能够来保护工业，中国现在受条约的束缚……不但是不能保护本国工业，反要保护外国工业。……我们要解决民生问题，如果专从经济范围来着手，一定是解决不通的。要民生问题能够解决得通，便要先从政治上来着手，打破一切不平等的条约。……”(《民生主义》第四讲》）孙这种明确的反帝国主义立场，是旧“民生主义”中所缺少的。当外国记者挑衅式地问及“先生对于中国财政有无办法”时，与以前强调外国资本的援助完全不同，孙回答得很干脆：“中国当有办法，不必借外债。”(《与长崎新闻记者之谈话》)

与此同时，随着二十世纪特别是第一次世界大战期间，中国资本主义的正式迅速的发展和长大，在客观的现实面前，孙中山前期那种“预防资本主义”的想法逐渐消失了。中国共产党明确当前革命的资产阶级民主性质，指出资本主义在中国不是太多而是太少。孙中山在新“民生主义”中，再不大强调“预防资本主义”，而提出了“节制资本”的政纲。这一政纲的内容是一方面容许私人资本主义企业的发展和扩充，但必须加以监督和限制。与此同时，这个政纲规定了大企业、大银行以及交通运输业等等必须由国家创建和经营。因为新“三民主义”在政治上确定政权“非少数人所得而私”，使这种企业国有化的政策与旧“民生主义”时期的所谓“国家集产主义”有了区别。毛泽东后来说：“大银行、大工业、大商业，归这个共和国（指新民主主义共和国）的国家所有。‘凡本国人及外国人之企业，或有独占的性质，或规模过大为私人之力所不能办者，如银行、铁道、航空之属，由国家经营管理之；使私有资本制度不能操纵国民之生计，此则节制资本之要旨也’。这也是国共合作的国民党的第一次全国代表大会宣言中的庄严的声明，这就是新民主主义共和国的经济构成的正确的方针。”(《新民主主义论》)

孙中山“民生主义”的核心——土地政策问题，在新时期中获得了更重要的发展，前期“定地价税”之类的主观空想也逐渐褪色了，前期游移未定的“耕者有其田”的思想，这时确定下来并变为这问题上的主要纲领。孙中山在其著名《耕者要有其田》的演说中，可以说是直接向农民宣布了这个政纲。孙中山号召农民群众像工人阶级那样团结起来，组织起来，成立自己的团体，为自己利益而进行斗争。孙中山说：

……民生主义真是达到目的，农民问题真是完全解决，是要耕者有其田，那才算是我们对于农民问题的最终结果。……现在的农民却不是耕自己的田，都是替地主来耕田，所生产的产品，大半是被地主夺去了。这是一个很重大的问题。我们应该马上用政治和法律来解决，如果不能解决这个问题，民生问题无从解决。(《民生主义》第三讲)

现在俄国……推翻一般大地主，把全国的田地都分到一般农民，让耕者有其田，耕者有了田，只对于国家纳税，另外便没有地主来收租钱，这是一种最公平的办法。我们现在革命，要仿效俄国这种公平办法，也要耕者有其田，才算是彻底的革命。如果耕者没有田地，每年还是要纳田租，那还是不彻底的革命。(《耕者要有其田》)

在中国共产党直接参与下，《中国国民党第一次代表大会宣言》宣布："农民之缺乏田地沦为佃户者，国家当给以土地资其耕作。"并对"民生主义"的"平均地权"作了"由国家规定土地法，土地使用法土地征收法及地价税法"，以实行征税和收买的规定。这种"平均地权""照价收买"的政纲，与前期的温和手段不同，它无论是在理论意义上或在革命实践中，都导向土地革命。孙中山后期"民生主义"的这种革命跃进，是因为他接受了中国共产党的意见。以毛泽东为代表，中国共产党特别重视农民土地要求的问题，主张用革命的办法来领导农民运动，解决土地问题，实现"耕者有其田"，强调农民运动和土地改革不可能与打倒帝国主义和军阀分割开，只有实现这种社会革命才能为政治革命打下基础。所以，孙中山在早期虽然常希望"民生主义"与"民权主义"并行，"毕其功于一役"，实际上这两者是分开的，两者在前期并没有内在的有机关系。只有这时，孙中山才真正看出，"民生主义"正是整个革命的重要关键，"民生主义如果能够实行，人民才能够享幸福，才是真正以民为主，民生主义若是不能实行，民权主义不过是一句空话"(《农民大联合》)。如果要实现中国的独立富强，要彻底打倒帝国主义和军阀统治，就必须要有受帝国主义和军阀压迫最深的广大工农特别是农民群众的支持。从而也就必须制定符合工农利益的经济纲领。因为要实行三民主义，所以不得不照中国的现状依人民的要求来规定这个政纲……政纲既是依人民的要求来规定的，人民今年有什么要求，我们便要规定一种什么纲领（《一致行动便是党员的好道德》）。从而这就是贯彻农工政策的民生主义。“盖国民党现正从事于反抗帝国主义与军阀，反抗不利于农夫工人的特殊阶级，以谋农夫工人之解放，质言之，即为农夫工人而奋斗，亦即农夫工人为自身而奋斗也。”（《国民党第一次代表大会宣言》）中国共产党当时拥护这一纲领，毛泽东说：“我们主张的新民主主义的经济，也是符合于孙先生的原则的。……在现阶段上（引者按：指民主革命的阶段），对于经济问题，我们完全同意孙先生的这些主张。”（《论联合政府》）（引者按：指“耕者有其田”和“节制资本”的主张。）

当然，孙中山民生主义后期的这种进展，不意味着这位民主主义的革命巨人已脱离其思想体系。孙中山的思想体系和哲学世界观前后期并无重大改变（所以下面论哲学思想便不分前后期来谈）；改变的主要是政纲政策。孙中山的“平均地权”“节制资本”思想的哲学理论基础，仍然是小资产阶级的社会历史观（详下文“哲学思想”部分）。孙中山始终未接受马克思主义；孙中山以互助博爱的理论拒绝马克思主义阶级斗争学说。但他一生保持了对马克思主义的尊敬和同情，孙中山晚年强调“民生主义就是共产主义，就是社会主义，所以我们对于共产主义，不但不能说是和民生主义相冲突，并且是一个好朋友”（《民生主义》第二讲）。这固然是他的策略，也反映了他的真实思想和情感，是朋友，仍非自身。

* * *

中国近代的经济思想是围绕着资本主义发展问题和土地问题旋转的。而它的表现形式则都采用了社会主义乌托邦的主观性质。前面讲康有为时已说到，旧民主主义时期依次出现三种进步的社会思潮，同时也循序出现和经历了三种乌托邦社会主义——太平天国的千年王国（素朴的农业社会主义的空想，在这种空想里还没有提出资本主义发展问题，它的主要特征是解决土地问题），自由主义改良派康有为的大同空想（这是还没有看出西方资本主义制度的巨大矛盾，从而有着“世界乐园”的幻想和颂歌，所以它是可望而不可即的大同世界。它的主要特点是提出发展资本主义大工业和近代文明的问题），而最后便是看到那个矛盾要求避开矛盾的孙中山和革命派的“民生主义”。它们各具有不同的性质和特色，各以不同的方式反映了中国人民对没有剥削没有压迫的理想社会和大同世界的渴望，显示了中国近代思想在反帝国主义反封建主义的民主主义斗争中，具有远大的目标。所以，孙中山的“民生主义”——社会主义，一方面是中国近代先进人士向西方寻求真理的整个历史过程和认识过程历史地告一段落，它显示了中国先进人士在经历了长期摸索追求之后，把对没有永远剥削压迫的社会主义的理想，把对独立、富强、自由、民主国家的理想由西方转向苏联，由资本主义转向社会主义。社会主义替代自由平等博爱旧口号，在农民国家里成了进行民主革命的旗帜和理想。中国近代空想社会主义的不断出现，特别是孙中山这种既要求发展资本主义、又要求避开“预防”它的祸害的空想社会主义的出现，显示马克思主义的社会主义将在中国兴起，在这些空想社会主义基础上开辟自己的道路。就世界历史意义说，孙中山的社会主义是世界上最邻近马克思主义的最后一种的空想社会主义，它比法国的空想社会主义和俄罗斯革命民主主义的社会主义具有着更突出的革命实践的性格。当然，孙中山的“民生主义”如他的整个“三民主义”一样，诞生在暴风雨的革命实践年代，还来不及在理论上作充分准备以构造成完备的理论。

（原题《论孙中山的民生主义思想》，载《历史研究》1956 年第 11 期，有删削、修改。）

三　哲学思想

为革命斗争而寻求理论依据，孙中山热切地向西方近代的自然科学学习，以概括自己的革命实践。他提出一些基本上是唯物主义的哲学思想，这些哲学思想是他的革命政纲——“三民主义”的理论基础。

如果康有为的世界观可以看做是中国古典哲学的终结，那么，孙中山的哲学思想则是真正近代资产阶级哲学的标本。使它具有独特面貌的是这样两个重要的特征。第一是近代自然科学以其原始形态即未经哲学提升的科学事实，作为重要的素材和内容充塞在孙中山的哲学体系中，特别是在其自然观中。从思想源流说，孙中山早在少年时代就摆脱了“制艺帖括”，而“游学海外，于泰西之……天文舆地之学，格致化学之理，皆略有所窥”（孙中山：《上李鸿章书》），从而，他的真正“科班出身”的自然科学的教养就大不同于当时任何一个中国思想家。他是受过近代科学正规训练的医生，其自然科学和一般西方文化知识，远远地超越了同时代的许多对自然科学一知半解的先进知识分子，例如康有为、谭嗣同、章太炎、梁启超等人。同时，十九世纪的“自然科学本身也因为说明了自然界本身中所存在的各个研究部门（力学、物理学、化学、生物学等）之间的联系，而由经验科学变成了理论科学，并且，由于把所得到的成果加以概括化，又转化成了唯物论的认识体系”（恩格斯：《自然辩证法》）。这也使孙中山有可能直接从自己所学到的自然科学的经验事实中，对宇宙现象来作出哲学说明，而不同于当时大多数人只是附会一些科学知识的皮毛来进行哲学概括。孙中山也继承了传统的中国古典哲学，例如，在世界到底是物质的或是精神的问题上，孙中山采用了传统的唯物主义的说法——“气”在“理”先，把“太极”这个物质概念作为宇宙的本源；在论证物质与精神之间的关系方面，他认为这是“体”与“用”的关系，如此等等。但是，从根本上说，孙中山和中国古典哲学的关系与康有为他们不同，后者是以自然科学知识相当牵强地来适应和填塞古典哲学，前者则真以自然科学为内容，而仅带有传统的哲学术语和形式。孙中山哲学的第二个特征，是以自己的社会实践作为他的哲学观点特别是认识论的直接源泉。丰富的革命斗争不断地提供大量的素材，特别是革命不断失败，迫使他去深入思考、探索，作出分析和回答。他的“知行学说”就是基于自己革命实践上的一种理论概括。

1. 进化论和“生元”说

首先，坚持进化发展的普遍观念，是孙中山哲学世界观一个基本内容。与康有为“公羊三世说”的进化思想不同，孙的进化论采取了自然科学的直接的简朴形式。孙确信世界处于不断进化发展的状态中，是一个持续的自然历史的过程。自然界和人类社会都是处在不断的更替和发展中，它由简单和低级的阶段上升到有质的差异的高级阶段。孙中山的进化发展观念不是康有为那种玄学的神秘产物，而是对于自然科学和社会现象直观的、朴素的概括结果，拥有明确的科学论据。孙中山特别服膺达尔文学说，认为进化论的出现是人类思想中的重要变革，使得“各种学术均依归于进化”；他赞同拉普拉斯的“星云形成说”，认为它正确地阐述了宇宙的发生。孙中山简略地描述了宇宙和自然形成的历史过程：“推到地球没有结成石头之前……普通都说……是一种流质，更在流质之先，是一种气体。所以照进化哲学的道理讲，地球本来是气体……日久就凝结成液体，再由液体固结成石头……讲地球的来源，便由此可以推究到人类的来源，地质学家考究得人类初生在二百万年以内，人类初生以后到距今二十万年，才生文化。二十万年以前，人和禽兽没有什么大分别，所以哲学家说人是由动物进化而成，不是偶然造成的，人类庶物由二十万年以来，逐渐进化才成今日的世界。”（《民权主义》第一讲）这样，孙中山就在自然领域中，指出宇宙万物都是发展的结果。

当时这些社会活动家在宣讲自己的社会政治理论时，总要从自然、从宇宙图景讲起，这不是偶然的。无论是康有为、谭嗣同、章太炎，目标是社会，起点却都要讲自然、地球、天体。原因就在于，他们都要找出或指出一个宇宙万物包括自然和社会在内的总规律总法则，来作为自己活动的依据。自然观之所以在当时具有一种哲学意义，之所以与社会变革的思想不可分割地连在一起，道理就在这里。我们之所以不能忽视自然观在中国所有近代思想家中占据的特有地位和所具有的特殊价值和意义，道理也在这里，这一点在本书有关康、谭的文章中已一再指出。与人无关的自然观，只在先秦或希腊才具有独立的哲学价值，近代哲学的核心本是认识论，自然观只是在上述特定环境和意义上才成为哲学世界观的一个重要部分。

孙中山把社会历史同样看做是发展过程，认为它经历了几个阶段。孙中山说："民权之萌芽，虽在二千年以前的罗马希腊时代，但是确立不摇，只有一百五十年，前此仍是君权时代，君权之前便是神权时代，而神权之前便是洪荒时代。"（《民权主义》第一讲）这当然是当时流行的孔德（A.Comte）实证主义一类说法。搬到中国，是向传统的历史循环论观念的挑战。

这里，孙中山实际是以政治形态为标准，指出社会历史不是循环过程，不是所谓"分久必合，合久必分""乱久必治，治久必乱"的交替，而是从低级到高级的上升过程。社会历史不是单纯的量变或形态的重复，而且还有"洪荒时代"——"神权时代"——"君权时代"——"民权时代"这些性质不同的社会形态的质变。

既然社会历史是一个持续的过程，那么，所有社会现象就不是"一成不变"的或是"自古已然"，而是在时间的长流中涌现。民权政治也是如此。孙反对把民权看做"天赋"的观点，指出"民权不是天生出来的，是时势和潮流所造就出来的"（《民权主义》第一讲），一切政治形式都不能久驻，它们有着共同的发生和消灭的命运。"君权"曾经代替"神权"，并且曾经是"有用的"；但是，随着社会的演进，"君权"也必将成为"过去的陈迹"，而"民权"便又起而代之。

孙中山坚信世界的进化发展是事物的普遍绝对规律，任何对这种发展的抗拒都将无用。尽管历史的进程有着挫折甚至逆转的情况，但是，它正如长江黄河的水流相似，"方向或者有许多曲折，向北流或向南流的，但是流到最后，一定是向东的"（《民权主义》第一讲）。孙屡次教导他的同志说，我们的革命事业是"顺应世界潮流"的，所以当前革命势力可能还弱小，并且在前进的路途上，"艰难顿挫"不可避免，但革命事业"一定成功"，而敌人力量如何庞大，也"一定要失败"。孙以具有客观必然规律的进化论理论为思想依据，对革命前途作了乐观的确信，这种世界观成了他们进行革命的重要思想基础。进化论本是中国近代先进思想之共同特色，但是，如果说康有为强调的主要是量变渐进；那么，孙中山却重视进化与革命的关系，注意了不同质的阶段的区分和飞跃。

在思维对存在、精神对物质的关系问题上，自然科学的唯物主义思想与强调精神作用的中国近代特色，也同样出现在孙中山思想中。它们纠缠混杂在一起，只是二者的比例不同，使孙不同于康、谭、章，孙中山没有完全陷入主观唯心主义，而只带有某种二元论色彩。

首先，如前所述，孙坚持了自然科学唯物主义的自然观，企图用他所学习来的西方自然科学知识来阐明宇宙——星球的形成和实质："太极（此用以译西名以太也）动而生电子，电子凝而成元素，元素合而成物质，物质聚而成地球。"孙仍然取用中国古代哲学的陈旧概念（"太极"）来等同于当时科学所提供的物质概念——"以太"。将"以太"理解为"弥漫六合"的、没有固定形态的物质，它构成宇宙的实体，是第一性的物质。孙的"以太"，比起谭嗣同的"以太"来，神秘性和玄学性少多了，自然科学唯物论更突出了。

对于有机界和人类的形成，孙中山也认为，有机界和人类乃是物质长期发展的产物。"造成人类及动植物者，乃生物之元子为之也，生物之元子，学者多译之为细胞，而作者今特创名之曰生元，盖取生物元始之意也。"(《孙文学说》)"生元"是构成一切复杂的生物的物质基础，它是生命现象的基源。世界是物质的——这是孙中山哲学思想中自然观的要点之一。

孙中山进而循序考察了物质与精神的关系问题。他说："六合之内，一切现象，厘然毕陈，种类至为繁伙……然总括宇宙现象，要不外物质与精神二者。"(《军人精神教育》)至于二者之间的关系，孙中山认为"精神虽为物质之对，然实相辅相成，考以前科学未发达时代，往往以精神与物质为绝对分离，而不知二者本合为一。在中国学者亦恒言有体有用，所谓体，即物质，何为用，即精神，譬如人之一身五官百骸，皆为体，属于物质，其能言语动作者，即为用，由人之精神为之。二者相辅，不可分离，若猝然丧其精神，官骸虽具，不能动作，用既失，而体亦为死物矣，由是观之，世界上仅有物质之体而无精神之用者，必非人类”(《军人精神教育》)。从这段话中可以看出，孙中山认为一方面精神是“物质之对”；另一方面，二者又相辅相成。抹杀物质与精神的差别，或片面夸大物质与精神的差异，截然把二者割裂为互不相干的并存的实体，是孙中山所反对的。其次，孙中山认为精神是客观世界发展到一定时期——人类形成时期的现象，因此它不可能扮演创世主的角色。孙中山不可能像康有为、谭嗣同等人那样，说什么脑即电、电即脑，不可能像他们那样，把什么“不忍人之心”“心力”等等当做世界的本源宇宙的本体。这更是科学水平的差异。孙科学立场上，把物质看做第一性的、基源的，把精神看做第二性的、派生的，二者是“体”与“用”的关系。在哲学基本问题上，孙中山比起改良派来，唯物论要鲜明得多。

但是孙中山没有彻底理解精神的实质，而简陋地称之为“第凡非物质者”。正因为这样，孙就在构成人类的物质实体——“生元”(即细胞)面前变得十分困惑：“生元之为物也，乃有知觉灵明者也，乃有动作思为者也，乃有主意计划者也。”(《孙文学说》)因而他写道：“生元者，何物也，曰，其为物也，精矣、微矣、神矣、妙矣，不可思议者矣。”(《孙文学说》)于是，他把细胞赋予了“良知良能”，“按今日科学所能窥者，则生元之为物也。乃有知觉灵明者也，乃有动作思为者也，乃有主意计划者也”，“生元之构造人类及万物也，亦犹如人类之构造屋宇、舟车、城市、桥梁等物也”。“孟子所谓良知良能者，非他，即生元之知、生元之能。”(同上)细胞既有意志和意识，情感和思想，这个细胞(“生元”)也就和灵魂相差无几了。“人身诸物之精妙神奇者，生死为之也；人性之聪明知觉者，生元发之也；动植物状态之奇奇怪怪，不可思议者，生元之构造物也。”(同上)“生元”在这里与谭嗣同的“以太”又差不多了，它是物质的细胞，却具有神秘的功能。如果说，康有为、谭嗣同等人是在物理学化学(声光电化)面前惊奇膜拜，而把精神变为物质，又把物质看做精神；那么，孙中山则是在生物学面前如此。孙中山为“生元”(细胞)穿上了具有神秘精神色彩的罩衫。所以，在这里，最有意思的是，尽管有着各种重大差异，中国近代哲学却又如此之相近似。自然科学知识无论在康有为、谭嗣同甚或孙中山手里，都不同程度地被渗进主观心知、精神的因素成分。孙中山这种“生元”有知论，是在当时生物学夸张细胞原生质的感应性，把细胞看做具有某种初等“灵魂”、具有意识的错误理论的影响，正如谭嗣同的“以太”“心力”说是当时所谓脑即电等伪科学的影响一样。它们确有当时自然科学本身的某些原因，正如今天某些科学现象也仍可作出神秘主义的唯心论解释；但驱使他们这样，却仍然又有中国近代社会的原因。

孙既然没能科学了解和解说，精神的发生过程和精神的实质，因而当他估计精神作用时，就把“能动的方面”加以“抽象地发展了”。正是在这种情况下，孙吹胀了精神的意义，他认为一旦丧失了精神，官骸虽具，但不能言语，不能动作，而“体即成为死物矣”。于是，精神似乎成了一种具有独立性能甚或独立实体的东西。这样，“用”实际不再是“用”，反而成为支配“体”的东西了。本来“精神丧失”是它的物质基础——骨骸损坏的结果，而不能倒过来，“精神丧失”致使骨骸成为“死物”。孙又认为“凡非物质者，即为精神”，“全无物质亦不能表现精神”，这里，就发生了把物质与精神分离和以为物质是精神的表现的二元论以至唯心论的倾向。孙强调“物质力量小，精神力量大”，在《孙文学说·自序》中，孙更作出这种夸张精神作用的论断：“夫国者，人之积也，人者，心之器也，而国事者，一人群之心理现象也。是故政治之隆污，系乎人心之振靡。吾心信其可行，则移山填海之难，终有成功之日；吾心信其不可行，则反掌折枝之易，亦无收效之期也。心之为用大矣哉！夫心也者，万事之本源也。”这与康有为、谭嗣同等人强调以心、“心力”来改造世界，其哲学的本质差别又不大了。这是非常值得注意的。

所以，总起来看，中国近代先进思想在哲学上基本特征之一，是它们在自然观上对近代西方自然科学的接受和吸取，他们都很爱谈这方面的问题。孙中山把这种接受和吸取提到了一个新高度，使中国哲学脱出古典范围。然而总起来看，这种吸取接受又都没有超出直观范围（包括孙中山在内），真正的理论思辨和哲学概括极为不够。

中国近代哲学另一基本特征，便是喜欢夸张主观心知、精神、意识的作用。由于缺乏强大的物质现实基础或力量（从近代大工业的生产力到发达的自然科学），使哲学家们容易过分吹胀和片面强调主观精神、意识、意志的作用，而轻视客观规律（这一般又必须依靠深入的理论思辨才能认识），沉溺于夸张主观的空想，想把愿望尽快即变为现实。康有为的“电—知”是这样，谭嗣同的“以太—心力”是这样，孙中山的“生元”也是这样，它们带着同样的模糊神秘的色彩。就是后人也仍以不同形态在重复着这一特点。如果说，康有为、谭嗣同由“电”“以太”直接走进唯心主义的迷宫，那么孙中山的“生元”和强调精神的结果，却使他的哲学引向了二元论。从感知经验出发，注重人的精神力量和发扬主观能动性，当然是一大优点，但忽视和缺乏深刻的理论思辨，盲目片面地夸张心知意志，则又是重大弱点。中国近代哲学包括孙中山在内的这种不断重复的经验教训，是值得记取、考虑和研究的。

中国近代封建主义正统哲学大抵是程朱哲学的形而上学和客观唯心主义，中国近代资产阶级哲学则是与这种封建传统哲学相对抗的辩证法观念、自然科学唯物主义、经验论的认识论和夸张心知的主观唯心论。几种成分因素夹杂纠缠在一起，构成一幅极不清晰、多样而变化的朦胧图景。就革命派说，如果在章太炎等人那里，主观唯心主义更为突出，那么孙中山则唯物主义更鲜明一些。这特别是表现在他的认识论中。

2.“知难行易”学说

认识论是孙中山哲学思想中最重要的部分。它的基本内容包涵在“知难行易”学说之中。这一学说的基本要点，简单说来是：（一）行在先；（二）能行便能知，可知论；（三）知比行难，认识、理论重要；（四）知是为了行；（五）行来核证知。在这里，孙中山确乎把“行”——实践提到重要地位，认为“知”是“行”的结果。孙中山在认识论中自觉地对自己以往革命奋斗的经验进行总结，强调理论认识的极端重要性。

孙写道：“宇宙间的道理，都是先有事实然后才发生言论，而不是先有言论，然后才发生事实，比方陆军的战术学，现在已经成了有系统的学问……是本于古人战斗的事实，逐渐进步而来。”（《民权主义》第一讲）这里，孙中山是把客观存在的事实看做是第一性的，而认识则是第二性的，是外在世界的反映，基本上走着“由物到感觉和思想”这条唯物主义路线。

世界及其规律性是可以为人们所认识的。人类的认识能力是无限的，一切都可以“学而知之”，没有所谓不能认识之物，而只有“尚非人类今日知识所能窥”的未被认识之物。

人类的认识也被孙中山看做是一个发展的过程。孙中山认为认识必须随着客观事物的发展而变化，否则就会使得认识在新的事物之前而“渐即于老朽颓唐，灵明日锢”。“知识的范围”是无限的，“知识要随事物之增加而同时进步”，因而人们的认识没有终结，也永无终结。孙中山不像康有为那样，说自己三十岁学问已成，绝对真理已到手，不需要再前进。也不像谭嗣同那样，认为有一天，“认识转为智慧”，认识也就终结了。认识（知）是随着实践（行）而不断提高和前进。

孙中山把“行”看做是人类认识的根本基础。孙中山举出饮食、用钱、作文、造船、筑城、开河、电学、化学、进化等十事为例，说明，必须积累大量“行”的经验，才可能有科学的“知”。人吃饭是日常生活中的常事，营养烹调的学问则是很晚才知道的道理；人类先会筑巢造屋，建筑科学后代才有，所以“行”先“知”后，“行”易“知”难。人们应“行其所不知，以致其所知”，以“行”为基础，才可能有“知”。孙说：“且人类之进步，皆发轫于不知而行者也，此自然之理则。……故人类之进化，以不知而行者为必要之门径也，夫习练也，试验也，探索也，冒险也，之四事者，乃文明之动机也。生徒习练也，即行其所不知以达其欲能也；科学家之试验也，即行其所不知以致其知也；探索家之探险也，即行其所不知以求其发见也；伟人杰士之冒险也，即行其所不知以建其功业也。由是观之，行其所不知者，于人类则促进文明，于国家则图致富强也。是故不知而行者，不独为人类所皆能，亦为人类所当行。”（《孙文学说》）从认识论的角度考察，孙中山的论述有着两点重要内容：“行先知后”和“行以致知”。这就是说实践在先，认识在后，由实践产生认识。在另一著作中（《军人精神教育》），孙进一步考察了认识的本质，指出："约言之，智有三种：（1）由于天生者；（2）由于力学者；（3）由于经验者。"而所谓知"由于天生"并非是指人类具有先验的理性和观念，而是认为人们的天赋资质不同——"凡人之聪明，惟为因其得天之厚薄不同，稍生差别"。同时，孙中山也没有过高估计这种"聪明"，相反，他指出："甲乙二人，甲聪明而不好学，乙聪明虽不如甲，而好学过之，其结果，乙之所得，必多于甲。"（《军人精神教育》）所以真正的认识源泉，实际只有"力学"和"经验"。孙中山把实践了解为主体通过客体、反映客体的惟一桥梁，认为"行"是"知"的基础，这样就不同于主张在认识领域中"返求诸己"，从"心力""博爱"去获取真理和认识的康、谭等人的种种唯心主义。

孙中山认为人们所需要的"知"是"真知"——"科学的知"，并非事物的片面或表面。他指出"舍科学而外之所谓知识者，多非真知识也"(《孙文学说》)，凡真正知识必从科学而来，它必须经受得起"科学按之，以考其实"的检验。人们获得这种"真知"是艰辛的，因此"知难"。孙强调科学知识和理性认识（认识事物的本质）的重要，这是孙中山知行学说的要点所在。

孙又认为客观存在是不断地发展的，因此人类的认识也就不能停滞不前。从而他强调了"吾人之在世界，其知识要随事物之增加而同时进步"，否则便落后于客观形势的前进过程。

孙中山之所以强调理性认识的重要，并要使认识适应形势的发展，这是因为作为革命的指导者，他必须要用"知"——理论来指导人们进行革命实践。所以孙中山能够理解认识不但导源于实践，更重要的是它还必须用以指导实践。他指出："大凡人类对于一件事，研究当中的道理，最先发生思想，思想贯通以后，便起信仰，有了信仰，就生出力量，所以主义是由思想再到信仰，次由信仰生出力量，然后完全成立。"（《民族主义》第一讲）孙强调"知"（理性认识）的重要，他提出"知难行易"与数千年中国传统强调的、流行甚久影响甚大的"知易行难"（非知之艰，行之惟艰）相对立。

中国近代哲学认识论大都从经验论出发，从感知经验立论，孙中山也是这样。孙中山与许多人（例如谭嗣同、章太炎等人）不同的是，他没有由经验论走入唯心论，而是强调了理性认识（知）的重要。强调了要总结经验，成为“真知”。所以能如此，恰恰是由于孙中山在一生革命实践不断遭到严重失败的缘故。不断失败迫使他去认识和寻求客观的规律性，并切身感受到认识这种规律的重要。这种强调理论、强调基于实践基础上的科学真知，突出理性认识的价值，在中国近代思想史上是值得大书特书的。正是革命的失败而不是革命的成功，使理论的重要性突出了。

但是孙中山的认识论中也包含着缺点。孙对于实践的理解是狭隘的和直观的，他把人类的实践活动主要归结为“力学”和“历事”，而其内容则不外“实验”“研究”“探索”“冒险”。虽然人们政治斗争的实践也曾被孙中山个别地提出，但是他没有认识到实践的真正社会历史的内容和性质，特别是对于人类的基本实践活动——生产斗争缺乏科学的理解。中国近代哲学认识论是从感觉经验出发的，谭嗣同、章太炎、严复都如此，孙中山把这种经验论提到“行”（实践）的高度，当然是一大前进。但是他的“行”（实践）在根本上又仍然是以个体经验感知为单位的生物性的抽象一般，而不是具体历史的社会实践活动。例如他的“不知而行”的这个“行”实际等于动物性的本能生存活动。不立足于社会实践（使用工具制造工具的人类劳动生产为根本基础），而立足于感官知觉，不立足于人类学而立足于生物学，是一切唯物论的认识论的根本缺陷，这一缺陷至今也仍未被充分认识和克服，就是在好些马克思主义者那里也如此，所以在实质上就并没有越出孙中山多少。

正是由于孙中山忽视了认识对于生产斗争的依赖关系，片面强调了比较狭隘的科学活动的作用，因此孙中山就把人民群众单纯地看做是“实行家”，不了解正是他们的社会实践才真正是“知”的无限丰富的源泉。反之，他却把某些人物看做是“先知先觉”，过高地估价了他们活动的意义。这样就在“先知先觉”和“实行家”之间划出了一条鸿沟——“知者不必自行，行者不必自知”，从而得出“知”与“行”之间可以没有联系的二元论的结论。与此同时，孙中山虽然强调了“真知”——理性认识的重要，但是他又始终未能使自己的理论真正超出感性的范围，他的“知行学说”大都停留在琐碎的各种举例说明上，并没有达到思辨的理论高度，始终带着浓厚的直观性和经验性。他尽管强调了理性认识的重要，但他这个理性认识仍然是相当低级和素朴的阶段，缺乏真正抽象的深刻，仍然是经验论的认识论。如前已指出，这是中国近代哲学一大弱点。

孙中山看到了人类实践具有广泛的可能性，而取得“真知特识”则是一个艰辛的过程，强调了实践的重要和认识的艰辛，所以孙中山强调“知难行易”有其合理性。但是认识过程不仅包含着由“行”到“知”的过程，而且还意味着把“知”再付诸“行”。这后一阶段并非是简单和平坦的路程，因为把理论变成实践是要经历无数的曲折和挫折，并且可以经常看到，人们言行不一。科学依靠工艺，“知”（知识）又必须以“行”（实践）为其检验的标准。在这样的意义上，传统的“知易行难”学说也包含了一面的真理。事实是：“知难行易”和“知易行难”都反映了一定的真实，虽然前者是处在更高的阶段。但它们在历史具体的社会实践基础的辩证关系，却是孙中山所未能揭示的。

3. 民生史观

在社会历史领域中，孙中山以“民生史观”为理论基础。他的民生主义，前面已讲，这里再简略说一下他的这种史观。

孙中山认为“历史的重心是民生”，“民生是社会进化的重心”（《民生主义》第一讲）。所谓“民生”，就是“人民的生活，社会的生存，国家的生计，群众的生命”（同上），在他看来，归根结底决定社会面貌和进程的是人们的“生存”问题，这里表现了孙中山对于人民生活的关怀。

正由于把社会历史“重心”和社会发展归结为人民的生活——当然首先是物质生活，这使孙中山站在人民群众立场作出许多接近正确的社会现象的论断，驳斥了当时在西方流行的社会学的观点。他曾说，“实际则物质文明与心性文明亦相待而后能进步，中国近代物质文明不进步，因之心性文明之进步亦为之稽迟”(《孙文学说》)，显然这种论点是反映了客观实际的。把物质生活（物质文明）作为精神领域中的动向的原因和基础，认为近代中国的精神生活的落后是由于物质生活的缓慢进展的缘故，这比起什么东方文明优越论种种理论要高明。总之，高度关怀人民生活和重视物质文明，以之作为社会历史前进发展的基础，这是孙中山“民生史观”中的合理部分。

既然社会的“重心”是“民生问题”，而“物质文明”又在纷纭综错的社会现象中起着主导的作用，那么社会历史的进程就当然不会是伟人和英雄所能随意搓捏，也不会是某种奇异的精神力量的显现，这就教导人们不要在英雄或精神现象中去找社会问题的原因，而要在“物质文明”“民生”问题中去寻找。这一观点显然对于孙中山的革命实践和革命理论，有着重要意义。

与改良派思想家们（例如著名的梁启超）相反，孙中山反对“英雄造时势”的主观唯心主义的观点，而赞同“时势造英雄”的观点。关于华盛顿和拿破仑的评价就是一个例子。孙指出：“夫华拿二人之于美法革命，皆非原动者，美之十三州既发难抗英而后，乃延华盛顿出为之指挥，法则革命起后，乃拔拿破仑于偏裨之间。苟使二人易地而处，想亦皆然，是故华拿之异趣，不关乎个人之贤否，而在其全国之习尚也。”(《孙文学说》)这里，孙中山具体地驳斥了把个人作为“原动力”的谬论，而阐明了杰出人物乃是时代的产儿。同样，孙没有夸大天才在人类精神的领域中所发生的作用，他认为无线电的创造是“费百十年之功夫，竭无数学者之才知，各贡一知，而后得成”(《孙文学说》)。人民群众在孙中山的活动后期日益清晰地呈现于他的视野，经由长期的革命实践而意识到人民群众的巨大作用。尽管孙中山对人民群众仍然还有视群众为不知不觉的“群氓”，但他在自己的演说中曾屡次指出革命要“大家来做”，“唤起民众”成为孙中山的最终遗言。

站在这种立场上，孙中山自发地反对了当时流行的各种社会学派。他驳斥马尔萨斯的“人口论”，指出所谓物产按照算术级数增加，而人口则依几何级数增加的观点，是反科学的谬论。孙认为“人口论”对社会生活发生着戕害作用，因为“中了马尔萨斯的毒”，会造成人口率的缓慢进展，从而削弱了民族强盛的决定因素之一（人口的作用）。孙这种观点今天看来并不正确，但在当时却仍是有意义的。孙也贬责了“社会达尔文主义”，认为“物竞天择，适者生存”的规律只适应于比较低级“物种进化之时期”，不能用以解释人类社会历史的现象。他说道：“乃至达尔文氏发明物种进化之物竞天择原则后，而学者多以为仁义道德皆属虚无，而竞争生存乃为实际，几欲以物种之原则而施之于人类之进化，而不知此为人类已过之阶段，而人类今日之进化，已超出物种原则之上矣。”(《孙文学说》)

孙的“民生史观”抽象地来理解社会——民生问题。抽去了具体内容，所谓“人民的生活、社会的生存、国民的生计、民众的生命”便是抽象的、并无历史规定性的空泛观念。人类历史经历过不同的社会形态，每一个社会形态都有其不同的生产方式和上层建筑，如果撇开了这些具体的社会形态而抽象地论“民生问题”，不可能对于社会历史作出深入的阐述。人类的“生存问题”本有异于一般生物的“生存问题”，人类是用劳动工具积极地改变自然以谋取生存，人们在这过程中不得不彼此发生社会的生产关系。人们之间的利益是有矛盾的，它们之间进行着斗争，这是孙中山“生存问题”所撇开了的。一方面企图从社会的物质生活中去寻找进化的动力和历史的发展，这是正确的；另一方面又把这种动力和发展归结为超历史的求生存的本能，这是抽象的；这就是民生史观的双重性。

阶级存在和对立的情况是孙中山所目睹的，他承认“阶级悬殊”的状态会导致阶级斗争，孙中山反对把阶级斗争视做“社会进化的原因”，而认为它是“社会当进化的时候，所发生的一种病症，这种病症的原因，是人类不能生存”(《民生主义》第一讲)。在他看来“社会之所以有进化，是由于社会上大多数的经济利益相调和，不是由于社会上大多数的经济利益有冲突，社会上大多数的经济利益相调和，就是为大多数谋利益，大多数有利益，社会才有进步，社会上大多数的经济利益之所以要调和的原因，就是因为要解决人类的生存问题”(《民生主义》第一讲)。孙这种论点，是他的“博爱”的人道主义精神的具体化，表现了小资产阶级革命派的一贯常有的超阶级的主观愿望，希望各个阶级利益调和与彼此互助会使社会进化。孙在这里看到了人们解决“生存问题”的共同意图，忽略了分裂成为集团—阶级的人们会循着对立和不同的方式和途径去解决“生存问题”。特别是在革命时期，阶级斗争经常是处在不可调和的激化状态之中。列宁指出“孙中山承认阶级斗争，没有超出资产阶级思想与资产阶级政治范围”(《列宁全集》第25卷，第384页)。但阶级斗争又确乎并非解决阶级矛盾的惟一法门，孙中山以阶级调和替代斗争，以“生态”替代“病态”等等论点，不是颇值得重新评价和考虑的么？

孙中山同样在理论上把人、国家和政治抽去了社会阶级内容而使用着，抽象地把人看做“心之器也”；国家则是超历史、超阶级的“人之积也”；政治乃是抽象的“管理众人的事”，属于“人群心理之现象”。这一切就未免太空洞、太贫乏、太苍白了。

这就是孙中山的社会历史观点的大概情况。进步的一面是坚决反对资产阶级的反动的社会学，而主张博爱、互助，注重人民的生活，维护人民的利益；弱点的一面是在于不能历史具体地来了解社会生活，停步在历史唯物主义的门槛之前。但孙中山这种虽平易之极缺乏任何理论深度的哲学思想和三民主义，却较之各种扬高凿深的思想学说，反而在中国具有它的切实性、可行性和有效性。这是否与中国的实用理性的传统有所攸关呢？值得研究。又如，在中国，争取国家的独立富强和解决广大人民的贫困饥饿，亦即“人民的生活、社会的生存、国民的生计、民众的生命”，是近代思想的主要课题。政治上的自由、平等、人权、民主等等，反而居于次要甚至被掩盖了的地位。这是中国近代历史和思想史一个重要事实，如何处理这两者的关系，如何随历史的变化，两者关系将有所不同，凡此种种，便都是需要深入分析和重新认识的问题，包括对孙中山思想的研究也如此。

（原载《科学通报》1956年第12期，与张磊合作。有修改、增补）

章太炎剖析

一　问题的复杂性

1. 历史地位

中国近代是大动荡的历史时期。长江后浪推前浪，在时代激流中，一些本来站在前列的代表人物，很快就退到后列，甚至似乎成为障碍，由人们所景仰所追随，变而为所舍弃所批判的对象。康有为、严复如此，章太炎也这样。中国近代各个阶级、阶层、政治派别有各种复杂的变动，它们的代表人物的思想变化就更为错综复杂。可悲的是为了搞政治阴谋，某些人竟想用一个“儒法斗争”的简单公式套在这些复杂问题上，把严复、章太炎统统说成是什么“法家”。无稽之谈，甚嚣尘上。如何还历史以本来面目，正确分析和评价章太炎，竟成了一个突出问题。

人所共知，中国近代资产阶级革命旗手和领袖是孙中山，而非章太炎。虽然总的说来，章太炎不失为当时革命派中的杰出人物，但他在不同时期的具体情况和具体作用，是很不相同的。有的时期，章太炎起了很好的影响；有的时候，起了很坏的作用。这既不是一顶荒唐的“法家”礼帽所能抬上去，也不是一张收集“劣迹”式的公告解释得了。

评价历史人物，主要是看一个人在历史上所起的客观作用，从推动或阻碍历史发展的大小着眼，确定其在历史上所起的主要作用，而不是单纯从个人着眼，沉溺在个人的各种思想、行为的细节中纠缠不清。首要的是在历史上的客观功过，而不是个人某些主观言行。所以，这既不是去平衡个人的一生言行，也不是去抽象品评个人的道德、品质，应该以历史学而不是以伦理学的标准来作为衡量尺度，除非这种道德、品质确在当时或后代造成了重要客观影响①，更不是带着主观框框片面去集中优点或缺点。人不是神，总有各种长处和弱点、功绩和错误。把屠夫的伪善张扬起来，可以被当做圣人；把英雄的缺点抽象集中起来，也可以认做是坏蛋。何况是并非屠夫或英雄的章太炎，何况是处在迅速的历史变动时期的章太炎。这里需要的是历史的具体的分析。不问历史时期，不作具体分析，笼而统之，混为一谈，是很难确定章太炎这样一位处在复杂时期中复杂人物的本来面目的。

章太炎在中国近代历史上所起的作用和他在当时社会上所占的地位，很明显是担任了一个思想家、宣传家的角色。他始终不像孙中山、黄兴、陶成章、宋教仁以及袁世凯、黎元洪、张謇等人那样，在政治活动、军事活动、组织活动中起过多大的领导作用或实际作用。他主要是凭一支笔进行斗争，在思想领域内起了重要作用②。

具体一点说，章太炎的一生约可分为四大段，即1894—1900年；1900—1908年；1908—1913年；1913—1936年。章太炎虽自称少年时即有反满民族思想③，但在1900年以前，与当时大多数先进中国人一样（只有孙中山这时打出了革命旗号），他在政治活动和提出的政治主张上，基本是追随和从属于康、梁改良派范围之内的④。其哲学思想也

---

① 参看拙作《批判哲学的批判》（人民出版社出版）第九章，黑格尔论历史高于道德。

② 这种作用不是几封未公开发表、在历史上也并无影响的私人书信能替代或等同的。唐振常《论章太炎》一文（《历史研究》1978年第1期）就有此缺点。

③ “自十四五时，览蒋氏《东华录》，已有逐满之志。”（《与陶亚武柳亚卢书》）“架阁有蒋良骐《东华录》，尝窃窥之。见戴名世、吕留良、曾静事，甚不平，因念春秋贱夷狄之旨。”（《自编年谱·1880年》）

④ 只是“基本”，“知是而逐满之论，殆可以息矣”（《訄书·客帝》），章与改良派在反满、民权、今文经学等等方面，一开始便有歧异。著名的《客帝》便存在既帝清又客之的矛盾，而帝孔则又是改良派的影响。又如：“康氏之门又多持《明夷待访录》，余常持船山《黄书》相角，以为不去满洲，则改政变法为虚语。”（《自编年谱·1897年》）

与改良派同样，具有由于接受西方自然科学影响而显示的机械唯物论色彩。这可算做章的第一时期。从1900年“解辫发”到1908年《民报》停刊，是章的第二时期。尽管思想中佛学唯心主义日占上风，发表了大量主观唯心主义的东西，但总的说来，章在这一时期的主要作为是与改良派进行了尖锐的政治思想斗争。从《驳康有为论革命书》到《民报》上的许多文章①，所起的影响是巨大的，功绩是显赫的，虽短暂不到十年，却是章的“黄金时代”。从1908年到1913年，则是章太炎在辛亥革命前后大闹分裂，反对孙、黄（兴），拥护黎（元洪）、袁，起了很坏作用的时期②。这个时期他的政治活动很多，大都不利于革命。1914年被袁世凯软禁到晚年，则是实际日益离开政治、思想舞台，成为虽声名颇大门徒众多，但已和时代脱节的“国学大师”的时期。当然在这最后的漫长的二十多年中，章的政治态度和思想又有一些变化。但不管是变好（如反对北洋军阀，南下与孙中山合作，晚年主张抗日等等），还是变坏（如二十年代后提倡读经，反对白话文运动等等），在社会上实际已没有什么重要的客观影响，不起多少作用，远不像早年了。他与人民与广大青年早已隔膜，成为仅具历史意义的过时人物。很明显，章太炎作为中国近代史上的思想家、宣传家，确定他的这种历史地位和意义的，主要是第二时期。是这个时期的笔墨文章使他在历史上留下了名字。否则人们早就把他遗忘，也根本不会成为今天争议的问题了。

2. 思想源流

历史或人物分期很难一刀齐，思想更是如此。后（前）一时期可具有前（后）一时期的某些思想，进步（落后）时期，也可保有某些落后（进步）思想。一部《訄书》，章太炎就先后改了多次。由梁启超署签的1900年的苏州木刻本（可代表第一时期），不同于邹容题耑的1904

① 《驳康书》与《民报》时期，思想又有不同，可以1906年为界分为两小段。前段多同于当时革命派一般主张，后者更具个人特色。详后。

② 例如章大肆公开辱骂孙中山，1910年光复会从同盟会中公开分裂出去，章被举为会长。辛亥举义后，革命派绝大多数推举孙中山为临时大总统，只有章太炎反对，极力推举黎元洪，对袁世凯百依百顺，等等。

年的日本铅印本（代表第二时期前段），也不同于1914年大量增删、改定并更名的《检论》本（可代表三四两时期），每次都有很大的增删修改[①]。其他文章也有类似情况。1914年《章氏丛书》里没有收入他在《民报》时期痛斥吴稚晖的著名信件，也没收入与蓝公武论战的信件，这些信件却正是被鲁迅赞为“所向披靡，令人神旺”的“攻战的文章”的。既然主要是把章太炎作为思想家来看待，那么就应该仔细对照和研究这许许多多的思想变化和文章的修改，才能有一个比较准确的结论。这是一件繁巨的工作，非本文所能及。这里只先描画一个初步的轮廓。

多年以来，人们常喜引用马克思关于近代资产阶级革命借用古代亡灵和语言来进行斗争的著名论断。其实，马克思接着还说：“就像一个刚学会外国语言的人总要在心里把外国语言译成本国语言一样；只有当他能够不必在心里把外国语言译成本国语言，当他忘掉本国语言来运用新语言的时候，他才算领会了新语言的精神，才算是运用自如。”（《马克思恩格斯选集》第1卷，第603—604页）马克思在这里讲的当然不只是语言，而且是比喻革命。欧洲资产阶级当它达到比较成熟境地的时候，才抛掉古旧衣装和语言，“洛克就排挤了哈巴图”（《马克思恩格斯选集》第1卷，第605页）。近代中国资产阶级在其革命的英雄时期，也是总要把刚学会的欧洲资产阶级的新语言，在心里翻译成中国传统的旧语言。如何把外国新语言（即资产阶级民主革命）译成本国语言（即古典传统文化），是当时满肚子封建文化的知识分子所心向往之而不能摆脱的病症。章太炎当年所以大受欢迎，在革命派中赢得如此受人尊重的地位，除了坐牢等革命气概外，与这一点也大有关系。章太炎适逢其会，他娴熟之极的旧语言，使人们感到只有他才是康有为（也是用旧语言译新文字，即用“公羊三世”“托古改制”来宣传资产阶级思想）的旗鼓相当、真正够格的敌手。章太炎成了这一代没有“功名”[②]却有学

① 此外，还有1902年的手校本，1910年的手改本（均未刊）。

② 章一生未参加清廷科举考试，十七岁（1884年）即“废制义不为”（《自编年谱》）。《苏报》案受审时，大加嘲笑审者问他是哪科士人。

问、能与上一代饱读诗书享有功名爵禄的士大夫相颉颃的代表。

康有为抬出今文经学搞变法维新，章太炎用古文经学宣讲种族革命。两千年前汉代王朝中炽热的经今古文之争，居然在晚清死灰复燃，回光返照，正是这种特定时代要求下出现的奇观。无论是今文经学派的皮锡瑞、廖季平或是古文经学派的俞曲园、孙诒让，所以都远不及康、章的影响①，原因就在后者突出体现了当时政治斗争的需要。

晚清经学今古文的是非和它们与当时政治斗争的联系不属本文范围。这里要指出的只是，尊奉古文经学与章太炎思想、文章面貌的复杂有关。因为古文经学更着重于历史的详细考核与论证，章太炎由此而对祖国历史、文化、语言、文字、法律、风习……各方面进行了广泛的论列，浩如烟海的历史典籍成了章太炎旁征博引出入自如的依据。从文字声韵到历朝史实，从典章制度到人物品评，章太炎在其文章中所涉及所论述过的对象、问题、议题、主张异常广阔；比虽诡异但较狭窄，奇谈怪论虽多但目标、含义却较单纯的康有为的今文经学要远为宽绰和复杂。如果用《訄书》来比当时的各种政论和著作，这一点就很突出。《訄书》每个议题大都联系历史，引古证今，它比《盛世危言》《变法通议》之类就事论事的时论，具有更多的理论学术色彩。然而也就在这种佶屈聱牙的古文词中，又居然包含着近代自然科学和社会学说的知识介绍和解说，它比《孔子改制考》《新学伪经考》之类有更明白的政治内容。它是一种半政治半学术的广阔评述。从而，其复杂性更突出了。

构成章太炎思想的复杂性的另一原因，是他对中国古代文化和哲学思想的吸取继承，也比别人远为庞杂。他不像康有为明确以公羊、陆王为思想主干，一开始就形成较完整和固定的体系；也不像严复明确以英国经验论和进化论为基本思想；也不像孙中山明确以近代资产阶级民主革命思想为主体。章太炎最初“所持论不出《通典》《通考》《资治通鉴》

① 甚至在纯粹学术领域里也如此。康有为的新学伪经说比廖季平在学术成绩上也更突出；章太炎关于中国古代文化学术的许多见解，则是继章学诚“六经皆史”著名学说后的最有成就者。

诸书，归宿则在孙卿韩非”(《章太炎自编年谱》)。后来又以佛学唯识宗为主，企图将道、儒、法和西方哲学等等熔为一炉。而他对所有这几个方面的探索，比别人都要深广。例如，西方哲学他本不如严复，但他所论列评议的对象却比严复要多得多①。他的博杂有类于梁启超，但比梁远为深入，梁浅、杂而多变，章则相对稳定；章构成了自己的思想体系，梁则始终没有。章太炎曾自述说：

……思想变迁之迹，约略可言：少时治经，谨守朴学……遭世衰微，不忘经国，寻求政术，历览前史，独于荀卿韩非谓不可易。自余闳眇之旨，未暇深察。继阅佛藏，涉猎华严、法华、涅槃诸经，义解渐深……专修慈氏世亲……乃达大乘深趣。私谓释迦玄言出过晚周诸子不可计数，程朱以下，尤不足论，……旁览彼土所译希腊、德意志哲人之书……端居深观而释齐物，乃与瑜伽华严相会……以为仲尼之功贤于尧舜，其玄远终不敢望老庄矣。癸甲之际，厄于龙泉，始玩爻象，重籀论语……又以庄证孔而耳顺绝四之指，居然可明，知其阶位卓绝，诚非功济生民而已……自揣平生学术，始则转俗成真，终乃回真向俗。(《菿汉微言》)

在如此庞杂繁多的议论和思想变化过程中，当然会有极多的先后出入和自相矛盾。一生针对那么多的问题，发了那么多的议论，又接受吸

① “在中国哲学史上，章氏则上自老庄孔墨荀韩诸子，中经汉魏，六朝唐宋明清各家，下抵公羊变法的康有为、谭嗣同以及严几道等均有评判。关于西洋哲学，在古代则谈及希腊的埃里亚学派、斯多葛学派以及苏格拉底、柏拉图、亚里士多德、伊壁鸠鲁等，在近代则举凡康德、费希特、黑格尔、叔本华、尼采、培根、休谟、巴克来、莱布尼兹、穆勒、达尔文、赫胥黎、斯宾塞尔、笛卡尔以及斯宾诺莎等人的著作几乎无不称引。关于印度哲学则吠檀多、波罗门、胜论、数论各宗，法华、华严、涅槃、瑜伽诸经，均随文引入。对世亲、无著之书，尤为赞佩。”（侯外庐：《近代中国思想学说史》下卷，第861页）这一描述是符合事实的。章太炎还翻译过社会学著作。

取那么多的学派思想的影响，如果其思想、主张、言论、行为以及政治态度等等没有矛盾、变化，倒是非常奇怪的事了。在改了多次的《訄书》中，这种自相矛盾冲突之处就有不少[①]。一本书如此，更无论一生了。不注意或抹杀这种思想的复杂性，不问历史时期和具体情况，片面集中某些材料，是既可以说他“尊法”，也可以说他“尊孔”，既可说他“反孙”，也可说他“拥孙”[②]，还可以说他如何如何的。列宁说得好：“如果不是从全部总和不是从联系中去掌握事实，而是片断的和随便挑出来的，那么事实就只能是一种儿戏，或者甚至连儿戏也不如。”[③]“四人帮”的法家说，正是这种“连儿戏也不如”的货色，只有全面地如实地考察章的思想，在这种种矛盾错综的复杂性中抓住主要的环节和线索，才能还它以本来面目。

3. 四个时期

从上述四个时期大体说来，第一时期，章太炎哲学上基本是接受西方近代自然科学影响，具有唯物主义思想。在社会政治思想上，“归宿则在荀卿韩非”，但这丝毫不意味章太炎是法家，因为章主要是从古文经学立场出发，认为荀所传是春秋左传学（古文经），是孔门真传、儒家正统，韩非也多引《左传》立论[④]。在这一时期，章并不反孔非儒，而是仲尼荀卿并提，满口仲尼不绝，如《訄书·独圣》等篇。同时也并不尊法，例如，他说诸葛亮是法家，最后却评论说“亦其所以为小

---

① 例如，《訄书》初版木刻本中的古今文的矛盾、改良与反满的矛盾等等，再版铅印本中的专制与共和、国粹与西学、反宗教与主宗教的矛盾等等，对各种人物、事件、问题的矛盾评议，更是所在多有。

② 章是最早支持孙中山的人。1902年与孙“定交”，“那时留学诸公，在中山那边往来，可称志同道合的，不过一二个人”（《民报六期·演说录》），《訄书》铅印本中颇称引孙。

③ 《列宁全集》第23卷，第279页。

④ “时余所操儒术，以孙卿为宗”（《自编年谱·1897年》），“故荀子所谓……法后王者，则法春秋是”（《訄书·尊荀第一》）。“儒家之荀卿，又为左氏、穀梁、毛诗之祖”（《诸子学略说》），“韩非引左氏说最多，其辩论变由而不杀”（《与刘申叔书》，此二件均写于1906年，但思想早有）。

器焉尔”(《訄书·正葛三十六》)。他说“李斯……涤荡周旧……其傺新也，禔以害新也”(《訄书·尊荀第一》)，“四人帮”的御用文人硬要把这篇尊荀说成是尊法。因此文有“虽骤变可也”的字样，便说章太炎主张“骤变”。其实原意恰好相反，是强调革新必须重视遗产的因袭继承，李斯全部涤除“周旧”，反而是“害新”。《訄书》首篇《尊荀第一》还有“素王”之类的提法，第二时期即被删去。第二时期的前段，与改良派划清界限，接受以孙中山为代表的资产阶级民族民主革命思想，改订的《訄书》，为邹容序《革命军》《驳康书》是代表，后段则是章的思想体系基本定型的成熟阶段，这个阶段以狱中深入钻研佛学唯识宗为根本基础，出狱后又进一步广泛涉猎西方和印度各家学说，力图综合融会所有这些，构造了一整套社会政治思想和哲学体系。如果说，《訄书》尽管有自然科学唯物论思想和启蒙主义，但独立性格尚不明显，思想体系尚未成熟；那么，这一时期就成熟了。然而这个成熟期哲学体系却是以佛学唯识论为基础的主观唯心主义。这时，孔丘和儒家的地位特别是哲学地位在章心目中大大下降。《演说录》和《诸子学略说》都曾痛斥孔丘和儒学。应该承认，它与当时革命派中要求冲破封建传统和孔丘偶像的束缚（例如《民报》创刊号刊载墨子画像称为“世界平等博爱主义第一大家”而置孔丘于不顾）的思潮一样，是难能可贵的。但章太炎即使在这时也并未完全否定孔丘，并且还说“虽然孔氏之功则有矣，变讥祥神怪之说而务人事，变畴人世官之世官之学而及平民，此其功亦敻绝千古”(《诸子学略说》)，① 可见根本不像“四人帮”所杜撰的那样。第三

① 这篇文章讲到法家韩非时，认为韩是“合此二家（指道家和儒家荀卿）以成一家之说”，又说“至汉公孙弘董仲舒辈……弘习文法吏事而缘饰以儒术，仲舒为春秋决狱二百三十二事，以应廷尉张汤之问，儒家法家，于此稍合，自是以后，则法家专与纵横家为敌……然至今日，则儒法纵横，殆将合而为一也”，如是云云。可见“四人帮”捧出章太炎来讲儒法斗争，不过是搬起石头砸自己的脚罢了。《讨满洲檄》(1907 年）也强调“世无孔子，宪章不传，学术不振……繄先圣是赖，是乃其高于尧舜文武而无算者也”，孔丘的大学问家、大教育家的地位，从早年到晚岁，章从未动摇改变过，即使在“批孔”中亦如此。

时期，实际是过渡，可以《齐物论释》(1910年)为标志，庄周这时被抬为最高的哲学，以佛解庄，融庄佛于一体。到第四时期，则是“以庄证孔”，孔庄合一。本来是许给庄周的“内圣外王”的地位[①]，现在又仍然还给了孔丘。章自称“始玩爻象”，“渐知易矣”(《自编年谱·1914年》)，都是说回到孔学回到周易的怀抱。孔学这时不仅能与佛学平起平坐，甚至还在佛学之上，“必以大鉴、马祖过于孔子，是亦妄而已矣”(《葑汉昌言》)。对于以前鄙视的“程朱以下尤不足论”，现在也都予以肯定，“亦各达其志尔，汉宋争执，焉用调人”(《葑汉微言》)，并对过去反孔，公开表示忏悔，与第二时期尊佛抑孔刚好相反，成了鲜明对照。而这也就是章自己所谓其学术思想“终乃回真向俗”的最后阶段：即回到孔丘的传统怀抱，从“由俗成真”的佛学又到“回真向俗”的孔丘[②]。“孔子之道所以与佛法不尽同者，正以其出世则能正趣真如，而入世又能经纬人事，是则所谓事理无碍者也。”(《答××书》)这正是与传统世俗调和一致，其过渡环节便是“彼亦一是非，此亦一是非”的庄周哲学：“和以天倪则妄自破而纷亦解。所谓无物不然，无物不可。”(《葑汉微言》)章太炎晚年终于“粹然成为儒宗”，当了孔门经典的守护神。

总起来看，可以说，儒家古文经学(“六经皆史”[③]“夷夏之防”等等)和佛学唯识宗是章太炎思想来源的主干。但更重要的是，这些思想

---

① “释迦应之，故出世之法多详于内圣，……孔老应之则世间之法多而详于外王，兼是二者，厥为庄生。齐物一篇，内以疏观万物……外以治国保民。”(《葑汉微言》)《葑汉微言》是第四时期初的语录，其中有好些第三以至第二时期的思想残存。

② 这种由儒到佛又由佛返儒的思想行程，近代并非仅见。熊十力也如此，“余平生之学，颇涉诸玄而卒本大易”(《新唯识论》)，“余……颇涉诸宗，尤于儒佛，用心深细……卒归本儒家大易”(《原儒》)，也是由唯识回到周易。这一共同现象是颇堪注意的。熊当年也是同盟会员。以后梁漱溟又如此，尽管梁坚持认自己为佛家。

③ 章对荀卿、刘歆、章学诚评价之高，史所罕见，如说，“荀卿高过孔子”(《訄书·订孔》)，“孔子死，名实足以伉者，汉之刘歆”(同上)，等等。

来源是在近代的特定历史条件下，是在章太炎投身资产阶级民主革命中来起作用的，它们与现实斗争直接相关，不能离开这个根本要点来看思想渊源。实际上，如前所述，恰恰是因为这个要点使新内容旧形式、新时代旧传统、新旧语言产生交错渗透，才构成和呈现出一副极为复杂的面貌。所以，上面所说的这些复杂性，只是就章太炎思想的时期、过程、来源、成分而言，还是外在方面的，实质内容的复杂性要在下节才能谈到。

二　社会政治思想的特色

1. 是“地主阶级反满派代表”吗？

既然章太炎主要是作为思想家，在辛亥革命前的一段时间中（即章的第二时期），在历史上起了重要客观作用和影响，那么就应该主要抓住这一段来进行分析。章的哲学思想和社会政治思想也的确是成熟在这一阶段的众多论著中。然而，也正是关于这一时期的章的思想属性，“文化大革命”前学术界便有过较多的分歧和争论。强调章和他的思想代表所谓“地主阶级反满派”一说，在讨论中最占上风，几成定论。章太炎被说成主要是地主阶级的思想代表，他的主要思想是汉族地主阶级的狭隘的反满民族主义或种族主义[①]。

此说所以颇占优势，当然有其原因。原因之一，便是章太炎的确有强烈的反满民族主义和种族主义思想，并且由于他那沉重的历史文化包袱（这种文化正是几千年来封建地主阶级的文化），这种思想就以极为耀眼的形式展示出来。打开章的文章论著，从文字到内容，从用词造句到博引古典，扑面而来的的确是一股封建传统的浓厚气息。春秋时代的

① 此说论著文章颇多。其中似以蔡尚思《论章炳麟思想的阶级性》(《历史研究》1962 年第 1 期)、孙守任《论章炳麟政治思想的阶级属性及其发展的几个阶段》(《吉林师大学报》1964 年第 2 期）两文论证最为充分详尽，可参阅。

“严夷夏之防”，明末清初顾炎武、王夫之诸大师，几千年汉民族抵抗、反对异民族的各种历史、事迹和思想，为章太炎非常自觉地、反复不断地征引、强调。“仆以为民族主义如稼穑然，要以史籍所载人物、制度、地理、风俗为之灌溉。”（《答铁铮》）“用国粹来激动种姓”，唱出反满的最强音，把打击的矛头集中在清政府及改良派身上[①]，这确是当时章太炎在革命宣传战线上所进行的战斗。再加上章本人的确具有不少封建地主阶级的传统观念和思想情感，流露和表现在这些文章中，因之今天他被看做“地主阶级反满派”的政治上思想上的代表人物，也就不奇怪了。

但仔细分析一下，事情又并不如此简单。首先，所谓当时革命阵营中的“地主阶级反满派”这一概念的含义、内容、性质、阶级利益、具体情况……并不很清楚，也似乎没人对此作过认真的论述。表现在思想史、哲学史领域就更是如此。正如自鸦片战争以来，中国近代历史无不客观上带有资产阶级民主革命的性质一样，近代中国的进步思想更无不是在“向西方学习”这样一个前提和环境下发展起来的。章太炎本人便曾经是资产阶级自然科学和民权思想的热情的学习者和宣传者。在《訄书》木刻本、铅印本中特别是在《驳康书》、邹容《革命军》序言中，都提出和表示赞同资产阶级民主主义（《革命军》便是这种主义的典型作品）。例如说“在今之世，则合众共和为不可已……必为民主”（《驳康书》）[②]等等。不仅章太炎，就是后来专门通过宣讲“国粹”来参加反满斗争，并奉章太炎为领袖的《国粹学报》（1905年创刊）的那一批人，也仍然表白自己是在当时西方资产阶级民主思潮下来保卫和发扬汉民族

① “满洲弗逐，欲士之爱国，民之敌忾，不可得也，浸微浸削，亦终为欧美之陪隶而已矣”（《訄书前录·客帝匡谬》），“夫排满即排强权矣，排清主即排王权矣”，“民族主义非专对汉族而已，越南、印度、缅甸、马来之属，亦当推己及之”（《复仇是非论》），等等，说明并非全部都是狭隘的种族主义或大汉族主义。

② 一些论著（如赵金钰《章炳麟的政治思想》，《历史研究》1964年第1期）根据这些材料便认为章是资产阶级民主主义者，这也是片面的。

的传统文化的，例如声称这种文化不是供皇帝御用的君学，而是各朝“一二在野君子闭门读书忧时讲学的产物”，所以与接受西方资产阶级新思想并无矛盾；相反，《论国粹无阻于欧化》中关于“夫欧化者，固吾人所祷祀以求者也”(《国粹学报》第7期）之类的提法、论点倒被他们经常强调。所以，虽然在当时实际政治生活中，确有相当多只知“扑满兴汉”别无所求的人投身革命，“有更多的人是因为简单地反对清朝政府而主张革命的，这种人各阶级都有，非常普遍”(吴玉章:《辛亥革命》)。但要他们在革命派中成为一个独立的政治派别和政治力量，特别是在理论上、思想上也如此，这恐怕不大可能，事实上也并不存在①。把章太炎及其思想说成地主阶级反满派的代表，看来只是一种表面的描绘。如果章太炎主要思想只是单纯的反满，那也不会在当时有那么大的影响了。因为反满是当时整个革命派各派系和人员所共同崇奉的最低纲领。反满的思想、主张、言论，在当时是广泛流行的。各种文章论著更是大谈特谈，非常突出。从谭嗣同、梁启超戊戌前在湖南办南学会、时务学堂起，宣传反满便日益成为一种革命思潮。章太炎在这方面不同于革命派许多人的特色，只是运用历史，引经据典而已。这与其说是阶级的原因，还不如说更多是由于个人的因素（高度的传统文化教养）。并且，与当时革命派理论思想上完全一致，章的反满不但没有始终框限在简单的种族主义上，而且还是与反帝密切联系在一起的②，在内容上并

① 有人认为光复会就是这样的派别，代表“地主阶级反满派”(罗耀九《光复会性质探讨》、《再探讨》，见《夏大学报》1960年第1期、1961年第1期)，但把包括蔡元培、陶成章、鲁迅等人在内，有《龙华会章程》之类的纲领文献的组织，说成是地主阶级的政治派系，很难令人信服。(《龙华会章程》中即有“要把田地改作大家公有财产，这不准富豪们霸占，使得我们四万万同胞并四万万同胞的子孙不生出贫富的阶级，大家安安稳稳享福有饭吃”。陶成章还说：“无论什么君主立宪，共和立宪，总不免于少数人的私论，平民依旧吃苦，将来天下各国，定归还要革命……”这些都不是反满所能解释的。)

② 材料很多，“排满洲者排其皇室也，排其官吏也，排其士卒也”(《排满平议》)，并不是去灭种。“西人之祸吾族，其烈千百倍于满洲”(《革命军约法答问》）等等，等等。

没有突出的原则区分。这一点是章太炎自己也承认的，他认为，民族主义上与孙中山等人没有分歧，分歧是在“民权”“民生”两个方面（详后）。可见，从历史、文化角度反满，是章的特色之一，但远非全部。他至少还有另一特色在。这特色便是反资本主义的坚决态度。一方面要求并积极参与客观性质是资产阶级民主革命的进步事业；另一方面主观上又全面地、强烈地反对、抨击欧美日本近代资本主义的经济、政治、文化、理论……这才是构成章太炎的全部复杂性的实质、内容和特色之所在。这一特色比反满重要，它以一种独特的方式反映了近代中国的一些深刻问题，也构成了章太炎思想的丰盛面貌，给当时人们以强烈的印象和影响。

2. 反资本主义的思想

章太炎反资本主义思想的形成，经历了一个过程。他并不同于地主阶级顽固派、洋务派和当时一般封建士大夫，盲目地、愚昧地排斥外来一切，或只接受船坚炮利、“奇技淫巧”。章太炎热心学习过西方资产阶级理论思想和政治主张。《訄书》木刻本中的《天论》（自然科学宇宙观），《原变》（达尔文进化论），《喻侈靡》①，《訄书》铅印本，《驳康书》中的民主思想，都说明章开始时与当时“向西方学习”的先进的中国人并无二致，都在以不同方式（一般人是直接鼓吹，章是援引古典来倡导）宣传资本主义的政治、经济、思想、文化……属于改良主义时期的《訄书》木刻本不能说是代表“反满派”，主张“在今世则合众共和万不可已”的《驳康书》和显然为章太炎所赞同的邹容《革命军》不能说是代表“地主阶级”，它们明显属于资产阶级民主主义思潮。可以证明，章太炎并非一开始就拒绝，而是曾经接受资产阶级思想的洗礼。那么，在章太炎思想发展的成熟阶段，当他在革命派中影响最大、为大家所推重的时期，怎么可能反而由一个资产阶级民主主义者倒成了“地主阶级反满派”了呢？

① 接受并赞成资产阶级的消费观，认为“无所谓侈靡也”，与谭嗣同反俭主奢，用资本主义观点反对封建主义传统观念，完全一样。

事实并非如此，而是：章太炎在接受资产阶级民主主义之后，很快就走上自己的独特道路，即反资本主义的道路。当许多人日益热衷于欧风美雨之时，章太炎却高唱反调，反对“委心向西”，强调提倡国粹。他正是在愈益深入地了解资本主义之后，才愈强烈地反对它。表面看来，他之排斥资本主义，似乎比当时提倡资本主义的改良派还要保守、落后。但用地主阶级阶级性来分析解释他的这些反资本主义的观点、论证，却又很难说通。他与封建地主阶级之反资本主义，情况并不相同。与康有为、梁启超后来在所谓欧游归来退到传统中去也不一样。

首先从政治思想讲起。资产阶级代议制度是革命派浴血以求的民权主义的具体目标，章太炎却坚决反对它。这种反对固然在当时确有抵制满清政府搞立宪的现实政治意义，“余向者提倡革命而不满于代议……是时所痛心疾首者，盖在君主立宪”(《新纪元星期报发刊词》)。但同样重要的是，在理论上，他也是的确反对这种资产阶级政治制度的，不但反对满清政府搞立宪，而且也反对将来革命政府搞立宪，“要之，代议政体必不如专制为善，满洲行之非，汉人行之亦非，君主行之非，民主行之亦非”(《代议然否论》)。为了反对资本主义的代议政治和民权思想，章甚至连当时为多数先进中国人所欣赏的明末清初的黄宗羲也在非议之列，为此而写《非黄》。看来，这似乎连改良派也比不上，而与地主阶级的顽固派和洋务派差不多属于同一个阶级了。地主阶级的顽固派、洋务派不正是坚决地、激烈地反对资产阶级民权、民主思想和议院制度的么？他们强调“祖宗之法不可变”和“中体西用”，顽固保卫封建地主阶级的君君臣臣的政治统治体系。所以他们反对议会民主的理由便是“必核乎君为臣纲之实，则民主万不可设，民权万不可行，议院万不可变通”(王仁俊：《实学平议》)，“使民权之说一倡，愚民必喜，乱民必作，纪纲不行，大乱四起……此可谓有百害者也”(张之洞：《劝学篇·内篇正权第六》)，“悍然忘君臣父子之义……而隶卒优倡俨然临于簪缨巾卷之上”(曾廉：《𧅪庵集·上杜先生书》)，如此等等。是害怕下层人民(所谓“愚民”“乱民”“隶卒优倡”)通过议会民主危及地主阶级的封建统治(所谓“纪纲不行”“临于簪缨巾卷之上”)。章太炎也反对代议民主，那是否也就是站在这种立场上的呢？且看看他的反对理由：

> 代议政府非能伸民权而适堙郁之。……欧美日本行之，民愈困穷。（《与马良书》）
>
> 被选者必在显贵仕宦之流，是无异一县有土客二令……此庸有异于专制者哉……徒令豪民得逞，苞苴横流。（《记政闻社大会破坏状》）
>
> 专制之国无议院，无议院则富人贫人相等夷，及设议院，而选充议士者，大抵出于豪家，名曰代表人民，其实依附政府，与官吏相朋比，是故共和政体而不分散财权，防制议士，则不如专制政体之为善也。（《五无论》）
>
> 是故选举法行则上品无寒门，下品无膏粱，名为国会，实为奸府，徒为有力者附其羽翼，使得膢膗齐民。……凡法之自下定者，偏于拥护富民。今使议院尸其法律，求垄断者惟恐不周，况肯以土田平均相配？（《代议然否论》，下同）

章太炎对欧美日本资产阶级代议民主制的选举法以纳税、财产、文化（识字与否）等等作为选举人或被选举人的标准，一一加以驳难，“以纳税定选权者，其巨戾亦已甚矣”，“所选必在豪右”。认为这些议士不过是一批骑在人民头上的新的压迫者，“美国之法，代议士在乡里，有私罪不得举告，其尊与帝国之君相似。……不欲有一政皇，况欲有数十百议皇耶”，“故议院者，民之仇，非民之友也”。因之，这种制度还不如没有的好，与其多这样一个压迫阶层还不如就在专制制度之下。“与效立宪而使民有贵族黎庶之分，不如王者一人秉权于上”。可见，章太炎反对代议民主，与前述地主阶级的反对理由不但明显不同，而且恰恰相反。一个是怕代议民主会使人民站起来，一个是怕代议民主会又新添一批压迫者。所以不能把凡反代议民主都算做地主阶级思想。例如，1906 年反清革命的萍浏大起义中便打出过“新中华大帝国”的旗号，要求“勿狃于立宪专制共和之成说”。

章太炎是否在根本上反对民权呢？并不是。他是强调民权、平等的。他之提倡佛学，原因之一正在“佛教最恨君权……与恢复民权的话相合”(《演说录》，下同)。“佛教最重平等，所以妨碍平等的东西必要除去”。《訄书》两次版本中多次还提到“议院”(如《地治》《官统下》)[①]，他也主张行政(总统)、司法、立法、教育分权，“夫欲恢廓民权而限制元首，亦多术矣”(《代议然否论》，下同)，“置大总统则公，置代议士则戾”，“选举总统则是，陈列议院则非”。他主张集会、言论、出版的自由，“无得解散禁止”，总统有罪，人人可诉诸法吏逮治。这样一些思想，都不是地主阶级的意识形态。总之，“凡自法律，不自政府定之，不自豪右定之”，反对由资产阶级定，那到底如何定呢？章太炎向往着一种没有中间人(议员)的直接民权制。但这在实际中根本不可能。于是设想由一些超阶级的所谓“通达历史用知民间利病之士”即像他那样的知识分子们来监督元首、制定法律、决定和战大事等等。这当然也是十足的空想。与“阶级对立简单化了”的资本主义社会不同，章太炎不认识包裹在各种温情脉脉纱幕中的中国封建社会里的阶级对立和斗争，而是把等级当阶级，强调“中国无阶级”，[②]但是，章对地主统治的政权机构及其具体代表——各级官吏却又是深恶痛绝，主张打倒的。在辛亥革命后他还一再说：过去改朝换代“……其旧朝贪人恶吏未有不诛也，今倡义不过四月，天步遂夷，而致届不及墨吏”(《检论·大过》)，“是故处今之世，不诛锄旧吏，去其大半，其他不悚然……不戮其人，纵令立法缅于日本，终不可以为善国矣”(《检论·对二宋》)。地主阶级及其思想家一般无例外地敌视农民起义，这是一个极为敏感的问题。包括像王夫之那样的大思想家也是如此。近代以来，从魏源到改良派，尽管有某些进步思想或民主思想，但在这个要害问题上却从不含糊。地主阶级的思想

---

① 《检论》始全部删去。

② 章因反代议制(增加阶级)而强调“中国无阶级”，“彼之去封建近，而我之去封建远”，章所谓“阶级”指的都是中世纪封建等级，中国因系地主封建，不同于欧洲、印度，例如不像印度有界限森严的四阶级等等。

家如汪士铎可以斥责孔孟，也同样在反农民起义问题上异常坚决。像曾国藩、张之洞更不用说了。然而，奇异的是，被看做“地主阶级代表”的章太炎在这个问题上却并不如此。他不论是论及历史上的和当代的农民起义，包括太平天国，却很少诋毁反对①。难道这是偶然的么？

可见，章太炎之反资本主义代议制与顽固派、洋务派并不相同，不是站在地主阶级立场，为了捍卫地主阶级的政权体系、统治秩序和意识形态而去反对的。

可注意的是，章太炎的反代议民主恰好是与他的某些独特的经济思想联系在一起。章在反代议政治的同时，便提出：

> ……凡是皆可以抑官吏而伸齐民也。政府造币，惟得用金、银、铜，不得用纸，所以绝虚伪也。……不使钱轻而物益重，中人以下皆破产也。轻盗贼之罪，不厚为富人报贫者也。(……譬如家有百万金者，取二十万金犹无害，家有十金者，取三金则病甚……)，限袭产之数，不使富者子孙蹑前功以坐大也。田不自耕植者不得有，牧不自驱策者不得有。山林场圃不自树艺者不得有。盐田池井不自煮暴者不得有。旷土不建筑穿治者不得有，不使枭雄拥地以自殖也。官设工场，辜较其所成之值四分之一，以为饩禀，使役庸于商人者，穷则有所归也。在官者身及父子皆不得兼营工商……不与其借政治以自利也。凡是皆所以抑富强振贫弱也。夫是则君权可制矣，民困可息矣。(《代议然否论》)

这种思想并非仅见，例如章曾多次提出：

> 凡露田，不亲耕者使鬻之。(《訄书·定版籍》)②

① 章对李自成等也使用“流寇”等词语，但整体来看，他对农民起义的态度并不深恶痛绝而毋宁常有赞赏之意。

② 这是受孙中山的影响所写。但孙着重在城市土地问题，提出定地价税之类；章谈的是一般土地问题，主要在农村方面。章太炎、陶成章等光复会一派对孙中山的定地价税、土地国有之类的确不感兴趣。

> 一曰均配土田，使耕者不为佃奴；二曰官立工场，使用人得分赢利；三曰限制相续，使富厚不传子孙；四曰解散议员，使政党不敢纳贿。斯四者行，则豪民庶几日微，而编户齐人得以平等。……无是四者，勿论君民立宪皆不如君主之为愈。(《五无论》)

目睹国外资本主义社会的现实和面临国内资本主义的兴起，章太炎抱着强烈的怀疑、恐惧和敌对的情绪。他认为在欧美已是“以贫病箠挞死者，视以罢工横行死者，一岁之中，数常十倍”(《总同盟罢工序》)，在中国则将“以意絜量，不过十年，中年以下不入工场被箠楚，乃转徙为乞丐，而富者愈与哲人相结，以陵同类，验之上海，其仪象可见也”(同上)。所以他主张不仅“均配土田”，而且还要着重打击工商资本。他的“均配”范围扩大到矿山、工厂、银行，[①] 显然这不是要促进而是故意要阻碍资本主义的发展。他以“重农抑商”的传统理论，一再强调要打击、困辱商人，反对“商日益横，工日益多，农日益减”(《五朝法律索引》)，甚至荒唐到反对一切近代资本主义生产力的地步，诸如认为“电车只为商人增利，于民事无益毫毛”(同上)，“……欲事气机，必先穿求石炭，而人之所需，本不在此。与其自苦于地窟之中，以求后乐，曷若樵苏耕获，鼓腹而游矣”(《四惑论》)。看来这又似乎比地主阶级洋务派还要落后、反动了。因为洋务派还讲究“朝运汽机，夕驰铁路，无害于圣人之徒也”(《劝学篇·外篇会通第十三》)。

能不能把章的这种种思想当做“骗人”“搪塞”或故作怪论、随便说说的呢？显然不能。事实上，这种经济思想与政治思想恰恰就是章太炎自己的“民生主义”和“民权主义”，不同于孙中山以发展资本主义的政治经济为中心的民权、民生主义。所以章太炎说，“二党（指同盟会与光复会）宗旨，初无大异，特民权、民生之说殊耳”(《销弭党争书》)。章的这些思想显然代表了光复会中好些人（不是全部）的思想。

① 这种思想正是革命高潮中的产物，《訄书》木刻本中还有“西班人尝欲捋富实之财以均贫者而卒至乱，人之有轻重且不能平，况于国乎”，铅印本删。

如果看看《民报》增刊《天讨》中的《谕立宪党》的名文，这一点更为明确突出。此文固然是针对满清政府搞立宪，但同时也就批判了近代资本主义的议会民主，强调这只是“财主地棍土豪”的民主，实乃这些“绅董”的“专制”，它只能给“没钱没势”的农民大众带来痛苦（本书论改良派变法维新文中引有该文，可参阅）。

并且，这些独特的政治、经济思想还具有一个相当鲜明而一贯的理论系统。这个理论系统与当时风靡一时的进化论大有区别。章太炎这时抛弃了他也曾信奉的文明进步、物质幸福等等主张[①]，走到宁肯要古代的俭朴生活也不要近代繁华世界，宁“啜菽饮浆”“冬毳夏葛”，以求所谓心灵的快乐，而不要“沾沾物质之务”(《四惑论》)。他认为所谓进化并不带来幸福、快乐和道德，而是乐进苦亦进，善进恶也进：“若以道德言，则善亦进化，恶亦进化。若以生计言，则乐亦进化，苦亦进化。”(《俱分进化论》，下同)“由下级之哺乳动物以至人类，其善为进，其恶亦为进”，“虎豹虽食人，犹不自残其同类”，人“一战而伏尸百万，喋血千里”。因之“求幸福者，特贪冒之别名……最初所处之点惟是兽性，循其所处之点，日进不已，亦惟是扩张兽性，……则进化之恶，又甚于未进化也”(《四惑论》)。所谓进化、幸福只是动物性的东西，无道德之可言。“知文明之愈进者，斯蹂践人道亦逾甚。”(《记印度西婆耆王纪念会事》)“有进于此，亦必有退于彼，何进化足言。”(《四惑论》)“以物质文明之故，人所尊崇不在爵位而在货殖，富商大贾之与贫民，不共席而坐共车而出……此非其进于恶耶。”(《俱分进化论》)

革命派和改良派大都以达尔文进化论作为自己的最基本的世界观和斗争理论。就这一点说，他们大都受严复的影响。章太炎则偏偏坚决反对严复，不仅在政治主张上，而且也在进化理论上。与严复强调

① 如删去的《訄书·喻侈靡》“浸久而浸文明，则亦不得不浸久而浸侈靡……必举成周之世以訾今人，则亦将举茹毛饮血以訾成周……然则天下无所谓侈靡也，适其时之所尚而无匮其地力人力之所生则韪已”，“慧亦益启，侈亦益甚”，“是故侈靡者，有工之所自望也”云云。

斯宾塞，认为进化原理适用于社会故意对立，章太炎则引用赫胥黎等人来反对斯宾塞，认为进化只是自然规律，而非社会原理。“……举社会现象为证……进化论始成。同时即有赫胥黎氏与之反对”(《俱分进化论》)，认为斯宾塞用生理、生物观点而不以心理、意识观点来解释社会，是错误的，“(斯宾塞)盖其藏往则优而匮于知来者。美人葛通可斯(Giddings)之言曰，社会所始，在同类意识……属诸心理，不当以生理术语乱之，故葛氏自定其事，宗主执意，而宾旅夫物化，其于斯氏优矣”(译《社会学》序言)。强调社会另有不同于自然进化的社会意识和人道规则。“黠者之必能诈愚，勇者之必能凌弱，此自然规律也，循自然规律则人道将穷，于是有人为规律以对治之，然后烝民有立。……今夫进化者，亦自然规律也……与人道初无与尔。”(《四惑论》)

既然进化论不是使社会健全民生幸福的规律，那么，究竟什么是这种规则而应为革命者所奉为目标和加以履行实现的呢？章太炎认为，这是心理、意识。不是生物进化而是社会心理和意识才是社会发生(“所始”)和进步的动力。具体一点说，章太炎认为，这就是道德。“第一是用宗教发起信心，增进国民的道德”，的确是章太炎非常基本的思想。讲道德、重历史，始终贯串章整个思想之中。用所谓道德来衡量品评一切，是章非常突出的思想特征。他的倡导佛学，便是为了提倡佛入地狱的道德精神和众生平等的道德理想；他反孔批儒，是因为“儒家之病在以富贵利禄为心”(《诸子学略说》)，完全着重在道德方面[①]。章太炎对历史和历史人物的评定，也多从道德着眼，例如章经常盛赞东汉，就是因为“季汉风节，上轶商周”，“东汉风尚二千年中为殊胜”的缘故。他对当时“满清”政府、官吏和改良派的斗争，也总是尖锐揭露对方个人道德的堕落、人格的低劣。对“旧党”“新党”各种腐败现象痛加抨击，

① 材料极多，不具引。如《演说录》：“孔教最大的污点，是使人不脱离富贵利禄的思想。自汉武帝专尊孔教以后，这热中于富贵利禄的人总是日多一日。我们今日要想实行革命，提倡民权，若夹杂一点富贵利禄的心，就像微虫霉菌，可以残害全身，所以孔教是断不可用的。”并且有时甚至连他所尊敬的荀子也骂在内。

“湛心利禄”、“廉耻丧尽”、官迷心窍、趋附势利、佞媚谄伪、怯懦畏葸等等，经常是章太炎的得心应手的议论主题和打击武器。这种人身揭露的道德武器，在极端爱面子的中国上流社会和知识分子中，经常是使人狼狈不堪，能够取得很大战果的。

最有趣的是，章太炎从所谓道德标准出发，把当时社会分为十六个等级，他认为这些等级是与人们的“职业”——在社会生产和生活中的客观地位、职能密切关联的：

今之道德，大率从于职业而变。都计其业，则有十六种人：一曰农人，二曰工人，三曰裨贩，四曰坐贾，五曰学究，六曰艺士，七曰通人，八曰行伍，九曰胥徒，十曰幕客，十一曰职商，十二曰京朝官，十三曰方面官，十四曰军官，十五曰差除官，十六曰雇译人。其职业凡十六等，其道德之第次亦十六等。

农人于道德为最高，其人劳身苦形，终岁勤动……

自艺士（医师画家等等）下率在道德之域，而通人（高级知识分子）以上则多不道德者……

要之知识愈进，权位愈伸，则离于道德也愈远。

而道德最坏、品级最低的则是为外国帝国主义所服务雇佣的人：

复为白人之外嬖，非独依倚督抚而已。(《革命之道德》)

这是一种相当独特的“行业分析”。它把下层人民自食其力不剥削压迫别人的“职业”跟“不知诈幻”“刚毅不屈”的道德品级联系起来，把上流社会的道德堕落与他们的压迫剥削巧取豪夺的“职业”联系起来，它的矛头是指向上流社会，独特反映了对上层社会腐败恶劣的愤恨和憎恶。

章太炎强调革命者必须讲求道德。“且道德之为用，非特革命而已，事有易于革命者，而无道德亦不可就”(同上)，道德成为革命和一切进步作为的动力和目标。章太炎和陶成章等人不但在思想言论，而且在一定程度的身体力行上，都着重突出了甘于艰苦不畏牺牲的道德作风[①]，在当时具有很大的吸引力。也使章太炎这些独具一格的思想主张产生了良好的影响。鲁迅便是当年受章太炎影响的著名例子。除了进化论大不相同以外，在憎恶和抨击上流社会，反对资本主义的经济、政治，提倡宗教、道德、国粹和个性主义等等问题上，鲁迅基本上站在章太炎一边。如果拿鲁迅1906年到1908年写的那几篇著名论文，特别是《破恶声论》《文化偏至论》，与章太炎上述论点和论文比较一下，便很清楚。当年鲁迅在思想上和文字上都接受了章的影响。鲁迅一生之所以始终保持对章（在那么多的革命前辈中独对章）的高度尊敬，并力排众议，给章作了盖棺论定的极高评价，决不偶然。这决不只是个人的私谊，而是表露了鲁迅对自己青年时代所亲自感受的章太炎历史作用的十分珍视，是对章的历史功绩符合实际的肯定。

3. 阶级特征

那么，到底应该如何来理解章太炎上述的思想特色呢？它的社会阶级基础是什么呢？

如前所述，把这些思想说成是地主阶级的思想意识是很难说通的。这些思想的某些成分、因素、提法，在中国古代地主文化中的确都有，但它们以如此完整的形态出现在近代中国思想史上，却不是用古代翻版之类的说法所能解释得了。它是自己时代的产儿，脱不开近代中国社会和阶级斗争的制约。不能无视它是在资产阶级民主革命高潮中和在革命阵营内出现的思想或思潮。

列宁论托尔斯泰，对这个难题的解决也许很有启发。托尔斯泰是沙皇时代的名门贵族，他在自己的阔绰舒适的庄园里，安静地写出了《战争与和平》《安娜·卡列尼娜》等不朽文学巨著。列宁在这位被当时好些革命者骂作贵族地主阶级代言人的伯爵老爷身上，在这些被当做纯粹是上流社会的风习画（主要人物、题材、故事、情节都是上层贵族等

---

① 鲁迅深情怀念过陶成章把草绳当腰带，不畏艰辛，奔走革命的动人情景。

等）的艺术作品中，却极为尖锐地看到了、感受到了，在当时资产阶级民主革命巨大潮流中处在封建宗法落后关系中的俄罗斯农民群众的心声，指出那是在整个资产阶级革命的动荡年代中宗法农民的思想和情绪、力量和缺陷的鲜明反映。“托尔斯泰出于真诚地以巨大的力量鞭打了统治阶级，十分明白地暴露了现代社会所借以维持的一切制度——教堂、法庭、军国主义、‘合法’婚姻、资产阶级科学的内在虚伪。但是他的教义却与现代制度的掘墓人即无产阶级的生活、工作和斗争是完全矛盾的。”① “托尔斯泰主义的现实的历史内容，正是这种东方制度、亚洲制度的观念形态，因此也就有禁欲主义，也就有不用暴力抗恶的主张，也就有深刻的悲观主义调子，也就有认为‘一切都是无，一切物质的东西都是无’的信念……”②

章太炎当然不是托尔斯泰。理论论文也不大同于艺术形象。特别是章太炎远没能像托尔斯泰那样终于与本阶级彻底决裂，自觉站到农民这边，而相反却是回到了封建地主的怀抱③。章太炎比托尔斯泰大不同的地方是主张暴力革命。但最重要的是，他们对上层社会的憎恶和抨击，

---

① 列宁:《托尔斯泰和无产阶级斗争》,《列宁全集》第16卷。

② 列宁:《列·尼·托尔斯泰和他的时代》,《列宁全集》第17卷。

③ 例如在对待土地所有制这一关键问题上，章本曾主张“均配土田”，“有均田，无均富（指不分工商业主财产）……后王以是正社会主义者也”(《訄书·通法》)；“地权平均之后，全国无地主矣”(《代议然否论》)。但辛亥以后，政治上很快和封建势力合流，完全站在自己这一主张的对立面，反对“平均地权”了：“至若土地国有，夺富者之田以与贫民，则大悖乎理，照田价而悉由国家收买，则又无此款，故绝对难行。”(《中华民国联合会成立会演说辞》)“社会主义在欧美尚难实行，奚论中国，其专地价税者，尤失称物平施之正，此土本无大地主。”(《复张季直书》) 这种变化并不奇怪，当年刘师培（也是光复会员）曾写《悲佃篇》，刊载于章主编之《民报》，大声疾呼“欲籍豪富之田，又必自农人革命始。夫今之田主，皆大盗也，……民受其阨与暴君同，今也夺其所有，以共之平民，使人人之田，均有定额”，非常明确，十分激烈。然而曾几何时刘变而为叛徒特务，不齿于革命党人了。刘与章私交甚好，他们当时这些思想表现了同一思潮。

对资本主义（包括经济、政治、文化各个方面）的全面反对，对封建农村的依恋和美化，提倡和特别强调道德、宗教作为根本基础，以及那深沉的悲观主义、虚无主义情绪……却确有惊人的类似之处。这也不是偶然的。如果说托尔斯泰是比较自觉而鲜明地代表了，那么章太炎便应是不自觉也不是那么鲜明地反映了资产阶级民主革命高潮中作为小生产者的封建农民的某些特征和某些方面（不是全部或所有方面）[①]。托、章当然还有民族的不同和各种具体情况的不同。章太炎以一个封建地主阶级文化的继承捍卫者，在现实斗争中不自觉反映出农民阶级作为小生产者的民粹主义的思想情绪，具有更多的矛盾性和复杂性。在当时革命派阵营中，本就弥漫着这样一种反资本主义的民粹派思潮，孙中山、朱执信都有，而以章太炎和光复会某些人更典型，其中尤以章太炎为更浓厚、最突出。他的民粹派观点具有中国传统的封建特性。

农民是分阶层的，章太炎反映的主要是自耕农以上的阶层，并不代表贫雇农[②]。章说，“中国土田农圃，自主者大半”(《代议然否论》)，反映的并不是社会的现实，倒正好是他自己思想的现实。

农民和资产阶级是近代革命中两个主要的积极力量。但它们的经济要求和政治理想并不相同。政治是经济的集中表现。资产阶级代议民主是近代资本主义经济的要求和产物，它与农民阶级的愿望并不相通，后者更重视经济上的平等或平均，政治体制倒是次要的。反映在思想领域也如此。在中国近代思想史上，强调发展近代工商业，实行资产阶级的民主政治，提倡科学和资本主义文化、教育，与强调解决土地问题、冲击现存统治秩序，而对资本主义经济、政治、文化并无多大兴趣甚至持敌对态度（因为这些东西总与帝国主义的侵略连在一起），都可以同时涌现在革命高潮中。在中国近代太平天国、义和团和辛亥革命等高潮

① 最早指出章太炎这一阶级特征的是侯外庐《中国近代思想学说史》，但侯把他笼统说成是整个农民阶级的自觉代表，则显然估计过分了。

② 对这一点，持农民说的论著（如胡绳武、金冲及《辛亥革命时期章太炎的政治思想》,《历史研究》1961 年第 4 期）没提及，也未对章的思想作体系的剖析。

中都有过这种情况。这两种思想可以互相吵架以至彼此敌视，但在反帝国主义和推翻满清政府的共同战斗目标下，又仍可协调统一起来，章太炎这些思想主张在当时所以为革命派所允许，与朱执信等人所宣传的反“豪右”相呼应，起着一种独特的社会影响，原因也在于此。

但是，不能把农民阶级理想化，农民包括贫雇农在内，作为小生产者，总受封建生产方式的严重局限。他们反对地主阶级的剥削压迫，但他们同时又受地主阶级统治意识的严重毒害。他们并不是新的生产力的代表。包括像洪秀全这样的天才人物，即便有某种原始平等平均思想（主要是在经济平等上），但仍然保留很多封建主义的东西，例如，在《天父诗》《幼学诗》等等作品中便充满极浓厚的君尊臣卑、夫尊妇卑等等思想意识。历代农民起义的领袖所以很快就露出封建帝王的雏形，正好说明这一点。农民革命思想中可以夹杂着一大堆封建主义的观点、意识也就不足为奇了。反映了某种自耕农以上阶层的章太炎的思想就更如此。这并不是说，农民一定要反对新的生产力，而是说由于这种生产力是与资本主义生产关系一同到来，使农村破产，大量农民沦为雇佣工人，而感到恐惧、不满和反抗。特别在近代，它又是与反对帝国主义的侵略连在一块的。早期无产阶级还捣毁机器，农民有反资思想并不奇怪。而一个阶级与其政治上、思想上的代表关系是，“他们的思想不能越出小资产者的生活所越不出的界限”（《马克思恩格斯选集》第 1 卷，第 632 页），章太炎这些思想代表小资产者正是如此。如在论孙中山时所已指出，在中国近代资产阶级革命中，有些思想家希望避免走西方资本主义道路，而又要反封建统治，和想建立一种既不同于封建古代，又不同于现代西方，既保留东方国粹又接受西方文明的“第三种社会”，便成为一种必然的时代思潮。这不但在中国，而且在俄罗斯（如民粹派）、在印度（如甘地）、在印尼（如苏加诺）……都有这种倾向。然而社会发展的趋势不以人们意志为转移，尽管用各种幻想和言词来掩盖，但所谓东方精神文明（封建主义）终究要被西方物质文明（资本主义）所战胜。

一方面夹杂封建因素，另一方面又充满了小生产者惯有的反动空想，是章太炎思想的显著特征。在反满反帝的民族主义、经济平均主义、政治专制主义、道德纯洁主义之旁，再加上绝对个人主义和极端虚无主义，便构成了章的社会政治思想特色的全貌。章太炎抛弃了《訄书》时期合群以进化的理论①，大肆强调“个体为真，团体为幻”(《国家论》)，“盖人者……非为世界而生，非为社会而生，非为国家而生，非互为他人而生，故人对于世界、社会、国家与对于他人，均无责任”，“恶非人所当为，善亦非人之责任”(《四惑论》)，“村落军旅牧群国家亦一切虚伪，惟人是真”，只有个人是真实的，任何社会组合均假。极力抨击、反对所谓社会抑制个人，要求绝对自由，个性解放，呼喊“何今世卒不得一摆轮（拜伦）也”(《论印度西婆耆王纪念会事》)。章太炎并提出著名的所谓“无政府”“无聚落”“无人类”“无众生”“无世界”的“五无”境界，总之消灭宇宙一切。它的主观目的和客观作用不在于去维护或加固现有秩序和传统观念，而恰恰在于使人怀疑、否定它们。否认权威，怀疑一切；破坏流行的和习以为常的观念、道理，就正是章太炎“五无”“四惑”诸论在当时所起的积极的破坏效用。它不是地主阶级的思想，而是十分典型的小生产者和小资产阶级的东西，这种东西在本质上完全是空想和废话。②有如章自己所说，就理想言，民族主义（反满）远不如无政府主义，无政府主义又不如齐物（庄），不如无生（佛）。但就现实言，则“不得不退就民族主义”：“惟排满为其先务”③。极端荒唐的“五无”幻想与极端狭窄的反满实践便这样奇妙地结合了起来。章太炎虽以反满为其主要现实目标，背后却有这么一大堆庞杂的思

---

① 强调群是竞争、进化的重要因素，“物苟存者，强有以与地竞矣，此古今万物之所以变”(《訄书·原变》)，批判“山林之士避世离俗以为亢者”，“将絜生民以为麋蜼”，强调适应环境等等，完全是严复那一套，与《民报》时期的观点完全不同。

② 这种“五无”与康有为“九去”(《大同书》)不同，一是小生产者的悲观主义，一是资产者的乐观主义。前者否定物质文明和社会进步，后者反之。

③ 当时一群小资产阶级知识分子开始醉心于无政府主义，章太炎却清醒地加以反对。他与小资产阶级知识分子又仍有一段距离。

想做基础。

总起来看，章太炎这种种独特思想有其进步的一面，又有其落后以至反动的一面。例如想以道德作为革命动力，是唯心论，反对资产阶级的经济和文化，则不符合历史发展趋向[①]。反代议民主固然作为宣传在揭露资产阶级伪民主是尖锐的，同时便付出了高昂的代价。章太炎本来和严复完全不同，但在这个不赞成代议制民主问题上，在辛亥后却走到一起：因为怕因民主而使中国四分五裂，便宁愿“强有力的人”出来厉行专制，以使国家强盛，外御侵略，从而对袁世凯之流大抱幻想。[②]对袁的上台当总统，章太炎主观上出了力；而袁的称帝，严复客观上帮了忙；一个是倾心于欧洲资本主义的启蒙思想家，一个是具有乡土农村气质的民族文化的捍卫者，却居然如此殊途同归，这真是一场历史的悲剧。

三 “依自不依他”的哲学思想

章太炎的哲学思想是其整个思想中的重要组成部分，是他全部思想的世界观基础。中国近代资产阶级革命时期，真正具有哲学上的思辨兴趣和独创性[③]，企图综合古今中外铸冶严格意义上的哲学体系的，只有谭嗣同和章太炎两人（虽然就整个思想体系说他们不及康有为和孙中

---

① 与章太炎相反，孙中山认为“……社会党常言文明不利于贫民，不如复古。这也是矫枉过正的话。况且文明进步是自然所致，不能逃避的。文明有善果也有恶果，须取那善果，避那恶果”(《民报演讲辞》)。

② “余尝谓中国共和，造端与法美有异，始志专欲驱除满洲，又念时无雄略之士则未有能削平宇内者，……则争攘不已，祸流生民，国土破碎，必有二三十处，故逆定共和以调剂之，使有功者得更迭处位，非日政治为政治极轨也。”(《自编年谱·1912年》)“今中国积弱，俄日横于东北，诚能战胜一国，则大号自归，民间焉有异议，特患公尤称帝之能耳。诚有其能，岂独吾辈所乐从，孙、黄亦焉能立异也。”（章太炎：《与袁世凯书》）

③ 两人都不喜佛学的禅宗，而选中思辨性最细致的唯识宗。此外，两人也都赞许庄周的齐物论。《仁学》一开头：“循环无端，道通为一，凡诵吾书皆可于斯二语领悟。”

山)。谭、章二人在政治上和学术上是歧异和对立的。章声称不喜《仁学》，讥之为“拉杂失伦，如同梦寐”(《人无我论》)。谭嗣同的哲学体系尚未建成便死去，章则基本完成了。然而可惊异的是，尽管有这许多政治、思想上的不同，但他们的哲学道路和特征却如此的相似：都从接受自然科学唯物论的洗礼开始，而以佛教唯识宗的主观唯心主义作归宿。他们的这一道路是有典型意义的。

在自然观方面，问题比较简单。当时先进的中国人都是在接受从西方传来的近代自然科学知识的基础上，形成自己这方面的观点和理论。谭嗣同《仁学》中对无限宇宙欢呼式的描绘，章太炎木刻本《訄书·天论》中对天、日、地的爽朗看法，都如此。章太炎运用近代自然科学知识，盛赞王充的元气自然论，反对传统的意志论、目的论。指出天并非上帝，不是主宰，“若夫天与帝则未尝有矣”。天就是“无”，就是气。“恒星皆日，日皆有地，地有蒙气，……望之若苍苍矣。在地曰气，仰瞻则曰天”(《訄书·天论》)。指出天地生万物并非为了人，天生人也并无何目的，“因气而生，偶自生也”，“人死而为枯骼，其血之转磷或为茅搜，其炭其盐，或流于草木，其铁在矿”(《訄书·原教下》)。意识(智虑)非气(物质)，但从属于气。人死则智虑“若波之复”，如水波也息，所以无鬼神灵魂。“人死曰鬼，鬼者归也，精气归于天，肉归于土，血归于水……”(《訄书·榦蛊》)这仍是以近代科学来填塞王充、范缜、王夫之的古代唯物论，并同样带着机械论的近代特征。对佛学，章这时尚未给以特殊的地位①。

与此同时，章这时是相信物竞天择的进化论的。“人之始，皆一尺之鳞也”，“太古之马，其蹄四指……今海内有大陆，而马才一指。然则沧燥热燥之度变，物之与之竞者，其体亦变”(《訄书·原变》)。这里最值得称道的是，章提出了“人之相竞也以器”的观点，指出“石也，铜也，铁也，则瞻地者以其刀辨古今之期也”，接受和宣传了以工具的改

---

① 章根据当时西方社会学家的材料，指出“上古野人”因“由日中视影”而以为“形体之外必有一灵异之身”，并征引佛典亦有此说，而发感叹说：“噫，以彼深识立鉴而犹不免于上古野人之说，何哉。”(《訄书·榦蛊》)

进作为人类进化尺度的观点[①]。

章太炎进入他的思想成熟期后，却完全删去了木刻本《訄书》中的这些唯物主义思想，而且极为明确地宣布佛学唯识论的主观唯心主义才是他所崇奉的哲学。这个通路是从认识论来开辟的。

认识论是近代资产阶级哲学的主题。欧洲如此，中国亦然。在康有为那里，认识论还不占主要地位，但到谭嗣同、严复、章太炎、孙中山，便逐渐成为他们哲学思想的中心。如果说《仁学》里，还是所谓“下学而上达”，唯物论与唯心论、科学与宗教、“以太”与“心力”还处在一种交互渗透、要求并存而又尖锐矛盾之中，前一方面（唯物论、科学、“以太”）还在客观上占有主要地位，但已开始建造以佛学唯识论为基础的唯心主义体系，那么在章太炎这里，这种建造就已竣工，从而科学、唯物主义被完全舍弃了。

与谭嗣同类似，章太炎开始也强调人通过感觉器官去认识外界，承认人的主观感觉是客观物质所刺激而引起，指出有不依存于感觉的客观存在，“日色固有七，不岐光则不见也……不见其光，而不得谓之无色；见者异其光，而不得谓之无恒之色；虽缘睐子以为艺报，有不缘者矣”(《訄书·公言》)，“人偶万物而视以己之发肤。发肤不触，夫谁不感觉”(《訄书·独圣上》)。“凡成比量（推理）者必不能纯无见量（感知）”(《齐物论释》)；推理（比量）又必须建立在感知（见量）之的基础上。并且，“物之能名，大抵由于能受”(《国故论衡·原名》)；“诸学莫不始于期验”(《征信录下》)，如此等等。章特别注意西方的经验论[②]，

---

① 在《太炎文录一·信史下》中却完全否定了这一点，认为物质文明并不进化，有时后不如前，“古不逮今，何言之唐大也”，并否认由石器而铜器而铁器的进化观点。

② 章太炎是反对唯理论和客观唯心主义的。“先物行先理动之为前识。前识者，无缘而妄意度也。……不事先识则卜筮废，图谶断，建除堪与相之之道黜矣。巫守既绝，智术穿凿亦因以废。”(《国故论衡·原道上》)“最下有唯理论师以无体之名为实，独据偏计所执性，以为固然……犹依空以置器，而空不实有。海羯尔（即黑格尔）以有无成为万物本，笛卡尔以数名为实体，此皆无体之名。……若谓心物外别有道，及太极、无理者即是妄说。”(《国故论衡·辨性下》) 此外，如引叔本华及黑格尔加以反对，等等。

特别推崇中国的经验论（如颜元）[①]，这与他的古文经学和朴学的重证据、材料本是一脉相通的。“从入之涂与平生朴学相似”（《菿汉微言》），从而，章的经验论的唯物主义比谭嗣同就远为坚实。谭嗣同刚说了两句“目视”“耳闻”之后，异常迅速地便推论感官“不足恃”，而走向唯心论。章太炎却在《訄书》中比较肯定地宣扬了经验论的认识论，唯物主义比较明确维持和残存（也只是残存）了较长较多时间（如上引《齐物论释》等）[②]。

但正如章在道德问题上由幸福论走向反幸福论的康德一样，他在哲学上也是由休谟的怀疑论走到康德的先验论，再归宿于彻底的主观唯心主义的佛学唯识宗[③]。这时，木刻版《訄书》中的自然科学唯物主义观点已完全消溶不见。章把休谟说成是“唯物论”，即彻底地相信

① “自荀卿以下，颜元可谓大儒矣。”（《訄书·颜学》）

② 章太炎的许多说法（第三时期）是很接近谭嗣同的，例如“此生彼毁，成毁同时，是则毕竟无生，亦复无灭”，以及“真妄一源”，“泯绝彼此”，“破名相之封执，取酸咸于一味”，“一切矿物，皆在藏识……由彼藏识与己藏识对构，方能映发，识之相遇，如无线电对至即通，不烦传递”（《菿汉微言》），等等，只是比谭成熟深刻罢了。

③ 感觉不但有限度，而且感觉与对象之间也并不能完全对应。章太炎说，例如人种的眼睛颜色不一，所见颜色就不一定相同，因之感觉就没有真理性了，并且，“余谓吼谟（休谟）之说，犹未究也，感觉时，惟有光相热相，非有日相火相。日与火者，待意识取境分齐而为之名，故光与热为现象……而日与火为非现象。若专信感觉者，日火尚不可得，况可言其舒光发热之功能成”（《四惑论》），更无客观因果可言了。“识得现起。意虽猛利，于境不现前时，亦得自起独头意识，然此独头意识亦非无端猝起，要必先有五俱意识与五识同取对境……虽隔十年，独头意识犹得现前，是故五识与意识即以自造之境与自识更互缘生。”（《建立宗教论》）“五识”必待“五尘”为对境才生认识；境不在时也必须有记忆，但此认识此记忆又仍不离心的主动，后者仍是决定性的。“如唯物论若穷其柢，即还归唯识论。何以言之，所以信唯物者，以不信意识之计度而信五识之感觉也。唯信者为谁，仍是意识。若充类至尽，此信心亦应除遣，……”（《菿汉昌言》）如此等等。

感觉经验的意思。章指出从感觉经验出发，结果并不能认识事物的本质，而只能获得孤立的表面的现象，要认识本质，必须有心中的“原型观念”来组织、联系、综合、伴随感觉。他说，“如人见三饭颗，若只缘印象者，感觉以后，当惟生‘饭颗、饭颗、饭颗’之想，必不得生‘三饭颗’之想。今有三饭颗之想者……必有原由观念在其事前，必有综合作用在其事后。……虽然，此犹感觉以后事也。而当其初感觉时，亦有悟性为其助伴”(《四惑论》)。即是说，要认识三饭颗，必先有“三”这个“原型观念”来综合感觉。“言科学者，不能舍因果律。因果非物，乃原型观念之一端。”(《四惑论》)因果不在事物，而是一种“原型观念”，可见要进行认识，“感觉以悟性为依”关键仍在具有这些“原型观念”的“心”。这当然很明显是接受康德的“先验统觉”思想的缘故。而从这里进一步就走入“境由心造”的佛学唯心主义之中去了。

感知、记忆、认识既都离不开“心”的主动作用，“境缘心生，心仗境起，若无境在，心亦不生”(《建立宗教论》)。从而，不是别的，是“心”“识”才是第一性的，“芸芸万类，本一心耳”(《五无论》)，“初知所感所定非外界，即是自心现影”。“道何所依据而有真伪，言何以所据而有是非，初无定轨，唯心所取”(《齐物论释》)，真伪是非实全取决于“心”了。章自称“以分析名相始”，“以排遣名相终”，在哲学上，即是以承认分析感觉经验始，由二元论而走到主观唯心主义终，这也是他为学的“转俗成真”，“俗”是经验现象，“真”是心灵本体。章太炎说：“夫五识者待有五尘为其对境……境既谢落，取境之心不灭……是故五识与意识者，即以自造之境与自识更互缘生。……解此数事，则此心为必有，宇宙为非有，所谓宇宙即是心之碍相。”(《建立宗教论》)于是在认识论上，也就根本否定了必须由感觉经验出发，转而追求神秘的寂定了。“不知而行，不见而名。”(《齐物论释》)“是之非之，不由天降，非由他作，此皆生于此心。”(《齐物论释》)“真见量，真比量，皆于寂定得之。”(《菿汉微言》)

章从而否定自然规律，时空的物质性①，也否定任何上帝鬼神的客观存在。从这种哲学认识论出发，章太炎一方面反对唯物论，主张建立非人格神的宗教；另一方面又主张无神论②，坚决驳斥一切宗教（包括基督教）、鬼神。因为，既然只有“心—识”是真实的，一切“我”“物质”“神”便都是虚幻的，所有这些“总是幻见幻想”。“此识是真，此我是幻，执此幻者，以为本体，是第一倒见也”；“此心是真，此质是幻，执此幻者，以为本体，是第二倒见也”；“此心是真，此神是幻，执此幻者，以为本体，是第三倒见也”（《建立宗教论》）。在这主观唯心主义的哲学世界观基础上，建立一种非人格神的宗教，③以否定任何外界的客观权威，“自贵其心，不援鬼神”，从而勇往直前，去干革命，这就是章所规划所宣传所实行的他那“用宗教发起信心，增进国民之道德”的革命主张的具体内容和途径：

“非说无生，则不能去畏死之心；非破我所，则不能去拜金心；非谈平等，则不能去奴隶心；非示众生皆佛，则不能去屈退心；非举三轮清净，则不能去德色心。”（同上）“尼采所谓超人庶几相近（但不可取尼采贵族说），排除生死，旁若无人，布衣麻鞋，径行独往，上无政党猥贱之操，下作愞夫奄矜之气，以此揭櫫，庶于中国前途有益。”（《答铁铮》）总之，以道德作为革命基础和动力，反对追求幸福，反对物质文

---

① “所谓自然规律者，非彼自然，由五识感触而觉其然，由意识取像而命为然，是始终不离知识，即不得言本在物中也。”（《四惑论》）“时若实有，即非唯识”，“时由心造，其舒促亦由变”（《齐物论释》）。“时间者起于心法生灭，相续无已……空间者，起于我慢。”（《菿汉微言》）

② 章的无神论的思想，先后期倒比较一贯，《訄书》木刻本称赞孔丘摈斥神怪，“无神之说发自公孟，排天之论起于刘柳，以知此汉族心理，不好依他，有此特长，故佛教迎机而入，而推者之功不得不归之孔子。世无孔子，则佛教亦不得盛行”，“其圣足以干百王之蛊”，到晚年《菿汉微言》也仍然反对信天、鬼。

③ 谭嗣同的宗教和主观唯心主义是在政治斗争中悲观绝望后的依靠，虽然其中也有积极成分；章则主要是积极方面，虽然其中也有消极成分。这是二人的不同处。

明，反对任何权威，反对一切束缚，不怕牺牲，不畏困苦，强调凭借个人主观的力量、精神、道德去进行战斗，这就是章太炎融为一体的哲学世界观与其社会政治思想。这也就是所谓“依自不依他”的哲学体系[①]。

在资产阶级革命高潮中，小资产阶级、阶层的主观主义的狂热常常不胫而走。法国大革命高潮中，雅各宾的领袖们坚决驳斥法国唯物论，主张建立新宗教；德国在此热潮中出现费希特的主观唯心主义；到了近代中国，更是如此，继承着谭嗣同“我自横刀向天笑”的牺牲精神，当时革命派好些人的确做到了卓厉敢死、不畏牺牲、独立无前、道德高尚。与这种实践相结合，自谭嗣同提出“仁为天地万物之源，故唯心故唯识”(《仁学》)，佛学唯识论主观唯心主义哲学在近代中国突然流行一时，好些先进的中国人在向西方寻求真理的同时，欢迎和接受它[②]，章太炎的哲学也就应运成熟在这个时期。

现实物质力量的薄弱常常使人们乞求于纯粹的心灵，由主观唯心论所煽起的热狂毕竟只能持续一个短暂的时刻，很快就消退。迷信主观精神和道德力量去拯救世界，终归要破产的。谭嗣同由于苦闷悲观而进入宗教泥坑，章太炎的这种哲学尽管可以鼓劲于一时，热狂于一阵，但毕竟不能持久，最终走入相对主义、虚无主义、神秘主义。

由经验论到唯心论和主观地运用辩证法（章太炎《齐物论释》便很典型，本文暂略），这两点是谭、章二人这条道路的共同处，而这一

① 关于章的哲学思想需有专文分析，本文主要只谈其哲学思想和其社会政治思想有关的方面。

② “善习佛者，未有不震动奋勇而雄强刚猛者也”(《谭嗣同全集》，第 38 页），并也把佛学与平等、民权相联系，等等。佛学在晚清风靡一时，为许多先进分子和革命者所信奉，决非偶然。用佛学来解说西学和孔孟，用佛学来鼓舞斗志，是当时两大特色。梁启超当年曾说，“吾师友多治佛学，吾请言佛学”。他概括认为，“佛教之信仰乃智信非迷信”，“乃兼善而非独善”，“乃入世非厌世”，“乃无量非有限”，“乃平等非差别”，“乃自力而非他力”等等（《佛教与群治之关系》)，可见当时佛学在他们心目中的意义。

点又是与他们（以及整个中国资产阶级哲学）和近代自然科学只是处在一种外在（从外面去吸取甚至是附会一些科学知识）而非内在（受自然科学发展所推动）的联系有关。欧洲近代资产阶级哲学，从培根到洛克到法国唯物论，从笛卡尔二元论到康德二元论，从莱布尼兹的客观唯心论到黑格尔的客观唯心论，其中积极的因素都总是与近代自然科学和工业技术的发展密切相关，许多哲学家本身就是大科学家。中国近代却非常缺乏这种关系，谭嗣同、章太炎等人哲学中的自然科学知识和内容都是极端幼稚甚至荒诞的，这与中国当时落后的社会生产力和生产方式直接相联，与当时近代工业极端微弱，包围着的是广大的落后小生产者的海洋般的社会基础直接有关。因此，如何彻底改变以小生产为基础的社会，尽快实现现代化，倒也正是使唯物主义扎下根来的重要（虽非全部或主要）方面。而这，章太炎的哲学不是留给我们一个很好的借鉴吗？

（原载《历史研究》1978 年第 3 期）

梁启超王国维简论

一　如何评价

中国近代人物都比较复杂，它的意识形态方面的代表更是如此。社会解体的迅速，政治斗争的剧烈，新旧观念的交错，使人们思想经常处在动荡、变化和不平衡的状态中。先进者已接受或迈向社会主义思想，落后者仍抱住“子曰诗云”“正心诚意”不放。同一人物，思想或行为的这一部分已经很开通很进步了，另一方面或另一部分却很保守很落后。政治思想是先进的，世界观可能仍是落后的；文艺学术观点可能是资产阶级的，而政治主张却依旧是封建主义。如此等等，不一而足，构成了中国近代思想一幅极为错杂矛盾的图景。用简单办法是不能处理这种图景的。

关于梁启超和王国维的许多评论，就可以说明这个问题。1949 年以来，对他们两人的评议虽多，但基本论调则几乎一致，即作为否定的历史人物来对待和论述。道理很明显，也很简单，梁启超是辛亥革命时期著名的保皇党，辛亥以后也一直站在反动派方面。一提及王国维，拖着一条长辫自溺于昆明湖的遗老形象便浮现在人们眼前，更何况他鼓吹过叔本华，写过充满悲观主义虚无主义的《红楼梦评论》。否定和批判他们，“肃清”他们宣扬的世界观和政治思想，便成了众口一词的“理所当然”。

然而，问题绝不如此简单，即使“先进人物”也有应该批评的思想，落后者也可以在某些方面作出重要的贡献。因之，评价历史人物，就应不止是批判他的政治思想了事，而应该根据他在历史上所作的贡献，所起的客观作用和影响来作全面衡量，给以符合实际的地位。

如果从这个角度和标准着眼，梁启超和王国维则都是应该大书特书的肯定人物。他们在中国近代历史上所起的客观作用和影响，其主要方面是积极的。这一点几十年来大量文章却几乎从未如此谈过。

二　启蒙宣传家

梁启超在戊戌时期，作为康有为的弟子和得力助手，积极参加变法维新活动，其进步性人所公认。洪（秀全）杨（秀清）、康、梁和孙（中山）黄（兴），是中国近代三大运动中联在一起的著名的领导人物。从一开始，梁启超活动的特点，就主要是在宣传。他在历史上的地位，是在思想方面，在思想方面的地位，又在宣传方面，即并不在有多大的独创性（与康有为不同），他不是思想家，而只是宣传家。《变法通议》和《时务报》作为当时众口传诵的著名文章和刊物，起的正是这种宣传作用。他当时所宣传的大都是康有为的思想和主张。梁启超在《变法通议》等文章中，以不同于当时文坛的新文体，即更为顺畅流利、急切锐利、富有情感、不避俚俗的语言，大声疾呼非变法不可，“法何以必变？在天地之间者莫不变，……故夫变者，古今之公理也”，从而，“变亦变，不变亦变。变而变者，变之权操诸己，可以保国，可以保种，可以保教。不变而变者，变之权让诸人，束缚之，驰骤之，呜呼，则非吾之所敢言矣”（《变法通议》）。这在当时，确乎发聩振聋，动人心弦，是封建古国的第一声爱国启蒙。这一点许多论著都讲到和承认，本文不拟多讲。

因为本文认为，梁启超上述戊戌时期的功劳，并非他在历史上的主要业绩。我仍然坚持二十年前的一个论点，即：“《时务报》时期，梁氏的政论已风闻一时，在变法运动中起了重要的宣传作用。但梁氏所以更加出名，对中国知识分子影响更大，却主要还是戊戌政变后到 1903 年前梁氏在日本创办《清议报》《新民丛报》，撰写了一系列介绍、鼓吹资产阶级社会政治文化道德思想的文章的缘故。”（《康有为谭嗣同思想研究》，上海人民出版社 1958 年版，第 57 页，重点原有）

梁在中国近代史上的作用和地位，我以为，主要应根据这一阶段来判定。1898 年至 1903 年是梁启超作为资产阶级启蒙宣传家的黄金时期，是他一生中最有群众影响，起了最好客观作用的时期。时间虽极短，但非常重要。他这一时期的论著，对连续几代的青年都起了重要作用。在这时期内，他一定程度上不再完全受康有为思想的支配控制，相对独立地全面宣传了一整套当时是先进的、新颖的资产阶级的意识形态。这广泛而富有成效的启蒙宣传工作是如此不可抹杀，它几乎抵消了梁一生的错误而有余，因为后者在当时历史上所起的消极作用比不上前者的客观积极作用。

戊戌变法失败后，梁流亡日本，结识了孙中山及一些革命派人士，经常混在一起。梁启超当时的表现和思想情况，的确夹杂着某些革命思想，这一点革命派和梁本人都承认：

“（梁）从中国来，与孙君游数月，乃大为所动，几尽弃所学，由是乃高谈破坏。”（《民报》5 号《斥新民丛报之谬妄》）“……今日民族主义最发达之时代，非有此精神，决不能立国。……而所以唤起民族精神者，势不得不攻满洲。……中国以讨满为最适宜之主义，弟子所见，谓无以易于此矣。满廷之无可望，久矣。”（1902 年 10 月与康有为书，见《梁任公先生年谱长编初稿》，下简称《年谱》）

从梁启超与康有为私人书信中可以很明白地看出，梁当时确实一度脱离了康的思想理论和政治主张的控制。从康的大同学说、保教理论①，到改良主义政治主张，都为梁所怀疑、动摇甚至反对。好些论著把梁这段表现一概斥之为“投机”“伪装”“欺骗”“两面派”等等，是不能使人信服的。因为如果是那样，就根本没有必要在与康的私人书信中进行表白和辩论②。所以，尽管在 1903 年秋冬梁从美洲回国后发表声

① 如：“……以为欲救今日之中国，莫急于以新学说变其思想，然初时不可不有所破坏，孔学之不适于新世界者多矣，而更提倡保之，是北行南辕也。……思以数年之功，著一大书，揭孔教之缺点，而是以正之，知先生必不以为然矣。”（《年谱》）

② “启超既日倡革命排满共和之论，而其师康有为深不谓然，屡责备之，继以婉劝，两年间函札数万言。”（《清代学术概论》）当然，梁当时这种背离也仍有一定限度，更多是动摇在康孙之间。1902 年革命派举行“支那亡国纪念会”，梁同意参加却不愿公开签名，典型表现了这一点。

明，又迅速回到康的路线，但在这以前的短促时期（1898—1902）内，梁的确发表了一系列在一定程度上背离康的改良主义政治路线的文章。梁在这些文章中激烈地揭发“逆后贼臣”的清朝政府剥削人民“腹我脂、削我膏、剥我肤、吮吸我血以供满逆党之骄奢淫逸”（《论刚毅筹款事》）的深重罪恶，指出帝国主义勾结利用清朝政府，“使役满洲政府之力以压制吾民”（《瓜分危言》）的阴险手段，呐喊着“必取数千年横暴混沌之政体破坏而齑粉之，使数千万如虎如狼如蝗如蝻如蟊之官吏，失其社鼠城狐之凭借”（《新民说》），号召人们去“破坏”“暗杀”；“不破坏之建设未有能建设者也”（同上）。梁氏许多论著的确起了促使人们去仇恨清朝政府、倾向革命的影响。①

这也正如梁后来所追溯的：“辛丑之冬，别办新民丛报，稍从灌输常识入手，而受社会之欢迎，乃出意外。当时承团匪之后，政府创痍既复，故态旋萌，耳目所接，皆增愤慨，故报中论调，日趋激烈。壬寅秋间，同时复办一新小说报，专欲鼓吹革命，鄙人感情之昂，以彼时为最矣。犹记曾作一小说，名曰新中国未来记，连登于该报者十余回，其理想的国号，曰大中华民主国。……”（《民国元年十月莅报界欢迎词》）

梁氏这一时期的论著所以如此，是因为在这时，自由主义改良派与革命民主主义还未完全划清界限，他们在要求改革、反对现有政权上有着某种联合。正如革命民主主义者在这时还有某些动摇一样（如陈天华对清朝的残存幻想②），刚受过封建反动统治的严重迫害的自由主义者在这时也就能夹杂着某些革命思想因素和情绪。例如梁启超在《新中国未来记》的小说中，一面“其第一代大总统名曰罗在田，第二代大总

① 尽管梁曾解释说：欲导民以民权也，则不可不骇以革命，……吾所欲实行者在此，则其所昌言者不可不在彼”（《敬告我同业诸君》），这是人们常引用的材料，但此心理动机的真实性和此辩解的可靠性（特别用在1903年前）是大可怀疑的。

② “去岁以前，亦尝渴望满洲政府变法溶和种界以御外侮，然至近则主张民族者则以满汉终不并立，欲使中国不亡惟有一刀两断，代满洲执政柄。……”（《绝命书》）

统名曰黄克强”（“取黄帝子孙能自强立之意”），另一方面，这个“罗在田者藏清德宗之名，言其逊位也”，实即要光绪皇帝来当第一代的总统，以作为过渡阶段。正如不能责备陈天华对清朝政府的残存幻想一样，也不能硬说梁启超这时靠近革命是“伪装”“欺骗”或“投机”。这种现象也并非个别或偶然，它带有一定的规律性和普遍性。当时甚至连康门中的著名保守分子也可一度接受革命派的影响，“徐（勤）、欧（榘甲）在文兴所发之论，所记之事，虽弟子视之犹为詟栗……满纸清贼之言，盈篇溢纸。……树园，吾党中最长者也，然其恶满洲之心更热……同门之人，皆趋于此……迫于今日时势，实不得不然也”（《年谱》）。革命与改良、反满与保皇，两条政治路线、两种政治思想和政治派别是随着形势的发展，才逐渐由潜在的分歧变而为公开的对立和直接的斗争。1900年革命派的《国民报》对改良派就有批判，自立军事件后就有好些人痛骂康梁，但真正作为路线的斗争，却应以康有为《论中国只可行立宪不可行革命》① 和章太炎《驳康书》为起点，而以梁启超美洲回国后发表声明 ② 和孙中山《敬告同乡书》，明确揭出“革命保皇二事，决分两途，如黑白之不能混淆，如东西不能易位”，公开决裂为正式转折，到《民报》与《新民丛报》的直接对垒而达到高峰的。与改良派早有分歧的章太炎，便也承认，在1897年“余常持船山黄书相角，以为不去满洲，则改政变法为虚语，宗旨渐分，然康门时或傥言革命，逾四年始判殊方”（《章太炎自编年谱》），逾四年正好是1903年。在1903年以前梁的政论与革命派的宣传大体还不十分矛盾，打击的矛头还是共同指向清朝政府，尽管立场、意图、言论、论证、主张均与革命派有所不同。

① 《新民丛报》虽于1902年8月以《辩革命书》刊载康有为此文摘要，但梁思想上并未完全接受。

② 1903年6月27日梁给蒋观云信中已有“弟近数月来，惩新党纷乱腐败之状，乃益不敢复倡革义矣”（《年谱》）。到十月从美洲回日本后，“先生自美洲归来后，言论大变，从前所深信之破坏主义与革命的排满主义，至是完全放弃，这是先生政治思想的一大转变，以后几年内的言论和主张，完全是站在这个基础上立论”（同上）。

然而，梁启超这一时期在思想战线上的主要作用，还不在他宣传了多少反满急进主张，因为他毕竟没有革命派宣传得多。他的主要作用在于，他做了当时革命派所忽略的广泛思想启蒙工作。他有意识地广泛介绍了西方资产阶级各种理论学说，作了各种《泰西学案》，同时极力鼓吹了一整套资产阶级的世界观、人生观和社会思想。如果说，严复的《天演论》以进化论的世界观激励起人们救国自强的热情，那么，梁启超当年的大量论著则把这一观念更为具体地、生动活泼地贯彻和灌注到各个方面。在这一时期中，梁根据自己当时如饥如渴地吸取和了解的西方的思想学说，结合中国的局势情况，通过他特有的流畅明白"笔端常带感情"的文学语言表达出来，就远比严氏的严谨翻译，更易为人了解、喜爱和接受。虽在清廷严禁下，《新民丛报》不胫而走，暗中畅销国内，销数高达一万数千册，在当时不能不是巨大数字。梁向广大的青年知识分子鼓吹新鲜的资产阶级社会道德观念。如在脍炙人口的《新民说》中，宣传要"新国"必先"新民"，人们必须具有资产阶级爱国思想和独立自由的奋斗精神，要人们去"爱国""利群""尚武""自尊""冒险"等等，并人人"自护其权利"，"勿为古人之奴隶"，痛斥汉学宋学和种种传统学理观念，号召"勿为世俗之奴隶"，而大力发挥勇敢进取意志，宣传了一整套朝气勃勃的资产阶级社会意识和精神状貌。由于对象是当时正大量涌现的一批批近代学生知识分子，梁的这种宣传，结合对西方文化学术思想的大量介绍，完全符合了需要，受到了热烈的欢迎，梁启超以其数量极大的作品成为当时青年中最有影响的人物。

例如，1902 一年梁启超的论著，"除了政治文章以外，关于学术方面者，有《论中国学术思想变迁之大势》和《新史学》两篇，其介绍西人学说者有《亚里士多德之政治学说》《进化论革命者颉德之学说》《乐利主义者泰斗边沁之学说》《天演学初祖达尔文之学说及其传略》《近世文明初祖二大家之学说》和《论泰西学术思想变迁之大势》数篇。所谓名人传记有《近世第一女杰罗兰夫人传》《意大利建国三杰传》《匈牙利爱国者噶苏士传》《张博望班定远合传》《黄帝以后第一伟人赵武灵传》。

其言地理者，有《地理与文明之关系》《亚洲地理之势论》《中国地理大势论》《欧洲地理大势论》。文艺作品中除《新中国未来记》外，有《世界末日记》《新罗马传奇和侠情记》三篇。……”(《年谱》)

这是一张相当复杂的书单，却居然出自梁一人一年之手。不像严又陵译作那样专门，也不像章太炎《訄书》那么深邃，却以通俗浅近顺畅华美的文笔，极为广泛地介绍、评议和宣传了资产阶级的意识形态。从柏拉图、亚里士多德到培根、笛卡尔、康德；从孟德斯鸠到达尔文；从边沁到孔德；从希腊、马其顿到意大利、匈牙利，各种西方哲学、人物、历史、地理，都被梁广泛地介绍过来。这种大量新鲜知识打开了原来只知四书五经、孔孟老庄传统文化的人们（特别是青年）的眼界，看到了世界原来有那么大那么多和那么丰富。更为重要的是，在这种新鲜知识中，介绍进来了大量新鲜的理论、观点、标准、尺度，使人们知道了原来除了古圣昔贤之外，世界还有那么多精深博雅的思想和道理、原则和方法。也正是从封建文化与资产阶级文化这种对比映照中，才使人们更感自己民族的落后，才更强烈地燃烧起救国和革命的热情。一切夜郎自大、坐井观天、抱残守缺、因循守旧，都在这种知识和观念的宣传介绍中不攻自破，褪去神圣的颜色，失去其不可侵犯的尊严，而受到理性的怀疑和检验。这就正是启蒙的力量和启蒙的意义。所以，当革命派由于集中全力于政治斗争和武装起义，做炸弹、入新军、联会党，支配了大多数成员的精力和注意，相对忽视了思想启蒙工作的时候①，这个工作就反而由改良派特别是梁启超所自觉承担起来。梁说：“以为欲维新我国，当先维新我民，中国之不振，由于公德缺乏，智慧不开，故本报专对此病而药治之，务采合中西道德以为德育之方针，广罗政学理论以为智育之原本。”这里所谓“德育”，主要是与封建传统对立的资产阶级人生社会观念；所谓“智育”，主要是西方的理论学说，梁并明确提出“重教育为主脑，以政治为附从”，这里所谓教

① 只有鲁迅十分重视这工作，但当时却不为人（革命者）所理解。当时革命派的报刊也有许多这方面的介绍宣传，但毕竟后于梁启超，也没有梁那样自觉重视。

育，指的就是思想教育。梁在这方面的确做了有益的工作。这种启蒙工作的意义不应低估，它构成当时人们（主要是青年一代）思想发展前进中的一个不可缺少的过渡环节。在政治上，它安排了一根由不满清朝政府而走向革命的思想跳板，在观念上，它安排了由接受初步启蒙洗礼而走向更开阔更解放的思想境界的媒介。

中国近代思想的一个重要特征，是因为社会变动的迅速，它在极短的时间内走完了西方思想几百年来发展的全程。从温和的自由主义到激进的革命民主主义，从启蒙思想到社会主义，都是一个十分急促短暂的行程。它是那样的神速变迁和错综复杂，以致一方面根本不能有足够的时间和条件来酝酿成熟一些较完整深刻的哲学政治的思想体系；另一方面人们也常常是早晨刚从封建古书堆里惊醒过来，接受了梁启超式的资产阶级思想的洗礼，而晚上却已不得不完全倾倒在反对梁启超的激进的革命思想中去了。然而，梁启超却反而因此构成了一个不可缺少的思想环节。梁和《清议报》、前期《新民丛报》的这种客观历史作用是不容否认的[①]。当年鲁迅一代受过他的影响：

> 他（梁）攻击西太后，看来接近排满，而且如他自己所说，笔锋常带感情，很能打动一般青年人的心，所以有很大的势力。癸卯（1903）年三月鲁迅给我一包书，内中便有《清议报》汇编八大册，《新民丛报》及《新小说》各三册……（周启明：《鲁迅的青年时代》）

胡适一代受过影响：

> 我个人受了梁先生的无穷恩惠。现在追想起来，有两点最分

① 如："杭州开化之速，未有如去岁之甚也，……推其故，溯其因，乃恍然于新民丛报之力也。"（1903年《新世界学报》第3期《与陈君逸庵论杭州宜兴教育会书》）

明。第一，是他的“新民说”诸篇给我开辟了一个新世界，使我彻底相信中国之外还有很高等的民族与很高等的文化。第二，是他的“中国学术思想变迁的大势”篇章给我开辟了一个新境界，使我知道四书五经之外，中国还有其他学术思想。(胡适:《四十自述》)

郭沫若一代也是受过影响的:

……但那时候他(指章太炎)办的报是禁书，我们怎么也不能得到阅读机会。

《清议报》很容易看懂，虽然言论很浅薄，但他却表现得很有一种新的气象。那时候，梁任公已经成了保皇党了。我们心里很鄙屑他，但却喜欢他的著书。他著的《意大利建国三杰》，他译的《经国美谈》，以轻灵的笔调描写那亡命的志士、建国的英雄，真是令人心醉。我在崇拜拿破仑、俾士麦之余，便是崇拜加富尔、加里波蒂、玛志尼了。

平心而论，梁任公地位在当时确实不失为一个革命家的代表。他是生在中国的封建制度被资本主义冲破了的时候，他负载着时代的使命，标榜自由思想而与封建的残垒作战。在他那新兴气锐的言论之前，差不多所有的旧思想、旧风习都好像狂风中的败叶，完全失掉了它的精彩。二十年前的青少年——换句话说，就是当时有产阶级的子弟——无论是赞成或反对，可以说没有一个没有受过他的思想或文字的洗礼的。他是资产阶级革命时代的有力的代言者，他的功绩实不在章太炎辈之下。……(《少年时代》)

如本文一开头所指出，中国社会处在如此复杂的过渡时期，事情经常如此错综矛盾，心里“鄙屑”梁的政治立场，却仍然可以在思想上接受他的启蒙洗礼。这当然不是一个人两个人，而是极富代表性的好几代青年知识分子。因之，我始终不能同意某些学者完全抹杀梁的这种客观历史作用，把以《新民说》[①]为代表的梁的这一时期的思想启蒙工作，简单斥责为意图反动，手法狡猾，反正是坏得很、坏极了。例如说他“发表新民说，目的是在阻止更多的青年知识分子接受革命思想”，“他就将奴役中国人民的心理和身体的专制统治以及有其统治基础的各种制度的罪恶轻轻地开脱掉，而把全部罪恶归之于中国人民自己的思想了”（胡绳武、金冲及：《关于梁启超的评价问题》，《学术月刊》1960年第2期）。这种说法虽以批判梁启超的政治思想为题目，其实却并不符合历史和梁本人当时的全面事实，也解释不了上述鲁迅、胡适、郭沫若的亲身经历。

梁启超当时这种启蒙工作，不仅在一般的思想观念领域中，而且还突出表现在文艺和史学这两个重要方面。梁启超是在中国近代最早高度评价和极力提倡小说创作的人，也是最早在中国主张用资产阶级史学观点和方法来研究中国历史的人，这两点都是与封建正统文学观念和封建史学观念相对抗的。

在戊戌变法时期，黄遵宪、梁启超等人曾提出语言与文字合一，实际提出了白话文问题，梁启超曾认为，“日本之变法赖俚歌与小说之力”。与此大约同时，严复和夏穗卿在《国闻报》发表《附印小说缘起》（1897年）一文，阐明了小说的价值[②]。戊戌以后，梁启超在日本带头提倡新小说，办专门杂志（《新小说》），自己既翻译又创作，大开时代风气，这是戊戌前后所谓“诗界革命”[③]“小说界革命”和白话文运动的

① 《新民说》全文较长，写作也跨了年限，基本写于1902年，结尾于1903年，该文内部也是有矛盾的。当时有人指出“自理论上言，则有新民固何患无新政府，而自事实上言，则必有新政府而后可得新民也”（《浙江潮》第8期飞生文），等等。

② 梁启超在《译印政治小说序》中说，“在昔欧洲各国变革之始，其魁儒硕学仁人志士，往往以其身之所经历及胸中所怀政治之议论，一寄之于小说，于是彼中辍学之子，黉塾之暇，手之口之，下而兵丁，而市侩而工匠而车夫马卒而妇女而童孺，靡不手之口之，往往每一书出，而全国之议论为之一变，彼美英德法奥意日本各国政界之进，则政治小说为功最高”。

③ 谭嗣同、夏穗卿等人以新名词入诗，黄遵宪以时事入诗，当时号为诗界革命。

延续。到了二十世纪初，以吴趼人的《二十年目睹之怪现状》（1902年开始发表在《新小说》），李伯元的《官场现形记》（1901—1905）、《文明小史》（1900年出版），刘鹗的《老残游记》（1903年首刊于《绣像小说》），曾朴的《孽海花》（前十卷，1905年出版）等为代表的小说作品，浩浩荡荡，形成一股强大的文学巨流，无论从内容到形式都冲破了传统封建文艺，属于资产阶级文艺范围。在这股潮流中，梁启超以其在《新小说》创刊号发表的《论小说与群治的关系》一文，成了它的理论代表和领导人物。梁在此文中提出了文学（小说）为革新社会服务的根本观点和纲领。梁说："欲新一国之民，不可不新一国之小说。故欲新道德必新小说，欲新宗教必新小说，欲新政治必新小说，欲新风俗必新小说，欲新文艺必新小说，乃至欲新人心、欲新人格必新小说，……"[①] 梁说明了小说所以能吸引人的原因即它的感染力的特点（"熏""浸""刺""提"），和它激励人影响人的巨大作用。梁进而指出中国社会思想意识中各种落后的迷信的东西，无不与小说的影响有关。因之要改造社会，变革思想，移风易俗，必须改革小说，"故今日欲改良群治，必自小说界革命始"。这些说法当然既浅薄又片面，但它提出的是为人生而艺术反封建传统的理论。

一个有趣的现象是，当时革命派中好些人倒是以提倡国粹、复古以作为民族主义，无论是章太炎、邓实等的《国粹学报》或宁调元、易旭等人的南社诗歌，以及苏曼殊的古文小说，尽管也风行一时，尽管他们在政治上主张革命、崇拜卢梭，但在文艺形式上和历史观点上，却反而是相当保守的。因此，即使在1903年以后，革命派在政治思想上已逐渐全面战胜了梁启超，但由于没有自觉抓紧思想启蒙工作，这个领域就还是基本为改良派所占据，大部分文艺刊物和小说创作大都出自改良主义者之手，梁启超仍然留下了很大的影响。正有如当年亲身经历的人所说，"《新小说》的影响还是存在，因为对抗的同盟会在这一方面没有做什么

---

① 可比较鲁迅当年观点："……苟欲弥今日译界之缺点，导中国人群以进化，必自科学小说始。"（《日界旅行·弁言》，1903年）

工作”（周启明：《鲁迅的青年时代》）。这些改良派的小说由于其主要内容是揭露封建官场以及社会现象的腐败黑暗，尽管思想上有很大局限，但所起的作用和影响主要还是积极的。包括当时林琴南的翻译，也是这样。林琴南的政治思想是很落后的，但他翻译的大量西方小说却打开了人们的眼界，使人们知道除了《水浒》《红楼》《西厢》《牡丹亭》之外，还别有天地在，西方资产阶级的生活内容、社会状况以及题材、形式等等是如此新鲜而动人，当时起了耳目一新的广泛进步影响。“林琴南译的小说在当时是很流行的，那也是我最嗜好的一种读物，……他在文学上的功劳，就和梁启超在文化批评上的一样，他们都是资本制度革命时代的代表人物，而且是相当有些建树的人物。”（郭沫若：《少年时代》）

革命、反满是当时时代的最强音，革命派站在这一政治思想的前列，但在启蒙工作方面却把阵地让给了改良派。因为后者无论如何比封建主义要进步，所以它在这方面又仍然可以在社会上起巨大影响和作用。历史的复杂性经常如此。

与这种文艺思潮并行，梁启超在本世纪初提出了与封建史学相对抗的资产阶级史学观，也属于启蒙范围。史学在中国整个学术领域素来具有重要地位。梁启超在《中国史叙论》《新史学》等论文中尖锐批判中国封建史学传统，指出中国旧史学“知有朝廷而不知有国家”，“知有个人而不知有群体”，“知有陈迹而不知有今务”，“知有事实而不知有理想”……因此把历史弄成了帝王家谱，“邻猫生子”，没有理想、没有规律、没有“群体”，二十四史只是一部相斫书。梁启超提出要用“新史学”来代替它，这种“新史学”必须写出人群进化和历史事件的因果法则，他说：“历史者，叙述人群之进化现象，而求得其公理公例者也。”（《新史学》）“前者史家不过记载事实，近世史学必说明其事实之关系与其原因结果；前者史家不过记述人间一二有权力者兴亡降替，虽名为国史，不过一人一家之谱牒，近世史家必探察人间全体之运动进步，即国民全部之经历及其相互之关系。”（《中国史叙论》）因之，要着重种族、地理、文化等等，而不是一姓的兴衰，英雄的成败。他说：“善为史者，以人物为历史之材料，不闻以历史为人物之画像；以人物为时代之代表，不闻以时代为人物之附属。”

(《新史学》)这是与以帝王将相为历史主体的封建史学不相同的新史学观，它的进步在于它是当时整个启蒙思想与传统封建意识对立斗争的一个方面和一种表现。如同梁启超把改革小说上纲到政治高度一样，他也把这种新旧史学观念的对立提到同样的高度，说："呜呼，史学革命不起，则吾国遂不可救。悠悠万事，惟此惟大。"(《新史学》)

梁启超的启蒙宣传虽浅但广，虽杂但博。他不是重要的思想家，没有多少独创性的深刻思想成果。但他从宣传一般的资产阶级世界观和人生观到提倡的"新小说""新史学"，自觉注意了在意识形态方面与中国传统观念作斗争，在这方面他比当时任何人所做的工作都要多，起了广泛和重要的社会影响。他是当时最有影响的启蒙宣传家，这就是他在中国近代历史上主要地位之所在。

三　新史学的代表人物

如果说梁启超是资产阶级史学一般理论和方法的倡导者，那么王国维则是这一理论和方法的具体运用者。梁启超本人尽管写了有关中国学术史的大量论著，但真正能运用近代方法去进行分析综合，得出比较深刻的结论和具有独创性的学术作品，却并不多。《清代学术概论》大概是梁最成功、影响也最广的学术著作了（六十年代仍有外文译本出现），但此书最精彩最有价值的部分仍在描述他亲历的晚清阶段。所以，尽管一些人把梁的学术建树和成就捧得很高，其实并不符合事实。王国维恰好相反，他没有大谈史学理论和方法，他不是什么宣传家、思想家，更不是政治家，他只是一个专门学者，接受他的名字和影响的圈子相当之小。但是他却以近代科学方法对中国历史的某些问题进行了深入研究，取得了创造性的重要成果。梁启超在理论上要求与几千年的传统史学划界线，王国维则在具体研究中履行和实现了这一点。无论从题材的选择，论证的办法，追求的目的，得出的结论，都与传统史学确乎迥然不同。他注意从社会制度、经济、文化等等方面探求历史的客观因果，而不同于封建史学的片断考证和帝王家谱。他开创性地研究了一直无人过问的宋元杂剧，写了《宋元戏曲史》，郭沫若曾把《宋元戏曲史》和鲁迅的《中国小说史略》相提并论[①]，并认为王国维是“新史学的开山”。王国维更重要的学术成就是对殷周甲骨金文的研究，如郭沫若所评定：“他对甲骨文的研究、殷周金文的研究、汉晋竹简和封泥的研究是划时代的工作。”（郭沫若：《历史人物·鲁迅与王国维》）本文没有能力也不拟具体谈论这些成果，要指出的只是，他所以取得这些成果，完全在于他接受了当时西方资产阶级意识形态——从哲学理论到文艺作品的熏陶，特别是经过近代科学方法论的训练。他研究过西方哲学和社会学，翻译过形式逻辑书籍，所有这些才使他能突破传统史学的方法，对中国古史能具有一种新眼光和新看法，成为中国近代史学的开山祖。他的学术成果不但大不同于乾嘉考据之类，而且也比同时的革命派人物如章太炎要深刻和新颖。章太炎也写了大量有关中国古代文化的专题论著，但始终没能摆脱旧樊篱，甚至固执到不相信出土的甲骨，与王国维用近代方法去整理古史研究甲骨的态度成了鲜明对照。其后陈寅恪承接了王的学术传统，成为中国近代史学的名人、巨匠。

王国维在西方文化的熏陶下，浸染了叔本华的悲观主义、唯心主义，但他清醒地看到“可爱者不可信，可信者不可爱”。他知道他所爱的唯心主义哲学是并不可信的，从而把自己的主要力量献给了可信的历史科学。[②]也正是由于他有这种西方文化的素养和态度，使他的《人间

---

① “王先生的宋元戏曲史和鲁迅先生的中国小说史略，毫无疑问，是中国文艺史研究上的双璧，不仅是拓荒的工作，前无古人，而且是权威的成就，一直领导着百万的后学。”（《历史人物·鲁迅与王国维》）

② 王在哲学上一方面不满足严复那种肤浅的经验论，提倡超一时功利的形而上学，指出中国民族缺乏抽象思辨，“吾国人之所长宁在实践之方面，而于理论之方面，则以具体之知识为满足”（《静安文集》，下同）。“故吾国无纯粹之哲学，其最完备者惟道德哲学与政治哲学耳”，最先表现了中国知识分子在比严复更深一层的水平上了解西方文化、追求精神价值、批判故国传统以迎接新的世界；但另方面，王又对中外哲学对理性、人性善恶的形上思辨予以健全常识的经验反对，这终于使他陷入“可爱”抑“可信”的矛盾中而离开哲学，这一矛盾是有深刻理论意义的。王对时人哲学的评论颇准确，表现了他的高度哲学素养，如他只提严、康、谭三人，认康为泛神论，谭半是唯物论，半是神秘论等，一语中的，超过今日好些论文。

词话》虽然似乎只是零星论评，断简残篇，却仍然成为闪烁着光华的中国近代屈指可数的美学著作，在中国文艺批评史上占有重要地位。总之，如梁王两人相较，社会影响上，梁远甚王；学术成就上，梁不及王。在整个历史地位上，梁当然在王之上。但如果说梁启超的启蒙影响虽广泛，毕竟只在一时，那么王国维的学术成果，却虽专门而影响更为长久。二十年代清华研究院的三巨头——梁启超、王国维、陈寅恪，是三十年代马克思主义史学兴起前的史学主要代表。马克思主义在政治上、思想上以及文艺上在五四运动前后就逐渐取得地位，在史学方面，则是在三十年代达到这一点，它以郭沫若的《中国古代社会研究》为代表，开始了史学领域内的马克思主义的进军①。

总括上面，本文认为梁启超、王国维是中国近代启蒙思想和学术领域中的主要代表人物。由于中国近代思想集中在社会政治领域，他们两人的代表地位和时代意义在康、孙、章等巨大身影的遮掩下，显得暗淡得多。但数十年来许多论著因此而完全忽视和否定他们，则歪曲了历史本来面目。

① 这也就可说明，二十年代初梁启超写的《中国历史研究法》为何能再三翻印，受到社会热烈欢迎。三十年代马克思主义历史科学兴起后，这书的影响就迅速消退了。

略论鲁迅思想的发展

鲁迅是中国近代影响最大、无与伦比的文学家兼思想家，他培育了无数青年。他的作品是当之无愧的中国近代社会的百科全书。有两部散文文学可以百读不厌，这就是《红楼梦》和鲁迅文集[①]。《红楼梦》是传统社会的没落挽歌，鲁迅的文章则是指向它的战斗号角：

> ……那些头上有各种旗帜，绣出各样好名称：慈善家、学者、文人、长者、青年、雅人、君子……头下有各样外套，绣出各式好花样：学问、道德、国粹、民意、逻辑、公义、东方文明……
>
> 但他举起了投枪。
>
> 他们都同声立了誓来讲说，他们的心都在胸膛的中央，和别的偏心的人类两样。他们都在胸前放着护心镜，就为自己也深信心在胸膛中央的事作证。
>
> 但他举起了投枪。
>
> ……
>
> 在这样的境地里，谁也不闻战叫：太平。
>
> 太平……
>
> 但他举起了投枪！（《野草·这样的战士》）

研究鲁迅的书籍和论文已经不少。当然，有着许多好的研究论著。一些基本问题，例如评价，在1949年后取得无可动摇的公认。本文想

---

① 鲁迅的杂文，是应作为整体来看的艺术品，诚如鲁迅所说："我的杂文，所写的常是一鼻，一嘴，一毛，但合起来，已几乎是或一形象的全体。"（《准风月谈·后记》）

以这些成绩为基础，接触几个有争议或被忽视的问题，主要谈鲁迅早年和前期的思想发展。鲁迅所以超越他的革命同辈和许多年轻的革命者，原因之一在于他以自己早年和前期的亲身经历，总结了中国民主革命各种惨痛教训，清醒地指出了斗争的方向和战略，并坚持到最后一息。

一 早年的两个阶段

“国民性”是鲁迅早年和前期十分关注的问题，它经常占据鲁迅思想活动的中心。探索一下它的来龙去脉，对了解鲁迅思想的发展及其特征，非常重要。

如果从少年时代算起，鲁迅思想一开始就有两个方面交织在一起。一方面，如鲁迅自己所说：“有谁从小康人家而坠入困顿的么，我以为在这途路中，大概可以看见世人的真面目。”（《呐喊·自序》）祖父下狱，家道中衰；寄居舅家，遭人白眼；父亲重病，来往于当铺与药店之间……人情冷暖世态炎凉的辛酸滋味，总催促着少年心灵的早熟。这比出身贫苦的农家子弟更容易体受到中上层社会的虚伪和奸诈，从小锻炼得敏锐、清醒、愤慨而坚强。另一方面，又如鲁迅自己所说，“我母亲的母家是农村，使我能够间或和许多农民相亲近，逐渐知道他们是毕生受着压迫，很多苦痛”①（《集外集拾遗·英译本短篇小说选自序》）。朴实的农村环境、诚挚的农家伙伴、田园风景②，民间社戏……从小又给这颗敏感的心灵以难以忘怀的慰藉和温暖，“都曾是使我思乡的蛊惑”，“他们也许要哄骗我一生，使我时时反顾”（《朝花夕拾·小引》）。有所憎，有所爱，对“世人面目”的洞察和憎恶，对农村乡民的亲近和同情，它们交织起来，是使鲁迅日后着眼“国民性”问题的重要因素。而

① 鲁迅对农民和农村的了解，更重要是在日本回来在绍兴教书的时候，但这时与农民的交往，仍溯源于童年期认识的基础上。

② 如“我生长在农村中，爱听狗子叫，深夜远吠，闻之神怡，古人之所谓‘犬声如豹’者就是”（《准风月谈·秋夜纪游》），等等。

在五光十色、形形种种的半封建半殖民地极端复杂的环境中，鲁迅几十年始终憎爱分明，毫不含混，思想中那种既极其清醒又分外深沉的个性特征，作品中那种火一样的热情包裹在冰一样的冷静中的美学风格，不都可以追溯到这童年—少年时代的生活印痕么？①

青年鲁迅“走异路，逃异地，去寻求别样的人们”(《呐喊·自序》)，进了为当时社会所讪笑不齿的洋学堂。在这里受到了时代潮流——戊戌变法维新思潮的精神洗礼。打开了眼界，接受了启蒙，并到日本留学去了。这里所谓启蒙，是指当时传来的西方资本主义的自然科学和社会思想。其中又特别是以严复《天演论》为代表的达尔文学说和社会达尔文主义。鲁迅早年不止一次读《天演论》，并且不是一般地读，而是熟读得能背诵。②严复宣传社会必然进化和号召人们必须发奋自强的观点，是鲁迅最早接受并长期坚持的一个基本思想和信念。但这里的鲁迅特点是，在当时先进的中国人，包括革命派在内，都把社会达尔文主义当做救亡的理论武器，鲁迅却更多地站在资产阶级人道主义的立场上予以批判地对待。不久之后，他就坚决反对“执进化留良之言，攻小弱以逞欲”的“兽性爱国”(《集外集拾遗·破恶声论》)。在当时大多数留日学生积极于学理工、政法、军事等等以图维新或革命，认为这是救国之道时，鲁迅又有自己的不同考虑。他选择了学医，到“还没有中国学生”的仙台医校去，其后又弃医而弄文，提倡资产阶级个性主义，决心从事不为当时革命派所重视的思想启蒙工作③。学医是为了救人，为了避免更多的人像他父亲那样被误治而死。弄文还是为了救人，因为“觉得医学并非一件紧要事，凡是愚弱的国民，即使体格如何健全，如何茁

① 自弗洛伊德学说在西方广泛渗入文艺研究和作品、作家分析后，童年决定性影响被极度歪曲和夸大。但在我们这里，童年—少年期的影响又常被完全撇开或忽视，这也不利于深入分析艺术家的个性特征。

② 许寿裳:《亡友鲁迅印象记三》:“有一天，我们谈到天演论，鲁迅有好几篇能够背诵……”

③ 当时改良派如梁启超等倒注意这方面工作，如梁的《小说与群治之关系》，可参阅本书论梁启超文。

壮，也只能做毫无意义的示众的材料和看客，病死多少是不必以为不幸的。① 所以我们的第一要著，是在改变他们的精神，而善于改变精神的是，我那时以为当然要推文艺，于是想提倡文艺运动了”（《呐喊·自序》）。《狂人日记》中“救救孩子”的第一声呼喊，《阿Q正传》《示众》等等小说中不断提示的“国民”精神上的落后、麻木、愚弱，做“毫无意义的示众的材料和看客”……是植根和开始于弃医弄文这一重大思想转折的。这一转折是鲁迅日益区别于当时先进人物如绝大多数资产阶级革命派人士之特征所在。

所以，关于鲁迅早年思想及作品，不能撇开这个十分明白的发展关键，把1903年与1907年的论文混为一谈，看做同样水平，等同看待和引用；甚至不提后者，却把前者说得极高，这是不符合客观史实的。事实上，1903年的《斯巴达之魂》《说钼》《中国地质略论》与1907年后的《文化偏至论》《摩罗诗力说》《破恶声论》有着明显的内容差别和思想发展的痕迹，而后者远为重要。前者主要表现了强烈的爱国反帝、进化论和自然科学唯物主义等思想②，基本没有超出当时革命派先进思潮的范围（当时革命派的爱国主义是火热的，进化论和唯物论思想也很突出）。后者却是更为复杂、深刻的社会、哲学、文艺思想，并开始具有鲁迅个人独特色彩。前者主要还在严复的影响下，后者则表现了章太炎的影响。严复和章太炎是影响鲁迅早年思想最重要的两个人。其中，章太炎又更为重要③。

如果说，《人之历史》是前一时期宣传进化论和科学思想的尾声，那么《科学史教篇》则是由“科学与爱国”走向提倡文艺运动的过渡。它着重提出科学的方法和精神（归纳与演绎、经验与数理并举），强调

① 鲁迅晚年题词“杀人有将，救人用医，杀了大半，救其孑遗，小补之哉，呜呼噫嘻”，也可说是早年弃医弄文思想的成熟表现。

② 近来好些论文把《说钼》说得极高，大有抬入辩证唯物主义之势，本文不同意此说，而认为《说钼》只是自然科学的朴素立场。

③ 鲁迅与章太炎的关系，从政治、思想、学术、文风到个人交往，是值得详尽分析研究的，可惜至今未有详细论著。本文暂只能简略提出这问题。

反对浅薄的实利和功用（反对只重“有形应用科目”等等），这一方面仍不脱严复影响，另一方面又超出了严复①，此文的结语是，“故人群，所当希冀要求者，不惟奈端（牛顿）已也，亦希诗人如狭斯丕尔（莎士比亚）；不惟波尔，亦希画师如洛菲罗（拉斐尔）；既有康德，亦必有乐人如培得呵芬（贝多芬）；既有达尔文，亦必有文人如嘉来勒（卡莱尔）。凡此者，皆所以致人性之全，不使之偏倚，因以见今日之文明者也”。由科学始，以文艺终，由宣传科学进步始，以提出人性问题终，这就与严复没有干系了。

随后几篇论文，特别是《破恶声论》，明显表现了章太炎主持《民报》时期的思想影响。但鲁迅在接受这些影响的同时，又超出了章太炎。

在“向西方学习”的中国近代先进思潮和当时资产阶级革命派中，章太炎的思想是别具一格，颇有异彩的②，以章太炎、陶成章为代表的光复会一派人（不是全部），在某种意义上具有或反映了走向崩溃的封建宗法社会中农民阶级（不是贫雇农而是自耕农）的某些特征和气息。章太炎的思想特点与此有关。鲁迅与章太炎在思想上的接近，实际也以此为基础（虽非自觉意识到）。章太炎跟当时革命派许多人不同，几乎全面反对严复。章太炎大讲“俱分进化”：“若以道德言，则善亦进化，恶亦进化，若以生计言，则乐亦进化，苦亦进化”(《民报》7 期《俱分进化论》)，认为进化论对于改革社会没有什么用处。③鲁迅则坚持进化论，不赞成“俱分进化”，认为社会后必胜前，这是不同于章太炎那种虚无主义、悲观主义和佛教唯心主义世界观的地方。然而，章太炎那种艰苦朴实毫无近代浮华的乡土作风，他当时与改良派和革命派中的叛徒

① 严复也着重理论科目和科学方法，认为这才是各种应用科学和工艺技术的根本。但严复偏于经验和归纳，对理论思维和理性方法缺乏足够估计。参看本书《论严复》。

② 参看本书《章太炎剖析》。

③ 此文一开头便引赫胥黎以反对斯宾塞的社会达尔文主义，严复在《天演论》中更多是以斯宾塞反对赫胥黎，章太炎相反，鲁迅更接近章。

蟊贼的毫不妥协的光辉论战，他那与人不同的几乎全面反对西方资本主义的立场、观点和思想，对鲁迅都是很有影响的。章太炎反对崇拜西方，轻视自己，章太炎反对议会民主，反对贱古尊今，他斥责和揭露西方资本主义文明的罪恶和虚伪，甚至对资本主义科技进步也加非难（因为这种进步以人民愈益苦难为代价）。他主张讲求道德，建立宗教，提倡国粹。“用宗教发起信心，增进国民的道德”，“用国粹激动种姓，增进爱国的热肠”（《民报》6期《演说辞》），这是章太炎1906年出狱到东京，在革命派欢迎他的盛会上提出的著名论点，以后《民报》上他的好些重要专论就是发挥这一论点的。总之，主张以精神、道德、宗教而不是以物质、科学、进化，来作为革命的推动力量和改革武器，来作为首要的宣传任务和工作课题。章太炎这种思想与鲁迅原来重视国民性的改造，有相通和接近之处。鲁迅这时不但也极力斥责盲目崇拜西方资本主义的物质文明，“皇皇然欲进欧西之物而代之”（《坟·文化偏至论》），而且认为破迷信、毁偶像、禁赛会（指民间以酬神名义的节日活动）、嘲神话是错误的，因为所谓宗教迷信、民间酬神等等娱乐活动看来似乎是违反科学的，但它们正是人们不满足于物质生活的精神要求和“形上需要”。“后之宗教即以萌孽，虽中国志士谓之迷，而吾则谓此乃向上之民欲离是有限相对之现世，以趣无限绝对之至上者也。人心必有所凭依，非信无以立，宗教之作，不可已矣。”（《集外集拾遗·破恶声论》）表面看来，这似乎比前一时期如《说鈤》之类朴素的自然科学唯物主义的哲学立场要倒退，其实却是为探索国民性问题而迈入历史文化领域的曲折前进。一般论著常把1903年就说成是所谓辩证唯物主义，就很难解释1907年后的历史唯心主义。实际上，不仅在哲学思想上，而且在政治思想上，鲁迅也没有停留在1903年反帝爱国的水平上，没有满足和满意于当时改良派要求的立宪和革命派主张的共和（都是要求实行西方的议会民主制即代议制）。相反，他认为“托言众制，压制乃烈于暴君”，“将事权言议，悉归奔走干进之徒，或至愚屯之富人，否亦善垄断之市侩……古之临民者，一独夫也；由今之道，且顿变而为千万无赖之尤，民不堪命矣，于兴国究何与焉”（《文化偏至论》)[1]。表面看来，这似乎相当保守和落后，其实是独特地表现或反映了对资本主义那一套毫不信任的农民阶级的某种思想情绪。也正是在这些文章中，鲁迅一再突出“农人”与“士夫”的对比：“……仅能见诸古人之记载，与气禀未失之农人，求之于士大夫，戛戛乎难得矣”；“盖浇季士夫，精神窒息，惟肤薄之功利是尚”，“墟社稷毁家庙者，征之历史，正多无信仰之士人，而乡曲小民无与”；“伪士当去，迷信可存”；“农人之慰，而志士犯之，则志士之祸，烈于暴主远矣”(《破恶声论》)，如此等等。这可说是前述少年时代的情感爱憎的理论化，它表明鲁迅完全站在“农人”的朴实的道德、品德与风习一边[2]。对上层社会来的无论是旧的或新的种种“破迷信、崇侵略”之类的理想、理论、风气、习俗予以摈斥、抵制和批判。不但地主阶级的，而且资产阶级的某些意识形态也都包括在内了。

正由于此，鲁迅早年的进化论思想也好，资产阶级人道主义和个性主义思想也好，在实质上便有与一般很不相同的特色在。这就是：从少年到早期直到以后，鲁迅心目中总有着他未能忘怀的广大农民的身影，鲁迅的同情和注意总是在这一边的。正因为此，“哀其不幸，怒其不争”才成为鲁迅许多作品的基本主题。正因为此，“麻木的神情”与“强壮的身体”相映对，才使鲁迅决然弃医而弄文，由宣传科学而提倡文艺，希望使广大人民（主要是农民）从那种种落后、愚昧、麻木、被动的处境状态中解放出来，在精神面貌意识形态有个根本改变。国民性问题的提出，是以它为根本基础的。

救国必先救人，救人必先启蒙，不是“黄金黑铁”[3]或政法理工，而是文艺、道德、宗教，总之不是外在的物质，而是内在的精神，才是革命关键所在。不奇怪，鲁迅由此得出的改变国民性的第一个答案便是：“掊物质而张灵明，任个人而排众数。”《文化偏至论》上说，“其首在立人，人立而后凡事举，若其道术，乃必尊个性而张精神”，“国人之

①② 参看本书《章太炎剖析》。

③ “黄金黑铁断不足以兴国家。”(《摩罗诗力说》)

自觉至，个人张，沙聚之帮由之转为人国”；“多数之说，谬不中经，个性之尊，所当张大，……此亦赖夫勇猛无畏之人，独立自强，去离尘垢，排舆言而弗沦于俗囿者也”①……鲁迅认为，“夫中国在昔，本尚物质而疾天才矣”，今天一些人维新救国又“重杀之以物质而囿之以多数，个人之性，剥夺无余”，“中国之沉沦遂以益速”，因之必须掊物质，尊个性，反流俗，轻多数，提倡拜伦、尼采、易卜生。鲁迅当年的确是醉心于这些浪漫主义的文学家和思想家的，“有人说拜伦的诗多为青年所爱读，我觉得这话很有几分真，就自己而论，也还记得怎样读了他的诗而心神俱旺”(《坟·杂忆》)。当时流行的拜伦热，使鲁迅热情洋溢地写下了今天读来仍颇有声色的十九世纪浪漫主义文学史论《摩罗诗力说》。鲁迅当时也是喜欢读尼采的，② 在这些文章中，就有“与其抑英哲以就凡庸，曷若置众人而希英哲”之类充满尼采思想的句子。鲁迅在这里总的要求是心灵的启蒙和个性的解放。要这样，这必须冲破束缚，打碎枷锁，而这种束缚、枷锁则正是以所谓“舆言”(舆论)、“俗囿”(习惯)、“多数”、“庸众”、“一致”(“使天下人归于一致”)的形态出现的，它们构成了种种“伪饰”“陋习”和“偶像”(“多数”所崇拜的对象)。鲁迅上述所谓“排众数”“轻多数”，其实际矛头正是指向这种种深入人心而成为多数国民的精神桎梏的“舆言”“俗囿”“伪饰”“弊习”。鲁迅之所以把一切诗人中“凡立意在反抗，指归在动作，而为世所不甚愉悦者悉入之”，介绍给中国人民，也就是这个道理。鲁迅呼号要“如狂涛，如厉风，举一切伪饰陋习，悉与荡涤”；“谓世之毁誉褒贬是非善恶，皆缘习俗而非诚，因悉措而不理也”；“故怀抱不平，突突上发，则倨傲纵逸，不恤人言，破坏复仇，无所顾忌”。鲁迅提倡介绍的是“不为顺世和乐之音”、“不取媚于群而随顺旧俗”、“抗伪弊习以成诗”的“摩罗

① 章太炎《四惑论》“张大社会以抑制个人，仍使百姓千名互相牵制……名为使人自由，其实亦一切不得自由也”，“以社会抑制个人，则无所逃于宙合……惨刻少思，尤有过于天理”，也是强调个性不应为社会抑制等等。当然鲁迅与章太炎的思想并不可以等同。

② 章太炎当年极力提倡“依自不依他”的主观唯心论哲学时也多次提到尼采。

诗力”……(《摩罗诗力说》)。如其说，鲁迅在这里要求对抗、“荡涤”的是群众，不如说是以“众数”面貌出现的“舆言”“旧俗”“伪饰”“弊习”。所以，一方面是“抗伪”，另一方面则是，“苟奴隶立其前，必衷悲而疾视。衷悲所以哀其不幸，疾视所以怒其不争”(同上)，这就清楚地表明了，鲁迅要蔑视、反对、粉碎的并不是“奴隶”群众自身，而是被加在“奴隶”群众身上的沉重的精神镣铐枷锁。鲁迅后来常讲的中国人奴隶成性，“暂时作稳了奴隶的时代”等等，实际指的也是这种状况，是指附在广大群众身上的、以“多数”面貌出现的那种种社会统治意识。所以，鲁迅早年在介绍了拜伦、雪莱之后，特意指出了普希金“渐去斐伦(拜伦)式勇士而向祖国纯朴之民”，这一点有重要意义，它表明鲁迅超出了当时及以后许多人只知一味推崇爱慕“拜伦式勇士”的浪漫主义和个性主义。但普希金“终服帝力，入于平和”，最后屈服在沙皇威力下，歌颂俄罗斯武力，这又是鲁迅所深为不满的。于是紧接便提出莱蒙托夫“亦其爱国，顾绝异普式庚(普希金)，不以武力若何形其伟大，凡所眷爱，乃在乡村大野及村人之生活”，而大为鲁迅称许。但鲁迅所更称许的，则是那些被压迫民族的代表，如波兰的密克维支，匈牙利的彼多斐。他们才是为民族为人民大众争自由的“决无疑二”“洎死始已”的坚贞战士，不像普希金“自谓少年眷爱自由之梦已背之而去”的。其实，鲁迅在赞扬“摩罗诗力”的首要代表拜伦时，就指出，“拜伦既喜拿破仑之毁世界，亦爱华盛顿之争自由”。而“自由在是，人道亦在是”，反抗世俗与援助被压迫民族(希腊独立)是“兼以一人”，个性主义与人道主义是相交织在一起的。

鲁迅后来曾说：“其实，我的意见原也一时不容易了然，因为其中本含有许多矛盾，教我自己说，或者是人道主义与个性主义这两种思想的消长起伏罢。”(《两地书·二四》)鲁迅早年以至前期无疑有人道主义和个性主义的思想，他不仅受严复和章太炎的影响，而且也受托尔斯泰和尼采的影响。[①] 但也正如超出严、章一样，鲁迅早年思想中的人道

① “托尼学说，魏晋文章”的对联，据云曾为鲁迅首肯。托尔斯泰的思想，如列宁所指出，正是千百万农民在资产阶级革命来临时的思想情绪的反映。

主义与个性主义也有异于托、尼。尼采心目中是无群众的地位的，在尼采，群众只是活该被践踏的庸氓，是与天才作对的虫豸。鲁迅始终没有这种敌视人民的观点，他从小对质朴的“农人”有强烈的眷恋，而自己则总是谦逊的。那种践踏群众高倨人民之上的超人哲学，与鲁迅本质格格不入。鲁迅鼓吹“摩罗诗力”，鼓吹“贵力尚强”，鼓吹强有力的个性，只是希望有人带头，终使整个国民“亦皆诗人之具”①。尽管个性主义的孤独感对鲁迅一生有强大影响，渗透在思想、生活和作品中；但鲁迅一生的出发点和着眼点始终是广大人民，即国民性的改造。资产阶级人道主义和个性主义，不但交织在一起，而且的确又是有消长起伏的。在早年浪漫主义期，表现在现象上个性主义似乎更突出一些，以后，则人道主义十分鲜明。但总的来看，我以为前一因素（人道主义）比后一因素（个性主义）要更为基本，更为持久，也更为重要。尽管从表面看来（例如常引尼采等）情况似乎相反。

但鲁迅不是“泛爱众”，提倡“人皆兄弟”之类的人道主义者，他反对托尔斯泰的非暴力主义。鲁迅从来对旧事物和某些人有强烈的憎恨和厌恶，主张用强力去抵制、反抗它。这样也就用得上个性主义了，即“张个性”以抗“舆言”“俗囿”“弊习”“众数”。可见，还是有所爱有所憎。鲁迅站在自己的基地上，从改变国民性这一基本课题出发，去接受和改造各种思想、理论（从严复到章太炎，从托尔斯泰到拜伦、尼采，从进化论到人道主义和个性主义），而形成颇有特色的早年浪漫思想。这种思想虽雄大但空泛，它作为改变国民性的答案，当然是没有实现也不可能成功的。

二　前期的两个阶段

1909 年到 1918 年是鲁迅沉默的十年。青年浪漫思想期已经过去，

① “败拿破仑者……国民而已，国民皆诗，亦皆诗人之具，而德卒以不亡。此岂笃守功利，摈斥诗歌，或抱异域之朽兵败甲，冀自卫其衣食室家者意料之所能至哉？”（《摩罗诗力说》）

辛亥革命特别是二次革命失败后的黑暗现实，迫使鲁迅把早年“我以我血荐轩辕”火一样的爱国热情，沉淀在、包裹在、压缩在冰一般的冷静的观察、探索中。1911 年小说杰作《怀旧》已初露这种美学风格，虽然其中还有轻快笔调，反映着对当时革命还抱希望；但对落后的农村毫无变动（并与太平天国革命的巨大震动相映对），鲁迅已表现了很大关注。国民性问题并没解决，革命倒证明了鲁迅早年的看法：办工业兴实业，“黄金黑铁”，固然不能解决救国问题，去皇帝改共和，也仍然不能使中国兴起。上层是一幕又一幕的政治丑剧，下层却永远沉沦在麻木、“平静”、不觉悟和被宰割的悲惨境地中。旧的统治秩序和统治人物毫无改变，“到街上去走了一遍，满眼是白旗，然而貌虽如此，内骨子是依旧的，因为还是几个旧乡绅所组织的军政府”（《朝花夕拾·范爱农》），“知县大老爷还是原官，不过改称了什么……带兵的也还是先前的把总”（《阿 Q 正传》）。……

出路究竟何在？鲁迅并没有放弃国民性问题，而是在继续探索。1925 年春鲁迅仍然坚持：“此后最要紧的是改革国民性，否则无论是专制，是共和，是什么什么，招牌虽换，货色照旧，全不行的。”（《两地书·八》）从世纪初在东京向许寿裳等人提出这问题，整二十余年了，问题依旧，但鲁迅这时的答案已有不同。代替“掊物质”“张个性”的早年浪漫理论的，是“以不可见之泪痕悲色振其邦人”的小说创作和白刃般的杂感散文。鲁迅提出并实行“文明批评”和“社会批评”，来作为唤醒在“铁屋子”里“熟睡”和“闷死”的国民的主要武器。“我早就很希望中国的青年站出来，对于中国的社会、文明，都毫无忌惮地加以批评。”（《华盖集·题记》）“最缺少的是文明批评和社会批评，我之以莽原起哄，大半也就是为了想由此引起新的这一种批评者来……继续撕去旧社会的假面。”（《两地书·一七》）“我总还想对于根深蒂固的所谓旧文明施行袭击，令其动摇，冀于将来有万一的希望。”（《两地书·八》）这种思想一方面仍然是早年主张启蒙、主张排“舆言”“俗囿”的继续，所谓“弄文罹文网，抗世违世情”（《集外集·题呐喊》），还是弄文以抗世；另一方面却又是这些主张远为具体深入的发展。因为鲁迅实际已经看到正是这古旧“文明”造成了国民性问题，是对广大人民的毒害，是使人民不觉悟、落后、麻木等等的重要原因，而这种“文明”正是一切统治者们所竭力维护的。鲁迅这时对改变国民性问题的答案，已落实在对各种社会现象和占社会统治地位的意识形态进行彻底揭露和猛烈批判上。这种意识形态主要是封建主义。鲁迅这时实际清算了早年受章太炎那种种谈国粹、讲道德、重宗教、轻物质、反对西方资本主义文明等观念影响，看到了这些东西的严重的落后倒退的封建性质。鲁迅彻底摆脱了小生产者的种种狭隘眼界，克服了民粹主义的倾向，大踏步地向包括小生产意识状态精神面貌在内的封建主义猛烈开火了。鲁迅当时的杂文和小说都是围绕着反封建的启蒙而展开的：

> 有的是对于扶乩，静坐，打拳而发的；有的是对于所谓“保存国粹”而发的；有的是对于那时官僚的以经验自豪而发的；有的是对于上海时报的讽刺画而发的……（《热风·题记》）

从孔孟经书到二十四孝，从传统道德到宗教迷信；从“保存国粹”到“东方文明”，从“神童”到遗老，从《估学衡》到《咬文嚼字》，从《我之节烈观》到《我们现在怎样做父亲》，从血蘸馒首治肺痨（《药》）到“一代不如一代”九斤老太的感叹（《风波》）……一支支无可抵挡的匕首和投枪射向了“根深蒂固”实即占据当时社会统治地位的意识形态和社会现实，坚决“撕去旧社会的假面”，露出它吃人的真相。“我翻开历史一看……每页上都写着仁义道德几个字……仔细看了半夜，才从字缝里看出字来，满本都写着两个字是吃人。”（《狂人日记》）“我以为要少——或者竟不看中国书。”（《华盖集·青年必读书》）“无论是古是今，是人是鬼，是三坟五典，百宋千元、天球河图、金人玉佛、祖传丸散、秘制膏丹，全都踏倒它。”（《华盖集·忽然想到（五至六）》）鲁迅希望青年与千百年统治社会的封建传统意识形态彻底决裂，不再被这“根深蒂固”的旧文明所俘虏所吃掉……这突出地表明了，“文明批评”和“社会批评”作为鲁迅这一时期改变国民性而战的主题的巨大意义。可见，与早年相比，启蒙虽然依旧，但对待宗教、迷信、国粹、古代文化、西方物质文明等等问题的具体看法，与早年却很不相同，甚至刚好相反了。

杂文如此，小说也这样。从阿Q精神、祥林嫂到吕纬甫的思想苦痛，也都涉及所谓国民性问题。鲁迅后来说，“我的取材，多采自病态社会的不幸的人们中，意思是在揭出痛苦，引起疗救的注意”（《南腔北调集·我怎么做起小说来》）；“我便将所谓上层社会的堕落和下层社会的不幸，陆续用短篇小说的形式发表出来了”（《集外集拾遗·英译本短篇小说集自序》）；“也不免夹杂些将旧社会病根暴露出来，催人留心，设法加以疗治的希望”（《南腔北调集·自选集自序》）……还是“疗救”，但内容与早年已大不一样，不再是抽象的人性探讨①，而是切实具体的社会揭露和批判。

鲁迅通过这些小说和杂文形象地展示了，旧势力的凶恶和厉害还不在真刀真枪，更在杀人不见血的旧意识形态的侵袭腐蚀中。“他走进无物之阵，所遇见的都对他一式点头。他知道这点头就是敌人的武器，是杀人不见血的武器，许多战士都在此灭亡，正如炮弹一样，使猛士无所用其力。”（《野草·这样的战士》）陈旧的封建复辟势力不用说，包括摩登的外国思想代表（如当时来华讲学的杜威、罗素）也一律对这“杀人不见血的武器”——古老、巨大、表面文质彬彬实际凶狠毒辣的所谓“东方文明”高唱礼赞之曲。花样繁复，人物多种，都是要保护、维持这个社会意识形态，以构成为地主买办阶级所需要的上层建筑。只有十月革命送来了马克思列宁主义，运用阶级分析的方法才能对它进行理论上的彻底否定。鲁迅自己也在摸索这条道路。然而不是在理论上作出结论，而是进行具体而广泛的“社会批评”和“文明批评”。一直到晚年，鲁迅始终坚持了这种社会批判与文明批判，毫不妥协地向一切传统意识形态和黑暗现实进行斗争。

---

① “他对我常常谈到三个相联的问题，怎样才是理想的人性？中国人民性中最缺乏的是什么？它的病根何在？”（许寿裳：《我所认识的鲁迅·怀亡友鲁迅》，《亡友鲁迅印象记》）

但是，鲁迅又并不停留在这种批判上。本文认为，正如早年可以1906年春弃医弄文为界标分两个小段一样，鲁迅前期也可以1925年春参与女师大事件为界标分为两个小段。如果说，前一小段的“文明批评”“社会批评”，指向的主要还是广泛社会现象和一般的统治阶级意识形态；那么，后一小段则直接地集中地打向了统治阶级本身——它的具体人格代表：“执政”（段祺瑞）、“总长”（章士钊）和作为它们的帮凶帮忙的校长、教授、诗人、名流——杨荫榆、陈西滢、徐志摩等人。这是一个很重要的进展。它并不是什么“纠缠于个人琐事”，没有意义（也如鲁迅后来自己所说，“华盖集及续编中文，虽大抵和个人斗争，但实为公仇，决非私怨”）；恰好相反，它标志鲁迅所进行的战斗进入了一个与统治阶级特别是文化界统治者直接肉搏的新阶段。因之才招来了那么多的“流言”、诽谤、怨恨和迫害，① “免职”、上黑名单（《大衍发微》），避居医院，终于不得不“逃出北平”离京南下。两本《华盖集》就比《热风》更为激烈紧张，斗争的气息和意识更为浓厚强烈，也更吸引着、激动着和有效地教育着人们和广大青年。章士钊、杨荫榆、陈西滢、徐志摩并非孤立的个人，他们是以段“执政”为后台的北洋军阀的一个统治集团。正是他们，从精神到肉体，从制造流言蜚语到运用行政手段，从解散学校到枪杀学生，残酷地迫害、镇压和欺骗人民和青年。它们作为半封建半殖民地统治阶级的活生生的人格化身和具体代表，鲁迅对他们的批评比前一阶段更为具体、直接。这不只是一般的“文明批评”和“社会批评”了，而是异常尖锐的政治斗争和思想斗争。这一斗争对鲁迅思想的发展，对鲁迅日后信奉马克思主义，对鲁迅日益与也曾进行过“文明批评”“社会批评”的五四同辈和青年根本区别开来，是起了不可低估的关键作用的。鲁迅对阶级矛盾、阶级斗争、暴力革命等等观念的接近和接受，也都与这场斗争有关。所以，本文认为，应该强调以它作

① “他说文章攻击社会的黑暗面，借了小说的体裁，却不专指某人，所以容易令人不留意，其后，直接批评社会，有时为了批评的真切，简直借某一个人，某一件事来给某一群以掊击，于是这一群与之仇恨……”（许寿裳：《关于鲁迅的生活》）

为鲁迅思想发展中的一个重要界标。

在这场斗争中，鲁迅创造了用具体个人当靶子的战法，在架子不小面子颇重的中国上流社会，无情撕去绅士们的假面，还其本来样相，的确煞是好看。这沉重地打击了敌人，也吸引了广大的读者。这些真人真事，即使只是一鼻一嘴一毛吧，合起来却成了难忘的典型。鲁迅以后就一直采用这种战法，无可抵挡地战胜了一切敌人。

在广泛的“文明批评”“社会批评”中，鲁迅不断具有和提出了许多接近和符合于马克思主义的重要思想、观点或观念，这些观念是他1927年终于接受马克思主义的内在根据和思想前提：

“人们首先必须吃、喝、住、穿，然后才能从事政治、科学、艺术、宗教等等，所以，直接的物质生活资料的生产……构成为基础”（恩格斯：《马克思墓前的讲话》），这是马克思发现的人类历史的根本规律，是历史唯物主义最基本的一条原理。它本是一个“简单事实”，却历来被“繁茂芜杂的意识形态所掩盖”（同上），为千百年各种社会统治的意识形态所掩盖。鲁迅在上述批判和斗争中，对马克思主义的这一基本观念却日益接近。早年那种轻视物质文明[①]的浪漫观点和历史唯心主义已经放弃，从阿Q的“生计问题”，到《娜拉走后怎样》，从涓生子君的恋爱悲剧到大白菜堆成A字的喜剧，鲁迅在其小说、杂文、通讯中一再提出“吃饭”“啖饭”“饭碗”问题。“人类有一个大缺点，就是常常要饥饿……经济权就见得最要紧了。”（《坟·娜拉走后怎样》，1923年）“要求经济权固然是很平凡的事，然而也许比要求高尚的参政权以及博大的女子解放之类更烦难。”（同上）“一说到经济的平均分配，或不免面前就遇见敌人，这就当然要有剧烈的战斗。”（同上）家庭尚且如此，社会更不用说。鲁迅并且指出，正是胃里鱼肉消化不掉的人们要掩盖人

① 他晚年对“物质文明”则作了十分明确的阶级揭露：“‘物质文明’也至少有两种，一种是食肥甘穿轻暖，住洋房的；一种却是吃树皮，穿破布，住草棚。”（《集外集拾遗·两种“黄帝子孙”》）既不同早年的一笔抹杀，也不同于前期初年的一般肯定。如果说章太炎由反资本主义而退向封建主义，鲁迅则由反资本主义而进向马克思主义。

要吃饭这个基本事实："凡承认饭需要钱买，而以说钱为卑鄙者，倘能按一按他的胃，那里面怕总还有鱼肉没有消化完，须得饿他一天之后，再来听他发议论。"（同上）到后期，这一观念就以明确的马克思主义的理论形式表达出来了："……是以为若据性格感情等，都受支配于经济（也可以说根据于经济组织或依存于经济组织）……"（《三闲集·文学的阶级性》，1928 年）①

与此紧相连，是对阶级分野的认识。早年那种章太炎式的认为中国古文化"以是而不轻旧乡，以是而不生阶级"（《破恶声论》）的观点早已消去②。"上等人"与"下等人"、"聪明人"与"傻子"、"阔人"与"穷人"、"治者"与"被治者"、"官魂"与"匪魂""民魂"，祥林嫂的苦难与鲁四老爷的皱眉，爱姑的离婚与七大人的屁塞……不断以鲜明对照的方式涌现在鲁迅的笔下。1925 年，鲁迅说："有烧烤，有翅席，有便饭，有西餐。但茅檐下也有淡饭，路旁也有残羹，野地也有饿殍，有吃烧烤的身价不资的阔人，也有饿得垂死每斤八文的孩子。"（《坟·灯下漫笔》）认识或描述"朱门酒肉臭，路有冻死骨"的阶级贫富现象并不稀罕，当年五四运动新文学中好些作品也有过这方面的感受和描述。鲁迅的特点是在亲身的社会战斗中，是在与教授名流达官贵人总之上层社会代表人物的直接斗争中，来认识和提出这些观念的，这比旁观的或客观的感受描述，有着显然不同的分量。这一方面发展到 1927 年冬，鲁迅便以一个马克思主义者的立场，就文学阶级性问题向梁实秋进行了人所熟知的著名的批判。

马克思主义认为是人民群众创造历史。鲁迅的《未有天才之前》等许多杂文，也明白地表示了对这一观点的不断接近。早年那种"排众

① 鲁迅前期关于文艺起源于劳动和宗教等观点（《中国小说历史的变迁》），也是符合马克思主义的。

② 章太炎认为中国比西方"去封建远"（指中世纪封建领主制），"去封建远者，民皆平等，去封建近者，民有贵族黎庶之分"，从而认为中国"无阶级"（指等级制）"最自由"云云。当时人们不知道阶级的马克思主义的含义，指的是封建等级。孙中山也有此种观点。

数”“非庸众”，强调天才个人的孤独逐渐消逝。这是由于反“舆言”“俗囿”已日益取得打击的明确方向的缘故。打击对象（上层统治阶级）的明确，使革命动力和基础（人民群众）也日益明确。同时，这也与鲁迅在战斗中愈来愈获得广大青年的支持拥戴（特别是1925年后，女师大的斗争和厦门、广州的斗争）的亲身感受有关。但这问题前期并未彻底解决，它要到后期特别是1930年以后才取得“工农兵的明确方向”的。

鲁迅在自己的战斗中，还不断地与马克思列宁主义关于暴力革命、武装斗争和无产阶级专政这样一些根本思想相接近：

> 改革最快的还是火与剑，孙中山奔波一世，而中国还是如此者，最大原因还在他没有党军，因此不能不迁就有武力的别人……（《两地书·十》，1925年4月）
>
> 当时和袁世凯妥协，种下病根，其实却还是党人实力没有充实之故……（《同上，十三，1925年4月》）

这既是对鲁迅亲身经历的辛亥革命的总结，同时也正是由于在与统治集团的直接斗争中使鲁迅痛感，能彻底打垮反动派的并不是笔，而是枪；不是文字，而是武力。“我现在愈加相信说话和弄笔的都是不中用的人，无论你说话如何有理，文章如何动人，都是空的。他们即使怎样无理，事实上却着着得胜。”（《两地书·二二》，1925年5月）

批判的武器不能代替武器的批判。“血债必须用同物偿还……以上都是空话。笔写的有什么相干？实弹打出来的却是青年的血。”（《华盖集续编·无花的蔷薇之二》）这是1926年三一八惨案（段祺瑞枪杀请愿学生）后写的。“文学是最不中用的，没有力量的人讲的，有实力的人并不开口，便杀人……”（《而已集·革命时代的文学》）“孙传芳可以赶走，是革命家用炮轰掉的，决不是革命文艺家做了几句……文章赶掉的。”（《集外集·文艺与政治的歧途》）这是1927年大革命失败前和后写的，前后一脉相承。很明显，后期的马克思主义观点不是突然跳出来，在前期的现实斗争中已打下了深厚的思想基础。

然而，最著名也是最突出的，是《论费厄泼赖应该缓行》了。

鲁迅早年是旧民主主义革命的积极参加者，亲身感受过当时“社会上大抵恶革命党如蛇蝎”(《华盖集·补白》）的情况。辛亥革命后，这些“漂亮的士绅和商人，看见似乎革命党的人便亲密地说道，我们本来都是草字头，一路的啊”(同上)，革命党于是也就“不咎既往”“咸与维新”。袁世凯上台二次革命失败后，这批人对革命党进行了大规模的杀害。明的、暗的、集中的、零散的，其情节和手段都是相当惊人的。但这在当时谈得并不多，以后更被遗忘或掩盖。① 鲁迅却不能忘怀这许多同辈们的血。鲁迅“打落水狗”的坚决主张是从这个血的教训中总结出来的：

> ……官僚和土绅士或洋绅士，只要不合自意的，便说是赤化，是共产，民国元年以前稍不同，先是说康党，后是说革党，甚至于到官里去告密。……所谓以人血染红顶子之意。可是革命终于起来了，一群臭架子的绅士们，便立刻皇皇然若丧家之狗……说是咸与维新了，我们是不打落水狗的，听凭它们爬上来罢。于是它们爬上来了……咬死了许多革命人，中国又一天一天沉入黑暗里，一直到现在。……先烈的好心，对于鬼蜮的慈悲，使它们繁殖起来，而此后的明白的青年，为反抗黑暗计，也就花费了更多更多的气力和生命。(《坟·论费厄泼赖应该缓行》)

这是怀着满腔悲愤写下的历史教训。鲁迅接着举了秋瑾、王金发的例子，这都是他熟识的人和亲历的事。在《坟》的后记中，鲁迅再次慎重提醒读者：“最末的论费厄泼赖这一篇，也许可供参考罢，因为这虽然不是我的血所写，却是见了我的同辈和比我年幼的青年们的血写的。”鲁迅晚年又一再提起这些事。②

① 至今对这段血腥历史叙述研究仍不够。

② 如《伪自由书·杀错了人异议》。

通过自己的战斗和总结历史的教训，达到对马克思主义一些基本观点的接近和吻合，这是鲁迅根本区别于仅从书本上获得或号称信奉马克思主义的人们的地方。马克思主义对于社会、历史、文化、革命的这种种观点（即历史唯物主义），对鲁迅来说，不是一种抽象理论，不是口头上或文章中的空泛词句，它日益成为有血有肉、与自己的生活、斗争、经历不可分割并必须依靠之的社会真理。①

正是在这种坚实基础上，再经过1927年大革命和大革命失败后又一次更惨重的血的教训，“我一生从未见过有这么杀人的”(《集外集·俄文译文阿Q正传序及著者自叙传略》)，“在二七年被血吓得目瞪口呆”(《三闲集·序言》)，“泪揩了，血消了，屠伯们逍遥复逍遥，用钢刀的，用软刀的，然而我只有杂感而已”(《而已集·题辞》)②，在严肃的思考和认真的学习（这时学习的并不是马克思主义文艺理论，而是马克思主义的一些基本学说）之后，鲁迅终于接受马克思主义，由上述量的积累实现了质的飞跃。这个飞跃的起点似应从1926年冬离厦门前后算起，它的完成则可算在1927年秋冬到上海的前后。在厦门后期的思想和活动，《坟》的结集，《野草》的题辞，都或象征或标志在走向一个新的开始。而1927年冬在上海的好些论著、讲演，如《卢梭和胃口》《文学和出汗》《文学与政治的歧途》等，则可以看出鲁迅在集中地考虑和阐述文艺的阶级性问题，开始自觉地运用马克思主义阶级论作为理论武器来进行战斗，与前期零散、自发的阶级观点已很不一样了。本文认为，这几篇文章和讲演就是完成这个质的飞跃、鲁迅思想进入作为马克思主义者的后期阶段的界标。当然，在后期，鲁迅思想仍在不断发展，

---

① 所以鲁迅并非先掌握辩证唯物主义，再掌握历史唯物主义，如今日课堂教学次序那样；情况恰好相反，先是对历史唯物主义基本观点的接近和接受，而后才是自觉运用唯物辩证法观察分析一切（1930年以后）。马克思主义本身也是这样形成的，也并非先有辩证唯物论后有历史唯物论。（顺便说一下，马、恩并未用过“辩证唯物主义”这一词汇和术语，它是由普列汉诺夫创始，列宁正式采用的。）

② 鲁迅把1926年的诗句重作1927年杂感集的题辞，显然有深意在。

从基本接受马克思主义到全面理解和熟练运用，从站在共产党一边到明确与工农结合为政治斗争服务，从初步具备共产主义世界观到成为一个自觉的马克思主义者，任何人都有一个过程，鲁迅也不例外。所以即使后期，也还可以分出一些小的段落。但这个后期的起点却应该是1927年冬。如果《而已集》（前半）可说是前期的尾声，那么《三闲集》（后半）便可说是后期的序幕，从文章的内容、题材，以至文笔、风格，都展现出前后期的差异。到整个《二心集》，就更确定更明显了。辛亥革命失败后，鲁迅消沉无所作为；"三一八"惨案后，鲁迅愤慨而悲凉；大革命失败后，鲁迅已无处可走，革命处在最低潮，鲁迅反而异常坚定、明确，尽管有血的"重压"，却"觉得中国现在是一个进向大时代的时代"（《而已集·尘影题辞》，1927年12月，这是一篇很重要的文章）。前两次那种种消沉、无奈的情感阴影少多了，日益增多的是对前途的希望和自信，与前期的怀疑和彷徨成了对照。这也说明鲁迅在世界观上已完成了一个飞跃。他在理论上接受了马克思列宁主义，结合自己几十年斗争经验，一下就牢牢抓住了它的精神实质，与自己的情感思想融成了一体。

总起来看，鲁迅早年在自然观上是唯物论，但世界观是历史唯心主义。前期具有了某些接近或符合历史唯物主义的观点和观念，但不是马克思主义者。因为马克思主义的历史唯物论是关于人类社会历史发展规律的系统理论，不是任何零星片断的观念或观点的集合所能等同或替代，包括鲁迅上述接近或吻合历史唯物论的那些思想、看法也这样。因为这些思想、看法并没有自觉地系统地上升到理论的高度来加以认识、论证和掌握。鲁迅自己便承认，他并不是哲学社会科学的研究者。与当时许多知识分子今天标榜这个主义，明日又信奉那个主义根本不同，尽管早在留学日本时就接触过马克思主义（当时资产阶级革命派中有一股学习、宣传社会主义的思潮，《浙江潮》《民报》等都有过介绍马克思学说的文章），但鲁迅对流行的种种理论，一概采取怀疑、拒绝甚至厌恶、憎恼的现实立场。鲁迅从不轻信。在未经过实践验证以前，宁肯对它们采取保留的态度。因此，在后期正式接受马克思主义之前，鲁迅所能信奉的正式理论，仍然只能是他早年从《天演论》和自然科学中所接受的达尔文的进化论，相信自然、生物、人类、社会必然向前进化。所以鲁迅经常提到它。虽然从早年起，进化论就并不能概括或代表鲁迅思想的全体。

早年的革命浪漫主义，前期的批判现实主义，后期的马克思主义，鲁迅的思想和作品，经历了重要的发展。发展就是扬弃，其中有否定有继承。鲁迅对农民的同情和关注，对上层社会的憎恶和斗争，早年和前后期是相连续的。但鲁迅对早年那种民粹主义的或小生产者的观点是彻底舍弃了（这点极重要也很不容易，有人如毛泽东一生都未做到），对资产阶级人道主义、个性主义和历史唯心主义，是加以否定了。这种否定和舍弃经历了无情的自我斗争。从来没有什么“天纵之圣”，把鲁迅说成一开始就是马克思主义者或辩证唯物论者，在根本上便违反了鲁迅自己的说法和鲁迅的基本精神。另一方面，把鲁迅的后期与前期和早年截然割开，把早年看成一塌糊涂，也是错误的。或者，一再推迟鲁迅后期的开始年限，好像必须把它拉到“1928 年下半年”甚或 1930 年之后才更“纯粹”，但世上并没有这种“纯粹”。并且这些论者也未提出这种分期的具体界标、内容和理由①。当然，本文所提出的分期、分段也只是初步意见，可能被责难为割碎鲁迅之类，但本文认为，鲁迅就正是这样一步一脚印地向前迈进的。否认这种思想发展的具体阶段性，只能导向把鲁迅神化或神秘化，把他捧入礼拜的庙堂，这恰好是对鲁迅的背离和侮辱。

三 知识分子的主题

鲁迅本人是知识分子。在鲁迅作品中，知识分子是一个突出主题。

---

① 有人以鲁迅日记中的书账来作为“理由”，似难成立。1928 年书账中马克思主义书籍大增，其实刚好证明鲁迅这时已经接受和相信了马克思主义，才如此认真深入地钻研它。

这仍然是中国近代民主革命的深刻反映。从戊戌经辛亥到五四，从五四经大革命到三十年代，知识分子是中国革命的先锋和桥梁，同时又具有各种严重的毛病和缺点。他们的命运、道路和前途，他们的成长、变迁和分化，成为鲁迅所十分关心的问题，这个问题在鲁迅思想发展中占有重要地位。它与农民问题同成为鲁迅作品的两大基本主题。这也是中国近代两大历史课题。鲁迅思想的发展与这问题密切相关，也可以说，鲁迅在这个问题上的思想发展是他整个思想发展中的重要组成部分。

鲁迅对知识分子寄予很大的同情和希望，同时又给以无情的鞭挞和揭露。革命的，灰色的，反动的，先革命而后反动的，吃人的，被人吃的……各种各样知识分子形象，活灵活现地出现在鲁迅笔下，形形色色，蔚为大观。

《怀旧》《孔乙己》无论矣，他们是被“四书”“五经”吃空了灵魂的末代传统知识分子的下层，那种迂臭、愚昧、空虚、受欺侮迫害然而仍不掩其善良的牺牲品，鲁迅是用一种嘲讽而又同情的眼光，看着他们的灭亡的。与此相映对，是鲁迅对曾参加或企望过革命的同辈和下辈知识分子的深切同情。从瑜儿、吕纬甫、魏连殳到涓生、子君，他们的道路和命运，便是鲁迅的亲身经历和见闻。在寂无回响有如荒漠的莽原中，这些曾经满怀豪情闹过革命的知识分子，有的爬上去了，本身变成了反动派或反动派的帮凶。当年赫赫有名的革命派，曾经编印过《黄帝魂》之类的影响很大的革命宣传品的章士钊，不就是典型代表么？但更多的革命知识分子，特别像范爱农那些下层的，却终于连整个身心都被黑暗吞噬掉，完全消失和被人遗忘了。不但范爱农没人知道或无人问及，连当年轰轰烈烈的“鉴湖女侠”，也同样荒坟冷落，不再为人所记忆和提及了。他们虽不过是一两个例子，其实代表着整个一代。出生入死建立功勋的最勇敢的革命党人被杀害，有的退隐消沉了，少数（当年革命派的某些上层人物）成了“新贵”，反动派篡夺大权，依然故我。例如，拿首义地区的两湖来说，被杀的焦达峰、陈作新（湖南的革命派首领人物）的墓木已拱，无人念及；杀人的主谋谭延闿（原立宪派）却成了国民党几十年的要人和大官。这种事例是太多、太多了。面对这种现实，秋瑾、陶成章、范爱农的身影怎能不再三浮现在鲁迅的心头、笔下？

五四运动过后，鲁迅又经历了这样一次“有的高升，有的退隐，有的前进”的分化。不论是当年曾悲歌慷慨为推翻满清建立民国而流血奋斗过的一代，也不论是当年曾振臂高呼为打倒孔家店而雄谈阔论的一代，都逐渐渺无声息，总之是被那巨大深重的旧黑暗势力吃掉或“同化”掉，于是自己也就成了黑暗的一部分（吕纬甫、魏连殳等形象是有深刻典型意义的）。就是“前进”的，究竟能“进”到哪里，鲁迅也颇有怀疑。死者已矣，生者何如？曙光在何处？路在哪里？“新的战友在哪里？”（《自选集自序》）鲁迅看到一代又一代作为所谓先锋的革命知识分子这种末路和命运，有着巨大的愤慨和悲伤。鲁迅一往情深以歌当哭的那些极其沉郁优美的艺术作品，很多与这一主题有关①：

> ……潮湿的路极其分明，仰看太空，浓云已经散去，挂着一轮圆月，散出冷静的光辉。
>
> 我快步走着，仿佛要从一种沉重的东西中冲出，但是不能够。耳朵中有什么挣扎着，久之，久之，终于挣扎出来了，隐约像是长嗥，像一匹受伤的狼，当深夜在旷野中嗥叫，惨伤里夹杂着愤怒和悲哀。（《彷徨·孤独者》）
>
> ……新的生路还很多，我必须跨进去，因为我还活着。但我不知道怎样跨出那第一步。有时，仿佛看见那生路就像一条灰白的长蛇，自己蜿蜒着向我奔来，我等着，等着，看看临近，但忽然便消失在黑暗里了。
>
> 初春的夜，还是那么长。……（《彷徨·伤逝》）

① 以小说论，在《怀旧》《狂人日记》《孔乙己》《药》《风波》《故乡》《阿Q正传》《在酒楼上》《祝福》《孤独者》《伤逝》《铸剑》这些最成功的作品中，以及鲁迅全部小说创作中，一半左右与此主题有关，具有浓厚抒情成分。另一半则是农民问题的主题，这一部分个人抒情成分要少得多。

极强烈的情感包裹沉淀在极严峻冷静的写实中，出之以中国气派的简洁凝练，构成了鲁迅前期作品所特有美学风格。它使读者深切地感受到、认识到中国革命的艰难和知识分子选择道路的艰难。这两个问题是极为深刻地联系在一起的。它是典型环境中的典型性格和意境。把鲁迅前期作品和思想中的沉重、悲凉、孤独、抑郁，简单地一律看成消极的东西，低估它们的思想价值和美学意义，是不符合事实的。包括像《孤独者》这样冷峻哀伤的作品，使人读后的美学感受，也并不是低沉、消极或颓废；相反，它燃起的是深重的悲哀和强烈的愤慨。鲁迅的小说、散文（如《野草》）所以能如此深入人心，具有那么强大、深刻和持久的感染力量，与这种美学风格直接有关。它使人玩味无穷，一唱三叹；低回流连，不能去云。这是那些所谓“通体光明”实乃一览无余的作品所完全不能匹敌的。

但是，到 1926—1927 年，上述那种沉重的抒情，开始近乎尾声了。斗志方浓，愁绪已淡，比较一下，就很显然：

> 夜九时后，一切星散，一所很大的洋楼里，除我以外，没有别人，我沉静下去了。寂静浓到如酒，令人微醺。望后窗外骨立的乱山中许多白点，是丛冢；一粒深黄色火，是南普陀寺的琉璃灯。前面则海天微茫，黑絮一般的夜色简直似乎要扑到心坎里。我靠了石栏远眺，听得自己的心音，四远还仿佛有无量悲哀，苦恼，零落，死灭，都杂入这寂静中，使它变成药酒，加色，加味，加香。这时，我曾经想要写，但是不能写，无从写。这也就是我所谓“当我沉默着的时候，我觉得充实，我将开口，同时感到空虚”。（《三闲集·怎样写〈夜记之一〉》）

这里仍然孤独，并有哀伤，但已不同于以前之沉重，最后一句是《野草》的题辞，它象征走向后期的思绪；而写于 1927 年春的《铸剑》，悲壮高亢，则可说是这一转折的预告。在后期，特别是在 1930 年以后的阶段中，鲁迅逐渐试图解决这个知识分子道路和前程问题。这就是认为应该走向工农大众，与广大工农共命运，同呼吸，为他们的利益和要求而创作而斗争。俄国革命的经验和成果，中国革命根据地的斗争，是促使鲁迅明确这个问题的重要因素。前期的孤独悲凉逐渐消去，明朗、坚定、酣畅和一往无前的磅礴气势，形成了后期文笔的风格，但也毕竟丧失了前期更为优美深醇的文采。

从早年和前期起，鲁迅斗争的矛头经常就指向“拿着软刀子的妖魔”(《坟·题记》)，即作为“用钢刀的”的帮凶帮忙的高级知识分子如土、洋绅士章士钊、陈西滢等人。随后在上海滩头，则更是与各式各样的知识分子作过战，从“丧家的资本家的乏走狗”到“唯我是无产阶级”的“革命家”。如对创造社、太阳社的论战与对梁实秋、第三种人、民族主义文学的斗争，就是如此。正是在这种极端复杂的斗争中，鲁迅认真地思考了中国知识分子的性格和灵魂，对它进行了阶级的剖析，这成为鲁迅后期一个重要主题①。这个主题具有特定的时代重要意义。因为，不同于以前，三十年代有大量知识分子或者从大革命中退下阵来，或者从迅速解体的旧社会和传统家庭中分化游离出来，他们麇集于上海和一些大中城市，数量之大空前。其中一些人信奉着各种时髦的主义和旗号，颇有不平，要求革命，也谋求个人的出路，于是造成了一个颇为热闹的“文坛”，其规模、性质、内容和复杂性，是五四或二十年代所不能比拟的。他们是新的一代。鲁迅与他们的接触和较量，其数量和深广度也是以前没有过的。这样，随着时代的前进，知识分子和青年学生日益增多，解决知识分子在革命中的地位、作用和道路问题，是更为突出和迫切了。

正是这些日益增多的知识分子，鲁迅明确意识到，作为革命者，对工农群众可以起先锋和桥梁的作用；作为反动者，对工农群众却起欺骗和精神毒害的作用。他们是旧文化的承袭者，同时又应该是新时代的开拓人。尽管是枪不是笔才能打倒反动派，但文化战线上的清算任务也仍

① 关于后期这许多问题，应有专文来谈。

然很重。从而，鲁迅早年所朦胧地感受到的国民性问题，前期所归结为“文明批评”“社会批评”的问题，这时很大一部分便落实在知识分子问题上。围绕着知识分子这一主题的“文明批评”和“社会批评”，占了比前更大的比重。也正是在这些新的战斗中，鲁迅自己的思想境界更迅速向前发展了。鲁迅后期更多地引证中国历史，鲁迅这时对中国的文化、历史（都与知识分子问题有关）采取了与前期不大相同的态度。不再是“不读中国书”，不再是“想做奴隶而不得”和“暂时做稳了奴隶的时代”的笼统提法，而是提出中国自古以来“就有埋头苦干的人，有拼命硬干的人，有为民请命的人，有舍身求法的人”（这里面就包括封建时代的某些知识分子）。“说中国人失掉了自信力，用以指一部分人则可，倘若加于全体，那简直是诬蔑。”（《且介亭杂文·中国人失掉自信力了吗》）不再是全体“国民性”问题，而是突出了作为意识形态的制造者、承担者的知识分子问题。鲁迅不仅猛烈地打击那些属于反动阶级一边的知识分子，而且也着重革命内部的“蛀虫”问题，一再指出那些口口声声自称属于无产阶级的知识分子，其阶级性格和世界观实际都是大成问题的。鲁迅一方面对知识分子给予极大的爱护和帮助，同时也不断揭露和批判了知识分子身上的个人主义、利己主义和其他种种劣根性，特别是指出其中一些人实际拖着长长的传统封建意识形态的尾巴，只要条件一具备，气候一适宜，就将暴露出来。例如，从鲁迅同辈和上辈的“想见汉官威仪”，到鲁迅下一辈的“红袖添香夜读书”，到更下一辈或沉溺于《庄子》《文选》之类的国粹，或呼喊“张大吃人的血口”。总之，帝王思想，才子佳人，或准法西斯……中国是个封建主义极长而资本主义启蒙工作做得极少的社会，封建意识形态及其文化发展得非常完备而成熟，它不但表现在政治、经济上，而且渗透在人们的日常思想、生活、习俗中。它不但凶狠地吃掉人们，而且也笑吟吟地诱惑着人们。鲁迅不断看见他的同辈和下辈由提倡新文化始，以钻故纸堆终，由反对文言文的战斗始，以嘲笑青年写别字终的种种实例，深刻地感到旧势力的巨大和惯于“同化”革命者，并吞没他们。千年陈货可以用新形式出现，而知识分子首当其冲，因为他们身上本来就伏着旧事物的魂灵。所以，从早年到晚岁，鲁迅虽然经历了思想的重大变迁，但始终抓住启蒙不放[①]。启封建之蒙，向它作持久的韧性的战斗。特别是在晚年，鲁迅对各种以新形式出现的旧事物，或附在新事物上的旧幽灵，总是剥其画皮，示其本相，以免它们贻害于人民。鲁迅是近代中国最深刻的文学家。

这种启蒙至今不失去它的深刻意义，中国革命将是一个漫长的革命。“四人帮”打着马克思主义和社会主义旗号，实际要求经济、政治、文化全面开倒车，退到封建时代去，他们还是通过知识分子为其鸣锣开道，不就是惊心动魄发人深省的现代历史的一幕么？

鲁迅曾经想写包括自己一代在内的四代知识分子的长篇小说，可惜没有实现。所谓四代，前面已讲。这就是，章太炎一代，这一代是封建末代知识分子，其中的少数先进者参加（或受影响，下同）了戊戌，领导了辛亥。下面是鲁迅一代，这一代的先进者参加了辛亥，领导了五四。再一代的优秀者是五四的积极参加者，1927 年大革命（北伐）的各级领导者。最后一代是大革命的参加者或受影响者，以后抗日战争的广大基层的领导者。总之，辛亥的一代，五四的一代，大革命的一代，“三八式”的一代。如果再加上解放的一代（四十年代后期和五十年代）和“文化大革命”红卫兵的一代，是迄今中国革命中的六代知识分子（第七代将是一个全新的历史时期）。每一代都各有其时代所赋予的特点和风貌、教养和精神、优点和局限。例如最早两代处于封建社会彻底瓦解的前期，他们或来自农村环境或与社会有较多的关系和联系，大都沉浸在忠诚的爱国救亡的思想中，比较朴质认真，但他们又具有较浓的士大夫气息，经常很快就复古倒退，回到传统怀抱中去了。第三代眼界更宽、见闻更广，许多成为学者教授，有的首创与农民战争结合进行武装斗争，成为中国革命的栋梁和柱石，第四代大多数是典型的小资产阶级学生知识分子群，聚集于城市，与农村关系更疏远一些

① “说到‘为什么’做小说吧，我仍抱着十多年前的‘启蒙主义’，以为必须是为‘人生’，而且改良这人生。”（《南腔北调集·我怎么做起小说来》）

了，他们狂热、激昂然而华而不实，人数较多，能量较大，其中很多人在抗日战争中走上“与工农兵相结合”的路途，成了革命的骨干。第五代的绝大多数满怀天真、热情和憧憬接受了革命，他们虔诚驯服，知识少而忏悔多，但长期处于从内心到外在的压抑环境下，作为不大。其中的优秀者在目睹亲历种种事件后，在深思熟虑一些根本问题。第六代是在邪恶的斗争环境中长大成熟的，他们在饱经各种生活曲折、洞悉苦难现实之后，由上当受骗而幡然憬悟，上代人失去了的勇敢和独创开始回到他们身上，再次喊出了反封建的响亮呼声。他们将是指向未来的桥梁和希望。总之，这几代知识分子缩影式地反映了中国革命的道路，他们在辛亥革命失败之后，迈过了启蒙的二十年代（1919—1927），动荡的三十年代（1927—1937），战斗的四十年代（1937—1949），欢乐的五十年代（1949—1957），艰难的六十年代（1957—1969），萧条的七十年代（1969—1976），而以“四人帮”的垮台迈向苏醒的八十年代。当然，所有各代中都有工农出身的知识分子未计在内。每一代又还可再分，并且每代中又有各种不同的类型和性格，有些人则介乎两代之间，有些人则属于此代却具有上一代或下一代的典型特征，如此等等。总之，他们的命运和道路，他们的经历和斗争，他们的要求和理想，他们的悲欢离合和探索追求，他们所付出的沉重代价、牺牲和苦痛，他们所迎来的胜利、欢乐和追求……如果谱写出来，将是一部十分壮丽的中国革命的悲歌。鲁迅的遗志应当有人来完成。

鲁迅是不朽的。只是他，自觉地意识和预见到这个具有重大历史深度的中国知识分子的道路和性格问题，并指出他们有一个继续战斗和自我启蒙的双重任务，它与中国的过去、现在和未来息息相关。

（原载《鲁迅研究集刊》，1978 年）

后　记

一

黑格尔和马克思都说过，巨大的历史事变和人物，经常两度出现。令后人惊叹不已的是，历史竟可以有如此之多的相似处。有的相似只是外在形式，有的则是因为同一或类似的本质规律在起作用的缘故。之所以应该重视中国近代史的研究，也正在于中国近百年来的许多规律、因素、传统、力量等等，直到今天还在起着重要作用，特别是在意识形态方面。死人拖住活人，封建的陈垢阻挠着社会的前进。从而，当偶然的事件是如此的接近，历史似乎玩笑式地做圆圈游戏的时候，指出必然的规律和前进的路途，依然是一大任务。

历史的必然总是通过事件和人物的偶然出现的。如果没有韦石之变或当时全军北伐，太平天国革命本可成功。当清朝皇帝的个人权威还是至高无上的时候，倘若光绪是另一个人，戊戌变法未尝不可取得某些成果。如果慈禧和袁世凯都短寿早死，辛亥前后的局面恐怕也将很不一样。然而即使那样，在有着数千年封建重压而又幅员广大人口众多的中国大地上，要迈进工业化社会和实现富强，也仍将百折千回，历尽艰险，决不会那么一帆风顺，笔直平坦的。所以，太平天国尽可挥戈直下北京，但仍脱不掉农民战争历史规律的制约，而终于没有全力去打，也正是由这一规律所支配，是眼界狭隘，满足既得胜利，停滞、腐化、分裂、争权夺利等等封建的东西必然浮现的结果。谭嗣同不去找袁世凯，袁世凯不去告密，情况确乎将有不同，但改良派软弱无力，最终只好依靠封建势力，而封建反动派绝不会轻易容许变法改良，在新旧势力悬殊的关键时刻，“有维新之名”的政客、军阀必然背叛，如此等等，又是必然的。可见，一切个人的素质、性格、教养，事件的偶然、巧合、骤变，尽管可以造成一代甚至几代人的严重影响，远非无足轻重，但如果与这历史必然的途程比较而言，也就相对次要了。从《资政新篇》和改良派“向西方学习”要求实行近代化以来，一百年过去了。对几代人是如此漫长的苦难历程，在历史却不过是一瞬。然而，为了使曲折的瞬间尽可能缩短一些，则个人或偶然就有其极为重要的意义，必然论之所以不是宿命论，客观历史规律之所以要与主动创造历史相统一，关键也在这里。历史的偶然一瞬间可以是一代人的几十年。从而通过种种偶然去理解和把握必然，促使偶然更多地和更充分地体现历史前进的“必然”，就应该是一件很重要的学习任务，也应该是历史科学的一个首要课题。偶然与必然是需要深入研究的历史哲学的最高范畴，如同它们也是艺术和生活中的最高哲学范畴一样。

偶然不仅是必然的表现形式，而且还是它的“补充”，也就是说，并非每一偶然都一定是必然的体现。正如马克思在青年时期就十分重视伊壁鸠鲁那个不遵循必然规律的原子偏离运动一样，我们在历史研究中也应注意各种不同性质的偶然，它所带来的种种后果，和对必然的影响和关系，这样历史才能成为活生生的有血有肉的人所创造的历史，而不是些呆板的公式和枯燥的规律，也才不是宿命论或自由意志论。但是，思想史和政治史毕竟有所不同，如果说，政治史更多是在大量的事件、人物活动和各种机遇中展现出历史规律和阶级斗争的必然和偶然，政治史应该更多在史实的详尽活泼栩栩如生的剪裁记述中，来看出历史发展的生命和趋向；那么，思想史则将以更直接更赤裸也更枯燥的逻辑形式来表现出必然。非必然性的许多东西，从人物的生平活动，直到某些不相干的思想、学术，以及思想本身无关宏旨的某些细节的探讨考证，等等，都可以摈除在描写论述之外。黑格尔曾认为，哲学史和政治史相反，在后者中，个人的品格、天赋、气质的特性是行动和事件的主体；在哲学史中，则完全不是这样，无个人特性可言的思维本身才是历史的创造性的主体。黑格尔这一观点是深刻的。微不足道的细节或人物可以在政治事件中有时起决定性作用，思想史则不发生这种情况。政治史中充满了繁复多变的偶然和机遇，思想史却不然，它只指示着必然的行程。正是从这一观点出发，我所讲的中国近代思想史，重在主要思潮，而不在搜奇找异；重在真正具有时代代表性的人物，而不在包罗万象各色俱全。不强调从思潮着眼，无法了解个别思想家的地位和意义；不深入剖解主要代表人物，也难以窥见时代思潮所达到的具体深度。因为有时甚至整个时代思潮所达到的深度，还不及一个思想家，这就是思想史的偶然性。思想家哲学家的意义和价值也正在于此，他独到而深刻地反映了把握了时代的脉搏。由此可见，思潮和代表人物这两者应该结合和统一起来论述。本书（论文集）试图朝这方面努力，想着重论述推动近代中国历史发展的三大思潮（太平天国、改良派和革命派）和它们的主要代表人物。许多次要人物、反动人物以及这些主要代表人物其他与主题无关的或次要的思想（如某些学术观点、佛学素养等等），大都略而未谈。全书各篇也大都是概括性的而非专题性或传记性的研究，它的目的不在对这些人或某个问题作详尽无遗的记述，而只希望通过这些思潮和人物的概括论述，对理解近代中国历史趋向有点用处。

二

中国近现代是一个动荡的大变革时代。随着这种政治、经济、军事、文化各方面剧烈的震荡、变革，中国近代思想在短短几十年内，从封建主义到社会主义，像雷奔电驰似的，越过了欧洲思想发生成熟的数百年行程。这样，一方面就使整个思想带有浮光掠影的特征，对好些问题经常一掠而过，未能得到广泛深入的展开，未能产生比较成熟、完整、系统、深刻的思想体系，在理论领域显得肤浅、贫乏和杂乱；但是，另一方面这又使思想紧紧随着时代急迫课题迅速前进，密切联系了人民生活中的重大实际问题。普列汉诺夫说过，每个时代都有它自己中心的一环，都有这种为时代所规定的特色所在。在世界范围内，近代资产阶级民族民主革命由西而东，如果说，这独具特色的一环在十八世纪末十九世纪初的德国，是那抽象而深刻的古典哲学；在十九世纪的俄罗斯，是革命民主主义者的文学理论和批评；那么，在近代中国，这一环就是关于社会政治问题的讨论了。燃眉之急的中国近代紧张的民族矛盾和阶级斗争，迫使得思想家们不暇旁顾，而把注意和力量大都集中投放在当前急迫的社会政治问题的研究讨论和实践活动中去了。因此，社会政治思想在中国近代思想史上占有最突出的位置，是它的主要组成部分。其他方面的思想，如文学、哲学、史学、宗教等等，也无不围绕这一中心环节而激荡而展开，服从于它，服务于它，关系十分直接。

民族斗争和阶级斗争的尖锐激烈，使政治问题异常突出。这是优点，也有缺点。优点是如前所说，思想与人民、国家、民族的主要课题息息相通，休戚相关。缺点则是由于政治掩盖、渗透、压倒和替代了一切，各个领域或学科的独立性格反而没有得到充分展开和发挥，深入的理论思辨（例如哲学）和生动的个性形式（例如文艺），没有得到应有的长足发展，缺乏反映这个伟大时代的伟大哲学作品和艺术作品。

黑格尔曾认为，哲学史作为绝对精神的历史，应该表现出时代的逻辑。中国近代思想史倒符合这一要求。从表面上看，中国近代思想似乎五光十色，庞杂混乱。事实也确乎如此。中国近代处在古今中外大聚汇大变革的交错点上，各种新旧事物极为错综复杂地折射在人们的思想中，新旧思想和事物差距和变化是如此的大，当一些人已开始接受马克思主义把共产主义当做理想的时候，另一些人还死死抱住“诗云子曰”“圣经贤传”，要“修身齐家治国平天下”。一些人今天还沉浸在封建故纸堆中，明天却已跃进到最激进的革命行列。新旧因素、势力和意识形态是这样交错杂陈，急剧震荡，表现为种种庞杂混乱五光十色，也就并不奇怪了。但是，在这庞杂混乱之中，并非毫无规则可寻；恰好相反，中国近代思想有其历史和逻辑的规律，是曲折地向前开辟着自己的道路的。它的矛盾发展的辩证过程，提供了整个时代活动的线索。可以清楚地看出，围绕着中国近代社会反对帝国主义反对封建主义的历史中心课题，中国近代思想的激剧波动，是与先进思想和正统思想之间的尖锐斗争分不开的。在斗争中，思想通过辩证的否定来提高和发展，终于到达了今天这样的新阶段。

在马克思主义真正输入中国以前，中国基本上出现和经历了三种先进的社会思潮。它们处在不同历史时期，属于三个不同类型，带着三种不同特色，彼此先后连续着、扬弃着迈上更高的阶段，为马克思主义在中国的传播发展扫清道路。这三种社会时代思潮，就是太平天国农民革命思想，改良派自由主义的变法维新思想和革命派民主主义的“三民主义”思想。这三种思潮是中国近代旧民主主义思想发展中的主流。它们在近代中国陆续出现和相互交替，是一种具有深刻意义的历史现象。

革命的农民风暴是在中国近代首先登场展开的巨大演出。十九世纪五十年代的太平天国的革命思想是中国首先出现的近代先进思潮。这一思潮的基本特点就是要求摧毁旧有地主土地所有制的暴力狂涛。它以叱咤风云的“冲天”精神对各种旧制度——从政权到风习，从经济到文化——执行了武器的批判，提出了并进行了一系列的改革要求。从而，它与地主正统思想形成了对垒。这一思想的出现客观上本应为古代封建社会的结束和近代资本主义的诞生作一次革命冲洗，在当时国内外资本主义因素的推动或影响下，平均土地的《天朝田亩制度》之后，绝非偶然地出现了主张兴建近代企业的《资政新篇》。所以，这一思潮一方面是中国古代农民革命思想的总结，包含了指向资本主义新因素的进程；另一方面，它的幼稚的平均主义、禁欲主义、宗法主义、宗教迷信主义等等小生产者的意识形态的特点也充分表露了出来，显示出这些东西在近代中国社会确有其深厚的现实土壤和传统。它说明，就是在反地主统治的革命中，小农的封建性及其沉重的社会影响也不可低估。

太平天国失败了，历史的进程曲折艰难地通过社会上层来实现。紧接着农民革命思潮的近代序幕后面的，真正的历史主角的资产阶级思想抛头露面了。它首先表现为十九世纪七十至九十年代的自由主义改良派变法维新思想。这一思想所代表的阶级立场和政治路线迥然不同于太平天国，这一思潮先进特点在于：反对帝国主义的侵略，要求中国独立富强，在近代最先明确提出了必须发展资本主义经济、改变君主专制制度、走西方资产阶级君主立宪道路的主张。因此，它具有鲜明的现代性质。这种思想与当时封建主义正统思想进行了论战，在社会上起了重要的启蒙作用。像康有为这样的人物是开时代之先声的。

戊戌变法失败，代替它兴起了要求推翻清朝政府的资产阶级小资产阶级的革命民主主义。如果说，改良派自由主义是对太平天国革命思想的第一个否定，那么，二十世纪最初十年中的革命民主主义思潮却并不能算做第二个否定。革命民主主义吸取了前面两个思潮的合理内容，在经济上，太平天国提出了平均土地摧毁地主土地所有制，但未明确资本主义的发展方向；改良派提出了这一要求又反对土地革命；以孙中山为代表的革命派主张通过“平均地权”“土地国有”的社会革命来最大限度地发展资本主义。在政治上，太平天国主张彻底打垮清朝异族专制政府，但又建立新的君主专制；改良派反对推翻清朝政权，却主张用立宪君主代替君主专制；革命派反对改良派，主张用暴力手段推翻清朝，建立西方资产阶级民主共和国来代替封建君主专制制度。革命民主主义作为中国近代旧民主主义时期整个思想的末端，本应是上两阶段的综合和总结，是否定之否定，但实际上却并没能如此。革命派既没有发动一场以农民为主体的暴力革命，也没能在经济、政治上实现资本主义进步改革。打倒了一个清朝皇帝，带来的反而是新形式或旧形式的大大小小的洋皇帝或土皇帝，革命留下的只是一个痛苦凄怆的未完成交响乐。无论改良派、革命派都只是对太平天国螺旋形地上升的一环，都只是第一个否定，封建主义结合现代新形式，反革命的镇压反而变本加厉，这个否定之否定的全过程并没有完成。所以，第二个否定的出现和这个中国近代历史圆圈的完成是在“新民主主义革命”中。新民主主义由于回到农民战争（当然在“高一级”的新形态下）而取得了中国革命的胜利。但是，政权的取代却不等于封建主义的自动全面消失，相反，从体制到观念，留下了农民革命的深重印痕，造成了严重的灾难，从而，由改良派提出的人权、民主等历史要求反而也以高一级的新形态更突出地展示在人们面前了。扫除一切封建残存，实现祖国富强和人民民主，成为中国当代历史的神圣任务。如本书好些论文所说明，太平天国之后，中国近代思想和活动的主流是由知识分子带头，从爱国救亡而转向革命的。爱国反帝始终是首要主题。这一主题经常冲淡了和掩盖了其他，这与欧洲为争自由而革命的数百年思想行程很不一样。资产阶级的自由、平等、博爱等民主主义，在近代中国并没有得到真正的宣传普及，启蒙工作对于一个以极为广大的农民小生产者为基础的社会来说，进行得很差。无论是改良派的自由主义，或邹容呐喊的平等博爱，或孙中山的民权主义，都远远没有在中国广大人民的意识形态上生根。相反，民族自尊和爱国义愤压倒了一切，此外，从洪秀全到章太炎的种种小生产者的空想和民粹主义，具有深厚的社会土壤，享有广泛市场和长久影响。康有为基于大工业生产的《大同书》雄大理想倒如同他这本收藏起来不让人知道的书一样，淡漠地消失在数千年农业小生产的封建社会中。经济基础决定上层建筑和意识形态，马克思主义唯物史观这一规律对近代中国作了无情的讽刺。农民革命的道路可以通向新的封建剥削和统治；章太炎的半宗法半牧歌式的主张可变而为梁漱溟“以乡村为本位”之类的民粹主义实践，并为毛泽东所注意。经济基础不改变，自由民主将成为空谈；而要改变小生产经济基础，社会主义民主又正是不可缺少的条件。在这方面，只有鲁迅是伟大的，他开辟了不断向前行进的反封建启蒙道路，在今天仍然放射着光芒。

如前所指出，中国近代旧民主主义时期的思想在纯粹理论部门（哲学或社会、政治、文化的理论学说上）内是缺乏深度的，没能提出一个比较系统、深刻、完整的哲学体系。中国近代哲学思想的特点是内部蕴藏着十分错综复杂的矛盾，一方面具有丰富的辩证法的因素和贯彻着一种讲求实际、主张科学的唯物主义精神，另一方面却又包含着十分浓厚的夸张主观心知和精神力量的唯心主义。其中由经验论走向主观唯心论和主观地运用辩证法，是最值得注意的哲学迷途。与此同时，缺乏与近代科学的内在必然联系，低估、轻视理论思辨，带来了日后实用主义大举入侵和主观主义与权力意志恶性泛滥的严重后果。

三

从洪秀全到鲁迅，本书论述的是中国近代走向未来的浪潮。与这浪潮相对抗的，是同样值得深入研究的中国近代正统派的思想。它们占据社会统治地位，其现实根源是建立在小农生产基础上的封建生产关系和封建地主阶级的意志、利益和要求，其思想渊源是以程朱理学为正宗的中国封建儒家思想。这个陈旧不堪的意识形态在近代条件下，却极为顽强地通过变换各种方式阻挠着历史行程的前进。它或者以封建生产方式这样一个共同体作为基础，从而渗进农民阶级的思想观念中，使农民革命创造出一个异化的实体，从精神和物质上统治、奴役压迫和剥削自己，平均主义、禁欲主义反而创造出无所顾惜和无所不为的特权集团和阶级。它或者随着近代气候而转换衣裳，穿一件“中体西用”的新装来抵挡资本主义；它最终则以素有传统极为发达的中国帝王的统治权术，来破坏不可阻挡的近代民主潮流。虽然心劳力拙，每况愈下，但近代中国这种种封建主义的妖魔鬼怪却并不可轻估，详尽研究它的来龙去脉，是件很重要的工作。

本书未能进行这项研究。这里只以曾国藩、张之洞、袁世凯三个典型，作为上述三大进步思潮的主要对立面，来概略窥视一下这个统治意识形态某些重要特征。

曾国藩是中国近代有赫赫声名的大人物，是从清政府到蒋介石等所优礼崇奉或大加赞佩的主要偶像之一。他的各种“全集”“文集”“日记”“家书”充斥市场、乡里，被一再翻印出版。从军事、政治到诗文，从“修身齐家”到“治国平天下”，曾国藩成了“立德”“立功”“立言”“三不朽”的标准“完人”。尽管太平天国和资产阶级革命派当年对他都有过冲击，但他的那一套仍然顽强保持下来，甚至以前攻讦过他的人，后来又拜伏在他的思想或“人格”面前（包括像章太炎这样的革命派健将和今天的许多人）。

那么，他的特点在哪里呢？曾全身沾满太平军战士的鲜血，他公开主张杀人①，“一概剜目凌迟”“一律斩薙无遗”便是他的功业。另一方面他又用庄重肃穆而又温情脉脉的封建道德的面纱把这一切掩盖起来，所谓“刚柔兼备”“阳儒阴法”，并把它贯彻到日常生活和个人修养各种具

① 曾自称：“用重法以除强暴，而残忍严酷之名在所不辞”，“二三十年来……应杀不杀之人，充塞于郡县山谷之间……乃益嚣然不靖，痞棍四出，劫抢风起，各霸一方……鄙意以为宜大加惩创”(《曾文正公书札》)。

体的细节中去。所以曾国藩不仅在军事危急关头提出保卫孔孟伦常的战略性口号，把保卫满清政权与保卫千百年地主阶级意识形态和上层建筑（核心就是三纲五常作为主干的封建政制）自觉地统一了起来，而且他从一开始就把所谓“正心诚意修身齐家治国平天下”这一套封建道德建立在维护封建性的小农生产和宗族团结的基地上，强调所谓“耕读为本”①，“早、扫、考、宝，书、蔬、鱼、猪”②，都是要家中子弟一面读书，一面要参加一些劳动，一定不能完全脱离这种封建性的小农生产，并且再三再四叮嘱，规定得相当具体细致③。似乎有点奇怪，高官厚禄者居然对自己的子弟如此强调“勤俭”和劳动，这不是十足的虚伪和欺骗么？然而这并不是装出点样子来骗骗人的外在虚伪，而是一种忠诚的虚伪，因为曾国藩的确相信这一套能够“修身齐家治国平天下”，既能够保持家业不败，也好出仕做官。不只是简单地剥削农民镇压革命，也不只是简单地重复那些空谈性理的高头讲章，而是要求官僚子弟也必须身体力行这种所谓“耕读”“勤俭”，以“正人心”“敦风俗”作为齐家治国的“本”，即要求巩固封建小生产的方式，积极参予和经营管理这种经济，以维持这种经济基础、生活方式和与之相适应的一切关系、风

---

① “以耕读二者为本，乃是长久之计。”（《曾文正公家书》，同治六年五月初五日）“吾在外，既有权势，则家中子侄最易流于骄，流于佚，二字者，败家之道也。”（同上，咸丰四年九月十三日）“即在乡间选一耕读人家之女〔作媳〕……总以无富贵气习者为主。”（同上，道光二十九年四月十六日）

② “早者，起早也；扫者，扫屋也；考者，祖先宗祀……也，宝者，亲族邻里时时周旋……”（同上，咸丰十年闰三月二十九日）后四项自明，即种蔬菜养猪喂鱼等等。

③ 例如“新妇初来，宜教之入厨作羹，……不因其富贵子弟不事操作，大、二、三诸女已能做大鞋否？……所织之布，做成衣袜寄来，余亦得察闺门以内之勤惰也”（同上，咸丰六年十月初二日）；“子侄除读书外，教之扫屋抹桌凳，收粪除草，是极好之事，切不可为有损架子而不为也”（同上，咸丰四年八月十一日）；“后辈诸儿，须走路，不可坐轿骑马，诸女莫太懒，宜学烧茶煮饭，书蔬鱼猪，一家之生气，少睡多做，一人之生气……”（同上，咸丰八年十一月二十三日），等等，《家书》中触目皆是。

俗、道德、观念、氛围……在这基础上，来保卫封建伦常政制①。曾国藩位极人臣，仍念念不忘所谓“耕读为本”，这才是他的特色所在。

曾的这一套影响颇大，他的《家书》《日记》所以比其诗文奏折还更不胫而走，广为流传，被看做颇有道理值得学习，不是偶然的。它表明中国传统生产方式及其意识形态的严重存在。

其实，从颜之推的《家训》起，就有各种封建地主阶级的“治家格言”，到曾国藩这里，算是达到了高峰。然而，不同的是，颜之推处在封建经济的上升时期，他的家训还有其组织管理生产的历史进步意义：曾国藩处在世界资本主义已敲醒中国的大门的时代，这一套便相当陈腐不堪了②。尽管是提倡劳动，也掩盖不了它保持封建秩序和传统统治的残酷实质。其虚伪的深刻意义也就在这里。

中国近代正统思想是继承这一衣钵的，只是随着外国资本主义的逐步侵入，随着改良运动的兴起，采取了新的形态，其中有所谓顽固派与洋务派之分。

顽固派的特色是愚昧地顽固排斥西方资本主义的一切，也许除了日用洋货和鸦片烟之外，自然科学、工艺技术、铁路、轮船等等，都在排斥反对之列，更不用说思想、学说之类了。理由是所有这些东西都不合中国的封建圣道，中国是“天朝上国”，自有纯正的“圣人之道”来治理③，这就是“正人心、敦风俗”，“有治人无治法”，“重本抑末，重

① 甚至连说话、走路也要求子弟不能太急太露太匆忙，宁肯迟钝一些，因为迟钝才会“稳重”，《家书》中一再问他的儿子：“尔走路近略重否，说话略钝否？”“说话迟钝，行路厚重否？”

② 如果拿同样有名的袁枚的书信与曾国藩相比较，便可清晰地看出二者的不同，一个具有浪漫生气，憧憬个性解放，嘲笑陈规旧习，要求离经叛道；一个却如此迂腐守旧。然而袁枚比曾竟早了一百年！

③ “士大夫语及洋人则大憾，见洋人机器所以致富强者则益憾，独于洋烟，甘心吸嗜……”（郭嵩焘：《复姚彦嘉》）“今之自命正人者，动以不谈洋务为高，见有讲求西学者，则斥之曰名教罪人。”（郑观应：《盛世危言·西学》）“今之士大夫犹多鄙夷事务，有以西学用心者则讥之曰悖圣教，有以西法相尚者则斥之同攻异端。”（杨毓麟：《盛世危言·序》）“其言曰，我用我法以治天下，自有圣人之道在。”（王韬：《变法》）“疑为异学而摈之，嚣嚣然自命为圣人之徒……”（陈炽：《庸书·格致》）

农抑商”，总之是搞清官，搞道德说教，维护小农生产，反对“邪说异端”“离经叛道”①。洋务派在本质上与顽固派一样，不同的只是他们主张采用西方的工艺技术以至科学（“用”）来保卫和巩固封建主义的上述“圣道”（“体”）。这些人可以主张开办资本主义工商业，但必须是官督商办，由封建官僚来控制监督；这些人也可以同意读西书，办报纸，但必须是不致引起对封建“圣道”和圣经贤传的任何怀疑；他们也可以提出著名的“江楚会奏”的变法三折（张之洞、刘坤一），但绝对不能实行民主或民权。封建主义的政治体制及其意识形态是绝对不能变动的，在这前提下才可以采用西方工艺科技以及某些资本主义经济因素。张之洞著名的“中体西用”就是这种封建主义在近代条件下的变形。它被当时很多人视为真理，满足了那些既要顽固保持传统封建文化和统治体系，又得适应环境搞点富强的人的胃口，欺骗性很大。甚至过了几十年，包括像陈寅恪这样有高度西方文化教养的学者也仍然自称其政治思想是在“湘乡（曾国藩）南皮（张之洞）之间”（《冯友兰中国哲学史审查报告》），这就说明，绝不可以低估这种理论的影响了。关于顽固派和洋务派、关于张之洞，本书有关论文已有所评议，这里就不多谈了。

如果说，曾国藩的“耕读为本”和张之洞的“中体西用”，还具有某种思想理论意义的话，那么，随着封建统治的分崩离析，到袁世凯这里，就根本没有什么思想理论可言，而纯粹是以个人野心和阴谋权术来维护这种统治了。无论是权术阴谋或袁世凯本人，都无资格进入思想史的篇章。然而却正是这种封建糟粕，在一定短暂时期内，居然可以玩革命于掌上，骗人民于股中，严重阻挠了历史的前进。袁世凯本人是中国

① 如：“奏为自强全在得人，法制未可轻变……舍富强无立国之道，舍仿行西法更无富强之术等语，此离经叛道之谈，人心风俗所关不可不辨。夫中国之所以维持于不敝者，以有圣人之教耳……专攻泰西之书而加诸圣经贤传之上，即令富强埒于泰西，而人心之陷溺之不救，臣恐天下之患不在夷狄，而在奸民，不在贫弱而在乱臣贼子。其祸有不可胜言者矣。……治乱之机，总以正人心培国脉为本。……由末及本可也，尊夷非圣不可也。”（李秉衡：《李忠节公奏议·奏陈管见折》，光绪二十一年）

近代最大的阴谋权术家，而为以后各种军阀统治者所效法不已。正是在这一意义上，思想史又应该重视和著录它。

马克思在《法兰西阶级斗争》中描写1848年革命到1850年拿破仑第三称帝这一时期，野心家阴谋家拿破仑第三如何利用形势，先后把小资产阶级、资产阶级各个派系势力打下去，小丑终于登上了皇帝的宝座，深刻标明这是革命的不断败北。如果拿辛亥革命到洪宪称帝这段历史与之对照，真是何等相似！袁世凯一步一步地收拾了国民党、进步党、原革命派、原立宪派等各种派系势力，又收拾了议院、国会本身，用暗杀（如宋教仁）、收买（如议员）、软禁（如章太炎）、笼络（太多了），或凭空制造舆论（从民初的“非袁莫属”到“筹安会”“乞丐请愿团”……），或公开武力威吓（如用军队包围国会，强迫投票）……总之，用尽一切阴谋权术，以达到惟一目的：做大权独揽、人莫予毒、不受法律约束、不受任何钳制的实质上和名义上的专制皇帝。

这种独裁权力当然首先靠军队，袁以练兵起家。然而，他搞独裁专制，却总是盗用全国人民利益为名义①，并且总是以极端谦逊的虚伪姿态出现。袁一面极力制造称帝活动，一面却极力否认称帝，再三公开驳斥、反对，口口声声是“退休乡里”“翩然挂冠”“长为老农以没世”，甚至连他数十年的老朋友和最亲密的老同僚也欺骗（所以终于众叛亲离，连老部下段祺瑞、冯国璋，老同僚如徐世昌也抵制这位皇上）。

“大奸大窃，其貌每大忠大信”（白蕉：《袁世凯与中华民国》），除了这种标准的两面手段之外，其他的权术阴谋也仍是中国封建帝王的老一套，从《韩非子》到《资治通鉴》中所在多有：无非是平衡术，互相监视术，喜怒不测、朝令夕更术，等等。总之使部下捉摸不透，畏惧万

① 如“查中国历史数千年，治乱兴亡之迹，代各不同，然无论何种时期，其国之能治与不能治，率亲政权之能一与不能一以为衡……使为国之元首而无权，即有权而不能完备无缺，则政权无由集中，群情因之涣散，恐为大乱所由生”，“本大总统一人一身受束缚于约法，直不啻胥吾四万万同胞之生命财产之重，同受束缚于约法”。好家伙，他袁世凯受约法束缚，就等于四万万中国人受束缚！

分，诚惶诚恐地拜倒在地（虽然袁并未能完全做到这一点）。这一切并不新鲜，新鲜的是袁世凯居然把资产阶级革命派和人民群众用无数流血牺牲所召唤得来的西方资本主义议院制度和共和政体，通过这套阴谋权术的纵横捭阖，不几年便完全化为乌有，即使在形式上也不保留。而这一切又都是通过什么“民意”——是四万万人民请他当皇帝——的“法定形式”来实现的。

马克思曾深刻指出，拿破仑第三当上皇帝是由于农村的缘故。辛亥革命后的中国农村和农民，诚如列宁所说，是“非常闭塞，消极被动，没有知识，对政治漠不关心”(《中国各党派的斗争》，见《历史研究》1978年第2期，第4页)，这也正是政治上层尽管丑剧频仍，人民群众却并不关心也无法关心的缘故。如果袁世凯不硬要设法让儿子做继承人以至损害了他的大将们（段、冯）的利益，即不硬要当名义上的皇帝，那么他在实质上的皇帝（没有国会制约的终身总统）也许还可能维持更长一些时候。但是，当上皇帝的拿破仑第三搞了二十年，法兰西终于在经济上迅速发展了资本主义，袁世凯八十三天的短命皇帝却把中国拖进军阀混战的泥塘。中国缺乏资本主义经济基础，只能产生这种凶残伪善的封建末代皇帝。袁世凯把资产阶级民主扼杀在摇篮之中。继承曾国藩、张之洞的传统，倡导“耕读为本”“中体西用”之类的封建政制，只能使整个社会停滞不前，甚至倒退。后来的独裁统治者又几乎走着同样的道路。

专制独裁统治亿万人民，人民不过是工具、牲畜，一任随意摆弄。有人总结说：

> 亿万人是只准供他（指袁）试验，四年之间，他试验的东西又真多了，一会儿内战，一会儿五国大借款，一会儿由临时大总统到正式大总统，一会儿解散国会，一会儿大捕大杀反对者，一会儿临时约法，一会儿终身总统，一会儿签订二十一条，一会儿国民代表大会，一会儿大皇帝……这一切试验，都是叫做拯救生灵，保卫祖国。

这说得不错。然而，历史的辛辣讽刺却是，写这些漂亮的批判语句的，不是别人，正是日后成为林彪王朝的元勋策士的陈伯达。中国近代历史的圆圈游戏竟至如此地捉弄人，野心、阴谋和权术居然又附在“新”一代的所谓“马克思主义者”身上出现了。刚刚批过“窃国大盗”的人，自己又想做窃国大盗了。“称天才”“设国家主席”“当女皇”“按既定方针办”，不断上演的竟仍是这样一幕幕令人作呕的封建丑剧，一百年前的先进中国人已经在要求开议院重民权，一百年后的今天，封建主义的阴魂却仍然如此不散，并且还打着马克思主义的旗号，而似乎不以人们的意志为转移。这不正是值得深思和总结的中国近代思想史的一个严重教训么?

四

最后把本书写作情况简略说明一下。

十篇文章实际写于两个不同时期，三篇《研究》(1958年以《康有为谭嗣同思想研究》由上海人民出版社出版。这次有所增改）和孙中山文写成、发表于五十年代大跃进运动之前，其他各篇写成和发表于七十年代“文化大革命”之后。回忆五十年代初在抗美援朝捐献声中写成谭嗣同研究第一稿时，还在北京大学上一年级，对一切满怀天真幻想；而在七十年代末不无感慨地草写太平天国时，历史已过去快三十年了。尽管二者合成此书时作了好些重要的增删修改，但毕竟各自带有时代的不同印痕。写于五十年代的大体分析稍细而略繁琐，写于七十年代的则又失之过粗，基本是些提纲性的东西。但整个文字、风格倒可能一致，即相当枯燥无味。其中，时代所给予的各种印痕，从论点、引证到文字，毕竟无可消除。如书中（也包括其他拙著）屡用的“封建”“封建社会”“封建主义”一词，即三十年代流行的feudalism之中译，指的是两千年的中国传统社会和传统体制，此译、此词毫不准确（中国早即“废封建，立郡县”)，但既已约定俗成，便一时难以更换，只愿不以辞害意，请读者留意及之。

打倒“四人帮”后，中国进入一个苏醒的新时期：农业小生产基础和立于其上的种种观念体系、上层建筑终将消逝，现代化必将实现。人民民主的旗帜要在千年封建古国的上空真正飘扬。因之，如何在深刻理解多年来沉重的经验教训的基础上，来重新看待、研究中国近代思想史上的一些问题，总结出它的某些“规律”，指出思想发展的客观趋向，以有助于人们去主动创造历史，这在今天，比任何时候，将更是大有意义的事情。

1978 年秋于中国社会科学院哲学研究所